JN208713

米寿記念出版

続　親鸞教学論考

普賢晃壽　著

永田文昌堂

普賢晃壽先生近影

はじめに

明年、米寿を迎えるにあたり、真宗学研鑽の仏道を歩む研究会の「法爾の会」より、私の論文・講話の原稿を一冊の書として記念出版したいというご依頼を受けた。本書は、主として龍谷大学退職より、本願寺勧学寮頭退任までの学術論文・講話を採録したものである。

私が真宗学に心を定め、龍谷大学に入学したのは十八才の時である。その時、真宗学・仏教学の最初の入門のお導きをいただいたのが、池本重臣先生（兵庫県・真宗学）と武邑尚邦先生（滋賀県・仏教学）のお二人である。西も東も理解できぬ私に親切にお導きをいただいたあたたかいご配慮、今も心になつかしく思い出している。八十才の半ばを超えた今日、お念仏を申し、感謝申し上げるばかりである。

最後に本書出版にあたり、ご尽力を頂いた関係各位に深く謝意を申し上げる。

平成三十年七月十日

普賢晃壽

目　次

論文の部

教行信証大綱

第一章　『教行信証』の成立

『顕浄土真実教行証文類』は『教行証文類』とも略称されている。また本書の内容より『教行信証』ともいわれている。『教行信証』と略称するのは、覚如上人の『執持鈔』に、

本願寺の聖人（親鸞）の御釈『教行信証』にのたまはく……。（『註釈版』八六四頁）

とあるのが初見である。更に『浄土文類聚鈔』を『略文類』・『略書』・『略典』と一般的に称するに対して、『広文類』『広書』『本典』といわれている。

撰述年時については、「化身土文類」に、正法・像法・末法の三時の教に関して、仏滅年時について説示されている。

三時の教を案ずれば、如来般涅槃の時代を勘ふるに、周の第五の主、穆王五十三年壬申に当れり。その壬申よりわが元仁元年甲申に至るまで、二千一百七十三歳なり。（『註釈版』四一七頁）

とあり、元仁元年（一二二四）の年号が出ている。これにより、宗祖五十二歳、元仁元年に、常陸稲田において、撰述されたと古来いわれて来た。しかしこの元仁元年の年号も、撰述年時として記されていないので

あって、今日書誌学の研究が進められ、この記述のみでは、完成年時を決定することは出来ない。宗祖は帰洛後、寛元五年（一二四七）、七十五歳の時に弟子尊蓮に本書の書写を許可されている。また存覚の『六要鈔』には、

此の書大概類聚の後、上人幾ばくならずして帰寂の間、再治に及ばず。（『真聖全』二・二七五頁）

とある。晩年まで加筆、訂正がなされている。本書の起稿や完成年時は断定出来ないのである。関東時代より晩年にいたるまで推敲を重ねられ、手を加えられた、宗祖生涯をかけての畢生の著述と窺う。

『教行信証』には本派本願寺に蔵される鎌倉時代（文永十二年）書写本（西本願寺本）、大谷派本願寺に蔵される親鸞聖人真蹟本（坂東本）、高田派専修寺に蔵される真仏上人書写本（高田本）が存する。

大谷派本願寺蔵本はもと坂東の報恩寺に伝来したもので、報恩寺本とも坂東本とも称せられる。宗祖の真蹟本と認められ、国宝に指定されている。宗祖の加筆、訂正も処々に見られ御草稿本と称せられている。高田派専修寺蔵本は建長七年（一二五五）、宗祖八十三歳の時、門弟専信が書写した本を、さらに真仏が写した書写本である。

この度、復刻本として発刊された重要文化財本派本願寺蔵本は、坂東本が草稿本といわれるのに対し、清書本といわれている。蓮如上人が吉崎坊舎に止住されていた時に、火災にあわれた。その時、本向房了顕が焼失の厄に遭わんとしたのを、腹下に押し込み、身をもって護持したという伝説により、「肉付の聖教」、「腹籠の聖教」とも称されている。この本派本願寺蔵本は古来真蹟として辻善之助博士により紹介されたこともあったが、奥書などにより文永十二年（一二七五）、宗祖の十三回忌にあたり、書写されたものと考え

られる。

本派本願寺蔵本は清書本とよばれ、整然とした体裁をたもっている。坂東本の「総序」および「教文類」の前半部分は欠損が存するのに対して、「坂東本」の欠損部分を補完し、経論釈の引文や御自釈の箇所に改行が施され、清書本と呼ばれるに相応しい、内容的に精度の高い書写本である。『教行信証』を研鑽する上で重要な位置を占めるものである。

第二章　撰述の目的

本書撰述の目的であるが、通由と別由が存する。通由とは宗祖の著作全体に通ずる理由であり、別由とは『教行信証』撰述の目的である。まず通由とは、深広の仏恩を報謝する目的で撰述されているといえよう。本願真実のおみのりを讃仰し伝えようとする宗祖の御心は、その著作全体に流れている。『教行信証』「総序」の文に、

ここに愚禿釈の親鸞、慶ばしいかな、西蕃・月支の聖典、東夏（中国）・日域（日本）の師釈に、遇ひがたくしていま遇ふことを得たり、聞きがたくしてすでに聞くことを得たり。真宗の教行証を敬信して、ことに如来の恩徳の深きことを知んぬ。ここをもつて聞くところを慶び、獲るところを嘆ずるなりと。

（『註釈版』一三二頁）

と嘆ぜられている。更に「化身土文類」の三願転入の自力より他力真実への帰入の歴程を述べられた釈文の

最後に、

ここに久しく願海に入りて、深く仏恩を知れり。至徳を報謝せんがために、真宗の簡要を摭うて、恒常に不可思議の徳海を称念す。いよいよこれを喜愛し、ことにこれを頂戴するなり。（『註釈版』四一三頁）

と述べ、第十八の願海に転入せしめられた知恩報徳のおもいを嘆ぜられている。

別由であるが、二由指摘することが出来る。その一は、「後序」において、宗祖は師法然聖人の導きにより、二十九歳の時に本願に帰したことを述べられている。つづいて元久二年（一二〇五）三十三歳の時、『選択集』書写の恩恕を蒙り、更に真影の図画を許された恩師法然聖人との師弟の親密な交流について記されている。書写を許された『選択集』について、「希有最勝の華文、無上甚深の宝典」（『註釈版』四七三頁）であると讃仰され、師資的伝の知遇を得られたことが述べられている。このことから『教行信証』撰述の目的は、『選択集』に説示されている法然聖人の教えを相承し、第十八願の真実のおみのりを開顕せんとするところにあったと窺うのである。そしてこの『選択集』書写の縁を述べた次下に、「慶ばしい哉」と、『教行信証』の撰述は、知恩報徳の報謝行以外に存しないことを嘆ぜられているのである。

慶ばしいかな、心を弘誓の仏地に樹て、念を難思の法海に流す。深く如来の矜哀を知りて、まことに師教の恩厚を仰ぐ。慶喜いよいよ至り、至孝いよいよ重し。これによりて、真宗の詮を鈔し、浄土の要を摭ふ。ただ仏恩の深きことを念うて、人倫の嘲りを恥ぢず。もしこの書を見聞せんもの、信順を因とし、疑謗を縁として、信楽を願力に彰し、妙果を安養に顕さんと。（『註釈版』四七三頁）

と結示されている。如来の矜哀、師教の恩厚により、『教行信証』を撰述された宗祖の思いが吐露されているのである。

次に別由その二であるが、釈尊の出世本懐の経である『大無量寿経』の本願真実のおみのりが浄土真宗である。この浄土真実の法義を開顕されたのが、親鸞聖人の畢生の撰述としての『教行信証』である。「教文類」の冒頭に、

つつしんで浄土真宗を案ずるに、二種の回向あり。一つには往相、二つには還相なり。往相の回向について真実の教行信証あり。（『註釈版』一三五頁）

と説示し、浄土真宗の教義の綱格を二相四法の体系で説示されている。阿弥陀仏の本願力回向のおみのりが浄土真宗である。この教・行・信・証の往相と還相の二種回向の法義で、『大経』の本願真実の教法の内容を開顕するところに、撰述の目的が存することを明示されているのである。師法然聖人の選択本願の教えを相承し、本願力回向の教学基盤に立脚して、第十八願の真実のおみのりを開顕されたのが『教行信証』である。本書は浄土真宗の立教開宗の根本聖典である。

第三章　題号の意義

第一節　題目の意義

『顕浄土真実教行証文類』と顕示される題目は、「浄土真実の教行証を顕す文類」という意味である。「浄

土真実の教行証」とは、顕彰される真宗教義の内容、所詮の法であり、「顕」と「文類」は法義を顕彰する能詮の語である。浄土真宗の法義を顕彰される本書の内容が表示されていると窺う。

「浄土」とは西方浄土のことであるが、本書の題目として示される「浄土」の意味は往生浄土の法門という意である。阿弥陀仏の浄土に往生して仏果を証する教義のことである。

「真実」とは第十八願の法義を真実といわれるのである。本書六巻中、前五巻には「真実」、または「真」の字が冠せられ、本願真実の教法が釈顕されている。これに対して第六巻においては、『顕浄土方便化身土文類』とあり、方便の法を顕されるのである。一部六巻の総題は『顕浄土真実教行証文類』であるのに対し、第六巻においては「顕浄土方便」と表題され、内容は第十九願・第二十願の方便の法が説示され、更には聖道釈、外教釈まで説かれている。この本書の内容構成は如何に理解するべきであるのか。方便とは暫用還廃の法である。暫用とは未熟の機を真実に導入するために手だてとして、しばらく用いられる教法のことである。真実に導入したならば、廃せられる教法のことである。即ち還廃である。この場合、前五巻と第六巻の関係であるが、第六巻は真実でない方便の教法を説示することにより、前五巻の真実の教法を顕彰するにあると窺う。前五巻が顕是の巻であるに対して、第六巻は暫用還廃の簡非の巻である。本派本願寺蔵本の第六巻の尾題は冒頭の題目と同じく「顕浄土方便化身土文類　六」（『註釈版』四七四頁）と表示されているが、真蹟本である坂東本第六巻の尾題は、「顕浄土真実教行証文類六」とあり、「顕浄土真実教行証文類序」とある総序の題号と対応している。この点よりするに、第六巻は真実でない方便の法を説示することにより、前第五巻の真実義を反顕するものといえよう。顕是の前五巻、簡非の第六巻あいまって、六巻全体、浄土真実の教行証の第十八願の法を開顕する聖教といえよう。

次に「教行証」とある意味であるが、「教」とは、『法華玄義』に「聖人被下の言」（『大正』三三・六八三頁）とある。釈尊が衆生に法を説いて転迷開悟せしめたもう言教、教えの言葉、経典のことで、「教文類」の冒頭に、

それ真実の教を顕さば、すなはち『大無量寿経』これなり。（『註釈版』一三五頁）

と教示されてある如く、『大無量寿経』である。

「行」とは一般的には造作進趣の義である。唯今は仏果を証する業因、第十七願所誓の名号大行である。『一念多念文意』に、

真実功徳と申すは名号なり。一実真如の妙理、円満せるがゆゑに、大宝海にたとへたまふなり。一実真如と申すは無上大涅槃なり。（『註釈版』六九〇頁）

と教示されてある。一如法海より垂名示形し、発願修行し、涅槃の果徳を証せられた法蔵菩薩の万行造作の果徳を円具して、衆生をして、往生成仏の滅度のさとりを証せしめる名号大行をいうのである。

「証」とは『大乗義章』に、

証はこれ知得契会の義なり。心実性に冥じ、分別を亡じ平等に契会す。これを名づけて証とす。（『大正』四四・六七二頁）

とある如く、衆生の心が平等真如の実性に契当する意である。「行文類」引用の『如来会』に「まさに無上菩提の因を証すべし」（『註釈版』一四二頁）とある文中の「証」の字に「証の字、験なり」と註されている。

「験」はあかし、しるしの意であり、結果がそのしるしとして、あらわれるという意である。今宗祖は浄土において、往生即成仏の証果が顕現する意で説示されているのである。

「顕」とはこの解釈について、（一）「浄土真実の教行証」を宗祖が顕すという意味と、（二）経論釈の文の上に「浄土真実の教行証」が顕されているという意味の両様の解釈がなされている。しかし（一）の宗祖が顕されると解するのが主というべきである。「教文類」に、

それ真実の教を顕さば、すなはち『大無量寿経』これなり。

（『註釈版』一三五頁）

とあり、「証文類」に、

つつしんで真実の証を顕さば、すなはちこれ利他円満の妙位、無上涅槃の極果なり。

（『註釈版』三〇七頁）

とあり、「化身土文類」に、

つつしんで化身土を顕さば、仏は『無量寿仏観経』の説のごとし、真身観の仏これなり。

（『註釈版』三七五頁）

等と教示されている。これによれば、宗祖が真実の教行証、更に一部六巻の法義を顕されるという意味で、「顕」の字義は解されるべきである。

しかしながら反面（二）の経釈の文が「浄土真実の教行証」を顕すという意も存する。「教文類」の結嘆に

これ真実の教を顕す明証なり。

（『註釈版』一三八頁）

と教示されている。「教文類」引用の『大経』『如来会』『平等覚経』等の経文は真実の教を顕す明証という文意である。更に「真仏土文類」の結釈の文に、

しかれば、如来の真説、宗師の釈義、あきらかに知んぬ、安養浄刹は真の報土なることを顕す。

（『註釈版』三七〇〜三七一頁）

と結ばれている。安養の浄土が真の報土であることは、上に引用した釈尊の真説である。『大経』を中心とする諸経典、天親・曇鸞・善導等の論釈の上に顕されているという意であり、顕は経釈があらわすという意味である。しかしこの経釈の文の真実義を発揮されたのが宗祖であり（己証）、経釈の文を類集して、「浄土真実の教行証」の浄土真宗の法義を顕されたのが宗祖である以上、「顕」は第一義の宗祖が顕されると領解するのが主と窺う。

次に「文類」とは、「文」は浄土真宗の真実義を顕す経・論・釈の聖教である。「文類」はこの経論釈の文を宗祖が類別して集めたもの、書という意味である。かくて本書の題目の意味は、浄土真宗の真実の法義（教行証）を宗祖が顕彰すべく、経・論・釈の要文を類集した書という意味である。

第二節　撰号の意義

撰号は「愚禿釈親鸞集」とある。「愚」とは存覚の『六要鈔』に、

愚はこれ惷（右訓：ショウ、左訓：オロカナリ）なり。智に対し、賢に対す。

（『真聖全』二・二〇五頁）

とある。「愚」の字義には、おろかもの、おろかな心、無智、自己謙称等の意味がある。「禿」の字義であるが、無髪の義で「かむろ」という意味である。宗祖が「愚禿」と名のられるようになったのは、承元の法難により、越後に流罪になり、僧籍を剝奪され、還俗せしめられて以後のことである。『教行信証』の後序を見るに、

真宗興隆の大祖源空法師ならびに門徒数輩、罪科を考へず、猥りがはしく死罪に坐す。あるいは僧儀を改めて姓名を賜うて遠流に処す。予はその一つなり。しかれば、すでに僧にあらず俗にあらず。このゆゑに禿の字をもつて姓とす。（『註釈版』四七一～四七二頁）

といわれている。『原典版聖典』（五九八頁）を見るに、「禿」の字に左訓して「カフロナリ」とある。人髪の纖長ならざる意である。流罪に処せられ、僧籍をうばわれ、藤井善信という俗姓を賜ったのであるから非僧である。しかし世人の如く、俗の生活をするのでもない。姿は出家であるから、俗でもない。非僧非俗であるというところにより、愚禿と称せられたものといえよう。宗祖が修学された比叡山の開祖最澄の「入山願文」には、

愚中の極愚、狂中の極狂、塵禿の有情、底下の最澄。（『伝教大師全集』一・二頁）

とあり、極愚、塵禿の有情と自己を内省されているのであり、宗祖の愚禿の名告は、この文によられていると先学は指摘されている。「化身土文類」を見るに、宗祖は末法の年次計算をされ、末法無戒の時代認識に立脚され、伝教大師の『末法灯明記』を引用されている。

ただし、いま論ずるところの末法には、ただ名字の比丘のみあらん。この名字を世の真宝とせん（中

略）たとひ末法のなかに持戒あらば、すでにこれ怪異なり、市に虎あらんがごとし。これたれか信ずべきや。（『註釈版』四二一頁）

末法の時代、無戒名字の比丘のみが存する世の現実が説示されている。「信文類」において、宗祖は真仏弟子釈の結びに、

まことに知んぬ、悲しきかな愚禿鸞、愛欲の広海に沈没し、名利の太山に迷惑して、定聚の数に入ることを喜ばず、真証の証に近づくことを快しまざることを、恥づべし傷むべしと。（『註釈版』二六六頁）

と述べ、「悲哉愚禿鸞」と悲嘆されている。恵まれている如来大悲の法徳の上より、正定聚の行者は真仏弟子である。しかしその生き様は、地獄一定の存在でしかあり得ない。「無戒名字比丘」の姿が、真仏弟子の現実である。宗祖は如来大悲の唯中において、煩悩具足の愚禿親鸞の姿を省りみて、「恥づべし、傷むべし」と述懐されているのである。この「悲哉」の悲嘆の文を蝶番とすることにより、難化の三機を中心とする明所被機の一段の展開がなされている。逆謗の存在である凡夫の現実を慚愧して、宗祖は「愚禿鸞」と嘆ぜられているのである。しかしながら反面、この自分を「愚禿」と悲傷される心の根底には、その者のためにめぐまれてある大悲の仏心への慶喜の心が流れているのである。『教行信証』冒頭の総序の文に、

ここに愚禿釈の親鸞、慶ばしいかな、西蕃・月支の聖典、東夏（中国）・日域（日本）の師釈に、遇ひがたくしていま遇ふことを得たり、聞きがたくしてすでに聞くことを得たり。真宗の教行証を敬信して、ことに如来の恩徳の深きことを知んぬ。ここをもつて聞くところを慶び、獲るところを嘆ずるなりと。（『註釈版』一三二頁）

と述べ、「愚禿釈の親鸞」と自名をかかげ、次で「慶ばしいかな」といい、遇法のよろこびを述べて、本書撰述の意趣を表白されている。愚禿の名告には、煩悩具足の現実より脱し得ない自己への慚愧の悲歎と、そしてその自分をつつみ救いたもう仏心への絶対的な確信、慶喜の心が根底に存すると頂くのである。かくて「愚禿釈親鸞集」と記された撰号の上に、如来の大悲に生かされ、本書を撰述せんとする、知恩報徳の信に生きる宗祖の御心が存するといえるであろう。

「集」についてであるが、『六要鈔』に、

今集と言ふは、多く文を集るが故に。（『真聖全』二・二一三頁）

と釈されている。六十余部にわたる経・論・釈の多数の文を類集して、浄土真宗の法義を、組織的体系的に開顕された撰述であるが、私釈の功を没して、「集」と表示されたものと窺う。

第四章　『教行信証』の組織と内容

第一節　『教行信証』の組織

『教行信証』の組織の大科を示せば次のとおりである。

- 総序
  - 題目
  - 本文

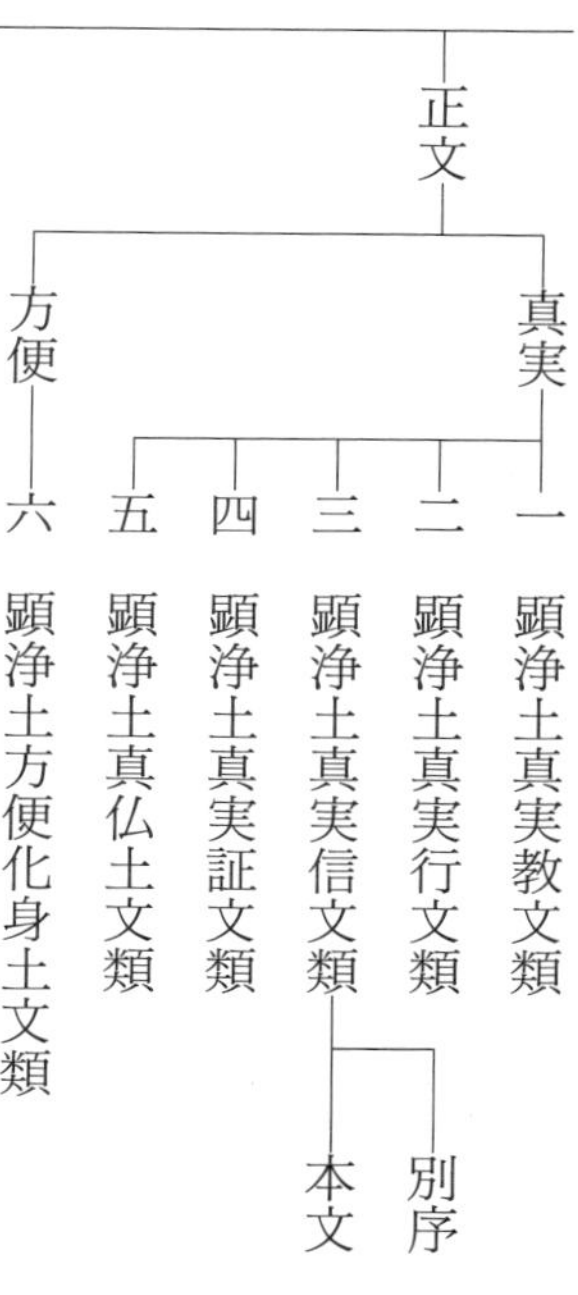

後序

一部六巻より構成されている。冒頭に総序、「信文類」に別序、「化身土文類」の最後に後序がおかれている。総序と後序は『教行信証』全体にわたり、別序は「信文類」につく序文である。

古来、法然聖人と宗祖の御法義について、一願建立と五願開示という視座より教学の特色が説明されている。法然聖人は『選択集』において、第十八願に立脚して、選択本願の行として、念仏往生の法義を展開されている。これを宗祖は五願に開いて、浄土真宗の法義を開顕されている。即ち第十一・十二・十三・十七・十八の五願を根幹として、『大経』弘願他力の教えを展開されているのが、前真実五巻である。「教文類」は第十七願の諸仏能讃の「咨嗟称」即ち釈尊開説の真実の教、『大経』であり、「行文類」は第十七願所誓の諸仏所讃の「我名」の名号大行、「信文類」は第十八願「至心信楽欲生」の信心為本の法義、「証文類」は第十一願の難思議往生、滅度の証果、「真仏土文類」は第十二・十三願にもとづき真仏真土の法義が展開されている。そして「化身土文類」において、方便の願である第十九至心発願之願・第二十至心回向之願により方便権仮の法が説示されている。いま真実五願と真実五巻、五願六法の関係を図示せば次のとおりである。

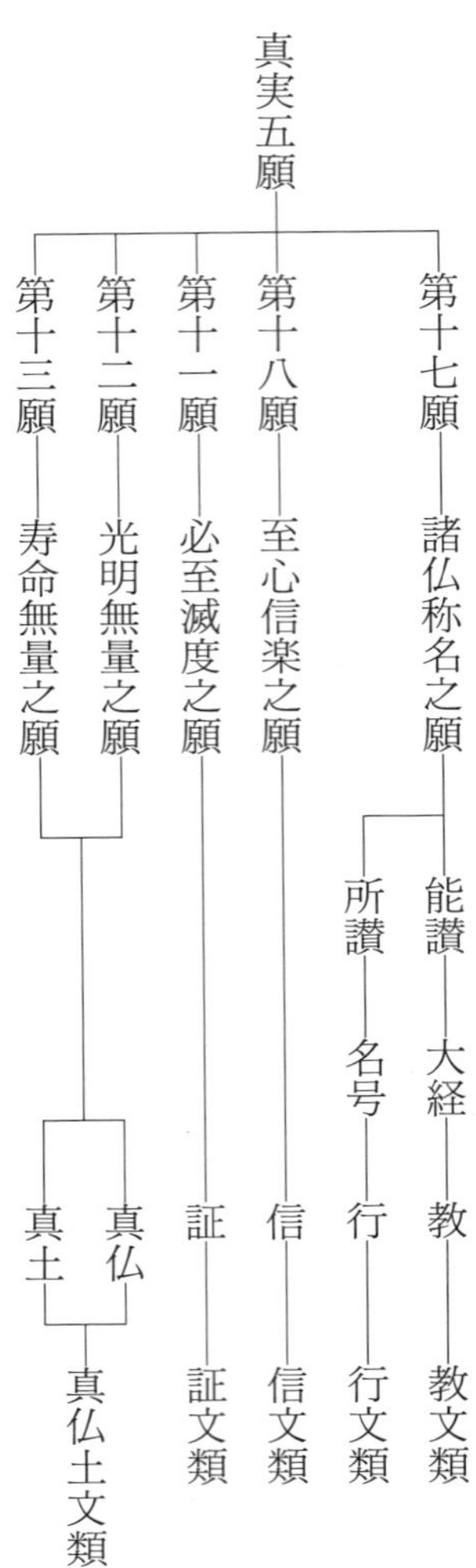

第二節　三法と四法

一

『教行信証』の題号は『顕浄土真実教行証文類』である。教・行・証の三法立題である。しかし内容は教・行・信・証の四法でもって本文の構成がなされている。「教文類」の本文の冒頭に、上に記した如く、

つつしんで浄土真宗を案ずるに、二種の回向あり。一つには往相、二つには還相なり。往相の回向について真実の教行信証あり。

（『註釈版』一三五頁）

とあり、二相四法展開の上に、浄土真宗の綱格を示されている。宗祖は教・行・証の三法中、何故行より信、を別開されたのであろうか。この点に、師法然聖人の念仏往生を受けつぎ、更に師説を深化展開し、信心正因の浄土真宗の教義を確立された、顕真実の宗祖の思召を見るのである。

まず法然聖人の教学的立場より見ていくに、第十八願に立脚した三法展開である。「教」とは『選択集』の二門章に、

初めに正しく往生浄土を明かす教といふは、いはく三経一論これなり。（『註釈版七祖篇』一一八七頁）

と教示されている。「浄土三部経」と天親の『浄土論』の三経一論である。「行」とは二行章に、

問ひていはく、なんがゆゑぞ五種のなかに独り称名念仏をもつて正定の業となすや。答へていはく、かの仏の願に順ずるがゆゑに。意はいはく、称名念仏はこれかの仏の本願の行なり。ゆゑにこれを修すれば、かの仏の願に乗じてかならず往生を得。（『註釈版七祖篇』一一九四頁）

とある如く、善導の就行立信釈に立脚して、五正行中第四称名正定業が、浄土往生の正因の行となり得るのは、仏の本願の行であるからと釈されている。第十八願の乃至十念の称名念仏、即ち選択本願の行が、浄土往生の正因法であることを示されているのである。「証」とは浄土の往生である。法然聖人の三法門の教説は念仏往生をその根幹とするものである。『選択集』の標宗の文には、「往生之業　念仏為先」とあり、本願章においては、選択本願の行である念仏について、難易勝劣の二面より勝易の二徳があるとして、一切の諸行を選捨して、念仏一行を往生の本願としている。特に名号の勝徳について、

名号はこれ万徳の帰するところなり。（『註釈版七祖篇』一二〇七頁）

と説示されている。更に『選択集』の結論である総結三選の文において、聖浄二門中、浄土門を選び、浄土門中の正雑二行中、雑行を捨て、正行を選び、正行中助業を傍にして、選んで称名正定業を専にすべきことを述べ、

正定の業とは、すなはちこれ仏名を称するなり。名を称すれば、かならず生ずることを得。仏の本願によるがゆゑなり。

（『註釈版七祖篇』一二八五頁）

と説示されている。ここに選択本願の念仏を根本的立場とする、一願建立の法然聖人の三法門の念仏往生の教学の特色を見るのである。

二

宗祖はこの師説を受容し、本願力回向の立場より、往生成仏の因果すべて、仏よりの回向法として、浄土真宗の教義を開顕し、『本典』において、本願真実のおみのりを顕彰されているのである。上述の如く「教文類」の冒頭において、浄土真宗を往相・還相の二回向四法（教・行・信・証）で顕し、仏の回向法である旨を詮顕されている。また「証文類」において、

それ真宗の教行信証を案ずれば、如来の大悲回向の利益なり。ゆゑに、もしは因、もしは果、一事として阿弥陀如来の清浄願心の回向成就したまへるところにあらざることあることなし。因浄なるがゆゑに、果また浄なり、知るべしとなり。

（『註釈版』三一二～三一三頁）

と説示し、「教文類」に対応して、真宗教義の教・行・信・証はすべて本願力回向であることを述べ、四法

を総結されている。『高僧和讃』に、

弥陀の回向成就して　往相・還相ふたつなり
これらの回向によりてこそ　心行ともにえしむなれ
（『註釈版』五八四頁）

と讃ぜられている。真宗の「すくい」と「さとり」は全分如来大悲の回向法というべきである。この如来の本願力による衆生への回向のはたらき、具体化が、名号法である。『唯信鈔文意』に次の如く釈顕されている。

おほよそ十方世界にあまねくひろまることは、法蔵菩薩の四十八大願のなかに、第十七の願に、「十方無量の諸仏にわがなをほめられん、となへられん」と誓ひたまへる、一乗大智海の誓願成就したまへるによりてなり。
（『註釈版』七〇三頁）

と教示されている。諸仏の名号の称揚讃嘆による名号摂化、流行を誓うのが第十七願である。この第十七願成就を根源として、十方世界への名号の流行展開が存するのである。「一乗大智海」とは、本願一乗法、即ち名号である。

『正像末和讃』に、

南無阿弥陀仏の回向の　恩徳広大不思議にて
往相回向の利益には　還相回向に回入せり
（『註釈版』六〇九頁）

と讃ぜられている。

『教行信証』における三法・四法の法門は、以上の本願力回向の基盤の上に、その教義展開がなされているというべきである。

三

上述の如く『本典』の題号は「教行証文類」の三法立題であるが、内容は教・行・信・証の四法展開である。三法の教・行・証の行より信を別開して、『本典』は構成されている。その教学展開の背景には師法然聖人の三法門の念仏往生の教説を受けつぐと共に、他力回向の信心為本の立場より、浄土真宗の法義を顕彰されたところに、宗祖の四法展開、「信文類」開顕の教学があったといえるであろう。

古来三法は他力の極致をあらわし、四法は機受の精要をあらわすと説明されている。三法は総序の御文に、

真宗の教行証を敬信して……。（『註釈版』一三二頁）

と説示されている。三法門で示される教義の綱格は仏教一般の法相の通目である。教は能詮の言教、行はさとりへの業因、証はさとりの果である。いま『本典』に説示される三法の意味であるが、古来向外と向内の二面があるとされている。向外とは上記の如く教行証の三法は一般に用いられた法相の名目であり、これに順じて聖道門の三法に対して浄土真宗の立場を顕彰されるのである。「化身土文類」に宗祖は『末法灯明記』を引用されている。正・像・末の三時の流れの中で、聖道門の教・行・証の三法は衰え、隆替の推移があることが説示されている。「末法のなかにおいては、ただ言教のみありて行証なけん」（『註釈版』四二一頁）とある。この聖道門に対し、浄土真宗は仏回向の名号願力により、往生成仏の大道がめぐまれているのであり、浄土の法門の教・行・証の三法は正法・像法・末法の三時にわたって不変である。「化身土文類」に、

まことに知んぬ、聖道の諸教は、在世・正法のためにして、まつたく像末・法滅の時機にあらず。すでに時を失し機に乖けるなり。浄土真宗は、在世・正法、像末・法滅、濁悪の群萌、斉しく悲引したまふをや。
（『註釈版』四一三頁）

と説示されている。かかる立場より、一定の通仏教の法相である三法に順じて、浄土門の三法、真宗の教法の不変を示すにある。次に向内的には他力回向の本願の法を浄土真実の教・行・証として説示されているのである。「教」とは第十七願に、

たとひわれ仏を得たらんに、十方世界の無量の諸仏、ことごとく咨嗟して、わが名を称せずは、正覚を取らじ。
（『註釈版』一八頁）

とある。十方無量の諸仏に我が名を咨嗟し称揚せしめんとある。その「咨嗟称」、真接的には釈尊の言教、『大無量寿経』を真実の教というのである。「行」とは第十七願に「咨嗟称我名」とある「我名」、南無阿弥陀仏の名号大行のことである。阿弥陀仏の因位の万行、果上の万徳が成就されてある名号である。三法門においてはこの名号が衆生の往生成仏の業因であり、衆生の能信・能行は全く仏回向の名号の力用により、信ぜしめられ、称名念仏せしめられるのであり、仏果を証せしめられるのである。「証」とは難思議往生の滅度の証果である。行・証直接して、名号大行の独用により、衆生は往生成仏の果に到らしめられるのである。名号の独用、他力の極致をあらわす法門である。

次に四法門とは上述の如く「教文類」冒頭の二相四法、「証文類」の四法結釈の文にあきらかである。三法の「行」より「信」を別開して、信心為本の真宗教義の中核、機受の精要を開顕するにあるといえよう。

四法にも向外と向内がある。向外の面は要門と真門の仮の二門と弘願真実の真仮の分別である。向内とは信心正因の法相を示すにある。衆生をして、往生成仏の仏果を証せしめる業因は仏回向の名号大行である。この名号大行を領納聞信するところ、往生成仏の証果の成就が存するのである。ここに行より信を別開して、教・行・信・証の四法展開の上に、信心為本の浄土真宗の法義を開顕された宗祖の御己証を見るのである。名号大行は所信・信の対象、信は能信・信心正因であり、仏回向の名号大行を領納信受する大信である。信の体・本質は名号であり、名号と信心は不二一体である。第十八願の三心即一の疑蓋無雑の信楽の一心が涅槃の真因である旨を「信文類」において開顕されているのである。三一問答において、

涅槃の真因はただ信心をもつてす。（『註釈版』二二九頁）

と説示されている。四法門においては、信・証真接して信心為本の宗義を顕彰されるのである。「証」とは、往生即成仏の無上涅槃の極果、滅度である。三法と四法は両々相まって、他力回向の真宗の教義を開顕するものといえよう。

「行文類」の両重因縁の釈は三法と四法の関係を教示するものである。

（初重）

まことに知んぬ、徳号の慈父ましまさずは能生の因闕けなん。光明の悲母ましまさずは所生の縁乖きなん。

（後重）

能所の因縁和合すべしといへども、信心の業識にあらずは光明土に到ることなし。真実信の業識、これすなはち内因とす。光明・名の父母、これすなはち外縁とす。内外の因縁和合して報土の真身を得証す。

（『註釈版』一八七頁）

この両重因縁の釈は次の「信文類」別開を視野に入れての御教示と窺う。初重は「徳号の慈父」の「能生の因」と「光明の悲母」の「所生の縁」との因縁、後重は「真実信の業識」の「内因」と「光明・名号の父母」の「外縁」が示されている。図示すれば次のとおりである。

初重

名号（慈父）――能生の因
光明（悲母）――所生の縁 ――報土の真身（果）

後重

真実信（業識）――内因
光明・名号（父母）――外縁 ――報土の真身（果）

初重は教・行・証の三法門の立場で、法体名号の独用を示す。名号を「能生の因」とし、光明の縁により往生成仏の果を証する、機功を絶した本願力の独用を教示されるものである。後重は教・行・信・証の四法門の立場を示すもので、信心の内因と光明・名号の外縁により証果を得ることを説示されたもので、名号を領納し、本願力に全託した信心正因の救済の成立を教示されたものといえよう。初重は「本願名号正定業」の名号業因の三法展開であり、後重は「至心信楽願為因」の信心正因の四法門の展開を教示されたものである。三法門と四法門の有機的関連を釈顕された御自釈と窺うのである。この場合「真仏土文類」の所顕であるが、信心の行者の得る証果の分済が真仏・真土である旨が説示されている。「証」より真仏・真土の二法を開示して教・行・信・証・真仏・真土の六法となる。真仏・真土を証に摂むれば教・行・信・証の四法である。四法を図示すれば左記の如くである。

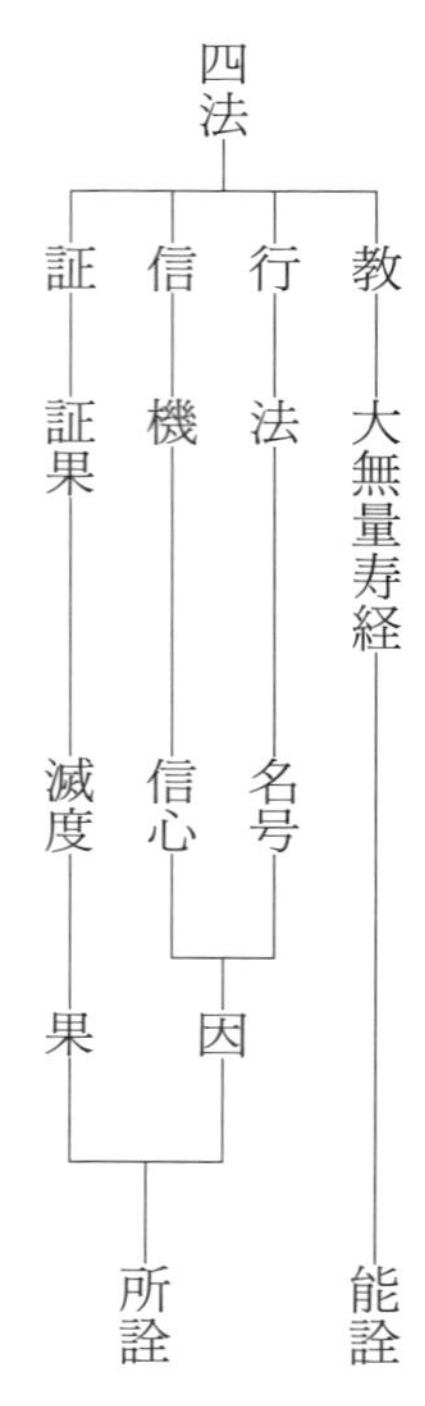

第三節　『教行信証』の概要

一

『教行信証』の内容は教・行・信・証・真仏土・化身土の六巻より構成されているが、「化身土文類」は方便の教法が説示されているのであり、真実の教法が説かれているのは前五巻である。その中、上記の如く、第五「真仏土巻」所明の真仏土は阿弥陀仏の浄土・涅槃界であり、衆生が往生成仏する証果・滅度の世界である。『証巻』におさまる。よって宗祖は浄土真宗の教義を「教文類」の冒頭に、二相四法で示し、教・行・信・証の四法でもって教義の内容を説示されているのである。

本書一部六巻の内容であるが、冒頭に総序、「信文類」のはじめに別序、「化身土文類」の最後に後序が置かれている。
総序においては大別して三段に分かれる。第一段は真宗の法義を讃嘆される。第二段は有縁への勧誡である。第三段は『教行信証』撰述の意図の表白である。別序は「信文類」別開の意趣が述べられている。後序は三段に分れている。第一段は法然聖人及びその門下への迫害について述べ、第二段は師法然聖人への帰依と『選択集』附属の師資的伝の恩恕について述べ、第三段は『教行信証』の撰述の述懐がのべられている。

「教文類」の標挙には、

大無量寿経　真実の教
浄土真宗

（『註釈版』一三四頁）

とある。『大無量寿経』をもって「真実の教」とし、釈尊出世の本懐の経である旨が説かれている。そして本文冒頭に二相四法により浄土真宗の綱要を示し、真宗は本願力回向のおみのりであると説示されている。

次に「行文類」では標挙に、

諸仏称名の願　浄土真実の行
選択本願の行

（『註釈版』一四〇頁）

とある。第十七願文には、「十方世界無量諸仏、不㆔悉咨嗟称㆓我名㆒者」とあり、名号成就が誓われている。十方諸仏の能讃「咨嗟称」を此土でいえば、釈尊の言教『大無量寿経』であり、「教文類」の標挙にかかげられている。そして咨嗟称される「我名」が衆生済度の弥陀の名号である。この諸仏所讃の名号を「浄土真実の行」と説示されているのである。この他力回向の法である名号の独用により、衆生は往生成仏の果を得せしめられるのである。「選択本願の行」とは第十八願の「乃至十念」の称名である。諸仏所讃の名号の衆生の上への流行が「乃至十念」の称名念仏である。この衆生の往生成仏の真実の行である名号大行を釈顕されるのが「行文類」の所顕である。

「信文類」においては、師法然聖人の三法門の念仏往生を受け、行より信を別開して、四法門の教・行・信・証の他力回向の立場より、信心為本の法義を顕彰されている。標挙に、

至心信楽の願　正定聚の機

（『註釈版』二一〇頁）

とある。念仏為本の法義を展開された法然聖人を受け、それを更に深化展開し、第十八願の至心・信楽・欲生の三心即一の疑蓋無雑の信楽の一心、即ち唯信正因の法義を開顕された宗祖の思召を見るのである。そして信一念同時に正定聚の益がめぐまれる信心の行者を、「正定聚の機」と細註されている。即ち三一問答において至心・信楽・欲生の三心に関し、三心即一の信楽の一心が往生成仏の正因、機受の極要は信楽の一念にきわまることを釈顕されている。三一問答が終った後に信心の得益について述べられている。横超断四流の釈では仏回施の信心は往生即成仏の仏果を証せしめる正因であると当益を示し、つづいて信に生きる正定聚の内実、現益を真仏弟子釈で説示されている。最後に明所被機において、阿闍世の逆害を中心として、大悲摂化の機類の現実、逆謗の難化の三機の摂取について述べ、大悲回向の大信の徳を説示されている。

「証文類」において、標挙に、

必至滅度の願

難思議往生

（『註釈版』三〇六頁）

とある。他力回向の行信の因により、浄土に往生して、証する仏果が第十一願所誓の滅度である。「難思議往生」は真実報土への往生は往生即成仏であることを示す。往相回向の証果・滅度の内容を釈顕するのが

「証文類」の内容である。そして往相の証果と共に第二十二願の還相回向が説示されている。還相は証果、滅度の悲用として一体である。滅度は往生即成仏のさとりの果であると同時に、利他の大悲の摂化の利益がめぐまれている。還相は証果、滅度の悲用というべきである。

次に「真仏土文類」は標挙に、

光明無量の願

寿命無量の願

(『註釈版』三三六頁)

とある。第十二・第十三願が標挙されている。この因願に酬報した真報仏土が不可思議光如来であり、無量光明土である。阿弥陀仏の身土は報仏報土であることを教示されている。古来、真仏土の開顕について、二つの見方がある。往生門と正覚門である。往生門とは教より行・信・証・真仏土への展開であり、往生成仏の衆生の趣入次第をあらわす法門である。「証文類」難思議往生の証果は、阿弥陀仏の光寿界である浄土への往生であり、真仏土は証果を悟る涅槃界である。衆生趣入の浄土の風光を開顕するにある。上述の如く、真仏土は証よりの展開、不二であり、証におさまる。次に正覚門とは弥陀正覚の果体である真仏土は、衆生が往生成仏する二相四法の本願力回向の根源であり、従仏向生の法門の展開である。仏の摂化活動が光寿二無量の果界を根源として、教・行・信・証と展開するという法門の見方である。真仏土の弥陀正覚の果徳全体、本願力回向の名号大行としてめぐまれ、衆生の大信となり、往生成仏の証果を得せしめたもうのである。本書の所明は往生門の法義が当義であり、正覚門は傍義である。往生門と正覚門の関係を図示せば次の如くである。

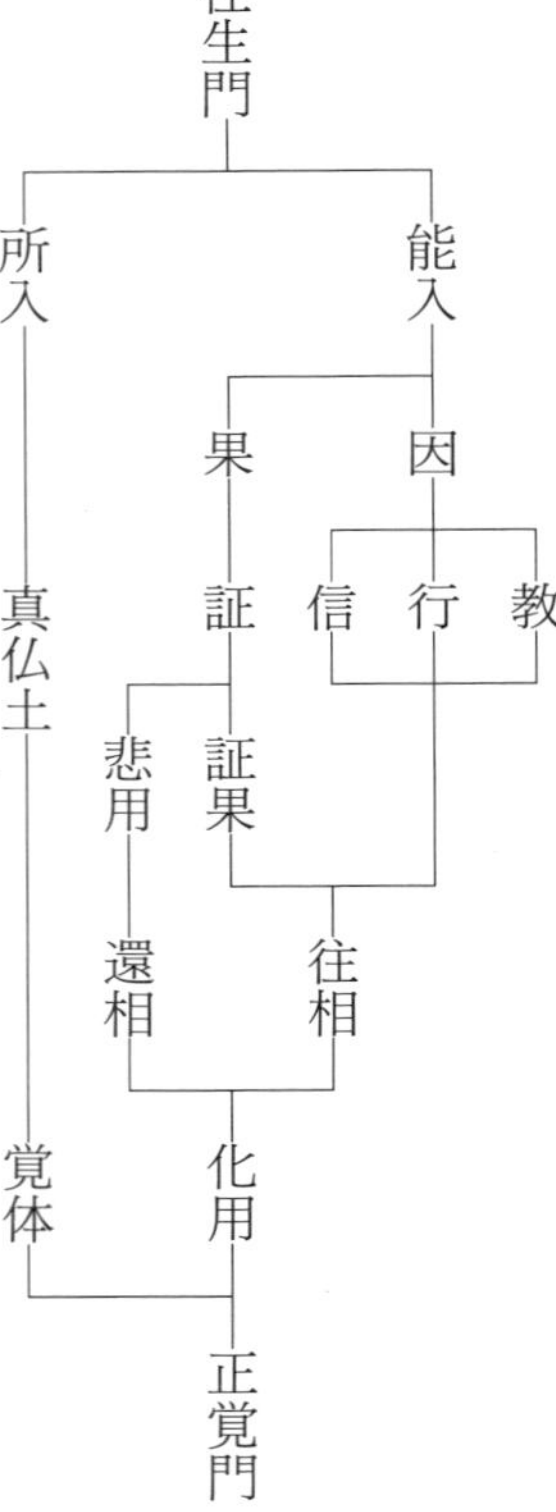

二

次に第六巻について窺うに、『教行信証』前五巻には「真実」乃至「真」の語が表示されているが、第六巻は『顕浄土方便化身土文類』とある。第六巻には方便の教法が説かれている。冒頭の標挙には第十九・第二十願が標願されている。

無量寿仏観経の意なり

至心発願の願　邪定聚の機
双樹林下往生

阿弥陀経の意なり

至心回向の願　不定聚の機
難思往生

（『註釈版』三七四頁）

宗祖は真実の願である第十八願と方便の願である第十九・第二十願を核として、真実と方便の関係を一部六巻の上に展開されている。古来これを六三法門の名目で解している。図示すれば次の如くである。

六三法門

（三願）	（三門）	（三経）	（三蔵）	（三定聚）	（三往生）	
第十八願	弘願	大経	福智蔵	正定聚	難思議往生	真実
第十九願	要門	観経	福徳蔵	邪定聚	双樹林下往生	方便
第二十願	真門	小経	功徳蔵	不定聚	難思往生	方便

第十九至心発願の願は要門、諸行往生の願であり、第二十至心回向の願は真門、自力念仏往生の願であり、第十八至心信楽の願は弘願、唯信正因所誓の願である。第十八願は「信文類」に標願され、第十九・第二十願は「化身土文類」に標願され、願海に真仮があることを説示されているのである。そして三経の上に真仮を見られ、『観経』と『小経』の上に隠顕釈をなし、顕説と隠彰の二面より、経意を解されている。三経差別の顕説では、『観経』は第十九願、定散二善の自力諸行往生の要門開説の経であり、『小経』は第二十願、自力念仏往生の真門開説の経であることを説示されている。そして隠彰義では、『観経』『小経』の二経は『大経』第十八願の唯信正因の弘願と一致するのであり、三経の上に真仮の別と一致の隠顕両面が存することを説示されているのである。三蔵とは福徳蔵（要門）・功徳蔵（真門）・福智蔵（弘願）と三願の教法の分別である。そして三願の教法を領納する機類について、「化身土文類」では第十九願の邪定聚の機、第二十願の不定聚の機と細註し、「信文類」では正定聚の機とあり、三機の分別をされている。そしてその証果について、「化身土文類」においては、第十九願の要門の機の往生を双樹林下往生、第二十願の真門の機の往生を難思往生と細註し、第十八願の弘願の機の往生を「証文類」において難思議往生と標挙されている。双

樹林下往生・難思往生が方便化土への往生であるに対し、難思議往生は真実報土への往生である。
かくて「化身土文類」の標挙は、本巻の宗要は第十九・第二十願を開説した『観経』『小経』の方便の教法を釈顕するにあることを教示するものと窺う。本文に入って冒頭に方便の法門を証果である化身化土をあげて釈されている。次で要門釈について説示されている。この要門釈の次に『観経』と『小経』の隠顕釈について述べ、『大経』『観経』『小経』の三経の真仮・三経隠顕について釈顕されている。つづいて真門釈、三願転入の自督が述べられている。以下聖道釈を展開し、聖道門と浄土真宗を対顕し、正・像・末に通ずる本願真実の教法を顕彰し、更に外教釈において異執を教誡されている。最後に後序の一段をもうけ、結されているのである。

（『教行信証』の研究」第一巻「『顕浄土真実教行証文類』解説論集」序論）

信文類講讃

第一章　「信文類」の開顕と「別序」

第一節　「信文類」の大綱

「信文類」の冒頭に「別序」が置かれ、信心為本の教説を樹立された宗祖の思召が吐露されている。標挙には第十八願名が置かれ、信心為本の法義は第十八願を根源として成立することを教示されている。本文は「正明大信」と「明所被機」に分かたれる。「正明大信」の一段は、第十八願の至心・信楽・欲生の三心の義趣をあきらかにするものである。この中が「大信直釈」と「料簡」の二に分かたれる。「大信直釈」においては、他力の大信の要諦が教示されている。「料簡」の一段は、「三一問答」と「追釈」の二段より構成される。「三一問答」の一段において、字訓釈と法義釈を設けて、信心の義相をあきらかにされている。本願の至心・信楽・欲生の三心は信楽の一心におさまるのであり、機受の極要は信楽の一念である。そして別釈信楽（信一念釈）において、信楽の一念を釈されるのである。「追釈」の一段は横超断四流の釈と真仏弟子釈である。横超断四流の釈は他力回向の信心により、速やかに仏果を証する利益を示される。次の真仏弟子釈は、めぐまれた信に生きる行者こそが真の仏弟子であることを述べ、大信の徳を讃仰される一段である。

本文の大科中「明所被機」（「救済の対象」）は『涅槃経』により難化の三機（五逆罪・謗法罪・一闡提）が、仏の大悲摂取のめあてであることを、阿闍世の逆罪の救済を通してあきらかにされている。更に第十八願文の逆謗除取の問題に関し、曇鸞・善導の釈文により解し、逆謗闡提が、仏の本願のすくいの対象であることをあきらかにして、大信心の徳を讃仰されている。インド・中国・日本の仏教の流れの中で、一大課題であった難化の三機の成仏不成仏の問題を見通し、宗祖は結論を下されているのである。

第二節　「信文類」の開顕

序論において詳述した如く、『本典』の題号は「教・行・証」の三法立題である。しかし内容の展開にあたっては「教・行・信・証」の四法展開である。「行」より信を別開して、四法でもって浄土真宗の法義を顕彰されているのである。「教文類」の冒頭において、二相四法の本願力回向の立場より、浄土真宗の綱要を教示されている。既述の如く（三法四法の条下）、三法門より四法門の構成とし、三法門展開の師法然聖人の念仏往生の法義を受容し、本願力回向の立場より、信心為本の法義、顕真実の己証を開顕されているのである。往生成仏の因果すべて仏よりの回向法として、法義の顕彰がなされている。『高僧和讃』に

弥陀の回向成就して　往相・還相ふたつなり
これらの回向によりてこそ　心行ともにえしむなれ
（『註釈版』五八四頁）

と讃ぜられている。真宗の「すくい」と「さとり」は全分本願力による回向法というべきである。この如来

の本願力による衆生への回向の具体化が名号法である。名号摂化、諸仏の称揚讃嘆による名号の流行を誓うのが第十七願である。衆生の信心と称名は、仏回向の名号の展開である。名号・本願力により信ぜしめられ、称せしめられる他力の仏道の歩みが恵まれるのである。第十七願文に、

　たとひわれ仏を得たらんに、十方世界の無量の諸仏、ことごとく咨嗟して、わが名を称せずは、正覚を取らじ。（『註釈版』一八頁）

と誓われている。願文に「咨嗟称我名」とある。「咨嗟称」は十方諸仏による弥陀の名号法の讃嘆であり、直接的には娑婆における釈尊の言教、『大無量寿経』の説法である。『大経』所詮の宗体が本願名号である。「教文類」は第十七願の「咨嗟称」の能讃の言教、即ち『大経』を顕彰するのを宗とするのであり、所讃の「我名」、名号大行を「行文類」に釈顕されているのである。この第十七願所誓の名号が普流行して、衆生を信ぜしめて、済度したもうのである。この仏回向の名号を聞信する信の一念に、衆生の往生が決定するのである。この本願力回向の名号を領納信受する信心所誓の願が第十八願である。「信文類」の標挙には「至心信楽の願」（『註釈版』二一〇頁）とある。宗祖は第十八願を仏回向の名号を信受する信心正因所誓の願として顕彰されているのである。本願力回向を真宗教義成立の根源とされる宗祖においては、仏回向の本願の名号を領納する機受の極要は信にきわまるというべく、信心こそが往生成仏の真因である。信心為本の宗義を開顕せんとするところに、行より信を別開された理由が存するのである。即ち行より信を別開して、四法門の立場より、名号の衆生への流行展開を、第十八願の三心の上に開顕された祖意が存するのである。かくて、「行文類」と「信文類」は所信と能信の関係となる。「行文類」所顕の名号大行を聞信する信心が、涅槃

の正因である。信心為本の法義を「信文類」において開顕されたのである。行信次第して、四法門構成の上より、真宗の法義を顕彰される宗祖の思召が存するといえよう。

第三節　「別序」の趣意

法然聖人の念仏往生と宗祖の信心為本の相承の関係は如何に窺うべきであるのか。共に第十八願に立脚せる教説である。念仏往生は「乃至十念」に、信心為本は本願の「三心」に根拠した教義展開である。法然聖人は『選択集』において、選択本願の行である他力念仏を「往生之業　念仏為先」と教示され、念仏往生を展開されている。称名念仏には勝易の二徳があることを本願章において釈顕されている。そして「名号はこれ万徳の帰するところなり」（『註釈版七祖篇』一二〇七頁）といい、名号には弥陀一仏の一切の内証の功徳・外用の功徳が摂在することを述べられ、念仏往生を展開されている。これに対して、宗祖の信心正因の教説も、弥陀回向の名号が衆生心中に領納されたのが信心である。本願成就の名号が心に聞信（「聞其名号」）されたのが信であり、口に流行するのが称名である。この場合法然聖人は行々相対の立場より、三法門に立脚して、念仏往生の法義展開をされているのである。名号の力用を仰ぐ、能称無功の他力の称名念仏の法門である。宗祖は師説を受容深化し、本願力回向の立場より、行より信を別開し、四法門の法義に立脚して、仏回向の名号聞信の信心正因の教義を開顕されたのである。法然聖人も『選択集』三心章において、「生死の家には疑をもつて所止となし、涅槃の城には信をもつて能入となす」（『註釈版七祖篇』一二四八頁）といい、信疑決判して、念仏の行者の信心具足すべきことを教示されている。この念仏往生の師説を相承し、行より信を別開して、信心為本の教義を顕彰されたのが「信文類」である。真宗教義の根幹に位置づけられるものといえよう。

「信文類」の冒頭には別序が置かれてある。法然聖人の一願建立の念仏往生を、更に深化展開し、五願に開示し、他力回向の四法門構成の上に信心為本の真宗の法義を顕彰される宗祖の思召を見るのである。存覚上人の『六要鈔』を見るに、

別序とは、第一巻の最初の総序に対して、これを別序と号す。是れ安心の巻、要須たるが故にこの別序あり。（『真聖全』二・二七四頁）

と解されている。別序は他力回向の大信は往生成仏の正因である旨を詮顕し、「信文類」別開の趣意を顕示されたものといえよう。別序の本文の内容であるが、三段より構成されている。

（1）他力回向の信心の顕彰

（2）邪執の悲嘆

（3）「信文類」別開の趣意

第一段は我等凡夫が真実信心を獲得するのは、弥陀如来の選択の願心、即ち第十八願の大悲心によってである。また真心即ち真実の信心がわが胸中にひらけるのは大聖釈尊の我等をあわれみたもうお手まわしによることが説示されている。

それおもんみれば、信楽を獲得することは、如来選択の願心より発起す。真心を開闡することは、大聖（釈尊）矜哀の善巧より顕彰せり。（『註釈版』二〇九頁）

と御教示されている。

第二段は当時の聖道門・浄土門の邪執を悲嘆された一段である。

しかるに末代の道俗、近世の宗師、自性唯心に沈みて浄土の真証を貶す、定散の自心に迷ひて金剛の真信に昏し。（『註釈版』二〇九頁）

今日の末代の道俗は自性唯心の主張をなし、西方浄土にて開く真実の妙証をけなし、定善・散善の自力心に迷い、金剛の真実の信心の意味を全く理解していないと批判されている。

第三段は「信文類」撰述の思召がのべられている。

ここに愚禿釈の親鸞、諸仏如来の真説に信順して、論家・釈家の宗義を披閲す。広く三経の光沢を蒙りて、ことに一心の華文を開く。しばらく疑問を至してつひに明証を出す。まことに仏恩の深重なるを念じて、人倫の哢言を恥ぢず。浄邦を欣ふ徒衆、穢域を厭ふ庶類、取捨を加ふといへども毀謗を生ずることなかれとなり。（『註釈版』二〇九頁）

「信文類」撰述の意は、信楽の一心を明らかにするにある旨が説示されている。「諸仏如来の真説」とは、十方諸仏も同勧される釈迦如来の「浄土三部経」の真説である。論家・釈家の宗義とは七祖の御釈のことである。「信文類」の撰述は三経の教説と七祖の釈義によるのであり、当巻一部の中核は本願の三心、即ち『浄土論』冒頭に「世尊我一心」と教示される「一心の華文」にあることを説示されている。「しばらく疑問を至して」とは三一問答である。三一問答の問端において、本願の三心と『浄土論』の一心を対置して、字訓釈・法義釈により、三心が一心に即一する旨があきらかにされているのである。信楽一心の信心為本の宗義の根幹を釈顕するところに、「信文類」別開の要があることを説示されているのである。そして仏恩の深重なることを思い、人々のあざけりを恥じようとも思わないと、宗祖は心情をのべ、浄土を願生する人々よ、真実の御法をそしることがあってはならぬと結ばれているのである。

第二章　標挙と題号

至心信楽の願　正定聚の機

（『註釈版』二一〇頁）

この標挙の一段は、坂東本、本派本願寺本共に「信文類」別序の末尾の余白の所に記されている。この標挙の意味する眼目は、「信文類」に開顕される他力回向の信心は、第十八願の本願力により成就せられた信であることを教示せられたものと窺う。第十八願に誓われた「至心信楽欲生」の万機普益の信心の内容について開顕するのが、「信文類」の内容であることを表示されているのである。

標願の願名であるが、本文の御自釈に五名説示されている。この中宗祖が特に「至心信楽の願」を標願された意味であるが、本願の真仮の分別をあきらかにしようとされた思召があるといえよう。第十八願が真実の願であるのに対して、「化身土文類」においては「至心発願の願」（第十九願）、「至心回向の願」（第二十願）と仮の願名が標願されている。真仮三願の分別をされているのである。第十九願は、諸善万行を自力で修し、浄土往生を発願する行者を方便化土に往生せしめることを誓った願であり、第二十願は自力念仏の功徳を浄土に回向し、願生する行者の化土往生を所誓とする願である。これに対し、第十八願はめぐまれた弥陀真実の仏心、名号を疑いなく信受した三心即一の信楽の一心、信心正因所誓の願である。宗祖はこの本願の仏意により、三願の真仮の別を「信文類」・「化身土文類」の標願の上に表示されたものと窺うのである。「至心信楽の願」の願名には、仮の願である第十九・第二十願の願名に対して、本願他力の真実信心の本義が開顕されているのである。「信文類」別開の思召を教示されているのである。また「行文類」の標願に対比するに、「行文類」では「諸仏称名の願」と表示されているのであり、名号成就の根源は第十七願にあることが説示されている。仏回向の名号大行について開顕されているのが「行文類」である。この名号を所信の対象として成立する信心の内容を開顕するのが、「信文類」であることを示されているものといえよう。唯信正因を本義とする浄土真宗成立の根源は第十八願であることを教示されたのが、標願の「至心信楽の願」である。

次に「正定聚の機」とある細註であるが、「化身土文類」と対比するに、標願の「至心発願の願」に「邪定聚の機」と細註し、「至心回向の願」に「不定聚の機」と細註されている。第十九願要門自力の諸善万行の行者を「邪定聚の機」といい、第二十願真門の自力念仏の行者を「不定聚の機」と示されている。これに対して他力信心を獲得して、往生成仏に決定した信心の行者を「正定聚の機」と表示されているのである。信心決定の信一念同時に正定聚の利益がめぐまれるのであり、信・益は同時である。正定聚とは、必ず往生成仏するに決定しているなかまという意味である。信心決定と同時に、現生で往因満足して、当来には浄土に往生して、仏果を証する身に定まった聚類（なかま）という意味である。「機」とは受法聞信の行者をいう。かかる利益がめぐまれるのが、「信文類」所明の大信の内容であることを顕示されているのである。

題号の「顕浄土真実信文類三」とは当巻の題目である。前二巻に次第して三とある。行より信を別開して四法門構成の表示である。「真実信」とある信の字義であるが三一問答の字訓釈において、「疑蓋間雑なきがゆゑに、これを信楽と名づく」(『註釈版』二三一頁)と説示されている。三心即一心の信楽を釈されている。信の字義は、無疑が当義である。「真如一実の功徳宝海」である仏回向の名号大行を聞信する「信」である。宗祖はこの大信を「信文類」冒頭の大信直釈において、十二句の嘆釈をされ、「証大涅槃の真因」等と讃述されている。本巻の題号は、この弥陀回向の大信を顕彰するにあることを、表示せられているのである。即ち「浄土真宗の真実の信心の法義を顕彰するために、経・論・釈の要文を類集した書」という意味である。

尚、撰号については序論において詳説しているので省略する。

第三章　大信直釈

第一節　総標

本文の冒頭に総標して、

つつしんで往相の回向を案ずるに、大信あり。(『註釈版』二一一頁)

と説示されてある。この文は直接的には「行文類」の冒頭に「つつしんで往相の回向を案ずるに、大行あり、大信あり」(『註釈版』一四一頁)とあるのを受けるものであり、遠くは「教文類」の最初に「往相回向について真実の教行信証あり」（『註釈版』一三五頁）とある文と対応する。往相回向の教行信証の四法中、教は能詮の法であり、証は果である。往生成仏の因は行信である。中心の肝要の行信を「行文類」の冒頭で標示されているのである。行・信は一具の法であり、「行文類」所顕の大行は大信と不離不二であることを教示するものである。回向の体は南無阿弥陀仏の名号の他はない。衆生は仏回向の名号により、往相、還相せしめられるのである。この名号大行を領納信受するところ、大信の成立がある。往生成仏の正因である。行は所信であり、信は能信であり、行信の体は本願力回向の名号である。この名号大行を開顕するのが「行文類」であり、名号を聞信する信心が涅槃の真因である。この本願の真実義を開顕するのが「信文類」である。往相回向の究極の詮要は、大信にきわまることを、本文冒頭の総標において顕彰されているのである。

第二節　正釈大信

第一項　嘆徳

大信心は、すなはちこれ長生不死の神方、欣浄厭穢の妙術、選択回向の直心、利他深広の信楽、金剛不壊の真心、易往無人の浄信、心光摂護の一心、希有最勝の大信、世間難信の捷径、証大涅槃の真因、極速円融の白道、真如一実の信海なり。（『註釈版』二一一頁）

大信の徳を讃仰される一段である。宗祖の、伝統を尊び己証を開顕される思召が十二句に結実されている。「信文類」には出体釈は存しない。信心の十二句の嘆徳があるのみである。弥陀回向の名号が、衆生心中に

は、

この至心はすなはちこれ至徳の尊号をその体とせるなり。

（『註釈版』二三二頁）

と教示されている。これは三心の体を名号とするものである。名号の外に別の信心の体は存しないから、出体釈は存せず、十二の嘆名が展開されているのである。十二句の嘆名は大信所具の功徳を示すことにより、大信心の内容を示されたものである。

（一）「長生不死の神方」。大信心は浄土の無量寿のさとりを得させて頂くてだて。（二）「欣浄厭穢の妙術」。浄土を欣い求め、穢土を厭う不思議なてだてという意味である。（三）「選択回向の直心」。大信心は弥陀が選んで回向された名号を領納するまごころ。『選択集』によられた嘆名である。（四）「利他深広の信楽」。衆生を救済すべく仏力他力によりめぐまれた信心。（五）「金剛不壊の真心」。仏よりめぐまれた信心は、金剛の如く不壊の真実心である。（六）「易往無人の浄信」。仏心を領納した清らかな信心は、浄土へ往生しやすい法徳がめぐまれている。しかし自力疑心の者の浄土の往生は無人である。如来の本願力に全託する信心は浄土往生の真因であることを讃仰されている。（七）「心光摂護の一心」。信心の行者は弥陀の摂取不捨の光明に護られている。（八）「希有最勝の大信」。たぐい希れなすぐれた大信という意味である。『散善義』にはこの信心の行者を「希有人」・「最勝人」と嘆ぜられている。（九）「世間難信の捷径」。世間一般の世俗知によっては領解し難いことを世間難信というのである。他力回向の信心の崇高な希有性を嘆じられているのである。捷径とは近道の意味である。『小経』の「一切世間難信の法」によられている。（十）「証大涅槃の真因」。他力回向の大信心は大涅槃を証する真実の因であることを示されている。「信文類」の根幹である唯信独達の宗祖の己証を教示される嘆名である。(十一)「極速円融の白道」。『一念多念文意』には、

円融と申すは、よろづの功徳善根みちみちて、かくることなし、自在なるこころなり。(『註釈版』六九〇頁)

と説示されている。他力の大信には仏徳のすべてが、まどかに具足されているのであり、信心の大道は浄土への白道という意味である。(十二)「真如一実の信海」。同じく『一念多念文意』には、

真実功徳と申すは名号なり。一実真如の妙理、円満せるがゆゑに、大宝海にたとへたまふなり。一実真如と申すは無上涅槃なり。(『註釈版』六九〇頁)

とある。一実真如の徳の円満した大涅槃の果徳を円具した仏回向の名号が、衆生に領納せられたのが大信心である。「行文類」冒頭の大行出体釈において名号大行の具徳を「真如一実の功徳宝海」と説示されている。今はこれを受けての御教示と窺う。一実真如の仏徳を全うずる名号を体とする大信の法徳を讃仰されているのである。十一句を総結する句である。

第二項　出願

第十八願の願名として五つの願名があげられている。

この心すなはちこれ念仏往生の願(第十八願)より出でたり。この大願を選択本願と名づく、また本願三心の願と名づく、また至心信楽の願と名づく、また往相信心の願と名づくべきなり。(『註釈版』二一一頁)

とある。「この心」とは大信心をさす。「より出たり」とあるのは、大信心は念仏往生の願、即ち第十八願の本願力により、衆生に回向、めぐまれた信であることを示されたものである。願名に五名あげられる中、「念仏往生の願」と「選択本願」の願名は相承、すなはち法然聖人を受ける願名であり、「本願三心の願」「至心信楽の願」「往相信心の願」の願名は宗祖の立名、己証である。この中、「念仏往生の願」は法然聖人が、善導大師の釈意をうけて立名された願名である。『選択集』本願章に、

善導の総じて念仏往生の願といふは、その意すなはちあまねし。しかる所以は、上一形を取り、下一念を取るゆゑなり。（『註釈版七祖篇』一二一四頁）

と説示されている。善導大師は上は一生涯を通し、つづむれば、下は十声一声の称名まで、一多の功を見ない仏願他力の念仏往生を説いている。この善導大師の第十八願の乃至十念の解釈を受容して、法然聖人は他力の念仏往生を選択本願の行として『選択集』において説示されている。一多の称功を見ない、能称無功の他力の称名である。本願他力念仏の独用により、浄土に往生せしめられるのである。他力の称名念仏の所称の当体である名号を領納するのが信心である。この信心が誓われてあるのが第十八願の至心信楽欲生の三心である。ここに念仏往生は信心正因に帰するのである。法然聖人が第十八願を「念仏往生の願」とされる『選択集』を相承して、信心正因の法義を釈顕される宗祖の思召を見るのである。法然聖人の念仏往生と信心正因の義との相即不二なることを教示されたものと窺う。

次に「選択本願」とは、『選択集』本願章に「選択」の語について、

布施・持戒、乃至孝養父母等の諸行を選捨して、専称仏号を選取す。ゆゑに選択といふ。

（『註釈版七祖篇』一二〇七頁）

と説明し、選択に選捨と選取の二義をあげて説明されている。更に「慇懃付属章」には、

わたくしにいはく、おほよそ三経の意を案ずるに、諸行のなかに念仏を選択してもつて旨帰となす……一に選択本願といふは、念仏はこれ法蔵比丘、二百一十億のなかにおいて選択するところの往生の行なり。

（『註釈版七祖篇』一二八三頁）

と説明されている。『浄土三部経』の仏説の究極の仏意は、諸行を選捨して念仏を選択されるにある。念仏は法蔵が選択された往生行であり、それが誓われてあるのが第十八願であるという意である。この法然聖人の『選択集』を受容し、第十八願を選択本願と名づけられているのである。

次に「本願三心の願」以下の三名は親鸞聖人の立名である。「本願三心の願」の三心とは至心・信楽・欲生の三心を指す立名である。「至心信楽の願」とは、欲生を信楽におさめての立名であり、三心即一の唯信の本義を顕彰されているのである。『尊号真像銘文』に、

「至心信楽」は、すなはち十方の衆生をしてわが真実なる誓願を信楽すべしとすすめたまへる御ちかひの至心信楽なり。

（『註釈版』六四三頁）

と教示されてあり、第十八願は唯信正因の真実信心が誓われた根本願であることを示された願名である。

「往相信心の願」とは、三心を信楽の一心におさめ、三心即一心の信楽が涅槃の真因である意をあらわす願名である。かくて五願の立名は相承と己証の両面より、第十八願の真実義を宗祖は顕彰されているのであ

る。

第三項　述義

述義の一段は難信易往を示し、獲信は如来の加威力、大悲広慧力によることを示すと共に、この大信心は不顛倒・不虚偽の徳を具す最高の真実の浄信であることを教示されているのである。

しかるに常没の凡愚、流転の群生、無上妙果の成じがたきにあらず、真実の信楽まことに獲ること難し。なにをもつてのゆゑに、いまし如来の加威力によるがゆゑなり、博く大悲広慧の力によるがゆゑなり。

（『註釈版』二一一頁）

我々凡愚は永遠の過去世より、生死の海に没し流転の迷いの中にある存在である。しかし、無上の妙果を証する往生浄土の道はめぐまれている。にもかかわらず、無上の仏果にいたる真実信心を得ることが困難なのは、自力のはからいにより、本願他力の摂化の真実を領解しないからであると、難信の所以を示されている。「なにをもつてのゆゑに、いまし如来の加威力によるがゆゑなり、博く大悲広慧の力によるがゆゑなり」と教示されている。加威力とは仏が衆生にめぐまれる威神力のこと、大悲広慧力とは広大な慈悲と智慧を具足した仏力のことである。共に本願他力のはたらき、徳をたたえた言葉である。この二句の加威力と大悲広慧力の一段の説意に二面が存する。承上起下の二面より真実の信楽の徳を釈顕されていると窺う。承上とは、信楽は凡夫の造作ではない。威神力・大悲広慧力の本願力によりめぐまれる仏心である。全分他力である。衆生の自力のはからいの入る余地は全く存しないというべく、自力の執心にとらわれるところ獲信の可能性は絶無である。このことを「獲ること難し」といわれているのである。同時に起下とは、この仏力のはたらきによってのみ、逆に凡夫は浄信がめぐまれるのである。自力心を捨て他力に帰するところ、本願他力により真実の信楽を獲得せしめられると教示されているのである。

そして如来の加威力・大悲広慧力により獲信せしめられた信心の徳を、

たまたま浄信を獲ば、この心顚倒せず、この心虚偽ならず。ここをもつて極悪深重の衆生、大慶喜心を得、もろもろの聖尊の重愛を獲るなり。（『註釈版』二一一～二一二頁）

と『往生論註』上巻の真実功徳の釈文により説示されている。不顚倒とは真如にかなった智慧のはたらきをいい、不虚偽とは衆生を救い、浄土に往生させようという大悲のはたらきをいう。仏の智慧と慈悲の果徳のすべてがめぐまれているのが「浄信」即ち信楽である。かくて信楽の一心を「大慶喜心」と讃じて、大信の徳を釈されているのである。

第三節　大信引証

第一項　経文要義

経文の引用は左記の七文である。

（1）正依『大経』第十八願文
（2）異訳『如来会』第十八願文

(3)正依『大経』第十八願成就文
(4)異訳『如来会』第十八願成就文
(5)正依『大経』往覲偈の文
(6)異訳『如来会』威徳広大の文
(7)異訳『如来会』聖尊重愛の文

はじめの四文は、正しく唯信正因の本義を証し、後の三文は信の利益、即ち正定聚の益を、信心の行者は得ることを教示されている。引文の中心は冒頭の第十八願文と成就文である。

(イ)第十八願文の文意

至心信楽の本願(第十八願)の文、『大経』(上)にのたまはく、「たとひわれ仏を得たらんに、十方の衆生、心を至し(「至心」)信楽してわが国に生れんと欲ひて(「欲生我国」)、乃至十念せん。もし生れざれば、正覚を取らじと(「若不生者不取正覚」)。ただ五逆と誹謗正法を除く(「唯除五逆誹謗正法」)」と。(『註釈版』二一二頁)

第十八願文については『尊号真像銘文』に詳釈されている。「至心信楽」を釈して、

「至心信楽」といふは、「至心」は真実と申すなり、真実と申すは如来の御ちかひの真実なるを至心と申すなり。(『註釈版』六四三頁)

と説示されている。「至心」とは如来の本願真実の仏心である。「信文類」法義釈において、「この至心はす

なはちこれ至徳の尊号をその体とせるなり」（『註釈版』二三二頁）と釈されている。唯今の「信文類」の御引用には「心を至し信楽して」と訓じられている。ひたすらに、この上なく如来の本願の真実（至心）を、疑いなく信受する（信楽）という意味である。

信楽を『尊号真像銘文』では、

「信楽」といふは、如来の本願真実にましますを、ふたごころなくふかく信じて疑はざれば、信楽と申すなり。（『註釈版』六四三頁）

と教示されている。本願真実をふた心なく信ずる疑蓋無雑の信心を、信楽と釈されている。無疑心である。

そして至心と信楽を合釈して、

この「至心信楽」は、すなはち十方の衆生をしてわが真実なる誓願を信楽すべしとすすめたまへる御ちかひの至心信楽なり、凡夫自力のこころにはあらず。（『註釈版』六四三頁）

といい、凡夫自力のはからいを捨て、仏の本願真実の仏心を、疑いなく領納信楽すべしとお勧めになっている願文と釈されている。

「欲生我国」とは『尊号真像銘文』に、

「欲生我国」といふは、他力の至心信楽のこころをもつて、安楽浄土に生れんとおもへとなり。（『註釈版』六四三～六四四頁）

と説示されている。仏の真実心を領納している信心（信楽）には、必ず浄土に往生することが出来ると待ちうける決定要期の心が、めぐまれていることを釈されているのである。三心は本願を聞信領納している信楽の一心にきわまるのである。

「乃至十念」とは『尊号真像銘文』に、

「乃至十念」と申すは、如来のちかひの名号をとなへんことをすすめたまふに、遍数の定まりなきほどをあらはし、時節を定めざることを衆生にしらせんとおぼしめして、乃至のみことを十念のみなにそへて誓ひたまへるなり。

（『註釈版』六四四頁）

と釈されている。信心決定して称する他力の称名念仏は、遍数、時節にとらわれぬ称名である。数の多少、時節の久近すべてかねおさめる他力の称名行であると釈顕されている。称名念仏は如来よりめぐまれた他力の念仏である。

「若不生者不取正覚」とは、信心決定した者は必ず浄土に往生せしめるという仏の誓意を示す言葉である。『尊号真像銘文』に、

このこころは、すなはち至心信楽をえたるひと、わが浄土にもし生れずは、仏に成らじと誓ひたまへる御のりなり。

（『註釈版』六四四頁）

と釈されている。

「唯除五逆誹謗正法」とは『尊号真像銘文』に、

「唯除五逆誹謗正法」といふは、「唯除」といふはただ除くといふことばなり。五逆のつみびとをきらひ誹謗のおもきとがをしらせんとなり。このふたつの罪のおもきことをしめして、十方一切の衆生みなもれず往生すべしとしらせんとなり。

（『註釈版』六四四頁）

唯除の語には抑止と摂取の仏意がある。抑止とは五逆罪や謗法罪は重罪であるから抑止し、罪の深さを自覚、反省、回心せしめんための善巧の方便であり、摂取とは、本願真実の仏心にめざめる者は救い、浄土に往生せしめんという大悲摂化をあらわす願文と宗祖は釈顕されているのである。

（ロ）第十八願成就文の文意

本願成就の文、『経』（大経・下）にのたまはく、「あらゆる衆生、その名号を聞きて信心歓喜せんこと、乃至一念せん。至心に回向せしめたまへり。かの国に生ぜんと願ぜば、すなはち往生を得、不退転に住せん。ただ五逆と誹謗正法とをば除く」と。

（『註釈版』二一二頁）

第十八願の三心は第十八願成就文より見る時、鮮明にその願意が領解される。宗祖は成就文を引用して、第十八願の三心は一心におさまることをあきらかにされているのである。第十八願文・第十八願成就文は浄土真宗の安心の根源である。宗祖は『一念多念文意』において、成就文の逐語解釈をされている。まず「聞其名号」を釈して、

「聞其名号」といふは、本願の名号をきくとのたまへるなり。きくといふは、本願をききて疑ふこころなきを「聞」といふなり。またきくといふは、信心をあらはす御のりなり。

（『註釈版』六七八頁）

と釈されている。本願の名号を疑いなく聞信するところに、大信の成立がある。「聞」とは無疑の信心である。聞即信の如実の聞の義相を釈顕されている。次に「信心歓喜乃至一念」を釈して、

「信心」は如来の御ちかひをききて疑ふこころのなきなり。「歓喜」といふは、「歓」は身をよろこばし

むるなり、「喜」はこころによろこばしむるなり。うべきことをえてんずとかねてさきよりよろこぶこころなり。「乃至」は、おほきをもすくなきをも、ひさしきをもちかきをも、さきをものちをも、みなかねをさむることばなり。「一念」といふは信心をうるときのきはまりをあらはすことばなり。

（『註釈版』六七八頁）

と「信心」を本願の名号を疑いなく聞信する無疑心、即ち信楽で解されている。三一問答の字訓釈において、宗祖は三心を次の如く結示されている。

いま三心の字訓を案ずるに、真実の心にして虚仮雑はることなし、正直の心にして邪偽雑はることなし。まことに知んぬ、疑蓋間雑なきがゆゑに、これを信楽と名づく。信楽すなはちこれ一心なり、一心すなはちこれ真実信心なり。

（『註釈版』二三〇～二三一頁）

真実信心は疑蓋無雑の信楽の一心にきわまる旨を説示されている。「信心歓喜」とは獲信の一念に、当来、必ず往生即成仏するに決定した正定聚の利益がめぐまれるのであり、往生安堵する歓喜のこころ、即ち信楽の一心である。歓喜を釈して「うべきことをえてんずとかねてさきよりよろこぶこころなり」と述べられている。「乃至」釈に多少（おほきをもすくなきをも）、久近（ひさしきをもちかきをも）、前後（さきをものちをも）の三対で釈されている。多少は数量、久近は時間、前後は次第に約した釈である。後述する如く、信一念釈において乃至を「摂多少之言」と釈されている。相続の時節の多少を問わぬという意味である。次に「一念」を宗祖は信の一念で解されている。一念の解釈に二義がある。その一は『一念多念文意』において、「〈一念〉といふは信心をうるときのきはまりをあらはすことばなり」（『註釈版』六七八頁）と釈されている。後述する信一念釈において、信心決定の最初の時（「信楽開発時剋之極促」）の意で解されている。聖人の御己証である。その二は同じく信一念釈において、一念は二心のない無疑心で解されている。信心決定と同時に往因満足する他力の至極を宗祖は教示したもうてあると窺う。

「至心回向」とは『一念多念文意』に、

「至心回向」といふは、「至心」は真実といふことばなり、真実は阿弥陀如来の御こころなり。「回向」は本願の名号をもつて十方の衆生にあたへたまふ御のりなり。（『註釈版』六七八頁）

と釈されている。「至心」は阿弥陀如来の本願真実の仏心である。この大悲の仏心をもって名号を衆生にめぐまれているという意味である。この成就文の回向を「至心に回向せしめたまへり」（『註釈版』二一二頁）と訓読されている。如来の回向である。「至心回向」は他力回向の大信であることをあらわす釈である。弥陀回向の名号により、信心が決定満足せしめられるのである。弥陀如来の真実心の結晶である名号がめぐまれているのが大信である。衆生の信心の本質は名号であることを釈顕されているのである。

「願生彼国」とは同じく『一念多念文意』に、

「願生彼国」といふは、「願生」はよろづの衆生、本願の報土へ生れんとねがへとなり。「彼国」はかのくにといふ、安楽国ををしへたまへるなり。（『註釈版』六七八頁）

と釈されている。「願生」を「生れんとねがへとなり」と釈されている。名号を聞信する信心（信楽）に具する決定要期の心（欲生）である。上記『尊号真像銘文』において第十八願の「欲生我国」を「他力の至心信楽のこころをもつて、安楽浄土に生れんとおもへとなり」と釈されていた。成就文の願生は本願文の欲生に当り、信楽におさまるのである。

「即得往生住不退転」とは、

> 「即得往生」といふは、「即」はすなはちといふ、ときをへず、日をもへだてぬなり。また「即」はつくといふ、その位に定まりつくといふことばなり。「得」はうべきことをえたりといふ。真実信心をうれば、すなはち無礙光仏の御こころのうちに摂取して捨てたまはざるなり。（中略）とき・日をもへだてず、正定聚の位につき定まるを「往生を得」とはのたまへるなり。（『註釈版』六七八～六七九頁）

と釈されている。「即」の字義について、「ときをへず、日をもへだてぬなり」と即時の義で解し、また「つくといふ、その位に定まりつくといふことばなり」と即位で解する二義を説示されている。次に「得」の字義について「得はうべきことをえたりといふ」と釈し、信心決定と同時に、必ず当来の往生即成仏の仏果を得る益がめぐまれる意で解されている。信心決定と同時に、往生が定まり、不退転の位、即ち現生正定聚の位につき定まる利益がめぐまれると釈されているのである。「正定聚」には「ワウジヤウスベキミトサダマルナリ」（『聖典全書』宗祖篇上・六六三頁）と左訓されている。宗祖は成就文の引用により、他力回向の機受の信心の特質を顕彰されているといえよう。

「信文類」の経文の引用を見るに、正依『大経』の成就文の次に、異訳の『如来会』の第十八願成就文が引用されている。宗祖は正依の成就文の「乃至一念」を信の一念と解されていた。この正依の成就文の仏意を助顕し、開顕するための引用である。即ち異訳『如来会』には、

> 無量寿如来の名号を聞きてよく一念の浄信を発して歓喜せしめ……。（『註釈版』二一三頁）

とある。「能発一念浄信歓喜」の経文の意味するところは、正依『大経』の「乃至一念」は、『如来会』の「一念の浄信」、即ち信の一念の義であることを示す経証である。かくて第十八願文、成就文に誓われた仏意は、信心為本の浄土真宗の根源を示すものと窺うのである。

第二項　師釈要義

師釈の引用は左記の九文である。

(1)『往生論註』下巻
(2)『讃阿弥陀仏偈』
(3)「定善義」
(4)「序分義」
(5)「散善義」
(6)『般舟讃』
(7)『往生礼讃』
(8)『往生要集』上巻末
(9)『同右』中巻本

師釈の九文は、曇鸞大師・善導大師・源信和尚の釈文である。(1)『往生論註』下巻は讃嘆門の釈文であり、行信の関係、大信の如実の相を示す。(2)『讃阿弥陀仏偈』は本願成就文の讃述である。(3)「定善義」（4）「序分義」（5）「散善義」の三文は、『観経疏』により、「信文類」所明の大信の義を釈顕するにある。この中、「散善義」の釈文は『観経』三心釈である。（6）『般舟讃』（7）『往生礼讃』の二文は三心釈の助顕である。（8）（9）の『往生要集』の引用は、善導の三心釈を相承し、大信を讃仰される引文である。

（イ）『往生論註』の引意

『論註』（下）讃嘆門の釈文である。『高僧和讃』の曇鸞讃に、

決定の信をえざるゆゑ　信心不淳とのべたまふ

如実修行相応は　信心ひとつにさだめたり

（『註釈版』五八七頁）

と讃ぜられている。別序において「信文類」開顕の説意を述べ、「一心の華文を開く」と説示されている。天親の『浄土論』の冒頭の「世尊我一心」の顕彰の文である。この一心の意味を釈顕しているのが、讃嘆門の釈文である。「如実修行相応」の称名は、「淳心」「一心」「相続心」の信心具足の称名であり、この三信は『浄土論』の一心に帰一する旨が釈顕されているのである。宗祖はこの『論註』讃嘆門の文を引用することにより、本願の大信の内容を鮮明にされているのである。

『論註』讃嘆門に、

〈如彼名義欲如実修行相応〉といふは、かの無礙光如来の名号は、よく衆生の一切の無明を破す、よく衆生の一切の志願を満てたまふ。しかるに称名憶念することあれども、無明なほ存して所願を満てざるはいかんとならば、実のごとく修行せざると、名義と相応せざるによるがゆゑなり。（『註釈版』一一四頁）

と説示されている。称名念仏し、心に念じながらも、疑の無明が存し、往生の志願を満足しないのは如何なる理由が存するのかと問題にし、その理由として「実のごとく修行せざると、名義と相応せざるによるがゆゑなり」と釈されている。所謂、二不知三不信で行ずる称名念仏のことを不如実修行・名義不相応というのである。称名に如実修行と不如実修行のあることを述べ、大信の如実の相を釈顕されている。

> いかんが不如実修行と名義と相応せざるとする。いはく、如来はこれ実相の身なり、これ物のための身なりと知らざるなり。また三種の不相応あり。一つには信心淳からず、存せるがごとし、亡ぜるがごときのゆゑに。二つには信心一ならず、決定なきがゆゑに。三つには信心相続せず、余念間つるがゆゑに。この三句展転してあひ成ず。信心淳からざるをもつてのゆゑに決定なし、決定なきがゆゑに念相続せず。また念相続せざるがゆゑに決定の信を得ず、決定の信を得ざるがゆゑに心淳からざるべし。これと相違せるを〈如実修行相応〉と名づく。このゆゑに論主（天親）、建めに〈我一心〉とのたまへり。
>
> （『註釈版』二一四～二一五頁）

如来に「実相身」と「為物身」の二面がある。これを知らぬのを二不知というのである。「実相身」と「為物身」は方便法身の阿弥陀如来の両面を説示するものである。「実相身」とは真如法性の真実を証した全性修起の自利の面をいうのであり、「為物身」とは、物とは衆生のことで、阿弥陀仏の正覚の果体は、すべて衆生の救済のための大悲の仏身であり、利他の面をいうのである。二身は相即不二一体であり、二利不二の覚体であり、所信の対象である。衆生済度の名号には、この自利利他不二の仏身の徳が円満されているというべきである。しかるに名号を称しても、如来が真如実相をさとった自利円満の徳、衆生済度の利他大悲の徳を円満されておられることを信知しないのを二不知というのである。

三不信とは名号の実義に相応しない信心のことで、不淳心（「信心不淳」）・不一心（「信心不一」）・不相続（「信心不相続」）の三種の不信の心相をいう。これに対し、名号の実義に相応した真実の信心が、淳心・一心・相続心の三信である。淳心とは、淳は純粋でまじりけ、疑心の雑らない素朴の意である。これに対し、不淳心の心相を「存せるがごとし、亡ぜるがごときのゆゑに」（「若存若亡」）とその意味を解されている。『高僧和讃』の曇鸞讃では「若存若亡」に左訓して、「アルトキハサモトオモフ　アルトキハカナフマジトオモフナリ」（「文明本」『聖典全書』宗祖篇上・四二八頁）と説示されている。疑心より脱しきれない不確実な心の相である。一心とは疑心のまじわらない無二心のことで、信心決定している信相である。これに反し、決定しない疑心のまじわる信心が不一心である。相続心とは弥陀一仏へのひたすらな信心の相続をいうのである。これに対し不相続心とは疑い、余他のおもいがまじわって、信心が断絶して、続かない心のことである。この不純心と不一心と不相続心の三不信は相互に関連して、影響しあっている。信心が淳粋でない（「信心不淳」）から決定の信がない。決定の信がない（「信心不一」）から信心が相続しない。また逆に信心が相続しない（「信心不相続」）から決定の信が得られない。決定の信が得られないから信心が淳粋でないのである。この三不信に対する三信即ち淳心・一心・相続心で名号を称する念仏を「如実修行相応」というのである。阿弥陀如来の名号のまこと（名義）にかなった真実信心より発露する称名を「如実修行相応」と名づけるのであると説示されている。

そしてこの行者の淳心・一心・相続心の帰命の一心を、天親は『浄土論』の冒頭において「世尊我一心」

といわれたのであると曇鸞は釈されているのである。上に一言した如く、宗祖がこの『論註』の讃嘆門の釈を引用された思召は、別序において「ことに一心の華文を開く」と述べられ、「信文類」開顕の意を述べられている文を受けての御引用と窺うのである。信心為本の宗義の伝統を顕彰されているのである。

(ロ)「散善義」三心釈の引意

善導大師の「散善義」の引文は、『観経』の三心の解釈がなされる一段である。『観経』散善九品段の上品上生において、

上品上生といふは、もし衆生ありて、かの国に生ぜんと願ずるものは、三種の心を発して即便往生す。なんらをか三つとする。一つには至誠心、二つには深心、三つには回向発願心なり。三心を具するものは、かならずかの国に生ず。（『註釈版』一〇八頁）

とある。この経文を釈された一段である。「散善義」は『観経』十六観の第十四観以下の散善九品段を釈される一段である。三心は上品上生の一段に出されているが、散善九品の機類のみならず、定善十三観の機類も通摂すると善導大師は釈されている。「またこの三心、また定善の義を通摂す」（『註釈版』二二七頁）と三心釈を結ばれている。宗祖は本願の三心を釈顕する目的で、「散善義」の三心釈を引用されているのである。しかし『観経』の解釈にあたって、宗祖は顕彰隠密の解釈、即ち真実と方便の二面より釈されている。所謂顕説と隠彰の二面である。顕説とは経の表面に顕著に説かれている教義で、『観経』では要門第十九願の定善・散善の諸行往生の教義をさし、隠彰とは隠微に説かれている第十八願の弘願真実の教義をさす。宗祖は

かかる観点より、隠彰の義をあらわす疏文は「信文類」に引用され、顕説の義をあらわす疏文は「化身土文類」に引用されているのである。そして「信文類」に善導の三心釈の引用にあたっては、「散善義」当面の読み方と異なり、宗祖独自の訓点が施されている。如来回施の約仏の視点より、善導の釈文を引用され、本願三心の深意を釈顕されているのである。

（一）至誠心釈

「信文類」引用の「散善義」至誠心釈の文を示せば次の如くである。

『経』（観経）にのたまはく、〈一者至誠心〉。〈至〉とは真なり、〈誠〉とは実なり。一切衆生の身口意業の所修の解行、かならず真実心のうちになしたまへるを須ゐんことを明かさんと欲ふ。外に賢善精進の相を現ずることを得ざれ、内に虚仮を懐いて、貪瞋・邪偽・奸詐百端にして悪性侵めがたし、事、蛇蝎に同じ。三業を起すといへども、名づけて雑毒の善とす、また虚仮の行と名づく、真実の業と名づけざるなり。もしかくのごとき安心・起行をなすは、たとひ身心を苦励して日夜十二時に急に走め急になして頭燃を炙ふがごとくするものは、すべて雑毒の善と名づく。この雑毒の行を回してかの仏の浄土に求生せんと欲するは、これかならず不可なり。なにをもつてのゆゑに、まさしくかの阿弥陀仏、因中に菩薩の行を行じたまひし時、乃至一念一刹那も、三業の所修みなこれ真実心のうちになしたまひしに由（由の字、経なり、行なり、従なり、用なり）つてなり。おほよそ施したまふところ趣求をなす、またみな真実なり。また真実に二種あり。一つには自利真実、二つには利他真実なり。乃至不善の三業はかならず真実心のうちに捨てたまへるを須ゐよ。またもし善の三業を起さば、かならず真実心のうちになしたまひしを須ゐて、内外明闇を簡ばず、みな真実を須ゐるがゆゑに至誠心と名づく。

（『註釈版』二一六～二一七頁）

至誠心とは、至は真、誠は実、真実心と釈し、その真実心の内容について解されている。宗祖は原文の解読にあたり、訓点をかえて引用されている。

（1）「散善義」の原文は左記のとおりである。

一者至誠心、至者真、誠者実。欲レ明三一切衆生身口意業所修解行、必須二真実心中作一。

一には至誠心。至とは真なり、誠とは実なり。一切衆生の身口意業所修の解行、かならずすべからく真実心のうちになすべきことを明かさんと欲す。

（『原典版七祖篇』五一五～五一六頁、『註釈版七祖篇』四五五頁）

疏文の「須」を訓ずる場合、用（モチフ）と可（ベシ）の二訓がある。原文読みであれば、可の訓、即ち「すべからく…すべし」と訓読されるのであり、至誠心は、衆生の身口意の三業の行は真実心で行われるべきであるという、約生の自力の真実心の意となる。しかし宗祖は用の義で「もちゐんこと」と読みかえて、「信文類」に引用され、他力の真実心と解されている。

一切衆生の身口意業の所修の解行、かならず真実心のうちになしたまへるを須(もち)ゐんことを明かさんと欲ふ。

（『註釈版』二一六～二一七頁）

また「作」を「なしたまへる」と訓じ、仏が真実心で成就されたものと解されているのである。かくて一切衆生の三業所修の解行は、弥陀因位のとき、真実心をもって成就、作しとげられたものを用いるという意味となり、至誠心を他力の真実信心と解されているのである。

（2）以上の如き宗祖の解釈は、「不レ得下外現二賢善精進之相一内懐中虚仮上」（『原典版七祖篇』五一六頁）の文の読み方を見るに、一層あきらかになる。原文読みでは「外に賢善精進の相を現じ、内に虚仮を懐くことを得ざれ」（『註釈版七祖篇』四五五頁）となる。内心と外相の不一致をいましめる文意である。これを宗祖は、

外に賢善精進の相を現ずることを得ざれ、内に虚仮を懐いて……。

（『註釈版』二一七頁）

と読まれている。外相に賢善精進の姿をよそおうてはならない。内心には虚仮をいだいてと読み、以下「貪瞋・邪偽・奸詐百端にして悪性侵めがたし」とある文に、つづけられている。人間の本質が虚仮なる機の自覚に立って居られるのである。『唯信鈔文意』に、

「不得外現賢善精進之相」といふは、あらはに、かしこきすがた、善人のかたちをあらはすことなかれ、精進なるすがたをしめすことなかれとなり。そのゆゑは「内懐虚仮」なればなり。「内」はうちといふ。こころのうちに煩悩を具せるゆゑに虚なり、仮なり。「虚」はむなしくして実ならぬなり。「仮」はかりにして真ならぬなり。（『註釈版』七一四〜七一五頁）

と説示されている。かかる機の自覚に立って、宗祖は「須」を用（モチイル）と訓じ、至誠心を弘願他力のめぐまれた真実心と領解開顕されていかれたのである。

（3）以上の如く至誠心を他力回向の真実心とされる宗祖の疏文解釈の立場は、次下の「凡所施為趣求、

亦皆真実」の疏文の読み方、解釈の上に鮮明に教示されている。まず「散善義」自体の原文をあげれば次のとおりである。

欲下回二此雑毒之行一、求中生二彼仏浄土一者、此必不可也。何以故。正由下彼阿弥陀仏因中行二菩薩行一時、乃至二一念一刹那一、三業所修皆是真実心中作、凡所二施為趣求一、亦皆真実上　（『原典版七祖篇』五一六頁）

此の雑毒の行を回して、彼の仏の浄土に生ずることを求めむと欲せば、此必ず不可なり。何を以ての故に。正しく彼の阿弥陀仏因中に菩薩の行を行じたまひし時、乃ち一念一刹那に至るまでも、三業の所修、皆是真実心の中に作したまひ、凡そ施為・趣求したまふ所、亦皆真実なるに由りてなり。

（『原典版七祖篇』五一六頁）

原文では「施為・趣求したもう所」と読み、「施為」とは利他、「趣求」とは自利の義である。浄土は法蔵が真実心でもって作したもうた利他（施為）と自利（趣求）の修行により成就されたさとりの世界である。この浄土への往生を雑毒の行を回向して、求めても不可能という文意である。この「散善義」の文を、宗祖は至誠心を本願力回向の真実心と領解して、「信文類」に引用されているのである。

まさしくかの阿弥陀仏、因中に菩薩の行を行じたまひし時、乃至一念一刹那も、三業の所修みなこれ真実心のうちになしたまひしに由（由の字、経なり、行なり、従なり、用なり）ってなり。おほよそ施したまふところ趣求をなす、またみな真実なり。（『註釈版』二一七頁）

宗祖の御引用の意を窺うに、雑毒の行を回して浄土往生を求めるのは不可能である。弥陀因位のとき所修の行業がすべて真実でなされたことに「由」って可能である。即ち弥陀が真実心でもって成就したまい、回施された真実を須ゐて（信受して）、浄土を趣求（願生）するという意味で読まれているのである。宗祖は疏文の「由」の字に「経」・「行」・「従」・「用」の字註をほどこされている。「経」・「行」とは如来の真実を行じ、本願の白道をとほるの意であり、「従」とは願力の大道にしたがふの意であり、「用」とは如来の真実をもちいるという意で、「由」を如来の真実に乗ずるという意味に解されているのである。かかる本願力回向の立場よりする疏文領解の立場より、「所施為趣求」の文を「施したまふところ趣求をなす」とよみ替えられているのである。「所施」を「施したまふところ」と仏辺に約して訓じ、仏が真実心で修められた功徳、真実の名号を回施される義に解し、「為二趣求一」を機辺に解されている。「趣求」とは、行者が発心して浄土を願生する意である。この発心願生の趣求は衆生自力の所発ではない。仏回施の真実の法を受容する所、衆生は浄土に往生することが出来ると、浄土願生の信心の展開が存するのである。「めぐまれた真実をもって、浄土に参る」という意味である。衆生の信心は全く仏より回施された真実である、と釈顕されているのである。

（4）「散善義」の至誠心釈には、上記「凡所施為趣求、亦真実」とある文につづいて、真実に二種ありとして「一者自利真実、二者利他真実」と標示されている。しかし自利真実を釈する文はあるが、疏文には文の当相としては利他真実を説く釈文は略され準知せしめられている。宗祖は自利真実・利他真実を自力と他力に解して、疏文を「信文類」と「化身土文類」の両巻に分引して、真仮を判じられている。自利真実（自力・仮）の文は「化身土文類」（『註釈版』三八五～三八六頁）に引用し、「信文類」には利他真実を明す文として、「不善の三業」以下の結文を引用されているのである。『愚禿鈔』に、宗祖は「散善義」の自利真実と利他真実の文を分別して、「利他真実について、また二種あり」といい、上記「おほよそ施したまふところ趣求をなすは、またみな真実なり」の文と、「不善の三業」以下の二文を利他真実を明す文といい、弘願義を顕彰されている。「おほよそ施したまふところ」の文は上記解説のとおりである。今「信文類」引用の「不善の三業」以下の文は次のとおりである。

不善の三業はかならず真実心のうちに捨てたまへるを須ゐよ。またもし善の三業を起さば、かならず真実心のうちになしたまひしを須ゐて、内外明闇を簡ばず、みな真実を須ゐるがゆゑに至誠心と名づく。

（『註釈版』二一七頁）

「散善義」当相では自力機修の自利真実の文である。即ち、

不善の三業は、必ず須く真実心の中に捨つべし、又若し善の三業を起さば、必ず須く真実心の中に作すべし。内外明闇を簡ばず、皆須く真実なるべし。故に至誠心と名づく。

（『原典版七祖篇』五一七頁、『註釈版七祖篇』四五六～四五七頁）

とある。宗祖は本文を、他力義で利他真実の文として解されている。宗祖御引用の上で、次の二点に疏文読解の御心を見る。

その一は上記の如く宗祖は「須」の字を用（もちいる）の義で読まれている。釈文に須の字が三箇所ある。仏辺に約して他力の利他真実を明す文と解されているのである。即ち文意は「衆生のなす不善の三業は仏が真実心中で捨てられた如く、捨てる。自力の三業のはからいを捨てる。善の三業は、阿弥陀仏が真実のお心で成就されたものを用（須）いる」という意味である。如来の真実心成就の名号をいただくほかにないこと

を宗祖は疏文を通して説示されているのである。至誠心を他力回向の真実心とされる釈顕といえよう。

その二は「内外明闇」の解釈である。「信文類」至心釈下に、

釈に「不簡内外明闇」といへり。「内外」とは、「内」はすなはちこれ出世なり、「外」はすなはちこれ世間なり。「明闇」とは、「明」はすなはちこれ出世なり、「闇」はすなはちこれ世間なり。また「明」はすなはち智明なり、「闇」はすなはち無明なり。

（『註釈版』二三四頁）

と説示されている。原文では人間の内心と外相、智明と愚闇の意であるが、宗祖は内と明とは出世間即ち智明の聖者をあらわし、外と闇とは世間即ち無明の凡夫のことと解されている。即ち仏辺において三心を解する宗祖においては、如実の至誠心を発起することは凡夫・聖者をえらばず不可能である。それは如来より回向される真実を受容することによってのみ可能である。聖者と凡夫を問はず、智者と愚者とをえらばず、如来の真実を頂き用いる（須ゐる）信心が至誠心であることを説示されたのである。宗祖は独自の訓点をほどこし、至誠心を仏辺において解釈し、万機普益の仏回施の真実心として、疏文の弘願義を開顕されているのである。

（二）深心釈

一

「信文類」の引用の「散善義」を見るに、機法二種深信により、深心が釈されている。

〈二者深心〉。〈深心〉といふは、すなはちこれ深信の心なり。また二種あり。一つには、決定して深く、

自身は現にこれ罪悪生死の凡夫、曠劫よりこのかたつねに没し、つねに流転して、出離の縁あることなしと信ず。二つには、決定して深く、かの阿弥陀仏の四十八願は衆生を摂受して、疑なく慮りなく、かの願力に乗じて、さだめて往生を得と信ず。

（『註釈版』二一七～二一八頁）

深心を「深信の心」と略釈し、これを二種にわかって、つづいて機の深信と法の深信の二種深信の文が出されている。『愚禿鈔』に上記、機法二種深信の文をあげ次の如く釈されている。

いまこの深信は他力至極の金剛心、一乗無上の真実信海なり。

（『註釈版』五二一頁）

二種深信が深心の要であり、弘願真実の信心であることを教示されている。「信文類」三一問答において本願文の至心と欲生の二心は中間の信楽一心におさまり、三心即一心の信楽をもって正因とせられる義と同じであり、『観経』の三心を深心におさめる義を説示されているのである。「散善義」深心釈冒頭の略釈において「深心」を「深信の心」と釈されてあるのは、本願成就文の「信心歓喜」をもって「深心」を善導は解釈されているのである。三心の釈で信でもって釈されてあるのは深心釈のみである。宗祖が『愚禿鈔』において、二種深信を「他力至極の金剛心」と釈されているのは、仏回向の弘願真実の信心であることを開顕されているのである。「化身土文類」において『大経』の「信楽」と『観経』の「深心」を対置して、『観経』の隠彰の仏意を釈されている。

またこの『経』（観経）に真実あり。これすなはち金剛の真心を開きて、摂取不捨を顕さんと欲す。しかれば、濁世能化の釈迦善逝、至心信楽の願心を宣説したまふ。報土の真因は信楽を正とするがゆゑなり。ここをもつて『大経』には「信楽」とのたまへり、如来の誓願、疑蓋雑はることなきがゆゑに信とのたまへるなり。『観経』には「深心」と説けり、諸機の浅信に対せるがゆゑに深とのたまへるなり。

（『註釈版』三九三頁）

弘願真実の教である『大経』第十八願の信楽こそ浄土に往生する真因である。本願所誓の疑蓋無雑の金剛の信心である。これを『観経』では「深心」と説かれていると釈されている。『観経』に隠彰されている真実の「深心」が『大経』の信楽の金剛心である仏意を開顕されているのである。

今「信文類」引用の「散善義」深心釈において、略釈につづいて「また二種あり」とある。弘願の深心を信機・信法の二種深信で顕そうという説意と窺う。本願真実の信心を信機・信法の二種に開いて釈顕せんとするものであり、信に二種あるのではない。機の深信と法の深信はひとつの信心の信相であり、二種一具の真実信心の内容をあらわす釈文である。「機」とは救いのはたらきを受ける衆生本来の姿、即ち性得の機をさす。仏の救いの光明に照らし出される人間の赤裸々な現実をいうのである。その我々を救う如来の願力を「法」というのである。「深信」とは『観経』の三心中の「深心」を善導大師が「深信の心」と釈された言で、第十八願の「信楽」の義である。機の深信とは、救いのめあてである凡夫の現実は、「無有出離之縁」の存在であると信知することである。法の深信とは、阿弥陀仏の本願力はよく無有出離之縁の機を摂し救いたもうと信じ、願力に乗託すれば必ず往生することが出来ると信知することである。本願他力を信知する疑蓋無雑の信楽の一心の内容を機法両面より釈顕されたものといえよう。

二

『愚禿鈔』によれば、この深心釈を七深信に分別されている。(1)深信自身、(2)深信乗彼願力、(3)深信観経、(4)深信弥陀経、(5)唯信仏語、(6)此経深信、(7)建立自心である。この中第一の深信は次の如く釈されている。

　第一の深信は、「決定して自身を深信する」と、すなはちこれ自利の信心なり。(『註釈版』五二二頁)

第一の深信を自利の信心とされるもので、第二の法の深信と一具でない機の深信は自力の信と解されている。自利の語は自力の義で釈されている。自己の罪悪を悲歎するのみで、仏願力にめざめ全託しないからである。第二の深信は「『決定して乗彼願力を深信する』と、すなはちこれ利他の信海なり」とある。他力の信であることを説示されている。

「信文類」には第一より第六深信まで全引されている。また第七深信は、はじめの「又深心深信者決定建立自心…諸仏言行不相違失」とある一段、及び就行立信釈のはじめの開列五正と、終りの五失の文を仮に通ずるものとして略し、他の文はすべて「信文類」に引用されている。また「化身土文類」では、第一・二・五・六深信は引用されていない。第三深信と第七深信の「建立自心」の一段及び就行立信の全文を『観経』隠顕釈下に引用して、仮の意を示し、真門釈下に第四深信と就人立信の文が引用されているのである。第三深信観経・第四深信弥陀経は「信文類」「化身土文類」に引用され、隠彰と顕説、真仮両通の意があることを説示されている。この七深信中、第三深信以下は第二の『大経』の信法の拡充である。

第三の「深信観経」には、

また決定して深く、釈迦仏この『観経』に三福九品・定散二善を説きて、かの仏の依正二報を証讃して、人をして欣慕せしむと信ず。（『註釈版』二一八頁）

とある。釈迦の讃嘆である。いま宗祖が「信文類」に引用されるのは簡びのためであり、『観経』の定散二善は当分につけば方便の法であり、仏意は弘願念仏に誘引、帰入せしめるにあることを釈顕されるにある。「化身土文類」にも引用されている。真仮にわたるのであり、「信文類」の引用は真実義よりの引用である。「化身土文類」は方便要門の面よりの引用である。

第四の「深信弥陀経」の文も真仮両通であり、「信文類」「化身土文類」に引用されている。

また決定して、『弥陀経』のなかに、十方恒沙の諸仏、一切凡夫を証勧して決定して生ずることを得と深信するなり。（『註釈版』二一八頁）

十方諸仏の証勧は、弘願真実への証勧であり、この点より「信文類」に引用されているのである。『弥陀経』に関して宗祖は隠顕両面で解される。顕の立場よりは真門自力念仏であり、隠の立場よりせば真実の一心の他力念仏である。

第五の「唯信仏語」の一段は、第二の『大経』・第三の『観経』・第四の『弥陀経』の三経の法の真実義を受け結し、真仏弟子の風格を示される一段である。弘願真実の義であり、「信文類」に引用されているのである。「化身土文類」には引用されていない。

第六の「此経深信」とは、此経は『観経』を指す。第五深信の「唯信仏語」を受け、『観経』により信じ行ずべきことをすすめられる一段である。仏のみが満足大悲の人であり、仏語のみが了義教、真実であることを述べ、仏が認可されないものは不了義教と説示されている。「信文類」のみの引用である。

三

第七深信は、第二の深信より第六の深信までは、総じて法の深信の相を説示するのに対し、深信の対象、立信所就の人と法について釈顕する一段である。就人立信と就行立信である。真仮両通であるから、「信文類」と「化身土文類」に分引されている。いま「信文類」の就人立信の釈文は、『阿弥陀経』において、釈迦が弥陀の浄土を讃嘆し、一心に弥陀の名号を称念せば浄土に往生することが出来ると説かれ、十方の諸仏が証誠（真実を証明する）される旨が説示されている。就人立信の人とは能説の釈迦である。この釈迦について、信を立てることを就人立信というのである。

また十方の仏等、衆生の釈迦一仏の所説を信ぜざらんを恐畏れて、すなはちともに同心同時におのおの舌相を出して、あまねく三千世界に覆ひて誠実の言を説きたまはく、〈なんだち衆生、みなこの釈迦の所説・所讃・所証を信ずべし。一切の凡夫、罪福の多少、時節の久近を問はず、ただよく上百年を尽し、下一日七日に至るまで、一心に弥陀の名号を専念して（「一心専念弥陀名号」）、さだめて往生を得ること、かならず疑なきなり〉と。このゆゑに一仏の所説をば、すなはち一切仏同じくその事を証誠したまふなり。これを人に就いて信を立つ（「就人立信」）と名づくるなり。（『註釈版』二二〇頁）

と結ばれている。この就人立信釈の結びにおいて、釈迦の教説は「一心専念弥陀名号」にあることを結示されているのである。

これを受けて展開されるのが就行立信釈である。

次に、就行立信とは、本願所誓の法である往生行、即ち「一心専念弥陀名号」の正定業について信を立つるという意味である。疏文の引用は初めの開列五正の一段は略し、合門助正の一段が引用されている。

またこの正のなかについてまた二種あり。一つには、一心に弥陀の名号を専念して、行住坐臥、時節の久近を問はず、念々に捨てざるをば、これを正定の業と名づく、かの仏願に順ずるがゆゑに。もし礼誦等によらば、すなはち名づけて助業とす。（『註釈版』二二〇～二二一頁）

「一心専念弥陀名号」を正定業と釈されている。『一念多念文意』に「一心専念」を解して、次の如く教示されている。

「一心専念」といふは、「一心」は金剛の信心なり。「専念」は一向専修なり。一向は、余の善にうつらず、余の仏を念ぜず。専修は、本願のみなをふたごころなくもつぱら修するなり。（『註釈版』六八七頁）

「一心」を金剛の信心と釈し、「専念」を本願の名号を二心なく修することと釈されている。即ち本願所誓の名号を二心なく信じ、称念する義で正定業を釈されているのである。上記の如く、就人立信の結びは「一心専念弥陀名号」である。この釈に直結して、就行立信の合門助正の釈文を引用されている。釈尊所説の教説は「一心専念弥陀名号」である旨を釈顕されているのである。就人立信・就行立信の引用を通し、金剛の一心、本願の名号を深信する信心為本の義を開顕せんとする宗祖の御心が存すると窺うのである。礼誦等の助業の引用は簡非の義である。

一

（三）回向発願心釈

『愚禿鈔』に、「回向発願心に二種あり」として、疏文を略して挙げられている。

一には、「過去・今生の自他所作の善根をもつて、みな真実の深信心のなかに回向してかの国に生れんと願ずるなり」と。

二には、「回向発願して生るるものは、かならず決定して真実心のなかに回向せしめたまへる願を須ゐて得生の想をなすなり」となり。（『註釈版』五三三頁）

第一の文は回向発願心釈の冒頭の一段で、「自利」の肩註があり、自己の善根を浄土にふりむけて願生する、自力の回願心である。「化身土文類」の観経隠顕釈下（『註釈版』三八七頁）に引用されている。第二文は如来の回願心を須いて、得生の想をなす他力の回向発願心である。「信文類」（『註釈版』二二一頁）には第二文以下が引用されている。宗祖は仏辺に約して訓点をほどこし、仏回向の心として読解されている。即ち、

〈三者回向発願心〉。乃至 また回向発願して生ずるものは、かならず決定して真実心のうちに回向したまへる願を須ゐて得生の想をなせ。この心深信せること金剛のごとくなるによりて、一切の異見・異学・別解・別行の人等のために動乱破壊せられず。ただこれ決定して一心に捉つて正直に進んで、かの人の語を聞くことを得ざれ。すなはち進退の心ありて怯弱を生じて回顧すれば、道に落ちてすなはち往生の大益を失するなり。（『註釈版』二二一頁）

とあるより、三心結釈まで全引されている。宗祖は仏辺に約して、訓点をほどこし、仏回向の大悲心として、回向発願心を解されているのである。上記至誠心釈において、訓ぜられていた如く、「須」を「もちゐて」と訓じ、「回向」を衆生の回向ではなく、「回向したまへる」と仏よりの他力回向の意で解されているのである。安楽浄土へ願生せんとするものは、如来が真実心中に回向したもう大悲の願心をもちゐて、信受して、得生の想、即ち往生安堵の想に住するのである。この決定往生のおもいに住する心を回向発願心というのである。衆生を浄土へ済度せんと願われた大悲心を領納した衆生の信心を回向発願心と解されているのである。

「信文類」の三一問答法義釈の欲生の釈下に上記「回向発願心」の疏文が引証されている。本願招喚の勅命、名号を疑いなく領納したのが信楽である。この信楽には当来の浄土に対して、往生安堵、決定要期のおもい（欲生）が存する。古来これを信楽の義別と釈されている。欲生はこの信楽に具わっている往生安堵のおもいを別に開いたものである。いま疏文の回向発願心の釈に「作得生想（得生の想をなす）」とある。第十八願の欲生である。如来が回向したまえる大悲の願心を信受して、必ず浄土に往生できるという得生の想を作す。即ち決定往生の想に住するという意味である。作得生想は信楽の義別であり、欲生と弘願真実の回向発願心は同一で、他力回向の信と宗祖は解されているのである。かかる点より、欲生釈下に、回向発願心の疏文の釈を引証されているのである。

二

回向発願心の釈の最後に、疏文では二河白道の譬が展開されている。宗祖は弘願義で全引されている。この譬は回向発願心釈下に説示されているが、総じては三心全体を喩顕するものである。帰するところは、深心の喩顕というべきである。本願の三心は三心即一の信楽である。『愚禿鈔』において、詳細に分釈されている。水火二河の東岸（娑婆の火宅）より西岸（極楽）に通ずる中間の白道を合喩して「信文類」引用の疏文では、

〈中間の白道四五寸〉といふは、すなはち衆生の貪瞋煩悩のなかに、よく清浄願往生の心を生ぜしむるに喩ふ。（『註釈版』二二五頁）

といい、「清浄願往生之心」を白道に喩えている。この文を『愚禿鈔』において釈し、

「能生清浄願往生心」といふは、無上の信心、金剛の真心を発起するなり、これは如来回向の信楽なり。（『註釈版』五三七頁）

といい、「如来回向の信楽」と説示されている。

更に「信文類」引用の疏文の白道の合喩の釈には、

いま二尊（釈迦と弥陀）の意に信順して、水火の二河を顧みず、念々に遺るることなく、かの願力の道に乗じて…。（『註釈版』二二六～二二七頁）

とある。釈尊の西方浄土往生のすすめ（発遣）と、弥陀大悲の「一心正念直来」のよびかけ（招喚）に信順して乗託する白道を、「願力の大道」と釈されている。白道を仏の側と衆生の側との両面より善導は釈されているのである。仏の側よりいえば、如来回向の本願の大道であり、衆生の側よりいえば、本願力に乗託する信心（清浄願往生心）である。衆生の機受の信心は、仏回向の願力の展開であり、両者は一である。機法

は不二一体である。二河白道は弘願義の上での譬喩であり、釈迦の発遣と弥陀の招喚は弘願の法の展開である。西岸上よりの招喚を疏文では、

また西の岸の上に、人ありて喚ばひていはく、〈なんぢ一心に正念にしてただちに来れ、われよくなんぢを護らん。すべて水火の難に堕せんことを畏れざれ〉と。（『註釈版』二二四頁）

と釈されている。この弥陀の悲心の「一心正念」の招喚を、『愚禿鈔』（『註釈版』五三八～五三九頁）においては以下の如く釈顕されている。

（1）「西の岸の上に、人ありて喚ばうていはく」とあるのは、人は阿弥陀如来であり、「喚言」は誓願である。

（2）「汝（なんぢ）」とは、行者、本願の十方衆生である。龍樹・曇鸞・善導の釈により正定聚・希有人・最勝人・妙好人・好人・上上人・真仏弟子等と釈されてあるが、招喚の勅命を聞信すると同時に得る益をもって、「汝」の言を釈されているのである。

（3）「一心」の言は、真実の信心と釈されている。三心即一の信楽の一心である。

（4）「正念」の言を選択摂取の本願・第一希有行・金剛不壊の心と釈されている。選択摂取の本願とは乃至十念の称名であり、第一希有行は称名の体である名号であり、金剛不壊の心とは弥陀回向の名号が、衆生心中に信受され、金剛の真実心として成立している旨を釈顕されているのである。

（5）「ただちに」（直）の言は迂回の方便仮門を捨て、如来の大願他力に帰する意である。

（6）「来れ」とは西岸の浄土よりの招喚である。

（7）「我」とは阿弥陀如来である。
（8）「能」とは「不堪に対するなり、疑心の人なり」と釈されている。疑心の人は仏の摂護したまうに堪えず、信心の行者は仏よく摂取したもうの意である。
（9）「護」の言は「阿弥陀仏果上の正意を顕すなり。また摂取不捨を形すの貌なり」と釈されている。

本願他力の衆生済度の大悲の世界を釈顕されているのである。かくて宗祖は、回向発願心釈下の二河譬を「信文類」に弘願真実の立場より全引することにより、釈迦・弥陀二尊の発遣と招喚に信順し、白道に乗託する信心の大道を喩顕されているのである。総じては三心、別しては深心、即ち本願の三心即一の信楽を顕彰されているのである。

第四節　結示

上来経釈の要文を引用して、大信を釈された。これを結示される一段である。

しかれば、もしは行、もしは信、一事として阿弥陀如来の清浄願心の回向成就したまふところにあらざることあることなし。因なくして他の因のあるにはあらざるなりと、知るべし。（『註釈版』二二九頁）

この結釈の文は、「信文類」の大信釈の結びのみでなく、「行文類」も受けての結示である。「行文類」の冒頭に「往相の回向を案ずるに、大行あり、大信あり」と説示され、大行について釈顕され、「信文類」においては、冒頭に「往相の回向を案ずるに、大信あり」といい、大信を釈顕されているのである。行・信共に「阿弥陀如来の清浄願心の回向成就」の法であることを結示されているのである。阿弥陀如来は因位のとき、衆生済度の誓願を発し、正覚の仏果を証せられているのである。この清浄の願心により大行・大信をめぐみ回向したもうのであり、本願のとおり、衆生を済度したもうのである。行信共に如来の本願力のはたらきの他なきことを「清浄願心の回向成就」と説示されているのである。

「成就」とは本願のとおり、衆生済度が全う完成されるという意味である。このことは単に行信のみでなく、教・行・信・証、往相・還相すべて「清浄願心の回向成就」である。

「証文類」の四法結釈において、

それ真宗の教行信証を案ずれば、如来の大悲回向の利益なり。ゆゑに、もしは因、もしは果、一事として阿弥陀如来の清浄願心の回向成就したまへるところにあらざることあることなし。因浄なるがゆゑに、果また浄なり、知るべしとなり。

（『註釈版』三一二～三一三頁）

教・行・信・証の四法は如来大悲の回向の利益であり、清浄願心の回向成就であることを説示されているのである。

かくて阿弥陀如来の清浄願心より回向される大行・大信が往生成仏の因であり、それ以外に他の因が存しないことを、「因なくして他の因あるにはあらざるなり」と結されているのである。大行・大信は弥陀願力の回向成就したもう法であることを結釈されているのである。

第四章　三一問答

「信文類」冒頭の別序に、

広く三経の光沢を蒙りて、ことに一心の華文を開く。しばらく疑問を至してつひに明証を出す。

（『註釈版』二〇九頁）

と説示されている。この文中の「しばらく疑問を至してつひに明証を出す」を受けて三一問答の展開がある。三心とは本願の至心・信楽・欲生の三心であり、一心とは『浄土論』の一心である。この三心と一心とを対応して、大信の内容をあきらかにするところに、三一問答の趣意が存する。本願の三心は信楽の一心に帰することをあきらかにし、唯信正因の法義を開顕されるのである。これに二番の問答がもうけられている。字訓釈と法義釈である。

第一節　字訓釈

一

まず字訓釈において、

問ふ。如来の本願（第十八願）、すでに至心・信楽・欲生の誓を発したまへり。なにをもつてのゆゑに論主（天親）一心といふや。

答ふ。愚鈍の衆生、解了易からしめんがために、弥陀如来、三心を発したまふといへども、涅槃の真因はただ信心をもつてす。このゆゑに論主、三を合して一とせるか。

（『註釈版』二二九頁）

と問答を展開されている。問意は第十八願文に三心が誓われている。これを論主は何故一心とされたのか。所謂「合三為一」である。この理由が問意である。これに答えて、（1）本願に三心とあるのに天親が一心と説かれたのは、愚鈍の衆生に容易に了解させるためである。（2）三心を合して一心とするのは本願の上にその本来の誓意として三心即一の義が存するからである。三心とあるままが無疑の信楽の一心におさまるのである。浄土に往生して仏果を証する真因はただ信心ひとつにきわまる。三心が信楽の一心に帰するのは本願本然の所誓の内容と解すべきである。かかる本願の真実義を天親は開顕して三心を合して一心といわれているのである。合三為一は論主の勲功、三心即一は本願固有の誓意である。

次いで字訓釈を展開して、三心即一の関係を釈顕されている。三心の字訓をあげれば次のとおりである。

至―真・実・誠

心―種・実

信―真・実・誠・満・極・成・用・重・審・験・宣・忠

楽―欲・願・愛・悦・歓・喜・賀・慶

欲―願・楽・覚・知

生―成・作・為・興

この三十三訓を合して、八句とされている。

わたくしに三心の字訓を闚ふに、三すなはち一なるべし。その意いかんとなれば（中略）あきらかに知んぬ、「至心」は、すなはちこれ真実誠種の心なるがゆゑに、疑蓋雑はることなきなり。「信楽」は、すなはちこれ真実誠満の心なり、極成用重の心なり、審験宣忠の心なり、欲願愛悦の心なり、歓喜賀慶の心なるがゆゑに、疑蓋雑はることなきなり。「欲生」は、すなはちこれ願楽覚知の心なり、成作為興の心なり。大悲回向の心なるがゆゑに、疑蓋雑はることなきなり。

（『註釈版』二三〇～二三一頁）

至心の五訓を合して真実誠種の心、信楽の二十訓を合して真実誠満の心・極成用重の心・審験宣忠の心・欲願愛悦の心・歓喜賀慶の心、欲生の八訓を合して、願楽覚知の心・成作為興の心とされている。字訓の上より至心と欲生とが信楽の一心におさまることを教示されている。計八句の内訳は至心に一句、信楽に五句、欲生に二句である。尚八句の後に「大悲回向之心」の一句があるが、三十三訓を組み合わせて作られた句ではない。三心の結句である。

二

至心の「至」は真実誠、「心」は仏果をひらく種という意味である。真実誠の仏心が衆生の心にめぐまれ、仏果を証する因種となるのであり、自力の疑いのまじわらぬ疑蓋無雑の心である。

次に信楽の「信」の字に十二訓、「楽」の字に八訓が説示されている。「信」の字訓を会合して三句立てられている。真実誠満の心とは、真実誠種の心である至心が満入したのが信楽である旨を示す。信楽に至心を摂め、信楽の体が至心であることを示す。真実誠の仏心、成仏の因種の徳が衆生に満入している心である。次に極成用重の心とは、至極成就された弥陀如来の本願力のはたらき（用）を敬い、重んずる心である。審験宣忠の心とは、「審」の字に「アキラカナリ」と左訓されている。不審が晴れたという意味である。あきらかに本願を信ずるという意味である。「験」とは体験、実際に味わうことである。仏の慈悲を味う。「宣」とは「ひろがる」の義で心一杯に仏の慈悲を信じているという意味である。「忠」とは偽りがないこと。自力心の計いのとれたことである。つまびらかに（審）仏の慈悲を味わって（験）心いっぱいに（宣）二心なく信順（忠）する心である。以上の三句は信楽の信の字訓（十二訓）より立てられている。次に「楽」の字訓（八訓）より二句が立てられている。まず欲願愛悦の心とは、往生浄土の願いを満たされて愛で悦ぶ心である。「欲願」とは欲生のことで、信楽のところに、おのずから欲生の義があることを示されるのである。衆生を浄土に往生させようと誓われた本願を信受して、期して待つ要期の義である。「愛悦」とは如来の真実がめぐまれ、満たされた喜びの心相である。欲生の心は信楽のほかに別に生起するのではない。信楽の心におのずと往生安堵の義が存することを教示されているのである。歓喜賀慶の心とは、如来の慈悲に生かされ往生一定と喜び、聞き得た本願の法を慶ぶ心である。かくて信楽の信相は自力疑心のまじわらぬ疑蓋無雑の心の外はないと説示されているのである。

次に欲生に八訓説示されているが、この中「欲」の字訓より立てられているのが、願楽覚知の心である。

「願楽」とは往生安堵の心相である。上記、信楽釈下の「欲願」と同意である。「覚知」とは本願の救いの真実を明らかに了解決定している心相をいうのである。即ち信楽の意味である。欲生の釈に信楽の意味である「覚知」の字訓を出されるのは、欲生とて信楽の外にあるのではないことを説示されるのである。往生できると了解決定してよろこび願う心である。この欲生の願楽覚知の心は信楽の欲願愛悦の心におさまる。次に欲生の「生」の字訓より立てられているのが成作為興の心である。「成作」は浄土に成仏し滅度の証果を開かせて頂く意である。「為興」とは衆生済度のために大悲を興すという意味である。成仏し、大悲をもって衆生済度の還相の活動をなさしめられると、浄土の果報を要期し、安堵している心である。

最後に大悲回向の心、この句は字訓ではない。欲生は衆生の自力でおこす信心ではない。如来の大悲回向の心が、衆生の心中にめぐまれた他力の欲生心である旨を教示されている。そしてこの句は更に三心全体を包容するものであり、至心・信楽・欲生の三心すべて如来大悲の回向であることを説示されているのである。かくて欲生の心も大悲回向の仏心の展開であり、衆生の自力の疑心なき、疑蓋無雑の心であると結ばれているのである。

三

以上の字訓の上よりあきらかになった如く、信楽の真実誠満の心には至心の真実誠種の心の一句がおさまり、信楽の欲願愛悦の心には、欲生の二心、即ち願楽覚知の心と成作為興の心の二句がおさまる。八句は五句におさまり、信楽の疑蓋無雑の一心に前後の至心と欲生の二心がおさまることを、字訓釈の上より、宗祖は釈顕されているのである。機受は三心即一の信楽である旨を説示されているのである。宗祖は字訓釈の冒頭に「わたくしに三心の字訓を闚ふに、三はすはなち一なるべし」と説示されているのである。本願文の三心即一の信楽を本願成就文においては「信心歓喜」とある。因願と成就文とは符節を合しているのである。信楽の一心に至心と欲生の二心が摂在することを字訓の上よりあきらかにして、三心即一の本願本然の誓意を、宗祖は開顕されたというべきである。ここに宗祖の御己証の発揮が存するといえよう。かくて字訓釈を結釈して、

いま三心の字訓を案ずるに、真実の心にして虚仮雑はることなし、正直の心にして邪偽雑はることなし。まことに知んぬ、疑蓋間雑なきがゆゑに、これを信楽と名づく。信楽すなはちこれ一心なり、一心すなはちこれ真実信心なり。このゆゑに論主（天親）、建めに「一心」といへるなりと、知るべし。

（『註釈版』二三〇～二三一頁）

と説示されている。字訓釈は三心の字訓を八句におさめて、三心の内容を釈顕されたのであるが、八句でもって釈された三心を一貫するものは、真実心であり正直心である。三心は本願他力よりめぐまれた真実心であり、自力の虚仮のまじわらぬまことの心であり、邪偽の雑らぬ正直心である。この虚仮・邪偽のまじわる自力心を絶した無疑信順の心が信楽である。三心は疑蓋無雑の三心即一の信楽一心におさまるのである。上記の如く、三心はそれぞれの字訓釈において、「疑蓋無雑」の語で結ばれているが、唯今の結釈において「疑蓋無間雑故是名信楽」といい、信楽の当釈として疑蓋無雑の句をあげられているのである。信楽の名義を釈するにあたり、「信楽と名づく」と釈されている。「名づく」という表示は信楽のみである。このことは

法義釈においても、信楽釈で、「疑蓋間雑あることなし。ゆゑに信楽と名づく」（『註釈版』二三五頁）とあり、同釈である。信楽釈のみの当釈としての表示である。かくて本願の三心は疑蓋無雑の信楽の一心、即ち機受は信楽の一心、真実信心にきわまることを釈顕されているのである。この信楽の一心を天親論主は、『浄土論』のはじめに、一心といわれているのであると宗祖は結示されているのである。

第二節　法義釈

三一問答には二番の問答がある。上述の如く第一問答字訓釈は本願の三心を合して一心とする合三為一の義を字訓の上より説明し、三心即一は本願本然の義であることを釈顕されているのである。これを受けて第二問答法義釈においては、他力回向の法義の上より、三心即一の義理をあきらかにされているのである。即ち第二問答において、

また問ふ。字訓のごとき、論主の意、三をもつて一とせる義、その理しかるべしといへども、愚悪の衆生のために阿弥陀如来すでに三心の願を発したまへり。いかんが思念せんや。（『註釈版』二三一頁）

と説示されている。三心の字訓釈によれば、天親が『浄土論』において、本願の三心を合して一心とせられたのは、愚鈍の衆生をして解了しやすからしめんためであった。しかるに阿弥陀如来が愚悪の衆生のために建立された本願に、至心・信楽・欲生の三心を誓われたのは、如何なる理由であるのかという問意である。これに対する答が、法義釈の展開である。法義釈において、機無・円成・回施の法義説明がなされている。機無とは衆生の側に仏果を証する三心が全く存しないことを明し、円成とは仏が三心を円かに成就したもう

ことをいい、回施とは如来は本願成就の三心を名号により、衆生に回向されるのである。衆生にあってはこの仏回向の名号を自力のはからいを全く絶して、疑いなく、領納するのである。この機受の一心に如来の回向の三心が具徳としてめぐまれているのである。この衆生の無疑の一心、即ち信楽が往生成仏の正因である。至心釈に「この至心はすなはちこれ至徳の尊号をその体とせるなり」(『註釈版』二三二頁)とある。後述する如く三心の関係を示す三重出体の釈義において、三心の体は名号である旨が釈顕されている。本願の三心は名号法として成就され、衆生に回向されるのである。この名号領納の信楽の一心が往生成仏の正因である。かかる信心為本の教法が展開されるのが、法義釈の一段の趣意である。

第一項　至心釈

(イ)直釈

至心の釈については、三段よりなる。(イ)直釈、(ロ)引証、(ハ)述成である。まず(イ)直釈であるが、上述の如く、機無・円成・回施の展開がなされている。機無とは、所被の機相を釈される一段である。

一切の群生海、無始よりこのかた乃至今日今時に至るまで、穢悪汚染にして清浄の心なし、虚仮諂偽にして真実の心なし。(『註釈版』二三一頁)

無始以来、穢悪汚染した虚仮諂偽の衆生には、仏果の因となるべき清浄の心も真実の心も存しない。清浄・真実の心とは『論註』に説示される真実功徳の意味であり、真如法性に随順し、一如の真実に契った心である。このような清浄心、真実心の全く存しない、生死流転の凡夫の現実を説示されているのである。善導大師の機の深信に「曠劫よりこのかたつねに没し、つねに流転して、出離の縁あることなし」と釈されている意味である。次に円成とは、

ここをもつて如来、一切苦悩の衆生海を悲憫して、不可思議兆載永劫において、菩薩の行を行じたまひし時、三業の所修、一念一刹那も清浄ならざることなし、真心ならざることなし。如来、清浄の真心をもつて、円融無礙不可思議不可称不可説の至徳を成就したまへり。（『註釈版』二三一頁）

と釈されている。文中の「ここをもつて」とは無始以来流転する衆生を済度せんためにという意味である。かかる出離の縁が絶えはてた衆生を「悲憫して」、法蔵菩薩の発願修行があったのである。法蔵菩薩は清浄真実の心でもって、発願修行をなし、正覚を証し、「円融無礙不可思議不可称不可説の至徳」即ち名号を成就したもうたのである。『一念多念文意』において、次の如く釈されている。

円融と申すは、よろづの功徳善根みちみちて、かくることなし、自在なるこころなり。無礙と申すは、煩悩悪業にさへられず、やぶられぬをいふなり。真実功徳と申すは名号なり。一実真如の妙理、円満せるがゆゑに、大宝海にたとへたまふなり。一実真如と申すは無上大涅槃なり。（『註釈版』六九〇頁）

「至徳」とは真実功徳の名号である。この至徳の尊号である名号を体とするのが至心である。至心釈の結びに、「この至心はすなはちこれ至徳の尊号をその体とせるなり」（『註釈版』二三二頁）と釈されているのである。かくて仏辺において満足円成された正覚の至徳、すなわち至心は名号として、衆生済度の法として具体化され回施されるのである。

如来の至心をもつて、諸有の一切煩悩悪業邪智の群生海に回施したまへり。（『註釈版』二三一頁）

「回施したまへり」と訓がなされている。無始以来、一切群生海の衆生に如来成就の至心、至徳の名号を、如来は常に施したもうていることをいうのであって、古来これを法界回施といわれている。次いで回施された如来成就の真実心、至徳の名号を領納する機相を次の如く説示されている。

すなはちこれ利他の真心を彰す。ゆゑに疑蓋雑はることなし。（『註釈版』二三一～二三二頁）

古来、成一の釈といわれている。如来成就の至心は名号として回向され、衆生に信受されるのであり、このめぐまれた真実心（至心）を「利他の真心」と説示されているのである。利他とは他力回向の意であり、衆生の上にめぐまれた真実心である。この回施された至心、利他の真実心を頂く衆生の機相は、疑蓋無雑、即ち無疑信順の信楽一心の他はない。至心は信楽の一心に帰するのであり、これを成一というのである。次でこの至心の体を、

この至心はすなはちこれ至徳の尊号をその体とせるなり。（『註釈版』二三二頁）

と説示されている。如来が成就された至徳、仏辺成就の至心は、名号として衆生に回施されるのであり、至心の体（本質）は名号であることを釈顕されているのである。この至徳の尊号を体とするのは、至心は三心のはじめにあって、三心すべてに通じるのである。機受の本願三心は全体が名号として成就され、回向されたものであることを説示されたものといえよう。三心の当体が名号である。本願成就文に「聞其名号信心歓喜」とある。名号を聞信するところ、衆生の信心歓喜の三心の展開があるのであり、この本願成就文を根拠として、至心は至徳の尊号を体とする、所謂出体釈の御教示が存するのである。

（ロ）引証

至心の直釈に次いで、（ロ）引証であるが、正依『大経』・『如来会』の勝行段と「散善義」の三文が引用されている。『大経』勝行段において、法蔵菩薩の因位の三業二利の修行が説かれている。経文に、

大荘厳をもつて衆行を具足して、もろもろの衆生をして功徳を成就せしむ。（『註釈版』二三二頁）

とある。文意は法蔵は福徳と智徳の荘厳により、あらゆる行業を成就し、その一切を回施して、衆生をして功徳を成就せしめたもうたという意味である。如来清浄の真実の至心を衆生に回施したもうことを証されている。仏回施の名号の徳を説示せんために『大経』の文を引用されているのである。上記の御自釈において、法蔵の兆載永劫の修行による至心の至徳の成就と回施が説かれていたが、その根拠を説示されるのである。至心釈において、「この至心はすなはちこれ至徳の尊号をその体とせるなり」とある。この至徳の尊号の内容は法蔵の発願修行の結果、円満成就された正覚の果徳である。かかる仏回施の至心の至極の徳を讃仰せんための引用である。『如来会』の文は助顕である。

次に善導の「散善義」至誠心釈の一段（『註釈版』二三三頁）が引用されている。この文は上に詳述した如く大信釈にも引用されている。唯今は至心釈の解釈としての引用である。至心は仏辺成就の真実心であり、仏より回施された真実心であることを証する点に引用の趣意が存する。

（八）述成

述成は結釈と追釈よりなる。結釈は、

しかれば大聖（釈尊）の真言、宗師（善導）の釈義、まことに知んぬ、この心すなはちこれ不可思議不可称不可説一乗大智願海、回向利益他の真実心なり。これを至心と名づく。（『註釈版』二三四頁）

とある。「大聖の真言」とは、上に引用された『大経』『如来会』をさし、「宗師の釈義」とは「散善義」の釈文をさす。「一乗大智願海」とは阿弥陀仏の智慧の誓願であり、「回向利益他」とは衆生を利益する他力、他力回向の意である。至心は如来の本願海よりめぐまれた真実心であることを結示されているのである。

追釈の一段は

すでに「真実」といへり。真実といふは、『涅槃経』にのたまはく、「実諦は一道清浄にして二あることなきなり。真実といふはすなはちこれ如来なり。如来はすなはちこれ真実なり。真実はすなはちこれ虚空なり。虚空はすなはちこれ真実なり。真実はすなはちこれ仏性なり。仏性はすなはちこれ真実なり」と。以上

釈に「不簡内外明闇」といへり。「内外」とは、「内」はすなはちこれ出世なり、「外」はすなはちこれ世間なり。「明闇」とは、「明」はすなはちこれ出世なり、「闇」はすなはちこれ世間なり。また「明」はすなはち智明なり、「闇」はすなはち無明なり。

『涅槃経』にのたまはく、「闇はすなはち世間なり、明はすなはち出世なり。闇はすなはち無明なり、

明はすなはち智明なり」と。以上（『註釈版』二三四頁）

追釈は二段よりなる。前段は『涅槃経』を引用して真実を釈し、後段は内外明闇が釈されている。真実は実諦即ち真如実相である。この宇宙の根源的真実が開顕されてあるのが唯一無二の本願一実の大道である。したがって真実とは（1）真如実相をさとった如来である。如来の至心のことである。（2）また真実は如来にあっても、回施されて衆生の側にあっても変易（かわり）がないから虚空といわれるのである。仏辺成就の至心も、衆生に回施された至心も不変であることを虚空にたとえるのである。（3）如来の真実（至心）が衆生にいたりとどいて衆生の信心となる。この信心は仏種であるから仏性というのである。いま『涅槃経』を引用して、至心を仏性とされるのは、如来の真実法である名号の衆生への顕現が信心仏性として展開するものであることを示されたものといえよう。

次に後段は、上に記した如く大信釈下に引用されている「散善義」至誠心釈に、「内外明闇を簡ばず」（『註釈版』二一七頁）とある文意の解釈である。『涅槃経』を引用して、文意を釈されている。要は聖者と凡夫、智者と愚者、機類の如何を問わず、如来の真実、即ち至心はめぐまれることを釈顕されているのである。

第二項　信楽釈

一

（イ）直釈

信楽釈は（イ）直釈と（ロ）引証の二段よりなる。（イ）直釈の中、まず略釈されている。

次に信楽といふは、すなはちこれ如来の満足大悲円融無礙の信心海なり。このゆゑに疑蓋間雑あることなし。ゆゑに信楽と名づく。すなはち利他回向の至心をもつて信楽の体とするなり。

（『註釈版』二三四〜二三五頁）

信楽を「満足大悲円融無礙の信心海」といわれている。「満足大悲」とは如来の衆生を摂取したもう大悲心である。欲生釈に説示される大悲回向心で如来の欲生心である。「円融無礙」とは如来の真実の智慧心である。至心釈に「円融無礙不可思議不可称不可説の至徳」と説示されている如来の至心である。この大悲と智慧を円満成就して、衆生を往生成仏せしむるに間違いないという、如来の衆生済度の無疑決定心を「信心海」と説示されているのである。如来の信楽である。この仏心を聞信領納した衆生の心相を「このゆゑに疑蓋間雑あることなし。ゆゑに信楽と名づく」と説示されているのである。上記、字訓釈の結文と同じである。「疑蓋無雑」を因故として、信楽の名義を釈されているのである。「疑蓋無雑」は信楽の当釈である。自力のうたがい（疑蓋）のまじわる（間雑）ことのない、名号聞信の機受の相、信楽の義相を釈顕されているのである。『尊号真像銘文』に、

「信楽」といふは、如来の本願真実にましますを、ふたごころなくふかく信じて疑はざれば、信楽と申すなり。

（『註釈版』六四三頁）

と釈されている。この「疑蓋無雑」という文言は、前後の至心釈にも欲生釈にも出されている。上に記した如く、至心とは如来の真実心である。この至心は名号として衆生に回向される。この真実の名号を領納する信相は、疑蓋無雑の無二心である信楽である。信楽の他に機相は存しない。信楽は衆生を浄土へ招き喚びか

けたもう勅命（名号）に疑い晴れた心である。後述する如く、この信楽の一心に浄土に生れせしめられるに間違いないと決定して待ちもうける心、往生安堵のおもいが存するのである。この作得生想の心を別開したのが約束の欲生である。古来これを信楽の義別と解されている。信相は疑蓋無雑の信楽の他はないのである。衆生の信相、名号聞信の機受の相は、疑蓋無雑の信楽の一心にきわまるのである。

かくて略釈を結して、「すなはち利他回向の至心をもつて信楽の体とするなり」（『註釈版』二三五頁）と説示されている。上述の如く至心の体（本質）は名号である。仏の真実心である至心は名号として衆生に回施されるのである。この名号の真実が衆生に信受されるのであり、衆生の信心は名号を聞信するところにめぐまれる仏の真実心（至心）の他はない。この如来回向の至心（名号）を聞信している機相は疑蓋無雑の信楽の一心である。したがって衆生の上における至心と信楽の関係は、至心は信楽の体、信楽は相である。この関係を古来「体相相望の出体」と呼んでいるのである。

二

以上の略釈につづいて、広釈において、機無・円成・回施の釈の展開が説示されている。機無とは二段よりなる。

しかるに無始よりこのかた、一切群生海、無明海に流転し、諸有輪に沈迷し、衆苦輪に繫縛せられて、清浄の信楽なし、法爾として真実の信楽なし。ここをもつて無上の功徳値遇しがたく、最勝の浄信獲得しがたし。（『註釈版』二三五頁）

我等衆生は無始以来、無明海を流転して、真実の信楽を獲得することの絶無を説示されている。そして更につづいて、

一切凡小、一切時のうちに、貪愛の心つねによく善心を汚し、瞋憎の心つねによく法財を焼く。急作急修して頭燃を炙ふがごとくすれども、すべて雑毒雑修の善と名づく。また虚仮諂偽の行と名づく。真実の業と名づけざるなり。この虚仮雑毒の善をもつて無量光明土に生ぜんと欲する、これかならず不可なり。

（『註釈版』二三五頁）

虚仮雑毒の凡夫自力の修善によっては、浄土に往生することは不可能であると明示されているのである。かかる我等衆生が浄土に往生成仏することが出来るのは、阿弥陀仏の因位の発願修行の成就によりてのみ可能となるのである。円成の釈とは、

なにをもつてのゆゑに、まさしく如来、菩薩の行を行じたまひし時、三業の所修、乃至一念一刹那も、疑蓋雑はることなきによりてなり。この心はすなはち如来の大悲心なるがゆゑに、かならず報土の正定の因となる。

（『註釈版』二三五頁）

と説示されている。衆生済度の法蔵菩薩の発願修行、身口意の三業の所修は、衆生済度まちがいなしと決了された疑蓋無雑の心、無疑決定の心により、つらぬかれている。この疑蓋無雑は仏の信楽である。無疑真実の信楽を仏辺において成就したもう相である。そして「この心（斯心）」、次上の疑蓋無雑の仏心、即ち信楽は阿弥陀如来の大悲心であるから、必ず報土往生の正定の因となるのである。

この仏の信楽の回施について、次の如く説示されている。

如来、苦悩の群生海を悲憐して、無礙広大の浄信をもつて諸有海に回施したまへり。これを利他真実の信心と名づく。（『註釈版』二三五頁）

文中の「無礙広大の浄信」とは、衆生を摂取することにおいて、無疑決定の大悲の仏心である。即ち仏辺成就の信楽である。如来は苦悩の衆生をあわれみたまい、無礙広大の徳が成就されている信楽を回施されるのである。この如来よりめぐまれた信楽を「利他真実の信心」というと釈されているのである。他力回施の信楽が衆生の往生成仏の正因となることを説示されているのである。

（ロ）引証

引証の一段は冒頭に（1）正依『大経』（『註釈版』二三五～二三六頁）と（2）『如来会』（『註釈版』二三六頁）の本願成就文が引用されている。両文ともそれぞれ「乃至一念」と「一念浄信」までの前半の文の引用である。後半の部分は欲生釈下に引用されている。名号を聞信する一念に信心決定して、往因満足する旨を説示されているのである。正依『大経』には「聞二其名号一信心歓喜乃至一念」（『原典版』二九四頁）とある。『如来会』には「聞二無量寿如来名号一能発二一念浄信一歓喜」（『真聖全』一・二〇三頁）とある。正依『大経』の「一念」は、「一念の浄信」即ち、信の一念と解して、信一念往生の仏意を釈顕されているのである。本願の三心は信楽の一心にきわまることを証せられているのである。

（3）『涅槃経』「師子吼品」の文（『註釈版』二三六～二三七頁）である。四無量心・大信心・一子地を仏性とする文が引用されている。経文の原意はいずれも菩薩の所得であり、この仏性（仏種）により仏果を証するのである。宗祖はこの文を引用して、信心仏性の義を顕彰されているのである。四無量心とは大慈・大悲・大喜・大捨である。大慈とは一切衆生に楽をあたえようとする心、大悲とは一切衆生の苦を抜く心、大喜とは衆生が喜び楽しむを見て随喜する心、大捨とは怨親平等の心である。四無量心は如来の大悲心の徳の内容である。この如来の大悲心は名号により衆生に回向され、往生成仏の正因、信心仏性と展開することを証せられているのである。次に大信心とは如来より回向される信心である。涅槃の真因となる衆生の信楽は信心仏性としてめぐまれていることを証されているのである。御自釈の「利他真実の信心」を助顕されているのである。「信巻」冒頭の大信嘆徳においてこの信心仏性を「真如一実の信海」と教示されている。

次に一子地とは、大信所得の益である。『浄土和讃』に、

平等心をうるときを　一子地となづけたり
一子地は仏性なり　安養にいたりてさとるべし
（『註釈版』五七三頁）

と讃ぜられている。一子地とは一切の衆生をひとりごのようにあわれむ心がおこる位のことである。信心決定した衆生は浄土に往生してこの一子地の位、利益がめぐまれ、仏果を証するのである。かくて四無量心は如来の大悲心であり、名号に成就され、衆生に回施されるのである。この如来回施の大信心は涅槃の真因であり、信心決定の行者は当来の浄土において一子地の益、仏性を開顕するのである。宗祖は『涅槃経』を引用して、四無量心・大信心・一子地を示す経文により、信心仏性の展開を説示されたものといえよう。

（4）『涅槃経』「迦葉品」の文（『註釈版』二三七頁）である。仏果は信心を因とするのであり、菩提の因は無量であるが、信心にすべて摂尽するという経意である。

（5）同じく「迦葉品」の文であるが、信不具足の文を引用し、正しい信具足を反顕されているのである。

（6）『華厳経』「入法界品」の文（『註釈版』二三七～二三八頁）である。仏回施の名号を聞信し、信心歓喜し、疑いなき者は、浄土に往生し無上の仏果を証するのであり、此土において如来と等しい利益がめぐまれるという文意である。『浄土和讃』に「信心よろこぶそのひとを　如来とひとしとときたまふ」（『註釈版』五七三頁）と讃ぜられている。信心決定の行者には、仏の大悲心がめぐまれているのである。当来に浄土に往生して仏果を証する身に定まっているのである。仏になるべき身に定まっている正定聚の益がめぐまれているのである。かかる点より、信心決定の人を「如来とひとし」と宗祖は『華厳経』の文により讃ぜられているのである。上の御自釈の「かならず報土の正定の因となる（必成報土正定之因）」を助顕されているのである。

（7）『華厳経』の「入法界品」の文（『註釈版』二三八頁）である。信心の行者には如来の仏智が満入し、如来は一切の衆生の疑を断ちきり、衆生の志願を満足せしめたもうことが説かれている。

（8）『華厳経』「賢首品」の文である。信心の勝徳について示された経文である。九十四句の偈頌を引用されている。前半の二十六句は信心の具徳を説く偈頌である。冒頭に「信は道の元とす、功徳の母なり」（『註釈版』二三八頁）とある。仏回施の大信は仏果を証する因であることを説示される。結びの句は「信楽、最勝にしてはなはだ得ること難し」（『註釈版』二三八頁）とあり、信楽は希有最勝の大信であることを証されているのである。「乃至」以後の後半の六十八句は行位の上より信心の徳益について説示されるものである。この中最初の「もしつねに諸仏を信奉すれば」（『註釈版』二三八頁）より以下二十四句は信心所具の行徳を明す一段である。つづいて「もし諸仏の為に護念せらるれば」（『註釈版』二三九頁）以下の四十四句は信心所具の位徳を明す。『華厳経』の信満不退、即ち一位即一切位の経意によれば、一時に一切の諸位の行相を得、成仏すると説かれている。唯今はこの経意に因んで、弘願の大信に因徳円満して、よく成仏の果を証する益を説示されるのである。横超の金剛の信心決定の一念同時に、正定聚の益、歓喜地、等覚、便同弥勒、如来とひとしの諸位の功徳円満し、当来の浄土に往生し、弥陀同体の証果が得せしめられるのである。弥陀回施の信楽の勝徳を顕彰されているのである。

（9）最後に『論註』下巻起観生信章の讃嘆門釈の「我一心」の結文と、（10）『論註』大尾の「如是」の釈が引証されている。（9）讃嘆門の釈文は、

〈如実修行相応〉と名づく。このゆゑに論主（天親）、建めに〈我一心〉とのたまへり

（『註釈版』一四一頁）

とある。『高僧和讃』の曇鸞讃に、

決定の信をえざるゆゑ　信心不淳とのべたまふ
如実修行相応は　信心ひとつにさだめたり

（『註釈版』五八七頁）

と讃ぜられている。『論註』の上では、「如実修行相応」とは、名号の真実義にかない、深く信じて称する念仏の意であるが、唯今の引意は称名の義ではなく、如実の信、信楽即名号の義意の釈顕である。信楽の一心は名号と不二であることを教示されているのである。信一念釈の結びにおいて宗祖は、

ゆゑに知んぬ、一心これを如実修行相応と名づく。

（『註釈版』二五三頁）

と説示されているのである。如実修行相応の称名のきわまり、根源は仏回向の名号である。信楽の一心と名号が不二である義を説示されているのである。唯今は如実修行相応の我一心の文を引用し、信楽の一心がよく往生成仏の正因であることを釈顕されているのである。『高僧和讃』に、

論主の一心ととけるをば　曇鸞大師のみことには
煩悩成就のわれらが　他力の信とのべたまふ
（『註釈版』五八四頁）

と讃ぜられている。

(10)「如是」の文（『註釈版』二四一頁）の引意は、一経のはじめに位置する語で、信心は涅槃の正因であることを詮顕されたものである。

第三項　欲生釈

一

(イ)　直釈

直釈の中、略釈して、

次に欲生といふは、すなはちこれ如来、諸有の群生を招喚したまふの勅命なり。すなはち真実の信楽をもつて欲生の体とするなり。まことにこれ大小・凡聖、定散自力の回向にあらず。ゆゑに不回向と名づくるなり。
（『註釈版』二四一頁）

と説示されている。欲生は如来が迷いの衆生を浄土へ招き喚びかけたまふおほせ（勅命）と釈されている。

欲生を仏の回向心、大悲心として釈されている。この大悲の勅命に信順する衆生の無疑の心相が信楽である。「招喚の勅命」という説示は、「行文類」六字釈に「〈帰命〉は本願招喚の勅命なり」（『註釈版』一七〇頁）とあり、欲生釈においては「如来、諸有の群生を招喚したまふの勅命なり」と述べられている。六字釈において、「南無」に二義がある。「帰命」と「発願回向」である。帰命を釈して「招喚の勅命」となし、「発願回向」を、「発願回向といふは、如来すでに発願して衆生の行を回施したまふの心なり」（『註釈版』一七〇頁）と釈されている。如来が衆生を浄土に生れさせようとの思召、大悲回向心である。唯今の欲生心は如来の大悲回向心、即ち約仏の欲生心であり、六字釈の「発願回向」がこの欲生心にあたるのである。阿弥陀如来が因位の時、発願修行をなし、衆生済度の名号を成就して、めぐみたもう大悲回施の心と説示されているのである。招喚の勅命が仏の心にあってはは大悲回施の心であり、回施の大悲心が言に発する摂化の招喚が勅命である。この如来の大悲回向の心は必ず外に発動するのであり、迷いの衆生を招き喚びかけたもう、おほせの勅命となって展開するのである。この如来の大悲の欲生心を「如来、諸有の群生を招喚したまふの勅命なり」と釈されているのである。

次につづいて上引の如く、

すなはち真実の信楽をもつて欲生の体とするなり。　（『註釈版』二四一頁）

と説示されている。上記の約仏の欲生心につづいて、衆生の上で語る信楽と欲生の関係について釈されている。衆生を浄土に往生せしめんという如来の大悲回向心、招喚の勅命に疑い晴れた衆生の無疑信順の心が信楽である。この信楽に当来の浄土往生に対し、安堵する心がおのずと存する。信楽の外に別起の欲生があるのではない。約末の衆生の欲生は、如来の勅命に信順した信楽に、本来、具せられている往生安堵の義を別に開いて語るのである。信楽が当来の果に向かう義を欲生というのである。古来これを、欲生は信楽の義別と釈されている。かかる信楽と欲生の関係を体義相望というのである。信楽を体とし、欲生をその義とするのである。この場合、体とは相のすわり、心相の据りという意味である。疑い晴れた信楽を据りとして(体)、往生安堵の義、欲生が具せられているのである。信楽も欲生も共に信相であるが、信相の上で体と義の分別をして、両者の関係を説示されているのである。勅命に疑い晴れた疑蓋無雑の信楽に、おのずと往生安堵の欲生の義が存するのである。

かくて欲生は衆生の第十九・二十願の自力の回向、即ち凡夫が自力で積み上げた善根を、浄土にふりむけ回向し、浄土願生を期する欲生心ではない。如来よりたまわった欲生心であるから、行者においては不回向であると結されているのである。

二

次で広釈の一段は、機無・円成・回施の釈である。欲生の解釈に二義がある。その一は上記の如く、信楽の義別としての機相、作得生想の意であり、その二は法徳で語る大悲回向心である。唯今の機無・円成・回施の釈は法徳で語り、如来回向の欲生を説示されている。

しかるに微塵界の有情、煩悩海に流転し、生死海に漂没して、真実の回向心なし、清浄の回向心なし。

（『註釈版』二四一頁）

生死海を流転する我等凡夫には、真実清浄の回向心が絶無である機相、即ち機無を説示されている。次いで円成の釈は、

> このゆゑに如来、一切苦悩の群生海を矜哀して、菩薩の行を行じたまひし時、三業の所修、乃至一念一刹那も、回向心を首として大悲心を成就することを得たまへるがゆゑに……。（『註釈版』二四一頁）

と説示されている。法蔵菩薩は因位の修行により、回向心を首として、大悲心を成就したもうたのである。この正覚成就の大悲心が、衆生を浄土に往生させようと願われる如来の欲生心である。回施の釈は、

> 利他真実の欲生心をもつて諸有海に回施したまへり。（『註釈版』二四一頁）

と説示されている。如来の大悲回向心が、利他真実の欲生心として、衆生に回施されるのである。「利他真実の欲生心」とは、如来の上に成就された大悲の欲生心のことである。そしてこの仏辺成就の利他真実の欲生心を衆生が領納する成一の義を結釈されている。

> 欲生すなはちこれ回向心なり。これすなはち大悲心なるがゆゑに、疑蓋雑はることなし。
> （『註釈版』二四一頁）

衆生領受の欲生心には、如来の回向心・大悲心の法徳がめぐまれているのである。しかしその大悲回向の法徳は機相の上にあらわれるものではない。衆生の機相は「疑蓋無雑」の外はない。自力心を絶した、疑い晴れた信楽の一心の外に別相は存しないのである。欲生は信楽の一心に摂まる。これを成一と古来釈されているのである。欲生心の解釈を機相の上と法徳の上の二面より、釈されているのである。

三

上来、法義釈について、本願三心の義を窺ったのであるが、至心釈・信楽釈・欲生釈において、それぞれ出体釈が説示されていた。古来、三重出体釈といわれる。三心の関係が示されている。本文をあげれば次のとおりである。

この至心はすなはちこれ至徳の尊号をその体とせるなり。（『註釈版』二三二頁）

すなはち利他回向の至心をもつて信楽の体とするなり。（『註釈版』二三五頁）

すなはち真実の信楽をもって欲生の体とするなり。（『註釈版』二四一頁）

上記の如く、三重出体釈によれば、至心は名号をもって体とし、信楽は至心をもって体とし、欲生は信楽をもって体とすると説示されている。仏辺において成就された至心、即ち清浄真実の仏心は、衆生済度の名号として成就され、衆生に回向されるのである。この名号が衆生心中に領納され、衆生の信心として展開するのである。仏辺成就の至心のものがらは名号である。名号により、如来真実の至心の至徳は衆生にめぐまれるのである。この衆生の上に到来している行者受得の至心の体は、誓願の名号であることを「この至心（約末）はすなはちこれ至徳の尊号をその体とせるなり」と説示されているのである。至心の体が名号であるということは、三心全体が名号の外にはないということで、信心即名号である。この場合、仏の名号は本であり、衆生の至心は末であるから、本末相対、生仏相望の出体釈である。衆生の信心の本質は名号であることを、釈顕されているのである。

次に「利他回向の至心をもつて信楽の体とするなり」と説示し、至心と信楽の関係を釈されている。仏辺成就の至心の徳は、名号として衆生に回向されているのである。仏回向の名号を疑いなく領納している受得の相、即ち機受の信相は疑蓋無雑の信楽の他はない。至心には別相はない。無疑の信楽が相である。そしてこの信楽の体とは利他回向の至心（名号）であると説示されているのである。疑蓋無雑の信楽の所信は至徳の名号である。この至徳の尊号を疑いなく領納したのが信楽の一心である。如来の至心（名号）がいたりとどいたのが信楽である。衆生にあらわれる相は、無疑信順の外はない。利他回向の至心は信楽の体であり、信楽は相である。体相相望の出体である。

次に真実の信楽を欲生の体とするのは、信楽も欲生も共に、衆生の信相である無疑心である。本願他力に全託し、本願招喚の勅命である名号を聞信し、疑い晴れた心が信楽である。この信楽が当来の果に向かう義を欲生というのである。今の場合、体とは上述の如く、体徳の義ではない。心相の据りという意味である。体とは信相の上で体と義とを分別し、相望して、信楽を体とし、据りとして、そこにおのずと往生安堵の義が具せられているのであり、欲生を信楽の義別と解されているのである。体義相望の出体釈である。

かくてこの三重出体釈によれば、至心を体とし、信楽を相とし、欲生を信楽の義別と釈されているのである。至心は信楽の体として、信楽におさまり、欲生は信楽の義別として、信楽におさまるのである。本願の三心は、三心即一の疑蓋無雑の信楽の一心にきわまるのである。仏回向の名号の独用により、信心決定して、往生成仏せしめられていく、本願三心の他力信心の内容を開顕されたのが、三一問答であると窺うのである。

（ロ）引証

引文は冒頭に「本願の欲生心成就の文」として、（1）正依『大経』と（2）『如来会』の二文が引用されている。いずれも成就文の後半の文の引用である。前半の文は上の信楽釈下に引用されてあり、後半の文を欲生釈下に引用されているのである。正依『大経』の成就文には、

至心回向したまへり。かの国に生ぜんと願ずれば、すなはち往生を得、不退転に住すと。ただ五逆と誹謗正法とをば除く　（『註釈版』二四一～二四二頁）

とあり、『如来会』の文は、

所有の善根回向したまへるを愛楽して無量寿国に生ぜんと願ずれば、願に随ひてみな生ぜしめ、不退転乃至無上正等菩提を得んと。五無間・誹謗正法および謗聖者を除く　（『註釈版』二四二頁）

とある。正依『大経』では「至心回向したまへり」とあり、『如来会』では「所有の善根回向したまへるを」と約仏の訓点がなされている。弥陀に約して釈されている。欲生心は、弥陀にあっては大悲回向心であることが教示されているのである。この弥陀の回向心は名号により衆生にめぐまれるのであり、この名号を二心なく領納するところ、疑蓋無雑の信楽の一心の成立がある。この信楽の義別が欲生である。名号聞信の信心決定の一念に、浄土願生を要期する欲生心の展開がある。「かの国に生ぜんと願ずれば」とは衆生即ち約生の欲生心である。名号を聞信し、浄土を願生するところ、たちどころに往生すべき身に定まり、現生で不退転の位（信心の得益）に定まるのである。本願成就文の引用は欲生心成就を証するにある。

次で『論註』により三文引用されている。（3）「『浄土論』にいはく」とあるが、『論註』下巻起観生信章の文（『註釈版』二四二頁）である。文の当面は願生行者の回向の行相を釈する文であるが、宗祖は約仏の訓点をされ、往相・還相はすべて如来の本願力回向であることを証し、欲生は如来の大悲回向心であることを顕彰されている。（4）第四文は『論註』下巻浄入願心章の文（『註釈版』二四二～二四三頁）である。三種荘厳の浄土はすべて法蔵の願心により成就された国土である。他力回向の根源である。願心荘厳の浄土が根源となり、往相・還相の回向の成就がある。唯今はこの浄土への往生を説示されているのである。次下の『論註』利行満足章の文に対し、往相は如来願心の他力回向であることを釈成し、欲生は如来大悲の回向心であることを顕彰されているのである。（5）『論註』利行満足章より、所釈の出第五門（園林遊戯地門）の『浄土論』の文（『註釈版』二四三頁）が引用されている。利他の悲用である還相摂化は、阿弥陀如来の本願力回向によることをあらわし、欲生の大悲回向心を顕彰されている。

（6）「散善義」の引文は当面は衆生の回向発願心であり、欲生心である。これを宗祖は、約仏の訓点で釈されている。

また回向発願して生るるものは、かならず決定真実心のなかに回向したまへる願を須ゐて得生の想をなせ。（『註釈版』二四三頁）

と読み、如来回向の大悲の願心を領納して、決定往生の想をなすところ、金剛の信心の成立があることを明らかにされているのである。仏の大悲回向心が衆生の上にめぐまれて、作得生想の衆生の欲生心の成立がある旨を釈顕されているのである。

（八）白道釈

「散善義」の引用につづいて二河白道の要義を釈されてある。「散善義」においては、回向発願心釈に出される譬であるが、第三心の終りに位置して、前の至誠心釈、深心釈を貫く譬である。今は欲生心の引文を結し、本願三心の解釈の終りにあたり、二河譬の要文を釈し、弘願の三心即一の信楽が白道である旨を釈顕して、疑蓋無雑の信楽、即ち金剛の信心が浄土に到る願力の大道であることを釈顕されているのである。

まことに知んぬ、二河の譬喩のなかに「白道四五寸」といふは、「白道」とは……「白」はすなはちこれ選択摂取の白業、往相回向の浄業なり。……「道」はすなはちこれ本願一実の直道、大般涅槃、無上の大道なり。……「能生清浄願心」といふは、金剛の真心を獲得するなり。本願力の回向の大信心海なるがゆゑに、破壊すべからず。これを金剛のごとしと喩ふるなり。（『註釈版』二四四頁）

白道を如来の法と衆生の信心即ち機の両面より釈されている。「白」を選択摂取の白業・往相回向の浄業と釈されている。衆生を摂取すべく仏辺において成就し、衆生に回向したもう名号大行の義である。「道」を本願一実の直道・大般涅槃・無上の大道と釈し、願力の大道の義であり、如来の本願力、法の上よりの解釈である。そしてこの本願の大道に乗託した衆生の信心、「能生清浄願往生心」を金剛の真心・本願力の回向の大信心海と機（信心）の上より釈されているのである。仏の本願力（名号）が衆生心中に領納され、衆生の信心の決定がある。仏の側よりいえば願力の大道であり、めぐまれた衆生の側よりいえば金剛の真心であり、本願力回向の信心の外はないというべきである。行（名号＝願力）と信、法と機とは不二一体であり、信心は本願力回向の法であるという義を宗祖は二河譬の釈により開顕されているのである。そして、白道四五寸を「衆生の四大五陰に喩ふるなり」（『註釈版』二四四頁）と釈されている。名号を領納した信心は煩悩におおわれ、信相は微弱であるが、如来回向の信心であり、金剛不壊の信であると釈顕されているのである。そしてこの不壊の金剛心の意味について、以下「玄義分」「序分義」「定善義」の文を引用して、釈されている。

第四項　三心結釈

以上で三心の釈義が終り、最後に結釈されている。

まことに知んぬ、至心・信楽・欲生、その言異なりといへども、その意これ一つなり。なにをもつてのゆゑに、三心すでに疑蓋雑はることなし、ゆゑに真実の一心なり。これを金剛の真心と名づく。金剛の真心、これを真実の信心と名づく。真実の信心はかならず名号を具す。名号はかならずしも願力の信心を具せざるなり。このゆゑに論主（天親）、建めに「我一心」とのたまへり。また「如彼名義欲如実修行相応故」とのたまへり。（『註釈版』二四五頁）

上来本願の三心を釈顕されて来たが、それを受けて結示される一段である。至心・信楽・欲生の三心は、名言は異なっているが、前後の二心を信楽に摂め、機受の信相は、三心即一の無疑の信楽の一心にあることを結釈されているのである。三心共に「疑蓋無雑」の語が出されているが、字訓釈も法義釈も「疑蓋無雑」を「信楽と名づく」といい、疑蓋無雑の当釈を信楽で釈されているのである。機受は信楽の一心に帰するのである。三重出体の釈においてもあきらかな如く、信楽の体が至心であり、欲生は信楽の義別であり、機受の信相は無疑の信楽の一心である。そしてこの無疑信楽の一心を「真実の一心」「金剛の真心」「真実の信心」といい、讃仰されているのである。

次に信と行の関係について釈顕されている。即ち「真実の信心はかならず名号を具す。名号はかならずしも願力の信心を具せざるなり」と説示されている。この文意については、覚如上人の『本願鈔』に釈されている。

わたくしにいはく、この文のこゝろは、真実の信心にはかならず名号を具す（「真実信心必具名号」）といふは、本願のをこりを善知識のくちよりきゝうるとき、弥陀の心光に摂取せられたてまつりぬれば、摂取のちからにて名号をのづからとなへらるゝなり。これすなはち仏恩報謝のつとめなり。「名号必不具願力信心也」といふは、名号をとなへて、この名号の功力をもて浄土に往生せんとおもふは、名号をもてわが善根とおもひ、名号をもてわがつくる功徳とたのむゆへに、如来の他力をあふがざるとがによりてまことの報土にむまれざれば、名号にはかならずしも願力の信心を具せざるなりと釈したまへり。しるべし。（『真聖全』三・五六～五七頁）

「真実信心必具名号」とある「名号」は称名のことである。真実の信心には必ず称名を具するという文意である。他力回向の名号を二心なく信受した信心であるから、疑い晴れた信心はおのずと一生涯、如実の称名となって流行相続されるのである。称名の如実は信楽の一心にきわまるのであり、疑蓋無雑の真実の信心は相続の上に称名となって展開するのである。これに対して称功を積みあげ、往生を願う、不如実の自力の称名には、真実の信心は不具足である。称名の如実・不如実は信心の具不具にあることをあきらかにし、疑蓋無雑の信楽の真実を釈顕されているのである。そして最後に『浄土論』の「我一心」の文と、「如彼名義欲如実修行相応故」の文が引証されている。『浄土論』のはじめの「我一心」の句は三心即一の信楽の一心を証し、後文の「如彼名義」の文は「真実信心はかならず名号を具す」の義を釈顕するにある。「如彼名義」とは、名号の真実義に契当する意であり、「如実修行相応」とは真実信心は如実の口業の称名となって流出する義である。

第三節　別釈信楽

第一項　大信嘆徳

上来、本願三心の内容について字訓釈と法義釈によりあきらかにされ、本願の三心は信楽一心に摂まる義が釈顕された。以下、三心即一の信楽が往生成仏の正因となることを詳説し、大信を讃嘆されるのである。即ち（一）大信嘆徳、（二）菩提心釈、（三）信一念釈である。

まず、大信嘆徳の一段、願力回向の信楽を「大信海」といい、信楽の徳を讃仰される。

おほよそ大信海を案ずれば、貴賤緇素を簡ばず、男女老少をいはず、造罪の多少を問はず、修行の久近を論ぜず、行にあらず善にあらず、頓にあらず漸にあらず、定にあらず散にあらず、正観にあらず邪観にあらず、有念にあらず無念にあらず、尋常にあらず臨終にあらず、多念にあらず一念にあらず、ただこれ不可思議不可称不可説の信楽なり。たとへば阿伽陀薬のよく一切の毒を滅するがごとし。如来誓願の薬はよく智愚の毒を滅するなり。

（『註釈版』二四五〜二四六頁）

四不十四非でもって大信の徳を嘆じられている。四不とは

一、貴賤緇素を簡ばず
二、男女老少をいはず
三、造罪の多少を問はず
四、修行の久近を論ぜず

とある。弥陀回向の信楽は男女、貴賤、老少、善悪をえらばず、あらゆる機類にめぐまれ、往生成仏の正因となることを説示されているのである。所被の機類の上より大信の徳を嘆ぜられているのである。次に十四非とは能被の法である大信の徳を釈顕されたものである。この中、初めの非行・非善、非頓・非漸の四句は浄土聖道門との比較であり、次の非定・非散、非正観・非邪観、非有念・非無念、非尋常・非臨終の八句は浄土門中の要門との比較であり、最後の非多念・非一念は真門との比較である。聖道門・要門・真門の教法に対し、本願他力の真実信心の徳の絶対性を釈顕されているのである。即ち「ただこれ不可思議不可称不可説の信楽なり」と信楽の徳の超勝性を嘆釈されているのである。本願力回向の信楽は万機普益の法であることを讃仰されているのである。

第二項　菩提心釈

一

宗祖は菩提心釈において、二双四重の分判に立脚して菩提心を論じ、願力回向の信楽が横超の菩提心であることを説示し、仏教の教法中、万機普益の最高の位置づけをされているのである。法然聖人の『選択集』に対しては、鎌倉旧仏教から激しい論難がなされている。華厳宗の高弁は『摧邪輪』において、『選択集』を批判しているのである。特に菩提心について、「撥去菩提心過失」として、法然聖人の菩提心の理解に対して非難をなし、菩提心正因論を展開し、法然聖人の選択本願の行である念仏為本の教説を批判しているのである。この論難に対し、二双四重の釈の上より、仏教を竪超・竪出・横超・横出の四種の教法に分釈分類し、仏教の菩提心中、真宗の菩提心（信心）の位置を釈顕されているのである。即ち願力回向の信楽が横超の菩提心であると、仏道の最高の位置づけをなし、唯信正因の義を明示されているのである。

しかるに菩提心について二種あり。一つには竪、二つには横なり。また竪についてまた二種あり。一つには竪超、二つには竪出なり。竪超・竪出は権実・顕密・大小の教に明かせり。歴劫迂回の菩提心、自力の金剛心、菩薩の大心なり。また横についてまた二種あり。一つには横超、二つには横出なり。横出とは、正雑・定散、他力のなかの自力の菩提心なり。横超とは、これすなはち願力回向の信楽、これを願作仏心といふ。願作仏心すなはちこれ横の大菩提心なり。これを横超の金剛心と名づくるなり。

（『註釈版』二四六頁）

この菩提心釈に説示される教相判釈を「二双四重の釈」と名づけたのは、存覚上人の『六要鈔』（『真聖全』二・二九三頁）である。図示すれば左の如し。

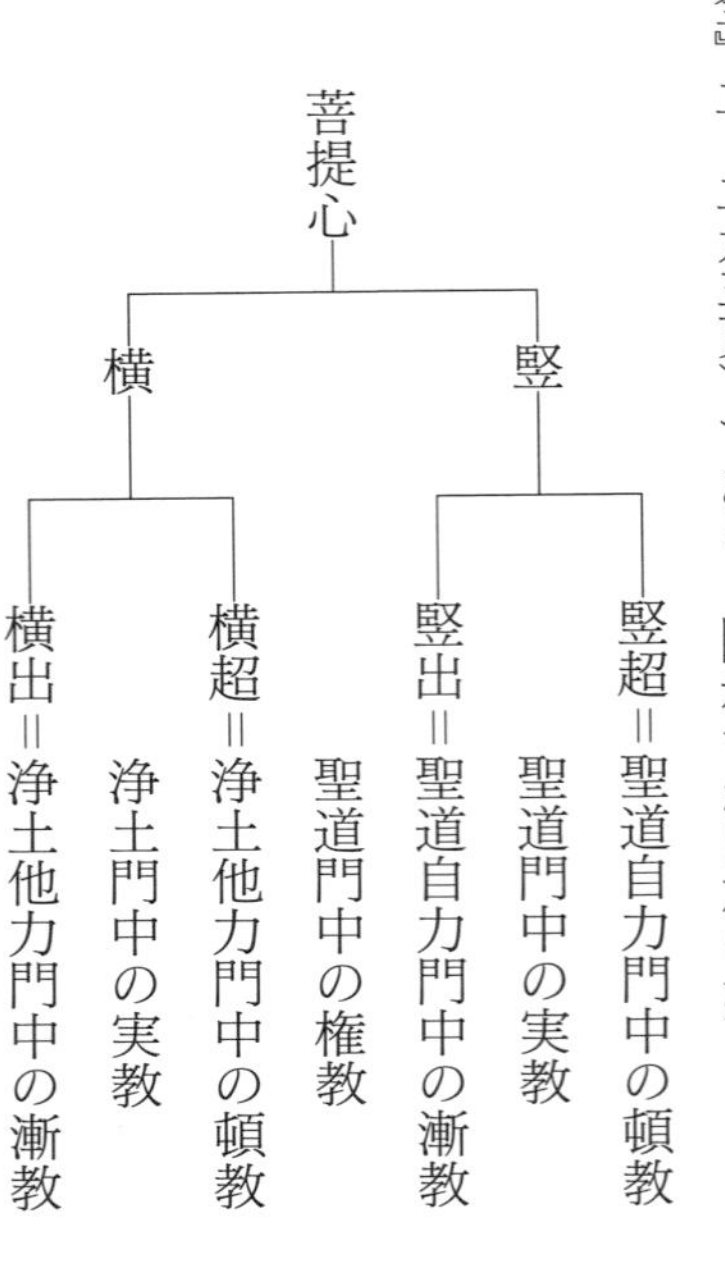

横とは他力、竪とは自力の意であり、超とは頓教（すみやかにさとりを開く教え）、出とは漸教（順序を経て、次第にさとりに進む教え）のことである。したがって竪超とは自力の修行により、即身成仏する聖道門中の頓教である。即ち華厳・天台・真言・禅の四箇大乗をいい、竪出とは自力により歴劫迂回の行を修する聖道門中の漸教で、倶舎・法相・三論等の諸宗をいう。そして宗祖は、竪超・竪出の聖道門の菩提心を「歴劫迂回の菩提心、自力の金剛心、菩薩の大心」と釈されている。聖道門の菩提心については、二双四重の釈においては、竪超・竪出それぞれの菩提心が存するが、それを一に合して「歴劫迂回の菩提心」と説示されている。この場合、即身頓悟の竪超の菩提心であるが、教理の上よりは頓教であるが、実践の面、仏道

修行、仏果を証せんとする行道の上よりせば、歴劫迂回の修行である。竪超も竪出も共に自力難行の菩提心であり、凡夫には不可能の菩提心であることを説示されているのである。『正像末和讃』に、

自力聖道の菩提心　こころもことばもおよばれず
常没流転の凡愚は　いかでか発起せしむべき
（『註釈版』六〇三頁）

と説示されている。

次に横出とは浄土門中の漸教である。浄土門に入り、他力を仰ぎつつも、自力心を脱しきれぬ行者のために説かれる要門・真門の教えである。要門とは定善と散善を修し、浄土を願生する第十九願の教えであり、真門とは自力で念仏を修し、その功徳により浄土を願生する第二十願の教えである。この横出の菩提心を、「正雑・定散、他力のなかの自力の菩提心」と説示されている。「正雑」とは正行と雑行のことで、正行は純正な浄土往生の行で、読誦・観察・礼拝・称名・讃嘆供養の五種の行業である。雑行とは聖道門の諸善万行を往生行として転用したものである。善導大師の「散善義」において釈されている。「定散」とは定善と散善である。定善は阿弥陀仏の浄土を観察する行法であり、散善とは廃悪修善の行法である。

かくて宗祖は聖道門の竪超・竪出の菩提心は歴劫迂回の自力の菩提心であり、浄土門の横出の菩提心は他力のなかの自力の菩提心であることを説示し、究極の横超他力の菩提心は、「願力回向の信楽」であることを顕彰されたのである。横超とは他力浄土門中の頓教であり、本願力により菩提心・願力回向の信楽がめぐまれ、往生即成仏のさとりを証する教えである。「横超とは、これすなはち願力回向の信楽、これを願作仏心といふ。願作仏心すなはち横の大菩提心なり、これを横超の金剛心と名づくるなり」と説示されている。

聖道門の菩提心は上求菩提・下化衆生の菩提を求める道心である。これに対し、浄土真宗の横超の菩提心とは涅槃の正因である旨を釈顕されているのである。往生即成仏の仏果を証する徳が仏の本願力によりめぐまれているのが「願力回向の信楽」である。そして他力の信楽を「願作仏心」と説示し、「横の大菩提心」と説示されている。「願作仏心」のみで「度衆生心」の語を出されていないのは『易行品』の弥陀章に、

もし人仏に作らんと願じて、心に阿弥陀を念ずれば……。（『註釈版七祖篇』一七頁）

「若人願作仏　心念阿弥陀」とある偈によられているのである。願作仏心とは本願他力により成仏せしめられると疑いなく願う心である。法蔵菩薩は願作仏心・度衆生心の菩提心により、本願を誓い自利利他円満の正覚を成就されたのである。この衆生済度の大悲度衆生心によりみちびかれ、めぐまれているのが浄土願生の衆生の「願作仏心」である。即ち願力回向の信楽である。したがって如来回向の信楽には願作仏心・度衆生心の大菩提心が信心の徳としてめぐまれているのである。宗祖は本願他力の信心は願作仏心であり、願作仏心は即ち度衆生心であり、大菩提心である旨を釈顕されているのである。『正像末和讃』には、

浄土の大菩提心は　願作仏心をすすめしむ
すなはち願作仏心を　度衆生心となづけたり
（『註釈版』六〇三頁）

とあり、『高僧和讃』に

願作仏の心はこれ　度衆生のこころなり
度衆生の心はこれ　利他真実の信心なり
（『註釈版』五八一頁）

と讃ぜられているのである。そしてこの願力回向の信楽、即ち願作仏心が浄土の大菩提心であり、第十八願

の唯一無二の法である横超の菩提心である旨を、大の字を付して「横超の大菩提心」と釈顕されているのである。「横超の金剛心」と讃ぜられているのである。華厳の高弁からの師法然聖人への批判、即ち菩提心廃捨の論難に対し、宗祖は往生成仏の正因である願力回向の信楽こそが、横超の菩提心である旨を開顕して答えると共に、真実の信楽に帰すべきことを説示されているのである。そして最後に信不具足・聞不具足の信を誡め、結ばれているのである。

二

次に引証の一段であるが、冒頭に『論註』の善巧摂化章の文を引用されている。

この無上菩提心は、すなはちこれ願作仏心なり。願作仏心は、すなはちこれ度衆生心なり。度衆生心は、すなはちこれ衆生を摂取して有仏の国土に生ぜしむる心なり。このゆゑにかの安楽浄土に生ぜんと願ずるものは、かならず無上菩提心を発するなり。（『註釈版』二四七頁）

願力回向の信楽には願作仏心と度衆生心の自利と利他の徳が具足していることを示し、成仏の因が円満していることを証し、大信心は菩提心であることを釈顕されているのである。そして『論註』引文の最後の一段は回向の名義を釈される文であるが、宗祖は約仏の訓点をなして引用されている。

おほよそ〈回向〉の名義を釈せば、いはく、おのれが所集の一切の功徳をもつて一切衆生に施与したまひて、ともに仏道に向かへしめたまふなり。（『註釈版』二四七頁）

願作仏心・度衆生心の菩提心は如来よりの回向であることを証されているのである。宗祖はこの『論註』

の釈文を引用して、願力回向の信楽、即ち大菩提心がよく涅槃の真因となることを釈顕されているのである。以下、引用される元照の『阿弥陀経義疏』をはじめとする宋代浄土教の典籍は、いずれも往生成仏の正因である「世間甚難信」の大信を讃じ、具縛の凡愚といえども、仏回向の信心（大菩提心）により、往生成仏せしめられることを、証せられているのである。

第三項　信一念釈

（イ）直釈

上来は本願の三心について、三心即一の義をあきらかにして、三心は信楽の一心に帰することが釈顕された。そしてその願力回向の信楽の一心の超勝性を菩提心釈において顕彰されたのである。これを受け、機受の信楽の心相を釈顕されるのである。即ち信一念釈の所明である。

「行文類」の行一念釈に、

おほよそ往相回向の行信について、行にすなはち一念あり、また信に一念あり。（『註釈版』一八七頁）

と説示し、行信の一念を並べあげられている。行の一念については、「行文類」において釈され、「信文類」において、信一念を釈顕されるのである。

それ真実の信楽を案ずるに、信楽に一念あり。一念とはこれ信楽開発の時剋の極促を顕し、広大難思の慶心を彰すなり。（『註釈版』二五〇頁）

本願成就文により、仏回向の名号を信受し、信心決定する時剋を釈される。信の一念については二釈ある。

即ち時剋の釈と、信相の釈である。まず、時剋の釈の一段である。三心即一の信楽が開発する最初の時に往因満足して、正定聚の益を得る他力信心の特色を釈顕されるのである。次下に本願成就文が引用されている。

あらゆる衆生、その名号を聞きて信心歓喜せんこと、乃至一念せん。至心に回向したまへり。かの国に生ぜんと願ずれば、すなはち往生を得、不退転に住せん。

（『註釈版』二五〇頁）

法然聖人の『選択集』においては、この本願成就文の「乃至一念」を行の一念で釈されていたが、宗祖は『如来会』の本願成就文により、正依『大経』の「乃至一念」を信の一念と解されているのである。正依『大経』と『如来会』の第十八願成就文を並引されている。『如来会』に、

他方仏国の所有の衆生、無量寿如来の名号を聞きてよく一念の浄信を発して歓喜せん。

（『註釈版』二五〇頁）

とある。「一念の浄信」と説示されている。この点から、正依『大経』の本願成就文の「一念」を信の一念と領解されているのである。かくて本願文の三心即一の信楽を成就文の「一念」とし、機受の要は信の一念にあることを説示されている。「極促」とは受法の最初の時という意味である。『浄土文類聚鈔』にはこの「乃至一念」について、

往生の心行を獲得する時節の延促について、乃至一念といふなり。

（『註釈版』四八〇頁）

と釈されている。「時節の延促」の延とは後念相続の意であり、促とは最初の時という意味である。「乃至」は一生涯にわたる信心の相続を意味し（延）、一念とは、信心決定した最初の時（促）をいうのである。上述の如く、『一念多念文意』に成就文の一念を釈されている。

「一念」といふは信心をうるときのきはまりをあらはすことばなり。

（『註釈版』六七八頁）

信楽開発の最初の時を「一念」と説示されている。如来が至心に回向したもう本願の名号を聞信する信楽開発の一念の時に、往生成仏の因が決定するのである。成就文の「一念」を信楽の一念と解し、時剋の極促と釈されたのは、「聞其名号」の信心は本願力回向の名号の顕現であり、信楽の外に別相の存しないことを示す、信心正因の法義の顕彰である。

そしてこの信楽の一念は、如来よりめぐまれた「広大難思の慶心を彰す」と説示されている。信一念同時に衆生心中にめぐまれている信楽の徳を、広大難思の慶心と説示されているのである。広大難思とは、初起一念のところにめぐまれる法の徳をいうのであり、慶心とは疑い晴れた信楽のことである。広大難思の仏徳を全領する信一念に、当来、往生成仏の仏果を証することに決定するのである。この慶びの心を広大難思の慶心と説示されているのである。

（ロ）引証

信一念釈の引証の第一文は、上記の如く正依『大経』の第十八願成就文である。成就文の「聞其名号信心歓喜」の信心は本願文の三心即一の信楽である。先哲も指摘される如く、宗祖は本願文の信楽を成就文の一念に会合され、機受の要は信一念にあることを証されているのである。成就文すべて信一念の証文としての御引用である。成就文の「乃至一念」は、上の「聞其名号信心歓喜」に望めては、名号を受法した最初の時、即ち信楽開発の時剋の極促をあらわし、下の「即得往生住不退転」に望めては、得益の時であって、往生成仏の正因決定する時剋の極促をあらわすのである。上述の如く、『一念多念文意』には、「即得往生」を次の如く釈されている。

「即得往生」といふは、「即」はすなはちといふ、ときをへず、日をもへだてぬなり。また「即」はつくといふ、その位に定まりつくといふことばなり。「得」はうべきことをえたりといふ。真実信心をうれば、すなはち無礙光仏の御こころのうちに摂取して捨てたまはざるなり。（中略）をさめとりたまふとき、すなはち、とき・日をもへだてず、正定聚の位につき定まるを「往生を得」とはのたまへるなり。
（『註釈版』六七八～六七九頁）

即について、即時と即位の二義があげられている。即時とは「ときをへず、日をもへだてぬなり」とあり、同時という意味であり、即位とは「つくといふ、その位に定まりつくことば」とあり、獲信と同時に正定聚の益、即ち往生成仏すべき身に定まりつくという意味である。受法得益同時の他力回向の信一念の内容を成就文により証されているのである。引証の第二文『如来会』本願成就文の「一念浄信」は、上述の如く、正依『大経』の「乃至一念」が信の一念であることを証する文である。第三文『大経』の東方偈の「其仏本願力」の文と第四文『如来会』の二文により、聞即信を証し、続いて第五文『涅槃経』「迦葉品」の聞不具足の文を引用して、不如実の聞を誡められている。最後に第六文善導和尚の「散善義」の「一心専念」と「専心専念」の二句を引用されている。一心と専心は信心、専念は称名である。一心と専心で成就文の一念の心相を証すると共に、信行不離を説示されているのである。

（八）本願成就文釈

上来信一念の義について説示された。つづいて信一念義成立の根源となる本願成就文について釈顕されている。この中（1）「聞」（2）「信心」（3）「歓喜」（4）「乃至」（5）「一念」（6）「即得往生」の六段よりなる。

（1）「聞」の釈

「聞其名号」を釈して、

『経』に「聞」といふは、衆生、仏願の生起本末を聞きて疑心あることなし、これを聞といふなり。

（『註釈版』二五一頁）

と説示されている。経文に「聞其名号」とあるのを、「仏願の生起本末を聞く」と説示されている。本願と名号とは同一の事実である。本願が成就して名号の円成が存するのであり、本願は因、名号は果で、因果不二である。「仏願の生起本末を聞き」とは、名号のおいわれを聞くことである。生起とは本願が誓われた所以である。それは生死流転の凡夫救済のためである。本末とは、本は因であり、末は果である。法蔵菩薩の発願修行が本（因）であり、弥陀正覚の果、即ち名号の果徳を円満成就して、衆生を済度したもうているはたらきが末（果）である。かくて仏願の生起本末を聞くとは、衆生済度のため、めぐまれている名号の真実を聞くことである。そしてこの「聞」の内容について、上述の如く、『一念多念文意』において次の如く釈されている。

「聞其名号」といふは、本願の名号をきくとのたまへるなり。きくといふは、本願をききて疑ふこころなきを「聞」といふなり。またきくといふは、信心をあらはす御のりなり。（『註釈版』六七八頁）

聞とは本願の名号を自力の疑心、はからいを絶して、聞いている疑蓋無雑の信心であり、聞即信であると釈されているのである。

（2）「信心」の釈

「信心」といふは、すなはち本願力回向の信心なり。（『註釈版』二五一頁）

衆生済度の如来の大悲回向心は南無阿弥陀仏の名号、本願招喚の勅命となって衆生にめぐまれているのである。この我々を招き喚びたもう大悲の仏心が、衆生心中に領納信受されているのが信心である。凡夫の自分で発起する信心ではない。如来の本願力により回向された信心であると釈されているのである。

（3）「歓喜」の釈

「歓喜」といふは、身心の悦予を形すの貌なり。（『註釈版』二五一頁）

名号が心に領納されると、往生安堵の救われた喜びは、初起後続に通ずる。その信心相続の相について、『一念多念文意』においては、

「歓」は身をよろこばしむるなり、「喜」はこころによろこばしむるなり。（『註釈版』六七八頁）

と釈されている。

（4）「乃至」の釈

「乃至」といふは、多少を摂するの言なり。（『註釈版』二五一頁）

乃至を釈して、時節の多少を問はぬという意味である。多少を摂めて乃至したという義で総摂多少といわれる。『一念多念文意』に、

「乃至」は、おほきをもすくなきをも、ひさしきをもちかきをも、さきをものちをも、みなかねをさむることばなり。（『註釈版』六七八頁）

と釈されている。多少・久近・前後すべて摂める意味である。「行文類」の行一念釈（『註釈版』一八八頁）で、乃至の語を、「乃至とは一多包容の言なり」と釈されている。唯今の信一念釈では「多少を摂するの言なり」とある。多少とは称名の上での多少もいわれるが、時節の上でもいわれる。「行文類」では、一多包容の釈で、称名の一多を包容する義で、称功を見ぬ、他力の念仏の意味で、乃至が解釈されているのであり、「信文類」の総摂多少の釈は、相続の時節の多少・久近・前後を問わず、すべてを摂めるという義で釈されているのである。

宗祖の乃至の釈は、この外に、行一念釈の乃下合釈と、『浄土文類聚鈔』の兼両略中の釈の二釈がある。乃下合釈とは、

『経』（大経）に「乃至」といひ、釈（散善義）に「下至」といへり。乃下その言異なりといへども、その意これ一なり。（『註釈版』一八八頁）

とあるもので、乃至と下至を合して、釈する意である。兼両略中の釈とは、

『経』（大経）に「乃至」といふは、上下を兼ねて中を略するの言なり。（『註釈版』四七九頁）

と説示される。数量の上下をあげ、中間を略する釈である。この二釈はいずれも乃至の語の字義の釈である。

これに対して、前二釈、即ち一多包容の釈、総摂多少の釈は乃至の字義ではなく、宗義を明らかにする宗釈といわれている。称名の一多にかかわらず、相続の時節の多少にかかわらず、衆生を済度したもう、如来の本願他力の真実を顕す釈義である。

（5）一念の釈

「一念」といふは、信心二心なきがゆゑに一念といふ。これを一心と名づく。一心はすなはち清浄報土の真因なり。（『註釈版』二五一頁）

上記の信一念釈冒頭の直釈においては、時剋についての釈であったのに対し、今は心相についての解釈である。「一」とは無二の意であり、「念」は心の意である。二心なき無疑の一心である。名号聞信の無疑の一心が往生成仏の正因であることを説示されているのである。

（6）即得往生の釈

金剛の真心を獲得すれば、横に五趣八難の道を超え、かならず現生に十種の益を獲。なにものか十とする。一つには冥衆護持の益、二つには至徳具足の益、三つには転悪成善の益、四つには諸仏護念の益、五つには諸仏称讃の益、六つには心光常護の益、七つには心多歓喜の益、八つには知恩報徳の益、九つには常行大悲の益、十には正定聚に入る益なり。（『註釈版』二五一頁）

本願成就文の「即得往生住不退転」の経意の釈である。次上の報土の真因である一心、即ち「金剛の真心」を獲得すれば、信一念同時に当来の果報、往生成仏の仏果を証する利益（当益）がめぐまれるのである。真宗における現生の利益は、当来の往生即成仏の仏果（当益）と不離である。このことをまず「横に五趣八難の道を超え」と説示して、当益をあげられているのである。そして次いで信心決定と同時に行者にめぐまれる現益について説示されている。即ち「かならず現生に十種の益を獲」と現生十益を釈されているのである。この一段は信一念同時の利益である「即得往生住不退転」の益についての釈であり、現生正定聚の内実について説示されているのである。上に一言した如く、成就文の「即得往生」について、『一念多念文意』において、

真実信心をうれば、すなはち無碍光仏の御こころのうちに摂取して捨てたまはざるなり。(中略)正定聚の位につき定まるを「往生を得」とはのたまへるなり。(『註釈版』六七九頁)

と釈され、信一念同時に正定聚の位につき定まる利益がめぐまれることを「即得往生」と説示されているのである。「即得往生住不退転」とは、往生すべき身につき定まる現生正定聚の益であると経意を釈顕されているのである。そしてこの入正定聚の益の内容を開いたのが現生十種の益である。現生十益とは、(1)冥衆護持の益、眼に見えぬ諸天善神に護られる益。(2)至徳具足の益、名号に具足されている至極の功徳がめぐまれる益。(3)転悪成善の益、凡夫の罪悪を転じて、名号の功徳と一味になる益。(4)諸仏護念の益、諸仏に護り念ぜられる益。(5)諸仏称讃の益、諸仏にほめたたえられる益。(6)心光常護の益、弥陀の心光の中に摂めとられて常に護られている益。(7)心多歓喜の益、多大の歓喜に充ち足りた心がめぐまれてある益。(8)知恩報徳の益、仏恩を信知して、報謝の生活がめぐまれる益。(9)常行大悲の益、常に如来の大悲を伝える徳がめぐまれている益。(10)入正定聚の益、正しく往生成仏すべき身につき定まった利益。十益中、入正定聚の益が総益であり、前九益は別益で、正定聚の利益を開いたものである。正定とは、まさ

しく往生成仏に決定することであり、聚とはなかま、ともがらをいう。正定聚の益とは、信心決定と同時に、当来に、往生成仏に決定するなかまに入る利益がめぐまれることをいうのであり、現益である。

以上の本願成就文の釈につづいて、信一念釈所引（『註釈版』二五一頁）の善導大師の「一心専念」「専心専念」の「散善義」の文について釈されている。

> 宗師（善導）の「専念」（散善義）といへるは、すなはちこれ一行なり。「専心」（同）といへるは、すなはちこれ一心なり。　（『註釈版』二五二頁）

「散善義」では「専心専念」とある文を「専念専心」と順序を逆にして説明されている。「行文類」の行一念釈においては、同じ「専心専念」とある「散善義」の文を引用して、この文意を説明して、

> 釈（散善義）に「専心」といへるはすなはち一心なり、二心なきことを形すなり。「専念」といへるはすなはち一行なり、二行なきことを形すなり。（『註釈版』一八九頁）

と釈されている。行一念釈では、信を先にして行（称名）を後にして釈されている。これに対し信一念釈では、行を先にして信が後に出されている。順序が逆である。行一念釈は無疑の信より流出する称名であることを説示されるのである。即ち信を離れない行であることを示すのである。信一念釈では専念の称名を先にして、専心の一心が後に出されている。成就文の一念は行を離れない信である義を示すものといえよう。両釈あいまって、行信不離の真宗行信論の特異性を釈顕されたものと窺うのである。そして「宗師」（善導）の名により、「散善義」の「専念専心」の釈をなされているのは、善導・法然の専修念仏が聞名信喜と一致する行信不離なることを示し、信一念釈が伝統をふまえた法義であることを釈顕されている思召と窺うので

ある。

(二) 一念転釈

しかれば、願成就(第十八願成就文)の「一念」はすなはちこれ専心なり。(『註釈版』二五二頁)

より以下の一段は一念転釈である。成就文の信一念の異名を、経論釈の上より、十九句あげられている。(1)専心、(2)深心、(3)深信、(4)堅固深信、(5)決定心、(6)無上上心、(7)真心、(8)相続心、(9)淳心、(10)憶念、(11)真実一心、(12)大慶喜心、(13)真実信心、(14)金剛心、(15)願作仏心、(16)度衆生心、(17)摂取衆生生安楽浄土心、(18)大菩提心、(19)大慈悲心である。かくて一念転釈の十九句の異名を結釈して、成就文の一念の信心は願力回向の大慈悲心であり、仏道の正因となることを顕彰されている。

この心すなはちこれ無量光明慧によりて生ずるがゆゑに。願海平等なるがゆゑに発心等し、発心等しきがゆゑに道等し、道等しきがゆゑに大慈悲等し、大慈悲はこれ仏道の正因なるがゆゑに。(『註釈版』二五二頁)

と説示されている。「是心即是由無量光明慧生故」とある「是心(この心)」は、直接には次上の大慈悲心をさすのであるが、上来の異名すべてを摂する。信一念の信心は、阿弥陀如来の「無量光明慧」、弥陀の智慧より生じた大慈悲心であり、大菩提心である。信心は大悲回向の仏心であるから、仏道の正因となることを釈顕されているのである。

そして、「願海平等」以下の文は、願力回向の信心には願海・発心・道・慈悲の四平等の徳を円具することを釈される一段であるが、「願海平等」以下の文は『往生論註』性功徳の文によられている。

> 平等はこれ諸法の体相なり。諸法平等なるをもつてのゆゑに発心等し。発心等しきがゆゑに道等し。道等しきがゆゑに大慈悲等し。大慈悲はこれ仏道の正因なるがゆゑに「正道大慈悲」といへり。
>
> (『註釈版七祖篇』六一頁)

『論註』の上では、法蔵菩薩が諸法平等の一如の理に順じて、平等の発心をなし、求めるさとりの智慧も平等であり、行ずる大慈悲も平等である。大慈悲こそが仏道の正因であるという意であって、法蔵菩薩の仏道の四平等について説示されている。いま宗祖は『論註』の「諸法平等なるを以てのゆゑに発心等し」とある文を、「信文類」には「願海平等なるがゆゑに発心等し」と文言を変更されている。「諸法」を「願海」に変えられている。「願海平等」とは一切衆生を平等に済度したもう弥陀の願心であり、「発心等し」とは願海平等の願心より回施された信心であるから、一味平等の信である。この平等の信心にそなわる智慧も平等であり、慈悲も平等であることを、「道等し」「大慈悲等し」と説示されているのである。即ち願力回向の一味平等の信心には、智慧と慈悲が具徳としてめぐまれているのである。この願力回向の悲智円満の「一念」の信心が仏果を証する正因となることを結釈されている。信一念の信心は本願力回向の信心であり、願海・発心・道・慈悲の四平等を具する大菩提心であり、仏道の正因であることを釈顕されたのである。

以下、『論註』の二文、「定善義」の計三文を引証されている。第一文は善巧摂化章の文で、往生成仏は菩提心を発すべきことを述べる文である。信楽の一念は大菩提心である旨を説示されているのである。第二文の身業功徳の文と第三文「定善義」の文は、「是心作仏」「是心是仏」の釈文である。原文の意は観察についての釈文であるが、引意は、「是心」は信心、「作仏」は浄土で仏果を証する意である。「是仏」は仏心である。よって「是心作仏」は信心は浄土で成仏する正因を意味し、「是心是仏」は信心の当体は回施された仏心である義を釈顕されたところに、引用の意が存するといえよう。

（ホ）結示

信一念釈を結して、

ゆゑに知んぬ、一心これを如実修行相応と名づく。すなはちこれ正教なり、これ正義なり、これ正行なり、これ正解なり、これ正業なり、これ正智なり。（『註釈版』二五三頁）

と説示されている。信楽の一心を「如実修行相応」といわれている。『論註』の当面では、「如実」とは名号の実義にかなうという意である。この名号の真実にかなって称名念仏することを「如実修行相応」というのである。『論註』の上では称名が「如実修行相応」である。今は信楽の一心即名号の義を説示されているのである。名号の実義にかなった信である旨を釈顕されているのである。他力回施の大行である名号が、わが心中に満入しているのである。この信心の当体を「如実修行相応」と釈されているのである。

「高僧和讃」に

決定の信をえざるゆゑ　信心不淳とのべたまふ
如実修行相応は　信心ひとつにさだめたり
（『註釈版』五八七頁）

と讃ぜられている。曇鸞大師の如実修行相応と、善導大師の六正の釈により、信楽の一念の釈を結されているのである。

第四節　問答結帰

三心すなはち一心なり、一心すなはち金剛真心の義、答へをはんぬ、知るべしと。(『註釈版』二五三頁)

三一問答の総結である。本願の三心について、字訓釈・法義釈の詳釈があり、本願の三心は信楽の一心にきわまることが釈顕された。つづいて三心即一の信楽について別釈がなされ、機受の極要は信楽の一念にあることを、本願成就文の「一念」の上に釈顕されたのである。即ち信一念釈の展開である。そして仏の大慈悲がめぐまれた衆生の信心が仏道の正因となることを顕彰されたのである。かくて、三一問答を総結して、三心即一の信楽の一心は金剛の真心であり、往生成仏の正因であることを説示されているのである。

第五章　追釈

第一節　菩提心名義

上来は本願力回向の大信心、本願の三心の内容について釈顕されたのであるが、以下追釈して信心の徳について開顕されるのである。三段に分かたれる。第一段は菩提心の名義について釈され、第二段は横超断四流の釈、教判に立脚して一念超証の大信の利益を讃仰され、第三段は真仏弟子の釈において、現生正定聚の徳を釈顕されている。第一段においては、『摩訶止観』により、菩提心を釈されている。

『止観』の一にいはく、「〈菩提〉とは天竺（印度）の語、ここには道と称す。〈質多〉とは天竺の音なり、この方には心といふ。心とはすなはち慮知なり」と。

（『註釈版』二五三〜二五四頁）

「菩提」とはインドの言葉であって、中国では「道」という。「道」とは仏の正覚の智慧の意味である。「質多」（citta）とは心の意であり、慮知即ち思慮分別する心という意味である。『六要鈔』（『真聖全』二・二九九頁）によれば、菩提は所求の果であり、心は能求の心と釈されている。菩提心はさとりの智慧を求める心をいうのである。いま菩提心の語義を釈されている祖意は、上来、三心即一の信楽は大菩提心であると説示されていたが、唯今はその信心を追釈するにあたり、願力回向の信楽は浄土の大菩提心であることを釈顕されたものと窺うのである。特に天台の智者大師智顗の『摩訶止観』により、菩提心の語義を釈されているのは、聖道の菩提心に対し、他力回向の大信により、浄土に往生して仏果を証するのが、浄土の大菩提心であることを釈顕されたものといえよう。

第二節　横超断四流釈

第一項　横超釈

追釈の第二段横超断四流の釈と、第三段真仏弟子釈とが展開されるのは、大信の利益を明らかにするものである。前者は一心の正因により得る当益を釈顕され、後者は他力回向の信に生きる行者の姿、現益の展開の相を説示されている。

まず「横超断四流」の横超を釈する一段であるが、二双四重の釈は『本典』において三箇所、更に『愚禿鈔』に説示されている。その一は「信文類」においてはまず別釈信楽の菩提心釈（『註釈版』二四六頁）に出されている。二双四重の教判により一代仏教を分別し、願力回向の信楽が横超他力の菩提心であり、全仏教中の最高の菩提心であると位置づけ釈顕されているのである。その二は唯今の横超釈である。上記菩提心釈と同じく教判を釈する目的ではない。大信の利益をあきらかにするにあたり、横超の浄土真実の信心の利益が、余他の仏教の教法、諸宗にこえすぐれていることをあきらかにする目的で、二双四重の釈により信心の利益の超勝性を釈顕されているのである。即ち仏果を速疾に超証する往生即成仏の利益がめぐまれていることを説示されているのである。その三は「化身土文類」観経隠顕釈の「凡就㆓一代教㆒」とある条下において、釈尊一代の教を聖道門と浄土門の二門に分別し、二双四重の教判により、真仮の釈がなされている一段である。

いま当該の横超釈の御自釈の文をあげれば次のとおりである。

横超とは、横は竪超・竪出に対す、超は迂に対し回に対するの言なり。竪超とは大乗真実の教なり。竪出とは大乗権方便の教、二乗・三乗迂回の教なり。横超とはすなはち願成就一実円満の真教、真宗これなり。また横出あり、すなはち三輩・九品、定散の教、化土・懈慢、迂回の善なり。大願清浄の報土には品位階次をいはず、一念須臾のあひだに、すみやかに疾く無上正真道を超証す、ゆゑに横超といふなり。

（『註釈版』二五四頁）

上に一言した如く（第三節別釈信楽の第二項菩提心釈二一一頁以下）、二双四重の教判とは横・竪・超・出の四箇の範疇により一代仏教を分類して真宗の立場を明確にする釈である。言葉の意味について、宗祖は釈されている。即ち『一念多念文意』において、

竪と申すはたたさまと申すことばなり。これは聖道自力の難行道の人なり。横はよこさまにといふなり。超はこえてといふなり。これは、仏の大願業力の船に乗じぬれば、生死の大海をよこさまにこえて、真実報土の岸につくなり。

（『註釈版』六八〇頁）

『尊号真像銘文』には、

「横」はよこさまといふ、よこさまといふは如来の願力を信ずるゆゑに行者のはからひにあらず、五悪趣を自然にたちすて四生をはなるるを横といふ、他力と申すなり。これを横超といふなり。横は竪に対することばなり、超は迂に対することばなり。竪はたたさま、迂はめぐることなり。竪と迂とは自力聖道のこころなり、横超はすなはち他力真宗の本意なり。

（『註釈版』六四六頁）

と釈されている。横・竪とは他力浄土門と自力聖道門のことであり、超・出とは頓教（実教―真実の教え―）と漸教（権教―実教に導入すべく方便として仮にとかれた教え―）の意味である。いま「横超釈」においてはまず横超を竪出と竪超に対置して、横超の他力本願の浄土真宗が唯一無二の真実の教法であることを釈顕されている。即ち竪超とは自力聖道門中の頓教、即身頓悟の華厳・天台・真言・禅などの実大乗の教えであり、竪出とは自力聖道門中の漸教、法相・三論などの権大乗の教えである。二乗・三乗などの区別をた

て、仏果を証するに歴劫迂回（長時間）の行をなす教えである。この聖道自力の法門に対し、横超とは、本願他力により成就された唯一無二の真実円満の教えである。聞信の一念に往生成仏の利益がめぐまれる他力摂取の真実の教え、浄土真宗であることを釈顕されているのである。

次いで横超を横出に対置して釈されている。横出とは機類に三輩・九品の別をたて、定善と散善の自力の行を修し、方便化土の懈慢界に往生する、自力の善根にとどこおる教である。化土とは要門・真門の自力の執心の行者が往生する浄土で、阿弥陀仏が方便して自力の行者のために仮にもうけられた浄土をいう。自力執心のため浄土に生じても、真実の浄土を見ることが出来ない。この化土で仏は自力の行者を調熟し本願他力に導入せしめられるのである。これに対して、横超の教えは、真実信心の第十八願の行者は、阿弥陀如来の本願に酬報した清浄真実の報土に往生するのであり、浄土の果報には品位の段階は存しない。往生と同時に（一念須臾のあひだ）、無上正真道の仏果を超証するのである。横超他力の大信は、往生即成仏のさとりを証せしめたもう法門であることを釈顕されているのである。横超即ち浄土真宗の教法は、一念超証（往生即成仏）の信心の利益がめぐまれるおみのりであり、全仏教中の最高唯一の法門であることを、二双四重の教判により説示されているのである。

以下横超釈の証文として四文引用されている。第一文は『大経』「無上殊勝の願を超発す」（『註釈版』二五四頁）とある発願の文である。横超の体である本願が諸仏の法門に越えすぐれていることを証されている。第二文は「重誓偈」の文で、本願と名号の超勝を証されている。第三文『大経』は「かならず超絶して去つることを得て、安養国に往生して、横に五悪趣を截り、悪趣自然に閉ぢん。道に昇るに窮極なし」（『註釈版』二五四頁）とあり、第四文には異訳の『大阿弥陀経』が引用されている。以上四文の引証により、本願力により、生死を越え離れ、浄土に生じ、往生即成仏の涅槃のさとりがめぐまれる、横超の信心の利益を讃仰されている。

第二項　断四流の釈

次に断四流の釈であるが、

断といふは、往相の一心を発起するがゆゑに、生としてまさに受くべき生なし。趣としてまた到るべき趣なし。すでに六趣・四生、因亡じ果滅す。ゆゑにすなはち頓に三有の生死を断絶す。ゆゑに断といふなり。四流とはすなはち四暴流なり。また生老病死なり。（『註釈版』二五五頁）

まず断の解釈がなされている。往相の一心を発起決定すると同時に、未来、次生において受けねばならぬ生も、到るべき趣も存しない。生とは胎生・卵生・湿生・化生の四生をいう。趣とは六趣（六道）のことで、衆生が迷いの業により、輪廻する地獄・餓鬼・畜生・修羅・人間・天上の境界をいう。六道・四生に流転する業因も亡じ、悪果も断滅されるのである。信心決定と同時に、欲界・色界・無色界の三有のまよいの生死の絆が絶ちきられてしまうのである。これを断というのである。四流とは欲暴流・有暴流・見暴流・無明暴流のことで、一切の善をおし流す迷いの因である煩悩を暴流にたとえる。また迷いの果である生・老・病・死のことである。信一念同時に生死の因果が断じられ、当来に浄土に往生して仏果を証する「横超断四流」の信心の当益を説示されているのである。

以下断四流の証文として、経釈五文が引用されている。第一文正依『大経』の「往観偈」の文、第二文『平等覚経』、第三文『涅槃経』師子吼品の三文は「断四流」を証される。第四文は『般舟讃』の文で、生死は厭うべきであり、浄土は欣うべきであると勧誡される文である。信一念に到るべき六道・四生の因が亡じ果が滅するのである。そして浄土に往生したら無上正真道を超証するのである。

第五文は『往生礼讃』前序の文（『註釈版』二五六頁）である。「前念命終　後念即生」の文を引用して、信一念の横超断の信心の利益を証されている。原文の当意につけば、「前念」は此土命終の最後の時、「後念」は浄土往生の最初の時であり、時間の前後を意味する。この文を宗祖は『愚禿鈔』に、

本願を信受するは、前念命終なり。「すなはち正定聚の数に入る」（論註・上意）と。文
即得往生は、後念即生なり。「即の時必定に入る」（易行品　一六）と。文　また「必定の菩薩と名づくるなり」（地相品・意）と。文　（『註釈版』五〇九頁）

と釈されている。前念と後念とは信一念の事態である。本願名号を聞信する（受法）信一念同時に、正定聚の益（得益）がめぐまれるのである。受法と得益は一念同時である。義の上の分別である。本願を信受して、自力疑惑の心が尽きて、迷界を出づる身になるのを前念命終というのである。命終とは本願に対する仏智疑惑の心がたちきられる、所謂心命終をいうのである。後念即生とは、信一念同時に即生、即ち往生すべき身につき定まること、往因満足することをいうのである。受法を前念とし、得益を後念とせられるのである。

「信文類」は「前念命終」の文につづいて、

長時永劫につねに無為の法楽を受く。乃至成仏までに生死を経ず。あに快しみにあらずや

（『註釈版』二五六～二五七頁）

とある文を引用して結されている。信一念に本願疑惑の心が絶ちきられ（命終）、直ちに浄土に往生すべき身分につき定まるのである。浄土に往生したうえは、長時に無為のさとりの楽しみがめぐまれ仏果を証するのである。「長時永劫受㆓無為法楽㆒」は、迷界に輪廻しない当益である。そして「乃至成仏不㆔経㆓生死㆒」は信心決定より成仏まで、ふたたび生死に堕しない身分になるのである。現当二世を貫く、信一念の横超の大信心の利益を讃仰されているのである。

第三節　真仏弟子釈

第一項　直釈

真仏弟子釈は現益、信心の行者にめぐまれてある現生正定聚の利益、信に生かされる者の風格を釈顕される一段である。

「真の仏弟子」といふは、真の言は偽に対し仮に対するなり。弟子とは釈迦・諸仏の弟子なり。金剛心の行人なり。この信行によりてかならず大涅槃を超証すべきがゆゑに、真の仏弟子といふ。

（『註釈版』二五六頁）

真仏弟子の言葉は「信文類」大信釈に引用される「散善義」深心釈の第五深信に出されている。即ち「こ

れを仏教に随順し、仏意に随順すと名づく。これを仏願に随順すと名づく。これを真の仏弟子と名づく」（『註釈版』二一八頁）とある旨趣によられたものである。『愚禿鈔』（五二三頁）に三随順とあげられている。随順仏教・随順仏意・随順仏願である。即ち釈迦仏の教と諸仏の意と弥陀の願にしたがうことをいうのである。これを真仏弟子と名づくと釈されているのである。いま「信文類」に「弟子とは釈迦・諸仏の弟子なり」といわれている。この場合、釈迦は此土の教主であり、釈尊の出世の本懐は弥陀の本願である。諸仏はこれに同讃するのである。釈迦・諸仏は能讃の教えの側、釈尊は弥陀法を説かれる教主であり、弥陀即ち仏願は所讃の法である。教法分別の立場より、真仏弟子を「釈迦・諸仏の弟子」と説示されているのである。そしてこの真仏弟子の「真」について、「真の言は偽に対し仮に対するなり」と釈されている。後述（「仮偽弁釈」）する如く、「偽」とは仏教の道理に背く、余他の諸宗教を邪偽の法とされるのであり、「仮」とは権仮方便の法、聖道門・浄土門の要門・真門をいうのである。

かくて第十八願の信に生きる正定聚の行者が、釈迦・諸仏の真仏弟子であり、金剛心の行人であると釈顕されているのである。

この場合、宗祖が真・仮・偽の対判により、正定聚の行者を釈迦・諸仏の弟子と讃仰される思召であるが、信一念同時に、めぐまれてある大信の利益、法徳により、信心の行者を真仏弟子と讃ぜられると同時に、当時の鎌倉旧仏教の法然浄土教への批判に対する宗祖の御立場の表明と見ることができる。法相宗の貞慶、華厳宗の高弁等、鎌倉旧仏教は戒律を重視し、正法の時代への復帰を主張している。我等こそが釈迦の真仏弟子であるという自覚のもと、復古運動が展開されているのである。南都・北嶺の旧仏教より、法然浄土教に対して、激しい論難、弾圧がなされているのである。法然聖人や親鸞聖人等門流の人々は朝廷により流罪に処せられているのである。かかる専修の念仏者を弾圧した社会に対し、念仏者こそが真の仏弟子であることを表明し、立証されているのが真仏弟子釈であるといえよう。

第二項　引証

以下真仏弟子の内容を証する経論釈の要文が引用されている。信心の行者にめぐまれている現生十益を証する文を引用して、真仏弟子の徳を讃仰されている。

第一文は正依『大経』の第三十三願と第三十四願、則ち触光柔軟の願と聞名得忍の願である。光明と名号による他力摂生のすくいに生かされる真仏弟子の風光を教示される引文で、以下の経論釈の引文の基調をなすものである。第二文は異訳の『如来会』の文で、第一文の触光柔軟の願の助顕である。第三文は『大経』「往覲偈」の「則我善親友」の文で、諸仏称讃の益を証する。第四文は、「智慧明達」の文で、至徳具足の益が真仏弟子にはめぐまれてあることを証する。第五文『如来会』の「広大勝解者」、第六文「大威徳者」の文は、諸仏称讃の益を証する。第七文『観経』「是人中分陀利華」の文は、諸仏称讃の益を証する。第八文『安楽集』は五段よりなっている。第一段は『大集経』の文である。この中「説法者」は常行大悲の益、「聴法者」は転悪成善の益を証する。第二段『涅槃経』の文は、諸仏護念の益を証する。第三段『大智度論』の文は、知恩報徳の益を証する。第四段『大経』下の文は常行大悲の益、第五段『大悲経』の文は常行大悲の益を証する。第九段『般舟讃』の文は知恩報徳の益を証する。第十段『往生礼讃』初夜偈の文は、知恩報徳の益・常行大悲の益を証する。第十一段『礼讃』日中偈の文は心光常護の益を証する。第十二段『観念法門』の文は心光常護の益を証する。第十三段「序分義」は韋提得忍の文であり、心多歓喜の益を証する。第十四段「散善義」の文は、念仏者は分陀利華の如しと讃ぜられ、観音・勢至が影護したまうのである。諸仏称讃の益・冥衆護持の益を証する。第十五段は王日休の文で正定聚の行人の徳を讃仰されている。

　王日休がいはく（龍舒浄土文）、「われ『無量寿経』を聞くに、〈衆生、この仏名を聞きて信心歓喜せんこと乃至一念せんもの、かの国に生ぜんと願ずれば、すなはち往生を得、不退転に住す〉と。不退転は梵語にはこれを阿惟越致といふ。『法華経』にはいはく、〈弥勒菩薩の所得の報地なり〉と。一念往生、便ち弥勒に同じ。仏語虚しからず、この『経』はまことに往生の径術、脱苦の神方なり。みな信受すべし」と。

（『註釈版』二六三頁）

　第十八願成就文に立脚して、信心決定と同時に往生一定の身分に定まり、不退転（阿惟越致）の利益がめぐまれることが説示されているのである。この不退転の位は、『法華経』寿量品では、弥勒所得の報地であり、信一念同時に決定する真仏弟子にめぐまれる入正定聚の位、益である。正定聚の行人には、等正覚・一生補処の弥勒と同じ地位が、信心の具徳としてめぐまれているのである。「便同弥勒」即ち弥勒とひとしい身分であることを、王日休の文により、宗祖は証されているのである。等正覚とは仏果の正覚（妙覚）のさとりの次の位をいう。正定聚の者は仏因円満し、往生即成仏の利益がめぐまれているから、正定聚の位を等正覚というのである。一生補処とは、一生おわれば仏の位（仏処）を嗣ぐ補処の弥勒菩薩の最高の位、即ち等正覚の位である。正定聚の者も来世においては、仏果を証する位に住しているから、一生補処とも、弥勒に同じともいわれるのである。『親鸞聖人御消息』に次の如く説示されている。

信心をえたるひとは、かならず正定聚の位に住するがゆゑに等正覚の位と申すなり。（中略）正定聚・等正覚は、ひとつこころ、ひとつ位なり。等正覚と申す位は、補処の弥勒とおなじ位なり。弥勒とおなじく、このたび無上覚にいたるべきがゆゑに、弥勒におなじと説きたまへり。（『註釈版』七五八頁）

正定聚・等正覚は「ひとつ位」といい、補処の弥勒と「おなじ位」と釈されている。宗祖は王日休の『龍舒浄土文』により、「一念往生」即ち信一念同時に、往生即成仏の身分につき定まる正定聚の位は、一生補処の弥勒と同じ（便同弥勒）と讃ぜられているのである。

次に第十六文は『大経』の「次いで弥勒のごとし（次如弥勒）」（『註釈版』二六三頁）とある文を引用し、真仏弟子を讃仰されている。「次如弥勒」について、『一念多念文意』において、

「次如弥勒」とまふすは、「次」はちかしといふ、つぎにといふ。（『註釈版』六八〇頁）

と釈されている。「ちかし」とは隣近の義で、弥勒は菩薩の最高の等正覚の位であり、大涅槃に最も近い菩薩である。これに対し、信心の行者には、当来、往生即成仏の仏果を証する正定聚不退の益、等正覚の位がめぐまれているのである。次生において往生即成仏のさとりがめぐまれる仏果に近きものである。かかる点より、涅槃に近きことは弥勒の如しと説示されているのである。『一念多念文意』には「ちかしといふは、弥勒は大涅槃にいたりたまふべきひとなり。このゆゑに「弥勒のごとし」とのたまへり。念仏信心の人も大涅槃にちかづくとなり」（『註釈版』六八〇頁）と釈されている。「つぎに」とは弥勒菩薩は釈迦仏についで、五十六億七千万歳の後、兜率天の一生が終わると、次の生はこの世にあらわれて竜華樹の下で、釈迦仏の後

を継ぎ、妙覚の位、仏果を証される。他力信楽の行者には正定聚の位がめぐまれているのである。次の生では浄土に往生して、仏果を証するのであり、弥勒と同じであると「次如弥勒」の経意を釈されているのである。『一念多念文意』には、

つぎにといふは、釈迦仏のつぎに、五十六億七千万歳をへて妙覚の位にいたりたまふべしとなり。「如」はごとしといふ。ごとしといふは、他力信楽のひとは、この世のうちにて不退の位にのぼりて、かならず大般涅槃のさとりをひらかんこと、弥勒のごとしとなり。

（『註釈版』六八一頁）

と説示されている。

次で第十七文『如来会』、第十八文『阿弥陀経疏超玄記』の文を引用して、「便同弥勒」を助顕されている。

第三項　便同弥勒釈

上来、真仏弟子の得益、現生十益を述べ、その結びが便同弥勒釈である。

まことに知んぬ、弥勒大士は等覚の金剛心を窮むるがゆゑに、竜華三会の暁、まさに無上覚位を極むべし。念仏の衆生は横超の金剛心を窮むるがゆゑに、臨終一念の夕、大般涅槃を超証す。ゆゑに便同といふなり。しかのみならず金剛心を獲るものは、すなはち韋提と等しく、すなはち喜・悟・信の忍を獲得すべし。これすなはち往相回向の真心徹到するがゆゑに、不可思議の本誓によるがゆゑなり。

（『註釈版』二六四頁）

『一念多念文意』において、「便同」の語義について釈されている。

「便」はすなはちといふ、たよりといふ。信心の方便によりて、すなはち正定聚の位に住せしめたまふがゆゑにとなり。「同」はおなじきなりといふ。念仏の人は無上涅槃にいたること、弥勒におなじきひとと申すなり。

（『註釈版』六八一～六八二頁）

「便同」の「便」とは、「すなはち」「たより」と釈されている。「すなはち」とはただちに、すぐにという意味であり、「たより」とはてだてという意味である。信心のてだてにより、信心決定と同時に正定聚の位に住せしめたまうから「便」というのである。「同」とはおなじという意味で、信心の行者は、一生が終われば無上涅槃の仏果を証するのであり、一生補処の弥勒と同じと釈されているのである。弥勒は、妙覚の仏果の次の菩薩の位である等覚の金剛心をきわめられた菩薩である。これと同じく真仏弟子の正定聚の行者は横超の金剛心、即ち願力回向の大信がめぐまれているから、娑婆の一生が終わると同時に浄土に往生して、大涅槃を超証するのである。弥勒と同じく、等覚の仏因円満の位であるから「便同」というのである。弥勒大士、念仏の衆生は共に金剛心を具足し、自力の仏道の金剛心と他力回向の本願の金剛心との相違はあるが、次生において仏果を証するに決定している点より、「便同」というのである。

そして真仏弟子の行人は、現生において韋提夫人と同じく、喜・悟・信の三忍を獲得するのである。三忍とは他力回向の大信の徳義である。喜忍とは、聞其名号の歓喜の心である。悟忍とは、仏智了解の心である。信忍とは、無疑の信心である。この三忍の徳がめぐまれ、生かされていく信心の世界の展開がある事を、説示されているのである。つづいて『楽邦文類』所収の禅宗の智覚の文と、律宗元照の文を引用して、浄土願生を勧め、真仏弟子の益を結勧されるのである。

第四項　仮偽弁釈

上記の如く、真仏弟子釈の冒頭において、「真の言は偽に対し仮に対するなり」と分別されていた。今はこれを受けて、真・仮・偽の分済をあきらかにされる、仮偽弁釈の一段である。まず「仮の仏弟子」を釈して、

仮といふは、すなはちこれ聖道の諸機、浄土の定散の機なり。（『註釈版』二六五頁）

と説示されている。仮とは権仮方便のことで、真実に導入すべく、仮にもうけられたてだてとしての教法をいう。仮の仏弟子とは、聖道門の行者、浄土門の要門・真門の定善・散善等の自力修行の心より脱しきれぬ行者をいうのである。以下善導の『般舟讃』・『法事讃』より三文引用されている。八万四千の権仮方便、歴劫迂回の自力の漸教の行人を仮の仏弟子と批判されているのである。

「偽」については、

偽といふは、すなはち六十二見・九十五種の邪道これなり。（『註釈版』二六五頁）

と説示されている。仏教以外の邪偽の外道を「偽」と判じられているのである。以下『涅槃経』と『法事讃』を引用し、邪偽の外道に対し、真実教としての仏教を識別されている。

第五項　悲嘆結釈

真仏弟子の釈を結するにあたり、最後に宗祖の悲嘆述懐の言葉が表白されている。

まことに知んぬ、悲しきかな愚禿鸞、愛欲の広海に沈没し、名利の太山に迷惑して、定聚の数に入ることを喜ばず、真証の証に近づくことを快しまざることを、恥づべし傷むべしと。（『註釈版』二六六頁）

願力回向の大信がめぐまれている信心の行者は、真の仏弟子であり、現生に十種の益が徳としてめぐまれ、当来には大涅槃を超証するのである。等正覚・便同弥勒の存在である。如来よりめぐまれ、生かされている信心の法徳よりいうなれば、真仏弟子の存在であるが、反面、愚禿親鸞の現実の真相、姿はまさに無戒名字の比丘、地獄一定の存在でしかあり得ない。煩悩具足の自己をかえり見られた慚愧と悲嘆の表白である。しかしこの「悲しき哉」の傷嘆の言葉の底に、弘誓の大悲にいだかれている「慶ばしい哉」の宗祖の御心が流れていると頂かれるのである。

第六章　救済の対象

第一節　難化の三機と救い

第一項　権化の仁

「信文類」末において、『涅槃経』現病品・梵行品（二文）・迦葉品の計四文を引用して、摂取の対象である難化の三機について詳説されている。阿闍世王を中心とする王舎城の悲劇を根幹として、宗祖は人間の実相について釈顕されている。宗祖は阿闍世・提婆達多・韋提希夫人をどのように理解されていたのであろうか。それは衆生済度のため従果降因された権者、「権化の仁」と解されている。『教行信証』総序の文を見るに、次の如く教示されている。

> しかればすなはち、浄邦縁熟して、調達（提婆達多）、闍世（阿闍世）をして逆害を興ぜしむ。浄業機彰れて、釈迦、韋提をして安養を選ばしめたまへり。これすなはち権化の仁斉しく苦悩の群萌を救済し、世雄の悲まさしく逆謗闡提を恵まんと欲す。（『註釈版』一三一頁）

王舎城の悲劇により、逆謗闡提の機類を救済せんとする権者として讃仰されているのである。如来に救済されていく、我々衆生の赤裸々な姿が、難化の三機（謗法罪・五逆罪・一闡提）であり、地獄一定の存在である。その具体的な姿を阿闍世の上に宗祖は見られているのである。「信文類」末の明所被機の釈を見るに、難化の三機を一身に背負った人物として、阿闍世の逆害と、その救済について、『涅槃経』の引用により、宗祖は釈顕されているのである。

第二項　『涅槃経』現病品引意　―救済の対象―

最初に、『涅槃経』現病品を引用して、難化の三機について、説示されている。

> それ仏、難治の機を説きて、『涅槃経』（現病品）にのたまはく、「迦葉、世に三人あり、その病治しがたし。一つには謗大乗、二つには五逆罪、三つには一闡提なり。かくのごときの三病、世のなかに極重なり。ことごとく声聞・縁覚・菩薩のよく治するところにあらず。善男子、たとへば病あればかならず

死するに治することなからんに、もし瞻病随意の医薬あらんがごとし。もし瞻病随意の医薬なからん、かくのごときの病、さだめて治すべからず。まさに知るべし、この人かならず死せんこと疑はずと。善男子、この三種の人またまたかくのごとし。仏・菩薩に従ひて聞治を得をはりて、すなはちよく阿耨多羅三藐三菩提心を発せん。もし声聞・縁覚・菩薩ありて、あるいは法を説き、あるいは法を説かざるあらん、それをして阿耨多羅三藐三菩提心を発せしむることあたはず」と。（『註釈版』二六六頁）

難化の機として、(一) 謗大乗、(二) 五逆罪、(三) 一闡提の三機をあげ、これらの機類が救済の対象であることを説示されている。(一) 謗大乗とは正法を誹謗する罪であり、(二) 五逆罪とは、殺父・殺母・殺阿羅漢（聖者）・出仏身血（仏の御身体を傷つけること）・破和合僧（教団の平和を破る）であり、(三) 一闡提とは、一切の善根を断じ、成仏出来ない衆生のことで、梵語イッチャンティカ（icchantika）の音写である。「現病品」自体の原文の上では、謗大乗（謗法罪）・五逆罪・一闡提の機類は不成仏、不可治とする文意である。難化の三機の成仏不成仏の問題は、『涅槃経』の上で種々論じられているのである。『涅槃経』の帰結は一闡提成仏である。宗祖は一闡提成仏の仏意を把握して、経文を随義転用し、一経の真実義を顕彰されているのである。即ち逆謗闡提の難化の三機も、仏の大悲により救済されていく経意と領解され、引用されているのである。「信文類」末引用の現病品の文意は以下のとおりである。(1) 世の中に難治の三種の病人がある。即ち謗大乗・五逆罪・一闡提である。この三病は世の中の極重である。この三種の病人は声聞・縁覚・菩薩の二乗・三乗の教えにては療治することは出来ない。(2) たとえば治することが出来ない必死の病があった場合、この病人に看病人と医師と薬があればどうであろうか。治る可能性はある。しかしこの看病人等の三がなければ、死は絶対的である。(3) いま難化の三種の機類（謗大乗・五逆罪・一闡提）も同じである。仏・菩薩（一乗教）から法を聞き治せられたならば、菩提心を発することが出来る。しかし仏・菩薩（一乗教）でなくて、声聞・縁覚・菩薩（二乗・三乗教）であるならば、たとえこの三種の人に法を説いても説かなくても、発心させ得ない。究極的に、声聞・縁覚・菩薩の二乗・三乗の教法によっては、逆謗闡提の機類を発心させることは不可能である。しかしこの難化の三機も仏・菩薩の一乗の教法により聞治されるのであれば発心することが出来るという文意である。宗祖は「行文類」一乗海釈において一三権実について釈顕されている。本願真実の教法が、誓願一仏乗である旨を開顕されている。そして声聞・縁覚・菩薩の二乗・三乗の教法中に、聖道門仏教の権教・実教の一切の教法を包括され、誓願一仏乗の真実の教法への権仮方便の教として位置づけられているのである。難化の三機は二乗・三乗の聖道門仏教では救われない。仏・菩薩の誓願一仏乗の第十八願の教法によってのみ救われる可能性がある旨を、現病品の引用により開顕せられていると窺うのである。現病品の文を引用して、難化の三機は本願の正所被であることを説示されているのである。

第三項　阿闍世の救済

次でこの難化の三機の重罪を一身に背負った人物として、阿闍世の逆害とその救いについて、詳説されている。『涅槃経』四文中の第二文梵行品においては、「われいまこの身にすでに華報を受けたり、地獄の果報まさに近づきて、遠からずとす」（『註釈版』二六七頁）という阿闍世が父王に逆害をなした苦悩と、それに対する六師外道の説をあげている。しかし苦悩より脱しきれぬ阿闍世に対する大医耆婆の導き（『註釈版』二七四頁以下）と、空中よりする父頻婆沙羅王の釈尊の御許に行けという勧声（『註釈版』二七六頁以下）により、釈尊への往詣の縁が開けた光景が説示されている。

『涅槃経』引用の第三文梵行品は阿闍世の獲信について説示されている。耆婆と父王の勧声により、阿闍世は釈尊の許に向かうのである。その時釈尊は大衆に向かって、「阿闍世のために涅槃に入らず」といわれている。「不入涅槃」とは命を延べて入滅しないという意味である。

善男子、わがいふところのごとし、阿闍世王の為に涅槃に入らず。かくのごとき密義、なんぢいまだ解くことあたはず。なにをもつてのゆゑに、われ《為》といふは一切凡夫、《阿闍世王》とはあまねくおよび一切五逆を造るものなり。また《為》とはすなはちこれ一切有為の衆生なり。（中略）《阿闍世》とはすなはちこれ煩悩等を具足せるものなり。また《為》とはすなはちこれ仏性を見ざる衆生なり。（中略）《阿闍世》とはすなはちこれ一切いまだ阿耨多羅三藐三菩提心を発せざるものなり。

（『註釈版』二七七〜二七八頁）

釈尊が阿闍世の「為（ため）」に涅槃に入らぬ密義の釈として、阿闍世とは単に歴史上の一人物としてではない。阿闍世の救いが、三世を越える一切衆生の救済であることを経文により、宗祖は開顕されているのである。阿闍世の存在について、人に約して、三釈説示されている。その（1）は阿闍世のため（為）とは、一切凡夫のためにという意味であり、阿闍世とはすべての五逆罪を犯す凡夫の代表とする釈である。その（2）は一切の迷える衆生（有為の衆生）のためということで、阿闍世とは煩悩具足の者と解する釈である。

その（3）は仏性を開覚していない衆生のためということで、阿闍世とは一切の無上菩提心を発していない衆生のことと解する釈である。阿闍世とは五逆罪を犯し、煩悩を具足し、発心しない一切衆生を代表する存在として説かれているのである。阿闍世王の救済を通して、逆謗闡提、更に一切衆生が成仏しうる可能性を『涅槃経』の引用により、宗祖は釈顕されたものと窺うのである。

そして、釈尊は月愛三昧の禅定に入り、阿闍世の身心の疾を治し、救いたもうことが説示されている。月愛三昧とは、きよらかな月光が夜道を行く人を照らし歓喜をあたえる如く、仏がこの三昧に入れば、衆生の煩悩を除き、善心を生ぜしめ、仏道を歩む行者に歓喜をあたえられるのである。かくて釈尊の化導により救われた阿闍世は、自分の喜びを次の如く述べている。

世尊、われ世間を見るに、伊蘭子より伊蘭樹を生ず、伊蘭より栴檀樹を生ずるをば見ず。われいまはじめて伊蘭子より栴檀樹を生ずるを見る。伊蘭子はわが身これなり。栴檀樹はすなはちこれわが心、無根の信なり。（『註釈版』二八六頁）

伊蘭子とは伊蘭樹の種子で、悪臭を放つ植物である。栴檀樹とは香木である。伊蘭子より栴檀樹の生ずることはない。しかるに今伊蘭の実より、栴檀樹の生ずるのを見た。伊蘭子とは我身であり、栴檀樹とは我が心にめぐまれた「無根の信」である。わが濁悪の煩悩の心中にめぐまれた大悲の仏心、他力回向の信心である。煩悩の心中に根を生やして生じた信ではない。仏よりめぐまれた仏心を「無根の信」といっているのである。如来回向の信によりて、逆謗闡提の機類が往生成仏する道がめぐまれているのである。難化の三機が、如来の大悲の救いの目あてであることを、『涅槃経』の阿闍世の獲信により、開顕されているのである。

次に、『涅槃経』引証の第四文は迦葉品の文である。阿闍世王の逆罪の顚末について説かれている。

第四項　『涅槃経』結釈

かくて、『涅槃経』の現病品・梵行品・迦葉品の四文の引証を宗祖は次の如く結示されている。

ここをもつていま大聖（釈尊）の真説によるに、難化の三機、難治の三病は、大悲の弘誓を憑み、利他の信海に帰すれば、これを矜哀して治す、これを憐愍して療したまふ。たとへば醍醐の妙薬の、一切の病を療するがごとし。濁世の庶類、穢悪の群生、金剛不壊の真心を求念すべし。本願醍醐の妙薬を執持すべきなりと、知るべし。（『註釈版』二九五～二九六頁）

難化の三機といえども、矜哀し憐愍したもう第十八願の弥陀の大悲をあおぎ、他力回向の信心に帰すれば、救済されていく世界を説示されているのである。

如来の慈悲につつまれ、救済される難化の三機の現実を、阿闍世王の上に宗祖は見られているのである。阿闍世の行為で示される逆謗闡提の罪悪が、一切衆生の上における普遍的なものであり、一切凡夫の根源的な罪悪であることを、宗祖は『涅槃経』を通して開顕されているのである。難化の三機も他力回向の金剛不壊の真心、本願醍醐の妙薬により、救済されていくことを結歎し、勧信されているのである。

第二節　本願と逆謗除取

それ諸大乗によるに、難化の機を説けり。いま『大経』には「唯除五逆誹謗正法」といひ、あるいは

「唯除造無間悪業誹謗正法及諸聖人」(『如来会』上)とのたまへり。『観経』には五逆の往生を明かして謗法を説かず。『涅槃経』には難治の機と病とを説けり。これらの真教、いかんが思量せんや。

(『註釈版』二九六頁)

『涅槃経』の引証による所被の機類の詳釈につづいて、『大経』第十八願の抑止文について、『観経』下々品の五逆罪の往生、『涅槃経』の難化の三機の救いとの関連の上より、曇鸞・善導の釈文により会釈されている。即ち『涅槃経』の難化の逆謗闡提の三機こそが、本願の正機であることを相承の釈により説示されるのである。

第一項　曇鸞大師の逆謗除取釈

『往生論註』の八番問答の第二問答以下が引用されている。中心は第三問答と第六問答である。まず第二問答において、『大経』本願文では「唯除五逆誹謗正法」とあり、五逆罪と謗法罪は救いより除外されると説かれ、『観経』下々品では五逆罪は救われると説いてある。この二経の相違について、曇鸞は『大経』は五逆と謗法の二種の重罪を具するから往生は出来ない。『観経』は五逆の一罪のみであるから往生は可能であると会通されている。次で第三問答において、謗法一罪のみであれば往生は可能であるかと問い、謗法は一罪のみであっても往生は不可能と答えている。その理由であるが、(1)謗法罪は極重である。(2)正法を誹謗するから願生の理なく、往生は不可能と答えている。しかしこの二由の中、(1)の理由は仏教一般の論理よりするものであり、(2)の理由が根源的な本願真実の救いに基づくものといえよう。誹謗正法とは第四問答において、「無仏・無仏法・無菩薩・無菩薩法」とある如く、仏教教理の否定である。しかしこのことは逆に、回心願生し、本願の真実を信ずる者はすべて救われる妙趣が、この第三問答の根底に存するといえるであろう。この事が教示されてあるのが、『論註』観察体相章の仏の口業功徳成就の釈である。「如来微妙声　梵響聞十方」とあり、如来の説法音声により謗法罪の者が救われていくことが説示されている。即ち「正法を誹謗し、賢聖を毀呰（そしる）し、尊長を捐庫（うとんじる）」するような者でも、

阿弥陀如来の至徳の名号、説法の音声を聞けば、（中略）みな解脱を得て、如来の家に入りて畢竟じて平等の口業を得。　（『註釈版七祖篇』一二八頁）

と釈されてあり、誹謗正法の者であっても、本願名号の聞信により、回心願生せば、浄土の往生成仏がめぐまれることが説示されているのである。

　そしてこの救済の論理を明らかにするのが、第六問答である。所謂、在心・在縁・在決定の三在釈である。五逆の重罪と念仏の軽重を論ずる問答である。在心とは、五逆の重罪は虚妄顛倒の見より生ずるのであり、念仏は善知識の説く名号実相法、真実の法を聞信するより生起するのであり、虚妄と真実の相対である。在縁とは、縁は所縁という意味で、相手対象のことである。即ち造罪の人は自分の妄想心によって、煩悩虚妄の果報の衆生を対象として罪を造るのである。これに対して、念仏は無上の信心によっており、阿弥陀如来の清浄無量の功徳の名号により生ずるのである。造罪は虚妄の衆生を縁として、念仏は真実の名号を縁とするのである。在決定とは、平生の五逆十悪の造罪は、まだ後があるという有後心、雑念の混じった有間心より生ずるのであり、臨終の念仏は、後がない無後心、余念のまじわらぬ専一の願生の無間心より生ずるので

ある。これを心の決定に在る（在決定）というのである。在決定は『観経』の説相に即して、臨終に約して語られてあるが、弘願の他力念仏は、平生・臨終を問わず、信一念同時に往生成仏決定して、無疑決定の無二心より流出する称名である。

かくて第六問答は念仏により、五逆の罪が除かれて、往生が出来ることを三在釈により説示されるのである。また上記第三問答は救済より除外される謗法罪でも、回心願生せば、往生可能とする義が文背に存するのであって、両問答により、五逆罪・謗法罪、難化の三機が、弥陀の名号法により往生が可能となる義が説示されているのである。宗祖は八番問答の引用により難化の三機が往生できる道理を釈顕されているのである。

第二項　善導大師の逆謗除取釈

善導の「散善義」の釈であるが、造業の已造・未造について、摂取と抑止の二面より解明されている。即ち『大経』の第十八願文には五逆罪と謗法罪の唯除を説き、『観経』の下々品には謗法罪を除外し、五逆罪の摂取が説かれている。かかる二経の相違について、抑止門に約して会通されている。即ち第十八願に「唯除」とあるのは、逆謗の二罪の障りは極重であるから、この重罪を犯さぬように、如来が方便して、止めて「唯除」といわれていると釈されている。「唯除」の意味は抑止である。したがって五逆罪・謗法罪の重罪を犯した場合は当然摂取の対象となる。

ただ如来、それこの二つの過を造らんを恐れて、方便して止めて〈往生を得ず〉とのたまへり。またこれ摂せざるにはあらざるなり。

（『註釈版』三〇二頁）

と釈されているのは、「唯除」の抑止の根底には摂取の大悲が存することを釈顕されているのである。次に『観経』下々品に関しては、五逆罪を摂取して、謗法罪を除くのは、五逆罪は已造業であるから摂取して往生せしめることが説示されているのである。これに対し、謗法罪は未造業であるから、謗法罪を犯せば、往生は不可能と抑止の意が存すると釈されているのである。したがって抑止である以上、謗法罪を犯しても、仏の本意は摂取にあるのであって、『観経』下々品の経意を善導は次の如く釈されている。

また下品下生のなかに五逆を取りて謗法を除くとは、それ五逆はすでに作れり、捨てて流転せしむべからず。還りて大悲を発して摂取して往生せしむ。しかるに謗法の罪は、いまだ為らざれば、また止めて〈もし謗法を起さば、すなはち生ずることを得じ〉とのたまふ。これは未造業について解するなり。もし造らば、還りて摂して生ずることを得しめん。

（『註釈版』三〇二頁）

といい、『観経』の説意を解しているのである。かくて善導において、『大経』と『観経』の相違は、五逆罪と謗法罪の未造・已造より釈されているのであって、『大経』は未造の故に抑止して唯除というのであり、『観経』の五逆罪は已造業の故に摂取が教示されていると会通されているのである。そして更につづいて、『法事讃』の文が引用されている。

仏願力をもつて、五逆と十悪と罪滅し生ずることを得しむ。謗法・闡提、回心すればみな往くと。

（『註釈版』三〇三頁）

謗法・闡提の機類といえども、回心すればすべての往生は可能なのであって、善導においては、謗法と一闡提の機類も、弥陀大悲の救済の対象となる一切皆成仏をその根本的立場とするものといえよう。

以上、宗祖は『涅槃経』、更に相承の曇鸞・善導の釈を受け、難化の三機も往生成仏せしめられる、弥陀大悲回向の大信海の徳義を顕彰されているのである。

『尊号真像銘文』に、本願の逆謗除取の誓意について、次の如く説示されている。

「唯除五逆誹謗正法」といふは、「唯除」といふはただ除くといふことばなり。五逆のつみびとをきらひ誹謗のおもきとがをしらせんとなり。このふたつの罪のおもきことをしめして、十方一切の衆生みなもれず往生すべしとしらせんとなり。（『註釈版』六四四頁）

と逆謗摂取の願意を釈されている。『涅槃経』、更には曇鸞・善導の釈文引用の祖意は、本願の誓意は難化の三機の救い、即ち悪人正機にあることを釈顕されるにあったと窺うのである。

かくて「信文類」の最後に、永観の『往生十因』に依って、小乗と大乗の五逆罪についての解釈をあげられて、結ばれているのである。

参照文献

道隠『教行信証略讃』
善譲『顕浄土真実教行証文類敬信記』（真宗全書）
円月『本典仰信録』（真宗叢書）
義山『教行信証摘解』（真宗叢書）
宗学院『本典研鑽集記』

梅原信隆『教行信証新釈』
大江淳誠『教行信証講義録』
大江淳誠『教行信証講述』
大原性実『教行信証概説』
加藤仏眼『教行信証竪徹』
神子上恵龍『教行信証概観』
瓜生津隆雄『顕浄土真実信文類講述』
村上速水『教行信証を学ぶ』
灘本愛慈『愚禿鈔要義』

（「『教行信証』の研究」第一巻「『顕浄土真実教行証文類』解説論集」「信文類解説」）

真仏土文類講讃

一、滅度

親鸞の教えは阿弥陀如来の本願他力により、凡夫が救われていく道を説く教えであるが、『大無量寿経』に説かれる阿弥陀仏の四十八願中の第十一願に、人間が如来に救われた結果が誓われている。第十一願文には次のごとく誓われている。

「設ひわれ仏を得んに、国中の人天、定聚に住し、必ず滅度に至らずば、正覚を取らじ」

この第十一願には正定聚と滅度の二つのことが誓われてある。正定聚とはまさしく往生成仏に決定した仲間という意味で、『一念多念文意』には「ワウジヤウスベキミト　サダマルナリ」といわれている。信心が決定する即時に入る救いであり、現実の生の中で、信を得たものが得る利益である。信心決定した者は現世において、未来の浄土往生が約束されてあることをいうのである。

滅度とは煩悩を滅して生死海を渡ること、成仏することでさとりのことである。すなわち現生で正定聚の位につきさだまり、命おわって浄土に往生すると同時にうるところの証果のことである。親鸞の説いた浄土真宗においては、往生即成仏であって、浄土に往生すると同時に阿弥陀如来と同じさとりを得しめられるのである。このことを親鸞は本典『証巻』に次のごとくいわれている。

「しかるに煩悩成就の凡夫　生死罪濁の群萌　往相回向の心行を獲れば　即の時に大乗正定聚の数に入るなり正定聚に住するが故に必ず滅度に至る」

正定聚は現実にうる利益、すなわち現益であり、滅度は未来、浄土においてうる利益、すなわち当益である。そしてこの滅度の証果のことを、『証巻』において、

「謹んで真実証を顕さば　すなわちこれ利他円満の妙位　無上涅槃の極果なり」

といわれている。この文は滅度の真実の証果の内容を示すものである。この文中、証果の内容を「利他円満の妙位」「無上涅槃の極果」といわれている。前者の意味は、利他とは他の衆生を利益する仏力他力のことで、滅度とはこの阿弥陀仏の本願他力により、めぐまれあたえられた、欠けることがない円満の仏果、位のことをいう。後者は最高至極の仏果、涅槃の世界が滅度であることを示すものである。

さらに親鸞はかかる滅度の内容を次のごとく『証巻』において転釈して説明してしる。

「必ず滅度にいたるはすなわちこれ常楽なり　常楽はすなわちこれ畢竟寂滅なり　寂滅はすなわちこれ無上涅槃なり　無上涅槃はすなわちこれ無為法身なり　無為法身はすなわちこれ実相なり　実相はすなわちこれ法性なり　法性はすなわちこれ真如なり　真如はすなわちこれ一如なり　しかれば弥陀如来は如より来生して　報・応・化　種種の身を示現したまふなり」

これによれば親鸞は滅度の風光を(イ)常楽・畢竟寂滅・無上涅槃・無為法身・実相・法性・真如・一如の八句をあげて転釈されている。また(ロ)弥陀如来は如より来生した存在であると、如来に関して転釈をなしている。

前者(イ)の滅度の転釈によれば、常楽とは、さとりの世界は常住であり、かわらない楽しみの世界のことである。したがってかかるさとりの境地は、煩悩を滅し、生滅をこえた絶対平等の寂静の世界（畢竟寂滅）であり、それはまた無上最高のさとり（無上涅槃）である。この無上涅槃は人間のはからいを絶した真如のすがた（無為法身）である。この無為法身は万物のありのままの真実なるすがたであるから実相とも表現され、したがってこの実相とは、とりもなおさず、一切の存在の体性である法性であり、この法性とは、宇宙の根源であり、真実不変のまことのすがたである真如のことである。この真如は唯一絶対平等無差別の真理である一如のことである。親鸞は上記のごとく滅度の転釈をされるのであるが、要は滅度のさとり、仏果の内容、風光の何であるかを示されるのであって、滅度の証果の世界とは、人間の迷いの煩悩をたちきり、人間の相対差別のはからいを絶し、生滅生死をこえた真実永遠の世界であることを示されたものといいうる。そしてそれはまた如来の本願他力により、我々が浄土往生と同時にうる畢竟依の世界であり、人生の実相の帰依処の何たるかを示されたものと領解するのである。このような『証巻』にあかされている滅度の風光を『唯信鈔文意』には、次のごとくも説明されている。

「大涅槃にいたるを法性のみやこへかへるとまうすなり　法性のみやこといふは法身とまうす　如来のさとりを自然にひらくなり　さとりをひらくときを法性のみやこへかへるとまうすなり　これを真如実相を証すともいふ　無為法身ともいふ　滅度にいたるともいふ　法性の常楽を証すともいふ　無上覚にいたるとももうすなり」

浄土に往生し、弥陀と同じ滅度のさとりをうることを「大涅槃にいたるを法性のみやこへかへる」とも表現されている。真如法性の真実のみやこで、大涅槃である滅度の世界は、我々凡夫の究極の畢竟依、かえるべき家郷であると解されていることを示すものである。

次に後者(ロ)の弥陀如来は一如より来生した存在という親鸞の説示であるが、これは我々が浄土に往生して得る滅度のさとりは主伴不二の妙証、いいかえれば、浄土の往生人は浄土の主人である弥陀如来と同体のさとりをひらくことを示されたものである。弥陀如来は、我々の畢竟依たる法性のみやこである一如より顕現したもうた存在であり、この一如は我々が浄土に往生すると同時にうる証果の内容である。してみれば、浄土の往生人の所証（さとり）と弥陀如来のさとりの内容とは同体無差別であるというべきである。

二、二種法身

上述するところによれば衆生のうる滅度の証果は弥陀と同一のさとりである。しからば、浄土の往生人と主伴同証である弥陀如来の証果の内容、その性格はいかなるものであろうか。以下この点についてさらに考察を進めよう。

上記のごとく、真宗における救済の究極態は、浄土に往生して阿弥陀仏と同体のさとりを証することである。この証果の内容は滅度、一如である。如来とはこの一如より来生した存在であり、相対的世界に生きる我々の信の対象となるべく人格的に顕現した仏が阿弥陀仏である。

この阿弥陀仏の仏身の性格を示すものとして二種法身論を親鸞は主張している。二種法身とは法性法身と方便法身である。法性法身とは阿弥陀如来の証果の内容である一如、真如のことである。『唯信鈔文意』には涅槃の異名として、滅度・無為・安楽・常楽・実相・法身・法性・真如・一如・仏性・如来等の名をあげられている。そしてこの法身について

「しかれば仏について二種の法身まします　ひとつには法性法身とまうす　ふたつには方便法身とまうす　法性法身とまうすはいろもなくかたちもましまさず　しかればこころもおよばずことばもたえたり」

といわれている。これによれば一如とは法性法身であると考えられる。この一如は仏のさとりをはなれた単理ではなく、仏のさとりの内容となっている宇宙の真理、実相である。この一如そのものである法性法身は相対的な人間の認識の世界をこえた、絶対界である。この人間の思議を絶した法性法身を親鸞は「色もなく形もましまさず　心もおよばず　ことばもたえたり」といい、人間の思議をこえた絶対者である仏身の性格を説明しているのである。しかしながら如来がこの無色無形の人間の思議を絶した法性法身のままにとどまるのであれば、それは信の対象となり得ず、人間と信を通しての人格的な交渉は成立しないことになるといわねばならない。ここに如来は一面においては人間の認識の世界をこえた絶対者（法性法身）でありつつ、他面において人間と人格的交渉をもつべく、人間の信仰の対象として自己自らを顕現せしめるのである。これが方便法身である。宇宙の根源的実在である一如それ自体である法性法身は無色無形無相のまま、その一如そのもののもっている自然のはたらきとして有色有形有相の如来として顕現して、自己をあらわしたもうのである。一如の法性法身が善巧方便して、顕現した仏身が方便法身である。この方便法身により人間は仏と人格的交渉をもちうるのであり、ここに信の確立があるというべきである。しからば方便法身はいかなる

相状を示すことによって、人間と信を通しての結合をなそうとするのであろうか。古来このことに関し、垂名示形と因果相の示現という面より説明されている。『一念多念文意』に

「この如来を方便法身とはまふすなり　方便とまふすは　かたちをあらわし　御名をしめして衆生にしらしめたまふをまふすなり」

と説明されている。方便法身の方便とは「かたちをあらわし御名をしめして」といわれているごとく、無色無形の一如である法性法身が、形なきところに形を示し（示形）、南無阿弥陀仏の名号を示したもう（垂名）ことをいう。さらに『唯信鈔文意』を見るに

「しかれば仏について二種の法身まします　ひとつには法性法身とまうす　ふたつには方便法身とまうす　法性法身とまうすはいろもなく　かたちもましまさず　しかればこころもおよばず　ことばもたえたり　この一如よりかたちをあらわして方便法身とまうす　その御すがたに法蔵比丘となのりたまひて不可思議の四十八の大誓願をおこしあらはしたまふなり　この誓願のなかに光明無量の本願　寿命無量の弘誓を本としてあらはれたまへる御かたちを世親菩薩は尽十方無碍光如来と名づけたてまつりたまえり　この如来すなわち誓願の業因にむくいたまいて報身如来とまうすなり　すなわち阿弥陀如来とまうすなり　報というはたねにむくいたるゆえなり」

とある。無色無形の人間の思議を絶した一如である法性法身より、人格的な慈悲の交渉をもつべく、衆生救済の因果を示さんために垂名示形してあらわれたもうた仏身が方便法身である。すなわち法蔵菩薩としてあらわれて四十八の誓願を発するという因相と報身如来の阿弥陀仏という果相が示されてある。すなわち因

果相の示現である。法蔵菩薩の因位の発願修行、仏果の成就（尽十方無碍光如来）という因果の過程の上、如来大悲の具体相を見るのである。因果相の示現ということは阿弥陀仏が、法蔵菩薩として発願修行し、本願名号でもって一切衆生を救済せんとされる大悲の活動相と解することができるのである。法性法身より顕現した方便法身は法蔵（因相）と阿弥陀仏（果相）という人格的には因果の相をとってあらわれ、本願名号でもって衆生を救済せんとする仏身であるというべきである。垂名示形と因果相の示現はまさに如来の救済意志の具現化というべきである。

二種法身中の法性法身は色もなく形もなく言葉もおよばぬ一如であるが、この一如は無色無形無相に固定したものではない。それは無相即相、無形即有形、無色即有色、非因非果即亦因亦果と、無色無形のゆえによく有色有形と顕現し、無相のゆえによく相ならざるなく、因果をこえつつ、因果を成ずるものといわねばならぬ。方便法身はかかる一如たる法性法身より、相なきところに相をあらわし、色なきところに色を現じ、形なきところに形を現じ、法蔵菩薩とあらわれ修因感果して、人格的に顕現した報身如来である。

この場合法性法身と方便法身とは別々の異質の如来ということではない。一阿弥陀仏の二面を示すものということができる。両者は表裏の関係、相即不二一体というべきである。方便法身は一如たる法性法身よりあらわれたものである以上、両者は異質なものではない。垂名示形といい、因果相の示現といい、すべて法性法身の人格的顕現の具体相にほかならないのであって、この法性法身より人間の信仰の対象たるべくあらわれたのが方便法身である。曇鸞は『往生論註』に、両者の関係を「法性法身に由って方便法身を生ず」「方便法身に由って法性法身を出す」と由生由出の関係で説明している。前者の由生とは方便法身は法性法身より生起、顕現するという意味であり、後者の由出とは顕出するという意味で、一如の徳は、法蔵の発願修行により全顕されるのであって、方便法身により法性法身の徳が具体的にあらわし出されることを意味する。方便法身は法性法身より生起顕現したものである。したがって法性法身と方便法身の関係は、法性法身のほかに方便法身なく、方便法身のほかに法性法身なく、方便法身と法性法身とは不一不異の関係にあるものということができる。不異とは、方便法身は法性法身より生ずるもので異質ではなく相即不二一体の関係にあることをいう。不一とは、方便法身は相なきところに相を現じ垂名示形し、因果相を示現して、阿弥陀仏の慈悲の具体相を示す。法性法身はいろもなく、かたちもなく、言葉もおよばぬ人間の思議を絶した仏のさとりである一如そのものを示すもので、この点において不一というのである。かくて二種法身とは一阿弥陀仏の両面を示すものであって、阿弥陀仏は真如、一如をさとった仏である（法性法身）と同時に、垂名示形し、因果相を示現し、我々凡夫の信仰の対象となって救済活動をなしつつある仏（方便法身）であるとその性格を規定することができるのである。したがって浄土真宗の信仰の対象は、方便法身の尊形を一宗の本尊とするのである。

いまこの二種法身論に関連して、注意しておきたいことに、一如より形をとってあらわれ、因果相を示された法蔵菩薩についてである。上述の考察によれば、阿弥陀仏は二種法身相即の存在であって、本来の仏であり、無始以来の仏である。したがって法蔵菩薩とは不完全な菩薩が完全なさとりに向っての過程ではない。それは衆生を救済せんために、本来、仏である阿弥陀仏が従果降因して法蔵菩薩としてあらわれたのである。仏の人間救済の慈悲の具体的利他活動を、発願修行という法蔵の上に因果の相をとって示したものといいうるのである。いいかえれば阿弥陀仏の利他の大悲の具体的な人格的顕現が法蔵菩薩であるといいうる。しかも法蔵菩薩が、従因至果の菩薩ではなく、従果降因の菩薩であるということは、阿弥陀仏が衆生を救済せんために、因の位に下ることにより、衆生に同ずることを示すものである。仏は菩薩に成り降ることにより、衆生に同ずることにより、衆生と結びつき衆生を救済しようとするのである。法蔵菩薩とは阿弥陀仏の衆生救済の大悲利他活動のあらわれであるというべきである。

三、実相為物

一如より人格的に顕現し、法性法身に相即した方便法身の尽十方無碍光如来、阿弥陀如来が、真宗の信仰の対象となることは上述のごとくである。この方便法身の性格をさらにあきらかにしようとするものが、実相身、為物身の論目である。方便法身の阿弥陀仏は因位のとき四十八の誓願をたて、この誓願にむくいあらわれた仏である。この四十八願中の王本願である第十八願文には十方の衆生が「若し生まれずは正覚を取らじ」と誓われてある。このことは仏の正覚は単に仏自らのためのものでなく、衆生を救済せんために、仏のさとりが存することを示すものである。阿弥陀仏の正覚の果体はそのまま衆生救済のためのものである。かかる仏身の性格を実相身、為物身のことばで表現しているのである。実相身とは仏の自利の面をいい、真如実相、法界の真実なるありのままの相をさとった仏身の面をいう。為物身とは利他の面をいい、「物」とは衆生ということであり、阿弥陀仏の正覚の果体はそのまま全体、衆生救済のためにあることを示すものである。かくのごとく阿弥陀仏はこの自利（実相身）、利他（為物身）二面を円満に具足する仏である。これは一仏身が全体そのまま実相身であると同時に為物身であって、別個の仏身を表現したものではない。かかる実相身、為物身の二身を具足する二利円満の阿弥陀仏の仏身の内容について説示するのが『教行信証』の『真仏土巻』の所明である。

『真仏土巻』の標願に「光明無量之願」「寿命無量之願」とある。これは弥陀の仏身仏土は上記の両願に酬報するものであることを示すものにほかならない。第十二光明無量の願・第十三寿命無量の願は仏身仏土を誓った願であり、光明無量・寿命無量の徳は阿弥陀仏の真仏真土の体である。上述のごとく滅度は一如であり、この一如である滅度は衆生が浄土に往生してうる証果である。この一如より如来は来生した存在である以上、衆生が浄土でうる証果の内容は阿弥陀如来と同じさとりである。証果は主伴同証である。光明無量・寿命無量の仏徳がそのまま衆生の証果の果体である。上記のごとく第十八願に「若し生まれずは正覚をとらじ」と誓われてある。これは衆生が信を得て浄土に生まれることができなければ、仏はさとりを成じないという誓願である。衆生の往生と仏の正覚の不二一体を誓ったものである。仏の正覚の内容である光寿二無量の仏徳は、そのまま衆生が浄土に往生してうるさとりの内容であるというべきである。

四、光明無量・寿命無量

(イ)光明無量

さてしからば阿弥陀如来の光明無量、寿命無量の仏徳を親鸞はいかに説示されているのであろうか。『真

仏土巻』冒頭に

「謹んで真仏土を按ずれば　仏は則ち是れ不可思議光如来なり　土は亦是れ無量光明土なり　然れば則ち大悲の誓願に酬報するが故に　真の報仏土と曰ふなり　既にして願います　即ち光明寿命の願是れなり」

といい、仏を不可思議光如来、土を無量光明土といっている。そしていずれも大悲の誓願に酬報した報身報土であるとし、その誓願として第十二・十三の両願を示されている。

第十二光明無量の願とは次のとおりである。

「たとひ我れ仏を得たらむに　光明能く限量ありて　下百千億那由他諸仏の国を照さざるに至らば　正覚を取らじ」

阿弥陀とは梵語では無量という意味である。この無量は光明と寿命のかぎりなきことを意味する。光明無量の願とは如来の光明が無量ならんことを誓った願である。『唯信鈔文意』に「阿弥陀仏は光明なり　光明は智慧のかたちなり」といわれているごとく光明は仏の智慧の徳を象徴するものである。如来は無限の智慧を具して我々を救わんとされる仏であることを示すものである。一般に仏の光明を色心不二の光明と称している。色光とは仏身より出される光明であり、心光とは仏の智慧光のことである。しかしこれは別々の光明が二種存するのではなく、色心不二一体の光明で如来の徳を示そうとするものである。色光は衆生をして仏願を聞くにいたらしめる調熟の力用、はたらきがあることを意味し、心光とは念仏の衆生を摂取してすてぬはたらき、徳があることを示す。これは各別の二つの異質の光明が、存在することを意味するのではなく、一光明が、未信の者を調熟するはたらきがある面を色光といい、已信の念仏の行者を摂取する力用がある面を心光といったまでで、色心は不二一体の光明と解すべきである。

このような力用がある光明に関して、覚如の『執持鈔』には、次のごとく述べられている。

「弥陀如来四十八願の中に　第十二の願はわがひかりきはなからんとちかひたまへり　これすなわち念仏の衆生を摂取のためなり　かの願すでに成就して　あまねく無碍のひかりをもて　十方微塵世界をてらしたまひて衆生の煩悩悪業を長時にてらしまします　さればこのひかりの縁にあふ衆生　やうやく無明の昏闇うすくなりて　宿善のたねきざすとき　まさしく報土にむまるべき第十八の念仏往生の願因の名号をきくなり　しかれば名号執持することさらに自力にあらず　ひとへに光明にもよほさるるによりてなり　これによりて光明の縁にきざされて名号の因をうというなり」

この文は光明には調熟の力用と摂取の力用とがあることを釈されたものといえよう。

このような光明について、親鸞は『真仏土巻』に『大経』の第十二願成就文を引用して説明されている。経文によれば光明に十二光あげてその徳が讃嘆されている。

⑴無量光　⑵無辺光　⑶無碍光　⑷無対光　⑸炎王光　⑹清浄光　⑺歓喜光　⑻智慧光　⑼不断光
⑽難思光　⑾無称光　⑿超日月光

この十二光をあげたあと、『大経』においてはこの十二の光明の徳を次のごとく説かれている。

「この光に遇ふ者は三垢消滅し　身意柔輭なり　歓喜踊躍し　善心生ず　ここに若し三塗懃苦の処に在りて此の光明を見れば　皆休息を得て　復苦悩無けむ　寿おへてのち　みな解脱を蒙むる」

如来の光明にあう者は貪欲・瞋恚・愚痴の三垢の煩悩が消滅して、身も心もやわらかになり、善心が起こり、よろこばしい思いが生ずる。また地獄・餓鬼・畜生の三塗のくるしみのところにあって、この光明にあえば、休息をえて、苦悩なく、いのちおわらばさとりにいたることができると光明の徳がたたえられてある。阿弥陀如来の光明の徳は無量であって、十二光にかぎるものではないが、特に如来の徳を示すものとして十二光が示されてあると解すべきである。事実、この正依の『大経』のあとに異訳『如来会』の経文が引用されているが、ここでは十五光あげられてある。しからばこの十二光はいかに解すべきであろうか。さらに『真仏土巻』を見るに、曇鸞の『讃阿弥陀仏偈』、憬興の『述文讃』を引用して、十二光の一々について説明されている。(1)無量光とは弥陀の光明ははかることができないことをいう。(2)無辺光とは空間的に限りのない光明をいう。この光にあうものは有無の邪見をはなれる。(3)無碍光とはすべてのものに障碍されない光明のことをいう。(4)無対光とは対比するもののない光明で、この光明にあうものは悪業のきずながたちきられる。(5)炎王光とは光明は自在で無上なることを示す。(6)清浄光とは無貪の善根より現われる光明で衆生の貪欲の心を除く。(7)歓喜光とは無瞋の善根より生ずる光明で、衆生のはげしいいかりはらだちの心を除き、人々に法のよろこびをあたえる。(8)智慧光とは愚痴をはなれた善根の心より起こった光明で衆生の無明の心をとり除く。(9)不断光とはたえまなく衆生をてらし利益したまい、この光明を聞信するものは信心たえず、往生せしめられる。(10)難思光とは声聞・縁覚の二乗の聖者が思議することができない光明の徳をいう。(11)無称光とは仏以外の聖者では説明することができない光明をいう。(12)超日月光とは弥陀の光明は日月にこえすぐれていることをいう。十二光の意味は以上のごとくであるが、この十二光の中心は無碍光である。親鸞の

唯信坊への『御消息』を見るに、

「ひとびとのおほせられてさふらふ十二光仏の御ことのやう　かきしるしてくだしまいらせさふらふ……詮ずるところは無碍光仏とまふしまいらせさふらふことを本とせさせたまふべくさふらふ　無碍光仏はよろづのもののあさましきわるきことにはさはりなくたすけさせたまはん料に無碍光仏とまふすとしらせたまふべくさふらふ」

といわれている。煩悩悪業にさまたげられずに衆生を救済する無碍光が十二光の中心であることを示す消息である。また十二光中、無量光より第十一の無称光までは光明の徳をあらわし、第十二超日月光はこの光明の徳を喩顕されたものである。そして第一無量光と第二無辺光は、前者はたてに三世をてらす、はかりなき光明の徳をあらわすものであり、無辺光とは横に十方をてらし、光明の空間的完全性を示すものといえよう。この二光は仏の自証、衆生救済の根本となる徳を讃嘆したものである。第三の無碍光以下の九光は衆生救済の力用の徳を示す。無碍光がこの九光中の総相であり、仏の光明の摂化の力用を総体的にあらわすものである。あとの八光は無碍光の別相と解される。かくて十二光は自利利他不二の如来の徳を示すものであり、この光明により如来は十方の衆生を摂化されるのである。上にも一言したごとくこの十二光は別々の光明が十二あるというのではない。それは如来の光明は唯一無二であって、この如来の一光明に具有される無限の徳用中、特に十二光をあげて仏徳を示されてあるというべきである。

(ロ)寿命無量

次に仏のもうひとつの徳である寿命無量について考察するに『大経』の第十三寿命無量の願には次のごとく説示されてある。

「たとひ我仏を得んに　寿命能く限量あって　下百千億那由他劫にいたらば　正覚をとらじ」

これは阿弥陀仏の寿命はかぎりないことを誓われた願である。光明無量が仏徳の空間的な完全性を示すものであるのに対して、寿命無量は仏徳の時間的完全性を示すものといいえよう。いま真宗の先哲善譲の『敬信記』を見るにこの光明と寿命の関係について次のごとく解している。

(一)寂照一雙　寂は寿命であり照は光明である。寂とは、仏のさとりの内容である真如法性の理は寂静であり過去現在未来を通じて永遠絶対である。この仏所証の徳を寿命無量という。照とは光明無量の徳をあらわすもので、仏の光明は迷界をくまなくてらし、暗を破る。寂にして照、照にして寂たる世界が如来の光明無量寿命無量の徳であることを示す。

(二)体相一雙　寿命は体であり、光明は相で、両者は体相の関係になる。

(三)横竪一雙　光明が無量なのは横に十方に遍して利益がかぎりなく、寿命が無量なのは竪に三世にわたり、仏の化導がかぎりないことを示すもので、横竪にわたり、仏は衆生を摂取したもう徳があることをいう。

(四)破満一雙　光明は衆生の煩悩の闇を破し、寿命は衆生の願いをみたす徳がある。

(五)自他一雙　光明は如来の徳の利他の面をあらわし、寿命は真如法性の理をさとりあらわした自利の面を示し、如来は自利利他円満の仏であることをあらわす。

㈥因果一雙　光明はまよいの因を滅し、衆生の往生の因を成ずる。寿命はまよいの果を滅し、往生の果をえせしめる。

㈦智断一雙　光明は涅槃、さとりの智果であり寿命は断果の徳を示す。

光明と寿命は如来の一仏身の無量の徳を具体的にあらわしたものであって、『正像末和讃』に「超世無上に摂取し　選択五劫思惟して　光明寿命の誓願を大悲の本としたまへり」とあるごとく光明寿命は衆生を摂取せんとする如来の大悲のあらわれであり、如来の救済活動の根源であるというべきである。このことはまた『真仏土巻』中に『讃阿弥陀仏偈』を引用して

「成仏より已来　十劫をへたまへり　寿命まさに量あることなけん　法身の光輪法界に偏して　世の盲冥を照らす」

といわれている。光寿二無量による、如来のまよいの衆生を救うはたらきを説示した文である。

しかるにここに問題がひとつある。『真仏土巻』のはじめの標願には光明無量の願、寿命無量の願と示し、如来の徳として光明と寿命の二徳が存することを説示しながら、本文の御自釈においては真仏を規定して「仏は則ちこれ不可思議光如来なり」といい、巻末には『浄土論』により「帰命尽十方無碍光如来」といい、始終にわたって真仏を光明でもってあらわされている。事実、引文の上を見ても寿命を証するものより、光明を証する引用の方が多量である。寿命無量を証する引用としては、㈠正依『大経』の第十三寿命無量の願、㈡同成就文、㈢『真言経』の三文であるが、光明無量を証する文は、㈠正依『大経』の第十二光明無量の願、

㈡同成就文、㈢『如来会』第十二願成就文、㈣『平等覚経』、㈤『人道経』第十二願成就文、㈥『讃阿弥陀仏偈』、㈦『述文賛』等の七文が引用されている。

このように親鸞が仏身を光明で表現しようとされた理由は那辺に存するのであろうか。思うに寿命と光明とは体と用（相）の関係にある。いまは体を用におさめて光明でもってあらわされたものといえよう。仏身の価値決定に関して、浄土教理史の上において見るに、中国においては主として弥陀の寿命に関して論じられている。弥陀の入滅について道綽、善導の頃はさかんに論議されているのであるが、親鸞の時代においては、入滅の問題に関しては重要な問題ではなかった。『真仏土巻』の御自釈の上には弥陀の入滅に関しては直接論じられていない。したがってかかる状況において弥陀如来の特性をあげる場合、光明が重視され、弥陀の救済活動の動的な面を示そうとされたものと考えられる。『真仏土巻』には十二光に関する経文、師釈を多量に引用されている。一仏の果体の徳を寿命と光明であらわされているのであるが、寿命は体の面であり、弥陀の摂化活動、救済仏たる性格は用である光明において特にあらわれるといわねばならぬ。『末燈鈔』に次のごとくいわれている。

「真実信心の行者の心　報土にいたり候ひなば　寿命無量を体として　光明無量の徳用はなれたまわざれば如来の心光に一味なり」

体である寿命は、用たる光明に摂して如来の徳が語られている。光明と寿命は別なものではなく体用は不二であって、一仏身の果徳にほかならないのである。親鸞はかかる不二なる寿命と光明で仏徳をあらわす場合、体を用に摂して、不可思議光如来と光明でもって表詮したものといいうる。しかも光明は智慧の象徴であり、『真仏土巻』において光明により阿弥陀如来を表詮されているのは、特別の意義を親鸞は見出されていたものと考えられる。『唯信鈔文意』に「無碍光仏の御かたちは智慧のひかりにてましますゆへに　この如来の智願海にすすめいれたまふなり……光明は智慧なりとしるべし」といわれているごとく、相・用をあらわす光明が衆生を救済せんとする弥陀如来の性格をよくあらわすものといいうる。しかも光明の智慧のはたらき（用）が、何者にもさえぎられることなく、衆生の煩悩の闇を破し摂取せんとする仏身の特色を示すに適切であると考えられたものといえよう。

五、因願酬報

阿弥陀仏の身土は応身応土（衆生の認識能力に応じて現われた仏身仏土をいう）ではなく、真実の身土であり、法蔵因位の願と行に酬報した報身、報土である。『真仏土巻』にこのことを親鸞は次のごとくいっている。

「しかれば大悲の誓願に酬報するが故に真の報仏土と曰うなり　すでにして願います　すなわち光明・寿命の願これ也」

弥陀如来の身土が光明無量・寿命無量の誓願にむくいあらわれた報身報土、すなわち真実の仏身仏土であって、応身応土ではないことを説示されている。中国の浄影寺慧遠（五二三〜五九二）、天台の智顗（五三八〜五九七）、（智顗の観経疏は真撰ではなく、唐代の天台学徒の作とされる）、三論の嘉祥（五四九〜六二三）等の聖道諸師は、弥陀如来の仏身仏土について応身応土と解している。いまその理由を一瞥すれば次のとおりである。

(イ)弥陀如来の寿命は無量とあるけれども、これは凡夫や声聞、縁覚がはかることができない点より無量といったまでで実は無量の有量で、真の無量ではなく有量であるとしている。かく阿弥陀仏の寿命は有量であり、入滅があるから応身仏と解している。

(ロ)さらに阿弥陀仏に入滅があり応身と解する文証としては、『観音授記経』の弥陀入滅の文に注目している。経文は次のごとくである。

「阿弥陀仏の寿命は無量百千億劫　まさに終極あるべし……阿弥陀仏まさに般涅槃すべし」

この文証により諸師は阿弥陀仏の寿命は終極があり、入滅があるから応身と決するのである。

(ハ)報身の身相に関しては、諸師は仏の智見より認識される微妙な身相はみとめるが、凡夫の情にまかした有相の身相はみとめない。したがって『浄土三部経』に説かれるような有相、有量の阿弥陀仏の身土は応身応土と解するのである。

(ニ)観法の上より弥陀を応身とする。『観経』に説かれる有相有量の阿弥陀仏の身土の形相を観ずるのは応身観であり、仏の平等無差別の身を観ずる真身観（理観）ではなく事観である。したがって観ぜられるところの弥陀を応身とする。

(ホ)仏の真身はつねに寂静で来迎の相（凡夫を救済し浄土にむかえるべく仏が現実世界にあらわれたもうこと）はないが、応身には来迎の相があるから、来迎の相がある『観経』の阿弥陀仏は応身であるとする。

以上のごとき諸点より聖道の諸師は阿弥陀仏の身土を応身応土と解するのであるが、親鸞は阿弥陀仏の身土を因願酬報の報身報土とされるのであり、さらにこれを証するものとして、『真仏土巻』に上記聖道諸師に対して反論した中国の善導の『観経疏玄義分』を引用されている。

この引用の『玄義分』の所説を見るにまずはじめに、「これ報にして化に非ず」といい、阿弥陀仏の身土を報身報土と決している。そしてその理由として三由が指摘されている。

(イ)文証よりの反論

『大乗同性経』に

「西方安楽の阿弥陀仏はこれ報仏報土なり」

とある文により阿弥陀仏の身土は報身報土であることを証し、また、

「又無量寿経に云く『法蔵比丘世饒王仏のみもとにあつて　菩薩の道を行じたまひし時　四十八願を発して一一の願に言はく　若しわれ仏を得たらんに　十方の衆生わが名号を称して　我国に生ぜんと願ぜん　しも十念にいたるまでもし生まれずは正覚を取らじ　今すでに成仏したまへり』すなわちこれ酬因の身也」

といい、阿弥陀仏の仏身は四十八願、別しては第十八の誓願にむくいあらわれた酬因の身であり、報身であることを論定している。さらに『観経』の上輩の来迎の文より阿弥陀仏を報身と解している。すなわち阿弥陀如来は観世音大勢至無数の化仏と与に来迎したもうことが記されている。この点に注目して善導は次のごとく説明している。

「また観経の中に上輩の三人　命終の時にのぞんで　みな阿弥陀仏および化仏と与に此の人を来迎すといへり　然るに報身化を兼ねてともに来つて手を授くと　故に与となす　この文証を以の故に知りぬ　これ報なり」

『観経』の上輩の三人は弥陀が化仏をともなって来迎される。この場合弥陀と化仏の間に「与」の字が置かれて、経文の上では区別がされている。たとえば『観経』の上々品に「阿弥陀如来与二観世音大勢至無数化仏云云一」とあるごときである。この与の一字で弥陀と化仏を区別しているのであり、化仏と区別した、同一でない弥陀は当然、報身とするのである。化仏をともなって来迎する弥陀は報身と解している。この場合上記のごとく聖道の諸師は報身には来迎の相はないとする立場であるに対して、善導は報身である弥陀の上に来迎をみとめているのである。

(ロ)報応二身は眼目の異名

報身と応身とは表現の相違であって、実質上は相違がないことを指摘している。これに関しては語義と訳経上の用語の点より解釈されている。まず語義の上より見るに、報というのは因位の行がむなしからず、必ず来るべき果報をまねくことをいう。果より見て因に対応するのを報身という。これに対して応というのは三大僧祇のながい間に修したところの万行により、必ず菩提をうべし（応）という確信のもとに修行してさとりを得た。これを応身というのであって、これは因を果にのぞめて、因が果に相応しているときには応というのである。このように報身と応身とは見方の相違であって、本質的にはおなじことであるという解釈である。

ある。

次に訳経上の用語の上より見るに、善導は

「前翻レ報作レ応　後飜レ応作レ報」

といっている。これは『摂大乗論』の仏陀扇多訳、真諦訳、玄奘訳の三訳についていわれたものとされている。この場合、上記の文の読み方に二通りある。(1)「前の報を翻じて応となし　後の応を翻じて報となす」、(2)「前には報を翻じて応となし　後には応を翻じて報となす」。親鸞は(2)の読み方をしている。いわゆる三身の訳語に関し、一例をあげれば、仏陀扇多訳では、真身・報身・応身であり、真諦訳では自性身（法身）・応身・化身であり、玄奘訳では自性身・受用身（報身）・変化身等とある。いまこの訳語を上記(1)の読み方にあてれば仏陀扇多訳と真諦訳とが相対し、前とは仏陀扇多訳であり、後とは真諦訳である。すなわち前の仏陀扇多訳で報とあるのを、真諦訳では応となし、後の真諦訳では応とあるのを仏陀扇多訳では報と翻訳されてあるという意味である。(2)の読み方にすれば真諦訳と玄奘訳の相対となり、前とは真諦訳であり、後とは玄奘訳である。すなわち前の真諦訳では報を翻じて応となし、後の玄奘訳では応を翻じて報（受用身）と訳されてあるという意である。これによれば報応は単なる異名で、ただ翻訳上の相違であって、体は全く報身で同意語というべきである。かかる点より善導は弥陀報身説を主張したというべきである。この場合、報と応とが同一の仏身の異名といってもそれは翻訳上の異名、語義よりいう議論であって、一般的に仏身の法身・報身・応身（化身）とある三身説中の応身が報身と一であるというのではないことを注意すべきである。それは報身の語義・訳語上の所談と理解すべきである。

(八)『観音授記経』の解釈

上記のごとく聖道の諸師は『授記経』の弥陀入滅の文により弥陀応身説を主張しているが、これに対して善導は『大品経』の「涅槃如化品」によって反論している。本経は一切の諸法はすべて因縁生で化の法であり、本性は空無所得である。涅槃も性空であり、如化である。このようにいえば発心したての菩薩は驚くから、このような新発意の菩薩のために生滅を現ずる法はすべて化であり、不生不滅の法は化ではない。涅槃はいつわりの相をはなれた常住なる化にあらざる世界であると説明するのである。しかし事実は涅槃は性空である。仏は新発意の菩薩のために方便の説法をしたのである。因縁性空の立場よりすれば、弥陀の入滅も涅槃如化の相で、入滅は真の入滅ではない。如化の相を示したものと善導は解釈して弥陀の身土を報身報土と決するのである。『玄義分』の所説は以上のごとくであるが、かかる善導の釈文を『真仏土巻』に引用することにより、弥陀如来の身土が因願酬報の報身報土であることを証されているのである。

六、涅槃界の徳

弥陀如来のさとりの世界の風光、徳を親鸞はどのように理解していたのであろうか。『真仏土巻』を見るに『涅槃経』を十三文引用して、涅槃の四徳である常・楽・我・浄、さらには仏性といった観点より仏のさとりの世界である涅槃界の徳を説明している。人生の実相は無常であり、苦しみの世界であり、不浄であり、不自由である。これは相対的なまよいの現実の実相であるが、このような相対的な苦悩の世界をこえた如来の絶対のさとり、涅槃界の徳を示すものが常・楽・我・浄の四徳である。

(イ)常徳　涅槃の本質は、つねに不変であり、生滅変化がないことをいう。『真仏土巻』引用の『涅槃経』十三文中、第三文（聖行品）、第四文（梵行品）は常徳が示されている。すなわち聖行品によれば如来の無為常住を説示している。無為常住とは惑業の因縁の造作をはなれた常住の世界である。たとえば因縁により生じた一切の存在（有為の法）は無常である。しかし、虚空は因縁因果の法則に左右されない無為自然の常住の法である。この虚空のごとく仏性もまた無為常住である。そしてこの仏性を完全に開顕した存在が如来である以上、仏性はとりもなおさず如来そのものであり、如来は無為常住の徳を具した存在であるという。また第四梵行品によれば道（因の智慧）と菩提（果の智慧）と涅槃の三法は不生不滅で常住不変なることが示されてあり、これによりて涅槃界の常徳を示されるのである。

(ロ)楽徳　涅槃の世界は寂滅で、永遠に安楽な世界であることをいう。第五文（徳王品）により大楽の徳が示されてある。大涅槃には㈠無苦無楽　㈡大寂静　㈢一切智　㈣身不壊の四楽を具している。㈠無苦無楽　涅槃の楽は世俗の楽を断じている。世俗の楽をたちきるから、苦は存しない。凡夫相対の無常の苦楽のないのが涅槃の変易なき大楽である。㈡大寂静　涅槃は一切のさわがしい虚偽の法をはらいのけた大寂静の徳がある。㈢一切智如来は一切智をもった者であるから大楽の徳をそなえている。㈣身不壊　身がやぶれないから大楽と名づける。如来の身は金剛であってこわれず煩悩無常の身ではないから大楽という。

(ハ)浄徳　第六徳王品の文により、浄徳が示されている。浄徳とは涅槃の世界は一切のけがれを脱した世界であることをいう。この浄に四種の徳をあげている。㈠二十五有（迷界）の不浄を仏は永く断じているから涅槃の徳を清浄というのである。㈡業清浄とは凡夫の煩悩の業作に対して、如来の業作は清浄であるから大浄という。㈢身清浄とは、凡夫の身体は無常であるから不浄であるが、如来の身は常住であるから大浄である。㈣心清浄とは、心が有漏であれば不浄である。しかし仏心は無漏であるから大浄というのである。かく如来の涅槃界には浄徳が存する。

㈡我徳　これには一般に二義があり、ひとつには自由自在なはたらきがあることをいい、ふたつには如来の法身は常住であり、変易なき真実である徳があることをいう。『真仏土巻』引用の『涅槃経』第七文（徳王品）において、如来の大我の徳を示されてある。如来の智慧は無碍であってさえぎられることがない。如来は仏性を円満に開顕された存在であり身も心も智慧にみちあふれ、無数の国土にゆきわたり、虚空のごとく障碍するものはない。また如来は常住で変易なき存在である。このように如来は智慧無碍で自由自在、常住の我徳を有する者であることを示されている。以上親鸞は『涅槃経』により如来の涅槃界には常楽我浄の四徳が存することを示されている。さらにかかる如来の真解脱の徳を示し、『真仏土巻』引用の『涅槃経』第一文（四相品）において虚無、不生不滅、無上上、無愛無疑の徳があることを説示している。虚無とは非作の作であって、相対的な人間の計度、所作をはなれた自然おのずからなる任運の所作が如来の徳である。これを虚無という。不生不滅とは如来は生滅老死の有為の法をはなれた、大涅槃にさとり入った存在であることをいう。したがってかかる如来の法は世にこえる者が存しないことを無上上といい、真解脱の世界は愛着も疑惑もないことを無愛無疑というのである。かくて如来のさとりの世界は永遠絶対の徳を有するものといえよう。

上記は涅槃の四徳を中心として如来の徳を考察したのであるが、次に『真仏土巻』に引用されている『涅槃経』の第八文以下は、仏性（仏種）という観点より如来の徳を説示されている。すなわち仏性は浄土において開顕するもので、如来はこの仏性を円満に開顕した存在であることを示したものといえよう。

(イ)仏性未来顕性　『涅槃経』十三引文中第八文（迦葉品）を見るに、仏性は未来浄土において開顕するものであることを示している。すなわち「衆生未来に荘厳清浄の身を具足して仏性を見ることを得ん」とある。仏種、仏になる可能性としての仏性は一切衆生に遍満するが、それの開顕は仏果にいたってである。仏性とは過去・現在・未来をこえ虚空のごとくである。虚空は色法の上において見ることはできないが、しかし存しなし所はない。この虚空のごとく仏性は三世の摂ではない常住無変のものである。したがって三世の摂である有為無常の衆生の身の上に常住無変の仏性を見ることはできない。しかし仏性は無ではなく遍在するのである。かくのごとき仏性の性質を経は虚空と表現しているのである。そして衆生の仏性も今はそのはたらきはないが、虚空のごとく本来法爾として存するのである。これの開顕は未来浄土において可能となる。この『涅槃経』の第八文は仏性は未来において得るものであることを示すのであり、浄土の往生人は、この仏性を開覚して仏果を成ずることを示すものである。

(ロ)如来の知諸根力と仏性　『涅槃経』第九文（迦葉品）に、如来は衆生の根機（能力）を知る力（知諸根力）をそなえた存在であることを説示している。そして人々各々の相応した法をといて衆生を救済される。たとい一闡提でも仏性を有しているのであり、人間の根性は固定性がなく、無自性であるから仏は知諸根力により、衆生の根機、能力の利鈍を知り、摂化のはたらきをなしたもうのである。衆生の仏性と如来の知諸根力という点より、如来の徳を示されたものである。

(ハ)悉有仏性　『真仏土巻』引用の『涅槃経』第十二文（迦葉品）、第十三文（獅子吼品）を見るに、一切衆生悉有仏性という観点より、仏性は仏の知見するところで、因人（衆生）の所見ではない。真仏土においてて仏性を開顕することを示されている。まず第十二文を見るに悉有仏性に関し、随他意説、随自意説、随自他意説がある。随他意説とは、十住菩薩の見るところにしたがってとく権仮の説で、この菩薩は「少分仏性を見る」と説くものである。なぜならこの菩薩は自分が証りを得ることは知っているが、一切衆生が自分と同じく仏性を見ることは知見しないからである。随自意説とは、仏智の見るところにしたがって説くのをいい、真実の説である。すなわち「一切衆生悉有仏性」の説で、仏智見の上よりすれば一切の衆生はすべて仏性があるとする。随自他意説とは、前の二説を合わせた説で、一切衆生悉有仏性であるが、煩悩におおわれているために仏性を知見することはできない。仏説もかくのごとくであるが、汝の説もこの通りであるとするのがこの随自他意説である。親鸞の引用意図はこの三説を出して、仏性は唯仏智見であって、因人（衆生）が見ることのできるものでなく報土においてのみ仏性を見ることができる義を示されたものといいうる。凡夫は此土では仏性を見ることができないが、本願他力により浄土で仏果を証するとき仏性は全顕することを示し、如来は仏性を開覚した者であることを説かれているのである。

そしてこれにつづく『涅槃経』第十三文はこの第十二文と連続して仏性は此土の凡夫の智見するところではなく、仏のみが智見するものであることを示している。仏性の得見について、眼見と聞見の二がある。仏は眼に仏性を明了に見るが、十住菩薩は仏のごとく全面的に仏性を見ることはできない。ただ仏性を聞見するのみであるから不明了である。十住菩薩は自らが菩提をうることは知っているが、一切衆生がことごとく仏性を有していることを知らない。眼見は諸仏如来の見るところであり、十住菩薩には眼見と聞見とがある。十住の菩薩は自らの仏性に約せば眼見であり、他の一切の衆生の仏性については聞見である。また九地以下の一切の衆生は聞見である。眼見とは仏性を了見することであり、聞見とは不了見のことで仏性を明らかに見ることができないことである。したがって仏性を明らかに見る（眼見）のは仏のみであって、仏性は因人の知見するところではない。それは浄土にいたって可能なことを示されたというべきである。かくて仏性の眼見と聞見をめぐって、仏は仏性全顕で、眼見することができる徳があることを示したものといえよう。

以上『真仏土巻』に引用されている『涅槃経』十三文中後半の第八文以下の意味について述べたのであるが、仏は仏性全顕の存在であり衆生は未来浄土において、如来の本願他力により仏性を開覚することができることを示したものといいうる。仏性という点より阿弥陀仏の徳を説示したものといえよう。

上来は阿弥陀仏の涅槃界の徳、風光を『真仏土巻』に真仏真土を証するために引用され『涅槃経』の上に見てきたのであるが、親鸞は師釈の上においてはどのように見られていたのであろうか。以下『真仏土巻』に引用されている師釈を考察し、真仏真土の徳を一瞥しておこう。

(イ)『浄土論』　最初の偈頌と第三偈（清浄功徳と量功徳）が引用され、尽十方無碍光如来の真仏とその浄土は三界（まよいの世界）にこえすぐれ、虚空のごとく広大にしてかぎりのない世界であるという旨趣で、阿弥陀仏の真仏真土を証している。

(ロ)『論註』　六文引用されている。第一文は清浄功徳の文である。浄土は清浄の涅槃界であり、三界の繫業はひかず、この土徳として、煩悩を断ぜずして、煩悩具足の往生人をして涅槃をさとらしめるはたらきがあることを示されている。第二文は性功徳の文である。安楽浄土は真如法性の理に随順し、諸法の根本にそむかない、全性修起の浄土であり、また法蔵の発願修行により建立された涅槃界であることを示す。かく浄土は真如法性の根本より生起したものであるが、性の義に関して『論註』においては次のごとく解している。(a)根本の義　浄土は法性の根本よりあらわれた世界である。(b)積習の義　法蔵の修行がつみかさねられて浄土は建立されてある。性とは修行をつみかさねた功徳ということである。(c)聖種性の義　聖種性とは菩薩の初地のことで、法蔵が世自在王仏のところで無生忍をさとられたのが初地の位である。この初地の聖種性の位において法蔵は発願修行して浄土を建立されたのである。浄土はこの聖種性の因により成就された世界であることを示す。(d)必然の義、不改の義　海水は同一の鹹味で、流入する河水を鹹味にかえてしまう。そして海の鹹味は河水によっても変らない（不改）。かかる特色を性はもっている。このように浄土は清浄の性をすべてあらわした世界であるから、往生人がいかに不浄であっても清浄な阿弥陀仏と同じ無為法身を成就せしめるのである。性の義には以上のごとき特色が存するのであり、かかる性の徳を全顕した世界が阿弥陀仏の西方浄土である。浄土は上記の性の徳を土徳として具有するものである。そしてまたかかる浄土は阿弥陀仏の大慈悲より成就された世界であることが示されている。第三大義門功徳の文。阿弥陀仏の本願の威神力により、浄土に声聞を往生せしめ菩提心を生ぜしめたもう。かかる真報仏土のすぐれた土徳を示す。第四観察体相章中の不可思議力の釈文。仏法力不思議について示し、仏土の不可思議の徳をあらわす。この不思議に二種がある。ひとつは業力で浄土は法蔵の大願業力によって成就した浄土である。ふたつは阿弥陀仏により住持される浄土である。第五観察体相章中の示現自利利他の釈文。弥陀の浄土は自利利他が円満した真報土であることを示す。第六観察体相章中の不虚作住持功徳成就の文。因位の法蔵の四十八願と果上の阿弥陀仏の威神力により住持される浄土であることを示す。浄土は不虚作の願力成就の真報土であることを示す。以上の『論註』のほかに『讃阿弥陀仏偈』を引用し阿弥陀仏の十二光のはたらきについて説明されている。曇鸞の釈文は主として身土不二の阿弥陀仏の浄土の土徳について示されたものである。

(ハ)善導釈文　善導の釈文については六文が引用されている。第一文は「玄義分」で、上記のごとく弥陀の身土は報身報土であることを論定した文である。第二「序分義」の文、韋提希夫人が、諸仏の浄土中より弥陀の浄土をえらび往生を願ずることをあらわす。そして弥陀の浄土がすぐれていることを示す。すなわち弥陀の浄土は四十八願に酬報した土であり、この浄土の土徳により大悲摂化の活動等が起こるのである。浄土三部経をはじめ多くの経典は、西方浄土への往生をすすめ、十方諸仏は西方をさしほめたもうのである。かかる因縁のため釈迦はひそかに韋提希をして弥陀の浄土をえらばしめたという意で、韋提希夫人がえらばれた浄土は願力成就の浄土であることを示したものである。第三「定善義」の文。西方浄土は無為涅槃界であることを示す。すなわち寂静であり一切のはからいをはなれた無為の絶対界である。この浄土に生ずる者は浄土の徳として自然に大悲心に薫じつけられて、十方の世界に遊んで衆生を利益するのであって、自利利他円満の涅槃界である。第四『法事讃』の文。西方浄土は無為の涅槃界であり、この土への往生は弥陀の本願の名号によるべきことを述べる。第五『法事讃』の文。浄土は無為自然の浄土であり、ここに往生する念仏の行者は無為法身を証することを示す。第六『法事讃』の文。阿弥陀仏の妙果は無上涅槃であることを示す。

以上『真仏土巻』師釈の引用の大略の意を概観したのであるが、いずれも身土不二の弥陀の浄土の土徳について示されたものである。西方浄土は真如に随順した因願酬報の無為涅槃界であり、衆生摂化の根源であり、万人の畢竟依であり、凡夫が弥陀と同体のさとりをうるところであることを示されたものといいうる。

かくて上来考察してきたごとく、『真仏土巻』においては『大経』『涅槃経』等の経典、さらには曇鸞・善導等の師釈を多量に引用して、真仏真土の徳を証されていたが、これらの経論の引用を結して、真仏真土の涅槃界の徳を釈されている。

「しかれば如来の真説　宗師の釈義　あきらかに知りぬ　安養浄刹は真の報土なることを顕わす　惑染の衆生ここにして性を見ること能わず　煩悩におほはるるが故に　経にはわれ十住の菩薩少分仏性を見ると説くとのたまへり　かるがゆへに知りぬ　安楽仏国にいたれば即ち必ず仏性をあらわす　本願力の廻向に因るがゆへに　また経には　衆生未来に清浄の身を具足して荘厳して仏性を見ることを得とのたまへり」

この親鸞の御自釈の文は上来の引用をむすんで真仏真土の徳用を讃嘆したものである。西方の浄土は真の報土であることをまず論定されてある。身土は不二であるから、弥陀の仏身が報身であることは当然ふくまれてあるというべきである。そしてこの真仏真土の徳を仏性の上より明らかにしている。仏性を全顕しているのは仏のみであって、高級な十地の菩薩ですら少分しか仏性を見ることはできない。ましてまよいの衆生は現実世界においては、煩悩におおわれるから仏性を見ることはできない。安楽浄土に往生すれば本願他力によりて、必ず仏性を開覚することができる。すなわち、未来浄土に往生して仏と同じ清浄の法身を得、仏性を開覚することができるという説意である。阿弥陀如来の他力のはからいにより、凡夫でも浄土で仏性をあらわすという真仏土、涅槃界の徳を示されたものといいうる。

七、化身化土の意味

上来、真仏真土について概観したのであるが、最後に真土仮土に関する親鸞の思想について一瞥しておこう。いわゆる仏身には一般的に法身・報身・応身の三種がある。法身とは仏の悟りの内容である真如法性であり、報身とは因願酬報した仏身であり、応身（化身）とは人間の認識能力に応じて現実世界に出現した仏身である。そしてこの三身の所属の土が、それぞれ法土・報土・応土である。西方浄土と阿弥陀仏は報身報土（真仏真土）であることは上来明らかにしてきたところである。この真仏真土に対して親鸞は化身化土（仮身仮土）の存在を主張される。しかし親鸞のいう化身化土は一般にいう法・報・応の中の応身応土のことではない。それは真仏土、真実報土とは別に存するものではなく土体は同じである。権仮（自力執心）の者に対して、報土の真実の姿をそのままあらわさず、真実報土の上に化現した浄土である。すなわち報中垂化された仏身仏土である。『真仏土巻』を見るに次のごとくいわれてある。

「それ報を按ずれば　如来の願海に由りて果成の土を酬報せり　故に報と曰うなり　然るに願海について真あり仮あり　ここをもつてまた仏土について真あり仮あり」

これによれば、如来の本願に、真実をちかわれた第十八願と、真実を疑う自力執心の者を真実に誘引せんためにたてられた第十九・第二十の方便権仮の願がある。本願にはこのように真実の願と方便の願があるが、これに対応して仏身仏土にも真仏真土（報身報土）と化身化土（仮身仮土）が存することを示されたものといえよう。しかしながらこの真土と仮土は上にも一言したごとく別体なるものではなく、土体は同じく報土である。このことを親鸞は上に引用した文の次下に

「すでにもつて真仮みなこれ大悲の願海に酬報せり　故に知りぬ　報仏土なり」

ともいわれてある。真土仮土ともに大悲の誓願（第十八願）に酬報したものである以上仮土は報土中の化土というべきである。凡夫の自力執心に応じて報土中に化現されてある浄土であり、第十八願の真実に導入せんために、調機誘引の仏身仏土であるというべきである。仮身仮土が第十九・第二十願の自力執心の行者のための報中垂化の世界であることを次のごとくいわれている。

「まことに仮の仏土の業因千差なれば　土もまた千差なるべし　これを方便化身化土となづく」

真土は一因一果であって、第十八願の信心正因により真実報土の往生即成仏の果をうる。しかし自力執心の行者はその業因は千差万別であるから、受けるところの土も千差万別であるというべきである。千差万別の自力心の業因のため真実の報土に入りつつも、その真実の如実の姿を智見することができない。この往生人のために方便願があり、随機応現した浄土が仮土である。いまいう仮身仮土とは『化巻』に

「謹んで化身土をあらわさば　仏は無量寿仏観経の説の如し　真身観の仏これなり　土は観経の浄土これなり　また菩薩処胎経等の説の如し　即ち懈慢界これ也　また大無量寿経の説の如し　即ち疑城胎宮これ也」

といわれている。化身とは『観経』真身観に「仏身の高さ六十万億那由他恒河沙由旬」とある。また化土

とは親鸞は『化巻』に『大経』を引用して化土を説明している。すなわち「また無量寿仏のその道場樹は高さ四百万里　その本周囲五十由旬なり」とある。これは化土の相を示した一文である。このように親鸞は化身化土を解釈するにあたって数量で以て示されているということができる。数量は自力の相対智の所見というべきである。『浄土和讃』に「妙土広大超数限　本願荘厳よりおこる　清浄大摂受に　稽首帰命せしむべし」とあるごとく真仏真土は数量をこえた無数量の世界であり数に執着しない数即無数の世界と解している。第十八願の行者は浄土に往生し、仏と同じさとり、智慧をひらくのであって、浄土で見る世界は広略相入、数即無数、相即無相の真仏真土の相を見ることができる。これに反して第十九・第二十願の行者は相対的な自力の執心をもって浄土に往生しているから、真実報土に往生してはいるが、浄土の真実の相を見ることはできない。数即無数の数量の一面しか見ることができない。往生人の千差万別の自力執心の業因により、往生して見る仏身仏土も、自力執心のため、その自力執心の主観を通してのみしか浄土を見ることはできないのである。かかる第十九・第二十願の行者の主観を通して見られる仏身仏土を仮身仮土（化身化土）というのである。かく一面からいえば化身化土とは自力執心の往生人の主観を通した世界ではあるが、それは反面よりいえば、かかる自力執心の往生人の主観に対して阿弥陀仏が真実なる世界に導入すべくあらわし出された世界であるといいうる。化身化土は阿弥陀仏が第十九・第二十願の往生人に対する方便誘引の慈悲のあらわれであると解すべきである。『末燈鈔』に

「仏恩のふかきことは懈慢辺地に往生し　疑城胎宮に往生するだにも　弥陀の御ちかひのなかに　第十九・第二十の願の御あわれみにてこそ　不可思議のだのしみにあふことにて候へ仏恩のふかきことその

きわもなし　いかにいわんや真実の報土へ往生して大涅槃のさとりをひらかむこと　仏恩よくよく御安
　ども候べし」

といわれてある。真仏真土はいうにおよばず、化身化土も大悲摂化のはからい、てだてであるといいうる。この文中の「懈慢辺地」「疑城胎宮」は化土をこのように表現しているのであって、前者は浄土のかたほとりといった意味であり、後者は仏智を疑う者の行く浄土であって（疑城）、浄土に生ずる者は蓮華の花の中につつまれて一定の期間、三宝を見ることができない。あたかも母の胎内に子供が宿るごときより胎宮というのである。かくて真仏真土はいうにおよばず、化身化土すべて阿弥陀如来の救済意志の顕現であると結論するのである。

最後に附言しておきたいことは、真仏真土は往相の究竟態であり、畢竟成仏の果報、涅槃を証悟するところである。これと同時に大悲摂化の還相廻向の流出する根源的世界でもある。浄土の往生人は仏と同じ証りをひらいて後、還相摂化のはたらきに現実世界に還来するはたらきを廻向されるのである。『正信偈』に

「蓮華蔵世界に至ることを得れば　すなわち真如法性の身を証せしむ　煩悩の林に遊んで神通を現じ
　生死の薗に入りて応化を示す」

といわれてある。浄土に往生して仏果を証して後に、娑婆の現実世界に帰り来り、生死の薗に入って、応化を示すとあるごとく、阿弥陀仏の浄土は往相の究竟処であると同時に、還相摂化の根源であるということができる。

以上、阿弥陀仏の仏身仏土について概観をこころみた。阿弥陀仏とは衆生をすくうべく、因願酬報し、垂名示形して、人格的に顕現した仏である。そして光明無量、寿命無量の徳をもって凡夫をすくおうとされる救済仏である。しかも第十九・二十願の自力執心の行者に対しても、その能力に応じて、化身化土を化現して真実の世界に誘引したもう仏であり、自利利他円満の救済仏であると結論するのである。

（『講座　親鸞の思想』第四巻「仏の状態はこのようである」）

日本浄土教の展開と親鸞教学

一

本論文は日本浄土教の展開、成立史上における親鸞教学の立場、特色について考察をこころみるものである。日本浄土教は、法然・親鸞において完成したといっても過言ではないであろう。かかる視点より、日本浄土教の思想潮流における親鸞教学の立場について考察、論及するものである。

日本浄土教成立史上、最初に浄土教を組織的体系的に論述した書が源信（九四二～一〇一七）の「往生要集」である。しかも注目すべきは道綽の「安楽集」・善導の「観念法門」「往生礼讃」「玄義分」が受容され、かかる道綽・善導の浄土教と天台教学の統一を試み独自の浄土教思想が展開されているのである。

日本浄土教は鎌倉期において専修念仏一行による浄土往生を主張した法然（一一三三～一二一二）の「選択集」においてその完成期を迎えるのであるが、「往生要集」と「選択集」の中間にあって、両者の媒介的立場にあるのが、南都の三論系浄土教である。即ち永観（一〇三三～一一一一）の「往生拾因」と珍海（一〇九二～一一五二）の「決定往生集」においては、「往生要集」において見られなかった善導「観経疏」の「散善義」の影響が見られる。所謂衆知の如く「往生要集」の浄土教思想を「選択集」における第十八願の称名一行による浄土往生の立場まで質的に深化せしめたのは、善導「散善義」就行立信釈の称名正定業説である。法然はこの文を「選択集」二行章に引用して、浄土一宗を独立せしめている。「往生要集」においては「散善義」の引用は存しない。「散善義」への注視は源隆国（一〇〇四～一〇六六）の「安養集」においてて見られるが、これ等の書のあとをうけて、「散善義」を受容し、特に就行立信釈に注目して、「往生要集」の浄土教を一歩前進せしめ、法然浄土教成立の思想背景を形成して行ったのが、永観・珍海の浄土教である。

この南都三論系浄土教を更に質的に深化発展せしめたのが、法然浄土教であるといえよう。即ち「偏依善導一師」の立場より、就行立信釈に立脚して、浄土一宗を独立せしめているのである。所謂法然教学の基本姿勢は選択の思想である。往生浄土の因法として一切の諸行を廃捨して、第十八願に立脚して、選択本願の行として、専修念仏一行を選取して、念仏往生を展開しているのである。

以上の如き日本浄土教の思想潮流の中にあって、親鸞（一一七三～一二六二）は師法然の浄土教を受けつぎ、第十八願を根底とする他力廻向の立場より、法然浄土教を更に質的に発展せしめ、独自の教学体系を樹立しているのである。法然が選択の教学的立場より、選択本願の行として念仏往生の教説を展開したのに対し、親鸞は他力廻向の教学的立場より信心為本の教学を主張しているのである。即ち中国・日本の浄土教の展開史上、第十八願への理解は、本願の至心・信楽・欲生の三心よりは、乃至十念の念仏にウエイトが置かれ、その教学展開がなされていたといっても過言ではないであろう。その線上において、源信・永観・珍海・法然の教学の深化発展があったといえるであろう。この流れを受け、本願の三心に重点を置き、第十八願を理解し、他力廻向の立場より信中心の教学を確立したのが親鸞浄土教である。以上の如き視点より、日本浄土教の展開を分析し、日本浄土教の思想潮流が、親鸞浄土教に収斂されて行く過程を大観し、以て親鸞教学が日本浄土教思想潮流に占める立場をあきらかにしようとするものである。

二

日本浄土教の思想的源流は、平安期の浄土教を代表する源信の「往生要集」を注意せねばならない。叡山浄土教は慈恵大師良源（九一二〜九八五）の時代になってさかんになってくるのである。しかしながら良源の「九品往生義」、更に彼と同時代の千観（九一八〜九八三）の「十願発心記」、禅瑜（九〇九〜九九〇）の「阿弥陀新十疑」等に示されるこの当時の浄土教は、天台宗の開祖智顗（五三八〜五八七）の「観経疏」・「浄土十疑論」（いずれも真撰ではない）の影響を受けているのであって、中国の道綽・善導の浄土教の受容は見られない。かかる良源時代の叡山浄土教を一歩前進せしめたものが源信の「往生要集」である。源信は「摩訶止観」の常行三昧の立場より、道綽・善導の浄土教を受容し、天台教学と融合することにより、独自の浄土教を展開しているのである。

「往生要集」の往因論の基本的立場は大文第十問答料簡の第十助道人法において、「修行方法多在二摩訶止観及善導和尚観念法門并六時礼讃一」といわれている如く、「摩訶止観」の常行三昧と綽導流念仏の会合にある。源信は往生の行軌について、善導の「礼讃」を受け安心・起行・作業に注目している。しかしながら「礼讃」の如く次第しないで、順序が起行五念門（第四正修念仏門）、作業・安心（第五助念方法門）となっている。まず起行五念より見ていくに、正修念仏門において「礼讃」と同じく起行五念門として世親の「浄土論」に注目している。往生行の正因として五念門に注目している。この五念門の中心は作願門と観察門である。作願門の理解は「浄土論」は奢摩他の定心行法であり、「礼讃」は願生心とするが、「往生要集」は発菩提心と解している。これは「礼讃」の作願門の理解を受けると共に、天台教学の立場より広義に解して菩提心とすることにより、道綽善導の浄土教と天台教学の会合をこころみているのである。即ち作願門のはじめに「安楽集」第二大門第一菩提心義の文を引用している。

「綽禅師「安楽集」云『大経云凡欲三往二生浄土一要須下発二菩提心一為上源……浄土論云　発菩提心者正是願作仏心願作仏心者即是度衆生心　度衆生心者即是摂二受衆生一生二有仏国土一心　今既願レ生二浄土一故先須レ発二菩提心一也』已上　当レ知菩提心是浄土菩提之綱要」[1]

菩提心をもって浄土菩提の綱要といい、それを作願門としているのである。源信は以上の如く「安楽集」を受容し、次いでこの菩提心の行相を説明して「行相者総謂レ之願作仏心亦名二上求菩提下化衆生心一　別謂レ之四弘誓願」といい菩提心の行相を四弘誓願に開いているのである。そしてこの四弘誓願に縁事と縁理の四弘誓願をあげて説明し、細註して「可レ見二止観第一一」といっている。縁事の四弘誓願とは三縁中衆生縁法縁の慈悲にあたり、相対的事相差別の見地に立つものである。この縁事の四弘誓願と「摩訶止観」の関連を求むれば、「摩訶止観」第七正修章十乗観法の十乗広解中第二起慈悲心[2]に「発二真正菩提心一者」と標し、四弘誓願をあげている。四弘誓願で菩提心を解しているのであり、かかる「止観」の説意を受けて立論されたものと思考する。次に縁理の四弘誓願とは一切の諸法は本来寂静であり、「一色一香無非中道」である。かかる絶対の境地に立ち、無縁の大慈悲心の上より生起するものである。この縁理の四弘誓願も「止観」序文、大意章の第一発大心の文により造文されている。「止観」はこの縁理の四弘誓願をもって真正菩提心と規定している。所謂「止観」所説の菩提心は往生浄土の因法として説かれたものではない。それは円頓止観の実践の基盤としてである。此土入聖を目的とする観心修行の基盤としてである。しかし源信は菩提心を浄土往生の因法とする「安楽集」に注目し、これを引用することにより「止観」の菩提心と会合し、「止観」の四弘誓願の菩提心を往生浄土の因法に転換しているのである。そして更に四弘誓願を説明して、

「四弘已後可レ云　自他法界同利益共生ニ極楽一成ニ仏道一　心中応レ念我与ニ衆生一共生ニ極楽一円ニ満究三竟前四弘願(3)一」

といっている。「止観」所説の四弘誓願を浄土往生の因法としているのである。ここに天台教学、特に「止観」と道綽浄土教を融合統一せんとする源信浄土教の特異性を見るのである。源信は「安楽集」・「止観」をうけることにより、作願門を上求菩提下化衆生の菩提心と規定しているのである。かかる源信の浄土教的立場は観察門の解釈においてより鮮明である。

三

観察門において源信の念仏思想の根本的立場が明示されている。

「観察門者初心観行不レ堪ニ深奥一如ニ十住毗婆娑云一『新発意菩薩先念ニ仏色相一』……是故今当レ修ニ色相観(4)一」

観察門冒頭において初心の者は色相観をなすべきことをのべ、色相観に別相観・総相観・雑略観をあげている。この観察門の思想構成は「観念法門」と「摩訶止観」を背景としている。

(イ)別相観　上に引用した観察門冒頭の文中の「十住毗婆娑論」の「新発意菩薩先念二仏色相一」とある文は「摩訶止観」常行三昧の意止観に引用されている文である。常行三昧意止観においては

「意論二止観一者念二西方阿弥陀仏一……云何念念二三十二相一従二足下千輻輪相一一一逆縁念二諸相乃至無見頂一　亦応下従二頂相一順縁乃至中千輻輪上」(5)

といい、西方阿弥陀仏の三十二相を観境として、これを順逆に観ずる空仮中の三観が説かれている。そしてこの空仮中の三観の次下に、仏を念ずる功徳として今問題にしている「婆娑論」の文が引用されてくるのである。ここに「止観」と「要集」との関連が見られる。しかも常行三昧の意止観においては阿弥陀仏の三十二相を順逆に観ずることがのべられている。これに対して「要集」においても阿弥陀仏の三十二相を四十二相にひらいて、「止観」と同じく順逆にわたる三十二相観を説いている。しかしながら「止観」においては三十二相の一々に関しては詳説されていない。この一々の相好に関しては、源信は「観念法門」をうけている。本書の観仏三昧法は「観経」「観仏三昧海経」により阿弥陀仏の二十四相をあげている。「要集」の別相観四十二相は観念法門の増広である。(6)「観念法門」の観仏三昧法の結文は次の如くである。

「如レ是上下依レ前十六徧観　然後住レ心向二眉間白毫一　極須二捉レ心令一レ正　更不レ得二雑乱一即失二定心一三昧難レ成応レ知是名二観仏三昧観法一」(7)

これに対し、「要集」別相観においては仏身の四十二相の観法を示して、これを結して、

「導和尚『十六遍後住レ心観二白毫相一不レ得二雑乱一』」

といっている。この文は上記「観念法門」の略抄である。

以上の別相観に次で「要集」は総相観、雑略観と展開するのであるが、最後の雑略観は白毫の一相について観ずるものである。この白毫観は「観念法門」観仏三昧法においては、上記引文の如く、観仏三昧法を白毫観で結しているのである。いま「要集」もこれに順じた展開というべく、別相観・総相観の次に雑略観として白毫観を出す如き、あきらかに「観念法門」の投影ということが出来るのである。以上の考察によりあきらかになった如く、観察門の思想構成は「止観」と「観念法門」をその基盤としていることはあきらかである。ここに天台教学と善導教学の会合統一を見るのである。しからば源信は観察門の念仏論に如何なる結論を示すのであろうか。

雑略観の最後に、相好を観念することが出来ない者を問題として次の如くいっている。

「若有レ不レ堪三観二念相好一　或依二帰命想一或依二引摂想一或依二往生想一応三一心称念一（已上意楽不同故明二種々観一）行住坐臥語黙作々常以二此念一在二於胸中一如二飢念レ食如二渇追レ水　或低レ頭挙レ手　或挙レ声称レ名　外儀雖レ異心念常存　念々相続寤寐莫レ忘(8)」

観念不堪の者のために三想一心の称名が示されてある。法然上人はこれを口称の但念仏として第十八願の要例の念仏として解されている。しかし文当面の意は単なる称名ではない。相好不堪の者のために称名が存するのであり、観念助成の方便の称名と解すべきである。大文第五助念方法の修行相貌下において、念仏三昧は心念か口唱かと問い、答えて「如二『止観』第二云一『或唱念倶運　或先念後唱　或先唱後念　唱念相継无二休息時一　声々念々唯在二阿弥陀(9)一』」と『止観』の唱念倶運の念仏をあげている。唱は阿弥陀仏の名号を称することであり、念とは阿弥陀仏の三十二相を対象とする観念のことである。この場合唱名は内外の障をのぞき、観念達成の助成方便としての意味をもつものであり、観念が主で唱名は方便である。この唱念倶運の念仏がいま問題にしている観察門の一心称念の念仏である。称は観念に堪え得ないものが障をのぞく観念成就のための方便であり、それにより色相観の成就を期するものであることを説示したものといえよう。かくて観察門は「止観」の念仏三昧を基盤に、「観念法門」を受容し、善導浄土教との会合統一をなし、念仏論を構成したものといえよう。したがってその観察門の対象も、仏身の相好を対象とする「観念法門」「止観」を受ける故に、「浄土論」の観察門の如く三種荘厳が説かれるのではなく、仏荘厳中心に説かれ、更には空仮中の理観（総相観）まで含まれているのである。

以上起行五念門に関し、作願門と観察門中心に考察をこころみた。源信は「安楽集」「往生礼讃」「観念法門」と「摩訶止観」を融合統一して独自の五念門、念仏論を展開しているのである。

四

上述の如く大文第四正修念仏は往生の正行として五念門を説示し、観察門を中心とする念仏行が展開されていた。これに対し大文第五助念方法は五念門に対する助業が説かれてある。「大文第五助念方法者一目羅不レ能レ得レ鳥　万術助ニ観念一成ニ往生大事一」といっている。「助観念」とある如く、五念門の中心である観察門の念仏を助け往生の大事を成ずるのである。この助業として七事が説かれている。いまこの助念方法で念仏への助業として注目されるのが、第二修行相貌にとかれている三心と四修である。ここに往生行の行軌である安心と作業が念仏の助業として説かれている。上に一言した如く、「往生礼讃」において安心（三心）

起行（五念門）作業（四修）が説かれていた。源信はかかる「礼讃」の所説を受けつぎ、起行五念門は第四正修念仏門において受容し、第五助念方法の第二修行相貌において五念門起行の修相である作業（四修）と安心が説示されているのであり、ここに「要集」の上における安心起行作業の往生行の展開を見るのである。作業四修論については、はじめに「依二摂論等一用二四修相一」といい、四修の出拠を「摂論」といいつつ、その内容説明にあたっては「西方要決」と「礼讃」によっているのであり、四修論の理解にあたっては善導教学がその基盤になっている。「摂論」の四修は本来大小乗一般の修行の軌範であり、しかもその修相は仏果菩提をめざし「無量百千倶胝大劫」の長時にわたる修行である。源信は四修の内容説明にあたっては、善導の四修論をうけつぎ、四修を浄土往生の因法である念仏の修相として随宜転用して理解していったものとうかがうのである。

　次に安心の三心論であるが、これまた善導三心論の全面的依用である。

「問既知修行惣有二西相一　其修行時用心云何答観経云『若有二衆生一願レ生二彼国一者発二三種心一即便往生一至誠心二深心三廻向発願心』　善導禅師云『一至誠心謂礼拝讃歎念観三業必須二真実一故　二深心謂信下知自身是具二足煩悩一凡夫善根薄少流二転三界一未上出二火宅一　今信丙知弥陀本弘誓願及下称二名号一下至十声一声等上定得乙往生甲乃至二一念一無レ有二疑心一　三廻向発願心謂所作一切善根悉皆廻向願二往生一故　具二此三心一必得二往生一若少二一心一即不レ得レ生』略二抄之一経文雖レ在二上品上生一如二禅師釈一者理通二九品一余師釈不レ能レ具」(10)

修行時の用心として、「観経」の三心、「礼讃」の三心を引用して、修道には信心を首とすべきことをのべている。源信は「礼讃」を受けることにより、凡夫相応の三心釈を展開するのであり、しかも細註して三心は上品上生にあるが善導の釈によらば理として九品に通ずるといっているのである。即「要集」大文第十問答料簡の往生階位において「善導禅師『玄義』以二大小乗方便以前凡夫一判二九品位一不レ許二諸師所判深高一」と善導の九品唯凡説に注目しているのである。「要集」においては天台「観経疏」の引用は存しないのである。源信は天台の伝統的な三心説を依用することなく（良源の「九品往生義」は天台「観経疏」により作成されている）、善導の三心釈を受容することにより安心論を展開しているのである。

以上の如く「往生要集」においては安心起行作業の往生行の体系について、善導教学を受け、第四正修念仏門においては起行五念門、第五助念方法においては安心（三心）作業（四修）論を展開し、往生行の内容構成を説示しているのである。しからば「要集」の上において、往生の行軌である安心・起行・作業は如何に有機的に関連づけられるのであろうか。この点について、「要集」の往因論について結論的に総結しているのが、助念方法の総結要行である。

大文第五助念方法の総結要行を見るに、

「第七惣結要行者　問上諸門中所レ陳既多未レ知何業為二往生要一　答大菩提心護二三業一深信至誠常念仏随レ願決定生二極楽一　況復具二余諸妙行一」[11]

「要集」一部に示された往生行中、主要なものを七法あげている。(1)大菩提心（作願門）(2)護三業（第五助念方法の止悪修善中の持戒）(3)深信（深心）(4)至誠（至誠心）(5)常（無間修）(6)念仏（観察門）(7)随願（廻向発願心）であり、第四正修念仏門、第五助念方法門より摘出されたものである。菩提心と念仏は起行、深信と至誠と随願（廻向発願心）は安心、常は作業であり、往生の行軌が示されている。しからばこの七法は往生行として如何に組み合うのであろうか。

「問何故此等為二往生要一　答菩提心義如二前具釈一　三業重悪能障二正道一故須レ護レ之　往生之業念仏為本其念仏必須レ如レ理　故具二深信至誠常念三事一……業由レ願転　故云二随願往生一　惣而言レ之護二三業一是止善　称二念仏一是行善　菩提心及願扶二助此二善一　故此等法為二往生要一」

七法中、念仏が中心行法となる。源信は念仏を「往生之業念仏為本」といっている。法然はこれを略例の称名念仏と解したが、文の当相は、観察門を受けている以上、観察門の中心行法の事観と観不堪の者の一心称念の念仏を含むものである。今総結要行の念仏は上に一言した如く、常行三昧の唱念倶運の念仏と同じ意味に解すべきである。総結要行の念仏は「仏ヲ称念スルハ」と説示されてあり、称名と観念を含む念仏といい得よう。

しからばこの念仏を中心行法として七法の関係は如何に理解されるのであろうか。護之業は止善であり、念仏は行善である。止善の護之業は三業の悪を防止するもので念仏の行善を正しく修するための方便位たるものである。そして実践される念仏の修相については「念仏必須レ如レ理　故具二深信至誠常念三事一」といっている。これは念仏と深信と至誠と常念（無間修）の関係を示すもので、念仏は起行にあたり、その念仏修道の根本として深信と至誠の安心をあげ、その修相として常（無間修）の作業を示したもので、安心起行作業の往生行の行軌を示したものである。この場合三心中の廻向発願心の随願が深信と至誠より切りはなされ、「業由レ願転　故云二随願往生一」と説示され、更に大菩提心と共に「菩提心及願扶二助此二善一」と説明されている点は如何に解すべきであろうか。業即ち護三業の止善と念仏の行善とによる善根をこの願（廻向発願心）により廻向し往生を願する能廻向の相を示すものに他ならぬ。この故に随願を深信と至誠の二心に並列せずに七法の最後に置いたのである。また菩提心は修道の根本として止善と行善の往生行を扶助すべきものとして位置づけられているものといえよう。

かくて「要集」一部の往生行の帰結は、⑴大菩提心を発し、⑵三業を護る戒をたもち、⑶深信、⑷至誠の心をもって、⑸常に、⑹口称の念仏をとなえ、正念に住して仏身を観ずる念仏を修し、⑺かくして成じた善根を浄土に廻向して往生を願ずるものであると結論するのである。「要集」一部に説かれる往生行は色々の視点より論じられ、多岐にわたるが、その根本的立場は大文第四正修念仏の観察門の所明と、大文第五助念方法の総結要行に示される往生行の結論にきはまるといえるであろう。源信は「摩訶止観」の常行三昧の唱念倶運の念仏と道綽・善導の浄土教思想との会合統一をこころみ、西方願生の往生行である念仏論を「往生要集」で展開しているのである。しかしながら、「要集」には善導の「観経疏」の「散善義」の受容は見られないのである。したがって、就行立信釈に見られる第十八願に立脚した称名正定業を中心とする五正行説の受容は「要集」には存しないのである。むしろ「観念法門」にウエイトを置いた受容が見られるのであり、上記の如く観察門においては、「観念法門」の観仏三昧法の受容、さらには大文第六別時念仏の尋常別行には一日七日の行として「観念法門」の念仏三昧法が引用され、九十日の行としては「止観」の常行三昧が全引され、両者の融会統一がなされているのである。以上の如き「往生要集」の西方願生の浄土教思想は、法然浄土教にいたって第十八願に立脚した念仏往生の浄土教思想として完成されるにいたるのであるが、その間にあって、両者間の媒介的立場にあるのが南都三論宗系浄土教であるといえよう。

六

「往生要集」を源とする日本浄土教は、鎌倉期における法然・親鸞にいたって結実するのであるが、両者間の媒介的立場にあり、鎌倉浄土教の成立背景となったものが永観と珍海の南都三論系浄土教である。(12)三論宗の伝統には浄土教の流れがある。奈良時代の元興寺智光（七〇九頃～七八〇頃）には、「無量寿経論釈」の著がある。いま、かかる三論の浄土教の伝統を受けつぐ永観の「往生拾因」、珍海の「決定往生集」には、「要集」には見られなかった善導「散善義」の引用が見られる。ことに就行立信釈の正雑二行論の文の引用が見られるのであり、この点、「要集」に比し、念仏思想の深化が見られるのである。「浄土法門源流章(13)」を見るに源信より法然にいたる中間の浄土教として、三論の永観、重誉、珍海、真言の実範等の名をあげている。更に法然と三論宗の関係を見るに、法然が南都留学中に三論の浄土教の影響を受けていることはあきらかである。「漢語燈録」の「大経釈(14)」を見るに、善導の義を補助する七家をあげているが、日本においては源信の他は、永観と珍海をあげているのである。永観に関しては、

「六禅林（永観）者　即当寺権律師永観也　即依二善導道綽意一作二『往生十因』一　永廃二諸行一於二念仏一門一開二十因一　豈非二但念仏行一哉(15)」

といい、善導の専雑二修、正雑二行に関する往生の行業を伝える一人にかぞえている。また珍海に関しては、

「七越州者亦同当寺三論碩徳越州珍海也　是亦同作二決定往生集一巻一立二十門一明二往生法一　其中亦依二善導前（二修之）文一傍雖レ述二諸行一正用二念仏往生一　爰知於二往生之行業一論二専雑二修一捨二雑行一専修二

正行一事天竺震旦日域其伝来尚矣」[16]

永観・珍海いずれも善導の専修正行の称名念仏往生を主張している点に法然は注目しているのである。永観の「往生拾因」珍海の「決定往生集」に示される浄土教思想は、法然浄土教を生み出す思想基盤になったものといい得よう。

まず永観の「往生拾因」における念仏思想について考察するに、念仏の一行に十種の往生因があることを示している。その第一因において「一心称二念阿弥陀仏一広大善根故必得二往生一」といい、念仏の広大善根を証する経文として「阿弥陀経」の執持名号を出し、名号の具徳について次の如くいっている。

「故知弥陀名号中即彼如来従二初発心一乃至仏果　所有一切万行万徳皆悉具足無レ有二欠減一　非二唯弥陀一仏功徳一亦摂二十方諸仏功徳一……阿弥陀名如レ是　無量不可思議功徳合成　一称二南無阿弥陀仏一即成二広大無尽善根一[17]」

弥陀の名号には仏の因行果徳、十方諸仏の功徳、一切万行万徳がそなわっており、念仏するところ広大無尽の善根を成じ、浄土に往生する因法たりうることを論証している。かかる名号に仏の万徳を具するという永観の説は源信の「念仏略記」に出ている思想である。[18]

「因行果徳　自利利他　内証外用
依報正報　恒沙塵数　無辺法門
十方三世　諸仏功徳　皆悉摂在
六時之中　是故称名　功徳無尽

最後臨終　一心念仏　生死之罪
速疾消滅　決定往㆓生　極楽世界[19]㆒」

名号に仏の万徳を具するという、源信・永観の説は「選択集」の本願章に説示されていることは衆知のところである。

「名号者是万徳之所㆑帰也　然則弥陀一仏所有四智三身十力四無畏等一切内証功徳　相好光明説法利生等一切外用功徳　皆悉摂㆓在阿弥陀仏名号之中㆒　故名号功徳最為㆑勝也」

諸行と第十八願の念仏の勝劣を論じ、名号の価値について法然は論断しているのである。

しかれば上記の如き名号による念仏往生の根拠について永観は何に求めるのであろうか、「往生拾因」の第十因を見るに、「一心称㆓念阿弥陀仏㆒随順本願故必得㆓往生㆒」といい、次下に第十八願文を引用している。彼は念仏往生の根拠を本願に求めたのである。そしてこの第十八願にもとずく称名がよく往生業となり得る具体的な証文として、所謂法然の浄土開宗の文といわれる「散善義」の就行立信釈の文を引用しているのである。

「又善導和尚云　行有㆓二種㆒　一心専㆓念弥陀名号㆒是名㆓正定業㆒順㆓彼仏本願㆒故　若依㆓礼誦等㆒即名㆓助業㆒除㆓此二行㆒自余諸善悉名㆓雑行㆒已上　是故行者係㆓念悲願㆒至㆑心称念　除㆓不至心者㆒不㆑順㆓本願㆒故[20]」

善導により正定業、助業、雑行を分別し、称名念仏を第十八願にもとづく正定業と決定しているのである。しかしここで注意すべきは、正定業である称名念仏を修する場合、至心でなくてはならず、至心でない者は本願に順じないといっている点である。この事は第七因において、

「心余縁不レ能ニ専念一散乱甚多　豈得ニ成就一　発レ声不レ絶称ニ念仏号一三業相応専念自発故観経説至心称名令ニ声不レ絶(21)」

といっているのと同一である。それならば永観のいう至心の称名念仏とは如何なる意味内容であろうか。永観においては称名念仏により一心即ち至心、いいかえれば専念をうるのである。称名は専念をうる手段である。このことについて、第七因を見るに、

「向レ西合掌澄レ声称念　随ニ数遍之積一　専念漸以発……若得ニ専念一将レ知往生(22)」

といい、また次の如くもいっている。

「為レ成ニ専念一今勧ニ三業相応口業一　設雖ニ一念一専念若発　引業即成必得ニ往生一　設雖ニ万遍一専念不レ発引業未熟不レ得ニ往生(23)一」

三業相応の称名により専念を得るのであり、この専念を一念たりとも発せば往生の引業を成じて往生の果を得るといっている。永観の念仏思想は本願に随順する称名により、専念を発して往生せんとするところにその基本的立場が存するというべきである。この場合問題にしている専念とは定心の観想のことである。

「専念漸以発　閑窓暮レ日澄ニ心八功徳池一　空牀暁レ夜係ニ念満月尊容一附ニ華色月光一観ニ弥陀相好一　寄ニ風音鳥声一思ニ浄土之楽音一行レ之可レ知(24)」

とあるにてもあきらかである。第八因には専念即ち一心を説明し、「倶舎論」等によってこれを等持定の定心(25)、即ち三昧と解している。永観は凡夫の行者は散位より定位に入るのであり、散心の称名によって定心の専念を発するといっている。第八因のはじめに「一心称ニ念阿弥陀仏一三昧発得故必得ニ往生一」とある如く散

心の称名により三昧を発得するのである。称名は三昧発得の手段というべきである。かくて永観の念仏思想は口称念仏により定心の専念を修し往生を期するものといえよう。

「往生要集」においては「散善義」の受容は見られない。したがって源信は就行立信釈の文は見ていないというべきである。これに対し、永観は就行立信釈に注目しているのであって、第十八願の称名念仏を正定業として、称名念仏一行の専修念仏往生を主張しているのである。この点に善導の就行立信釈を受容することにより源信の立場を一歩前進せしめたものということが出きる。しかしながら上述の如く永観においては称名を随順本願の行、正定業とはするが、その称名はそれのみが往生業となるのではなく、至心、いいかえれば三昧発得の手段として理解しているのである。上に引用した如く就行立信釈の正助雑の分類の文の引用の次下に「至心称念除二不至心者一不レ順二本願一」といっている点からも明らかである。この点、法然が同じく就行立信釈に注目し、称名正定業は本願の行の故に、それ自体往生の正因として理解している立場とは質的な段差が存することは否めないのである。

七

次に珍海の浄土教的立場について考察するに、「決定往生集」において、決定往生の義を三事で示している。教文と道理と信心である。中心は信心決定であり十門に分って論証している。この中浄土往生の因についてあかす修因決定において浄土の業因である菩提心と念仏について説示されている。珍海は浄土に往生するには菩提心を発せねばならぬとし、「以二無上大菩提心一為二其往生之正因一」といっている。菩提心に三種あげている。⑴相発心⑵息相発心⑶証発心である。⑵⑶は凡夫には難行であるとし、珍海は⑴相発心に注目している。

相発心に三がある。即ち一厭有為心。これは生死の過患を知って深く厭心を生ずることをいう。二求無為心。仏の果徳を聞いて、発心趣求すること。三度衆生心。衆生の有苦無楽を念じて済度心を発することをいう。かくて珍海は以上の如き相発心について以下の如く説明している。

「然於二此中一且明二最初一念発心一謂十信前常没位中遇二善知識一　得レ聞二大乗一発二一念心一随順愛楽適起二此心一名二発道心一乃隣迎善趣人也発菩提心義章中十信前明二相発心一者是也即此世人厭二世非常一欣二求浄土一是発心也　故観経中韋提希夫人現レ迹為レ凡遇二悪子縁一厭二捨娑婆濁悪不善一唯求二西方下劣浄土一但以二此心一為二浄土因一　大師判云発菩提心為二業主一」(26)

相発心は十信前の常没位の凡夫が発する菩提心であり厭欣の願生心を菩提心と規定している。この例証として観経の韋提希夫人の発心をあげ、かかる厭欣の相発心（菩提心）が浄土往生の業主となることを主張している。珍海においては菩提心をひくく論じている。所謂菩提には法・報・応の三身菩提がある。珍海は弥陀の仏身土を応身応土と解し、応身菩提に対する菩提心と解した如くである。かくて珍海は菩提心を浄土往生の業主として理解をしているが、法然にいたっては菩提心は所廃の行とされている事は衆知のところである。「選択集」三輩章を見るに「大経」三輩所説の菩提心等の諸行と念仏の関係を問題にして、廃立・助正・傍正の三義を立て、帰するところは廃立釈にあることを法然は論断しているのである。廃立釈において法然は「散善義」の付属文釈に「上来雖レ説二定散両門之益一望二仏本願意一在丙衆生一向専称乙弥陀仏名甲」とある文により、三輩の経文には諸行と念仏が説かれてあるが、諸行は所廃で、念仏一行が立と主張するのである。所謂「観経」において、定散二善（散善三福中に発菩提心を説く）が正宗分で説かれるが、流通分に「汝好持二是語一 持二是語一者凡是持二無量寿仏名一」とある。この文に注目して善導は「散善義」において、上記の如き「観経」の解釈をなし、仏の本願は定散二善の諸行にあるのではなく、本願の専称弥陀仏名にありとせられるのである。法然はこの釈意により、「上輩之中雖レ説二菩提心等余行一望二上本願意一唯在三衆生専称二弥陀名一而本願中更無二余行一 三輩共依二上本願一故云二『一向専念無量寿仏』一也(27)」といい、諸行（菩提心）を廃するのである。ここに選択の立場より菩提心を廃捨する法然浄土教と三論浄土教との間に質的差異、思想展開があるというべきである。しかも上に引用した如く、「選択集」三輩章の廃立門に出される「散善義」の「上来雖レ説二定散両門之益一」とある観経付属文釈への注視は「決定往生集」の上には見られないのである。珍海は「散善義」は見ているが、付属文釈への注視は存しないのである。ここに両者の善導教学の理解にあたって大きな差異があるのを見るのである。珍海は「決定往生集」のはじめに往因について論及し、

「往生因謂浄土業若定若散即於二此身中一定得二成就一 故観経云然彼如来宿願力故有二憶想一故得二必成就一云云此明二想観現身成就一 定善既爾何況散善(28)」

といい、「観経」の定善散善を往因法として認容する立場である。ここに善導「散善義」付属文釈に注目し、定散二善を非本願の行とし、散善中の菩提心を廃捨する法然との間に尚相当の思想的な隔たりを見るのである。

八

しかしながら珍海は永観と同じく、「散善義」就行立信釈への注視が存するのであり、この点「往生要集」と「選択集」の中間に位して、両者間の媒介的立場に位置する三論系浄土教の特異性を見るのである。しからば珍海においては「就行立信釈」を如何に受容、理解しているのであろうか。上述の如く「決定往生集」において、菩提心を往生の業主としたが、この菩提心を業主としての随縁所起の諸業中、何れを正業にするかと問い、この往生の正業をあきらかにするにあたり、就行立信釈の正雑二行に関する文を引用している。即ち衆知の如く善導釈文の意味するところは、「又就二此正中一復有二二種一一者一心専念二弥陀名号一行住坐臥不レ問二時節久近一念々不レ捨是名二正定業一順二彼仏願一故」とある如く、五正行中、称名を正定業とし、余を助業とする。また正助二業以外の諸善を雑行とする釈意である。珍海はこの就行立信釈の文をひきおわって、第二十願文を引用し、

「順二本願一者四十八願中云　聞我名号係念我国云云　今云称名実是正中之正也[29]」

といっている。珍海においては「散善義」就行立信釈の解釈にあたり、善導の称名正定業説を依用し、永観の如く称名は三昧発得の手段とはしない。上記引用文にてもあきらかな如く、「今云称名実是正中之正也」といっているのであり、称名正定業それ自体を往生の正業としているのである。この点において法然と同一の立場にあるといえよう。しかしながら法然においては、就行立信釈の五正行に関する文中の「名二正定業一順二彼仏願一故」とある本願を第十八願とし称名正定業を第十八願の行としていた。しかるに珍海はこの本願

を第二十願で理解し、称名正定業を第二十願の行としている。上記引文中「順㆓本願㆒者四十八願中之聞我名号係念我国」といっている点よりあきらかであろう。この点に珍海と法然の間に就行立信釈受容にあたっての立場の差異を見ると共に、平安期の本願思想の特長を見るのである。第八弘誓決定を見るに、最初に第十八願文を引用し、「由㆓願力㆒令㆔諸衆生定生㆓浄土㆒故名㆓決定㆒」といい、四十八願を第十八願で代表せしめている。そして、

「下劣凡愚三障雖㆑重　若乗㆓願力㆒速渡㆓生死㆒　此即以㆑信称㆓念仏号㆒名為㆑乗也」

といい、また「良以四十八願運㆓載衆生㆒故現為㆓車乗㆒令㆑渡㆓生死㆒故亦為㆓船舫㆒也」ともいい本願力を強調しているのである。このように四十八願を第十八願でもって代表せしめるのに、称名正定業を何故第二十願でもってするのであろうか。

思うに平安期の本願思想は、鎌倉期において法然が諸行を廃捨して、第十八願の選択本願の行に立脚して、念仏往生を説いた如き、更には親鸞の真仮分判の如き、本願相互の厳密な分別はされていない。むしろ念仏諸行併行の傾向というべきであろう。したがって第二十願の「聞我名号係念我国」と第十八願の「乃至十念」の念仏とを同義に解するものと考える。石田博士によれば、如来の願力他力救済の全体的誓意を第十八願において見、第二十願は第十八願他力の誓意の中の実践方法に関する表示であると説明されている。[30] 珍海においては称名正定業をのみ唯一の往生行とするのではない。それは随縁所起の業相中の正業としてのみである。上に一言した如く、「決定往生集」のはじめに往生の因法に関し、定散二善を認容しているのであり、第五修因決定のはじめに、惣じて修因をあかし、「観経疏」により修戒、信施、修恵、護法の因法、「往生

論」により五念門、「観経」により十六相観、三種浄業（三福）、修心往生等を示して「若大若小若定若散若事若理凡是善者皆浄土因也」といっているのである。珍海においては就行立信釈の称名正定業を往生行の正中の正といいつつも、称名以外の余行を否定しないのであり、念仏諸行併行の立場であるというべきである。したがって第二十願に「聞我名号係念我国　植諸徳本」とある。この文中の「聞我名号」は称名に、「植諸徳本」は諸行にあたり、念仏諸行併行の珍海の本願思想を示すものといえよう。かくて珍海において、善導の就行立信釈に注目し、往生行として、称名正定業説を主張する点は、永観の「往生拾因」の善導理解を一歩前進せしめたものといいうる。しかし称名正定業の根拠を第二十願に求め、第十八願と第二十願とを同列にあつかい、念仏諸行併行の往因論を展開する如き、尚法然浄土教との間に距離を認めざるを得ないのである。

九

鎌倉期法然浄土教の成立背景として平安期浄土教の展開が存することは上述の如くである。日本浄土教は平安期における源信の「往生要集」において組織体系化されている。源信は中国の道綽・善導の浄土教を受容し、「摩訶止観」と融会統合し独自の浄土教思想を展開している。かかる「往生要集」の善導重視の傾向を受け、善導「散善義」の就行立信釈に注目したのが南都の永観・珍海である。この南都の三論系浄土教の流れをその成立背景として、善導浄土教に直参することにより成立したのが、法然浄土教であったといえよう。

「選択集」冒頭の標宗に「往生之業念仏為本」と説示される如く、専修念仏一行による念仏往生を法然は主張している。この法然浄土教成立の教学的根拠となったものが、善導の就行立信釈であることは誰しも否定出来ないところである。法然の浄土開宗の文といわれる就行立信釈の文は二行章に引用されている。法然は二行章において「善導和尚立二正雑二行一捨二雑行一帰二正行一文」といい、正行雑行の取捨を判じ、正行に関しては開合の両面より五正行説を展開している。合門助正に約せば第四の称名が正定業であり、前三後一は助業となる。法然は浄土往生の正因は称名正定業の専修念仏一行にありと決しているのである。

「問曰何故五種之中独以二称名念仏一為二正定業一乎　答曰順二彼仏願一故　意云称名念仏是彼仏本願行也故修レ之者乗二彼仏願一必得二往生一也(31)」

といっている。第四称名が正定業たりうる根拠は「順彼仏願」の故であり、称名念仏は本願行の故に正定業となり得ることを主張しているのである。また正雑二行については、その得失を劣じて、「次判二二行得失一者『若修二前正助二行一心常親近憶念不レ断名為二無間一也　若行二後雑行一即常間断　雖レ可二回向得一レ生衆名二疎雑之行一』即其文也(32)」といい、五番の相対をもうけて雑行を捨て、正行に帰すべきことを示している。かくて法然は二行章において正助二行雑行を分別し、称名念仏一行の専修を主張していったのである。三論系浄土教において注目された就行立信釈の称名正定業を順彼仏願の行として純化し、念仏一行による往生行の確立がなされていったのである。更に本願章を見るに、余行を往生の本願とせず、念仏を往生の本願とし、難易勝劣の二面より、念仏と諸行の間に分別をなしている。所謂法然の教学的姿勢は選択の思想である。余行を選捨し、第十八願の念仏一行を選取し、専修念仏一行による念仏往生義を確立しているのである。即ち本願章には次の如く説示している。

「問曰普約㆓諸願㆒選㆓捨麤悪㆒選㆓取善妙㆒其理可㆑然何故第十八願選㆓捨一切諸行㆒　唯偏選㆓取念仏一行㆒為㆓往生本願㆒乎　答曰聖意難㆑測不㆑能㆓輒解㆒雖㆑然今試以㆓二義㆒解㆑之　一者勝劣義二者難易義　初勝劣義者念仏是勝余行是劣　所以者何　名号者是万徳所帰　然則弥陀一仏所有四智三身十力四無畏等一切内証功徳　相好光明説法利生等一切外用功徳皆悉摂㆓在阿弥陀仏名号之中㆒　故名号功徳最為㆑勝也　余行不㆑然各守㆓一隅㆒是以為㆑劣也……然則仏名号功徳勝㆓余一切功徳㆒故捨㆑劣取㆑勝以為㆓本願㆒歟　次難易義者念仏易㆑修諸行難㆑修……然則為㆑令㆓一切衆生平等往生㆒捨㆑難取㆑易為㆓本願㆒歟(33)」

勝劣難易の二義より、念仏には勝易の二徳があるとして、一切の諸行を選び捨て、念仏一行を往生の本願としている。この場合弥陀名号が仏果の万徳の所帰であるから、量的な面より諸行に対して勝行であるというのみではなく、質的な面からも勝行であるというべきである。何故なら、弥陀所誓の選択本願の行であるからである。「選択集」第十六付属章を見るに「則案㆓三経意㆒諸行之中選㆓択念仏㆒以為㆓旨帰㆒」といい、八選択を提示して、弥陀念仏一行を選択する理由を説示している。「大経」には㈠選択本願㈡選択讃歎㈢選択留教、「観経」には㈠選択摂取㈡選択化讃㈢選択付属、「小経」には選択証誠、これに加うるに「般舟経」に選択我名をあげている。この中「大経」の㈠選択本願について、

「選択本願者念仏是法蔵比丘於㆓二百一十億之中㆒所㆓選択㆒往生行……故之㆓選択本願㆒也(34)」

と説明されている。念仏は選択本願の行たる旨を明示しているのである。かくて総結三選の文においては、聖浄二門中浄土門を選び、浄土門中の正雑二行中雑行を捨て正行を選び、正行中助業を傍にして選んで称名

正定業を専にすべきことをのべ、結して「正定之業者即是称ニ仏名一称名必得レ生依ニ仏本願一故」といわれているのである。ここに選択本願の念仏を根本的立場とする法然浄土教の基本姿勢を見るのである。

上述の如く永観・珍海は共に善導の「散善義」就行立信釈に注目していたが、前者においては称名は三昧発得の手段であり、それ自体浄土往生の往因とはならない。後者においては称名正定業は第二十願の行であり、念仏諸行併行の立場であった。これに対し法然は選択の立場より往生行の純化を行い、選択本願の行として、称名正定業を位置づけ、称名念仏一行による念仏往生の浄土教を確立していったものといえよう。

十

上来考察して来た如く法然は第十八願により、一切諸行を選捨し、選択本願の行として称名念仏の専修を主張しているのであるが、この本願念仏の性格を示すものが、法然独自の乃至十念論である。法然は善導を受け、念声是一釈をほどこして、本願の乃至十念を十声の称名念仏と解したのである。今この念声是一釈を考察するに、「往生要集」・「往生拾因」との対比が要請される。本願章の念声是一釈を示せば次の如くである。

「問曰経云ニ十念一釈云ニ十声一　念声之義如何　答曰念声是一　何以得レ知　(1)『観経』下品下生云『令ニ声不レ絶具ニ足十念一称ニ南無阿弥陀仏一称ニ仏名一故於ニ念々中一除ニ八十億劫生死之罪一』今依ニ此文一　声即是念　念則是声　其意明矣　加之　(2)『大集月蔵経』云『大念見ニ大仏一小念見ニ小仏一』　(3)感師釈云『大念者大声念仏　小念小声念仏』故念即是唱也」(35)

この文を見るに念声是一の論証として⑴「観経」下々品・⑵「大集経」・⑶「群疑論」を引用している。この論証の背景をなすものが、「群疑論」と「要集」である。即ち上記⑴⑵⑶の文の引用構成はこの二書を受けるものである。今「要集」修行相貌下所引の「群疑論」の文をあげれば次のとおりである。

「又感禅師云『(a)観経言是人苦逼不レ遑二念仏一　善友教令可レ称二阿弥陀仏一如是至レ心令二声不一レ絶　豈非下苦悩所レ逼念想難レ成令二声不一レ絶至心便得上　今此出レ声学二念仏定一亦復如レ是　令二声不一レ絶遂得二三昧一見二仏聖衆皎然目前一　(b)故大集日蔵分言大念見二大仏一小念見二小仏一　(c)大念者大声称レ仏也小念者小声称レ仏也　斯即聖教　有二何惑一哉　現見即今諸修学者唯須二励レ声念仏一三昧易レ成　小声称レ仏遂多二馳散一此乃学者所レ知非二外人之暁一矣』」(36)

修行相貌で、念仏三昧は心に念ずるか口にも唱ふるかと問い、答えて、「或唱念倶運　或先念後唱　或先唱後念　唱念相継无二休息一声々念々唯在二阿弥陀一」とある「止観」の唱念倶運の文が引用されていた。この「止観」常行三昧の文の次下に引用され「止観」を助釈しているのが今の「群疑論」の文である。故にその文意は「観経」の下々品により念想成じ難ければ称名せよと言い、かくの如くして念仏定を成ぜんとせば、声を出してたえざれば三昧を得、見仏し得る。されば「大集経」に大念は大仏を見、小念は小仏を見るとあるが、大念は大声で小念は小声で仏名を称する事である。かくて称名により三昧を得、見仏せん事をのべたもので、「止観」の唱念倶運の念仏と同じ立場である。即ち称名は三昧成就の方便としてである。この「要集」と同じく散心の称名が三昧を発得する方便になるという主張は、上にも一言した如く「往生拾因」(37)にも見られるのであり、本書第八因に同じく「群疑論」を永観は引用している。即ち念仏定を修する時、称名をたえさねば、三昧を得、見仏しうる。「大集経」には大念は大仏、小念は小仏を見る。大念は大声の念仏、小念は小声の念仏であるという文である。全く「要集」と同一の立場である。この「群疑論」を受けて構成されるのが「選択集」の念声是一釈であるが「群疑論」自体の文の構成を見ると、(a)「観経下々品」(b)「大集経」(c)「大集経」助釈の懐感自身の文（「大念者大声称仏也小念者小声称仏」）となっている。今これと念声是一釈を比較するに、「群疑論」(a)(b)(c)の文は念声是一釈の上(1)(2)(3)に見られるのであって、この三文により念声是一を論証しているのである。

しかしながら「要集」と「選択集」の間には、同じく「群疑論」に注目しつつも、両者の間に、依用の姿勢に相当のへだたりが存することは否めない。両者の相違点を見るに㈠「要集」所引の「群疑論」と念声是一釈は共に下々品の文を依用するが、引用箇所が違う。群疑論所引の下々品の文は、「此人苦逼不レ遑二念仏一善友告言汝若不レ能レ念者応レ称二無量寿仏一　如レ是至レ心令二声不一レ絶」とあるが、法然はこれを依用せず、この文の下の下々品の文を引用する。「令二声不一レ絶具二足十念一称二南無阿弥陀仏一称二仏名一故於二念々中一除二八十億劫生死之罪一」とあるものである。この法然の引用は明かに善導を受けたものである。善導は下々品の「具足十念称南無阿弥陀仏」の文により、第十八願の十念を称名とした。今はこれを受けて、「群疑論」引用の下々品の文を略し、その次下の文を依用したのである。㈡念声是一釈と「要集」所引の「群疑論」を比較するに、「群疑論」の次の文が略されている。「豈非下苦悩所レ逼念想難レ成令二声不一レ絶至心便得上今此出レ声学二念仏定一　亦復如是　令二声不一レ絶遂得二三昧一見二仏聖衆皎然目前一」。この文は称名により三昧を成じ見仏せんとする意を示すもので、称名は見仏の方便である。法然がこの文を略するのは、「要集」に於て念仏三昧の基調となっていた唱念倶運の念仏を廃し、観念助成の位置にあった称名を往生行として独立せしめる事を示す。「群疑論」により念声は是一と解し、第十八願の十念が称名である事を明らかにして本願行としての称名正定業を確立したのである。即ち㈢「要集」引用の「群疑論」の(c)の文である「大念者大声称仏也小念者小声称仏也」は、念声是一釈においても引用されているのであって、(「選択集」所引の「群疑論」(3)の文)、法然はこの文により「故知念即是唱」といって、念声是一を論成されているのである。「要集」「選択集」共に「群疑論」に注目しつつも、依用の立場に質的な相違を見るのである。

十一

法然の教学の根本的立場は選択の思想である。本願章において「選択者是取捨義也」といい、四十八願の上に選択の義を見、「今選ニ捨前布施・持戒・乃至孝養父母等諸行一選ニ取専称仏号一故云ニ選択一」と結示されている。選択とは往生行において諸行を選捨して、第十八願の専修念仏一行を選取する義であり、かかる選択の立場に立脚して、往生行の純化をなし、選択本願の行としての念仏往生を法然は主張していったといえよう。それならば念仏とそれ以外の選捨された諸行の関係は如何に解されるのであろうか。「選択集」三輩章を見るに「大経」三輩の文を引用し、次で三輩中には念仏の外に諸行が開説されているのに何故三輩の文を念仏往生というのかと問い、上記の如く廃立・助正・傍正の三つの観点より論じられている。三義中法然の意は初義の廃立釈に存する。三義を結して「今若依ニ善導一以レ初為レ正耳」と説示している。選択の思想を根本的立場とする法然においては、念仏と諸行の関係を廃立でもって分別し、選択本願の行として専修念仏を主張していったものといえよう。上にすでに一言した如く、廃立釈は法然の念仏思想の特色を示すものであり、善導教学により論が展開されている。即ち三輩中に諸行を説いたのは諸行を廃して、念仏に帰せしめんために説いたのであるといい、「散善義」を引用して、

「準下善導『観経疏』中云丁『上来雖レ説二定散両門之益一望二仏本願意一在丙衆生一向専称乙弥陀仏名甲』之釈意上且解レ之者上輩之中雖レ説二菩提心等余行一　望二上本願意一唯在三衆生専称二弥陀名一　而本願中更無二余行一三輩共依二上本願一故云二『一向専念無量寿仏』一也……中略……既云二一向一不レ兼レ余明矣　既先雖レ説二余行一後云二一向専念一明知廃二諸行一唯用二念仏一故云二一向一若不レ然者一向之言最以叵レ消歟(38)」

といい、諸行を廃捨し、諸行は念仏に帰すべきものであることを説かれているのである。かかる「散善義」「上来雖レ説二定散両門之益一云云」とある文を受け、主張される念仏と諸行に対する法然の見解は念仏付属章においても見られるのである。即ち「釈尊不三付二属定散諸行一唯以二念仏一付二属阿難一之文」といい、「観経」の付属の文及び上に引用せし「散善義」の付属文釈を引用している。そして私釈の中で散善義の文を説明し、

「云丁『望二仏本願意一在丙衆生一向専称乙弥陀仏名甲』定散諸行非二本願一故不二付二属之一……念仏三昧是仏本願故以付二属之一　言二『望仏本願』一者指二雙巻経四十八願中第十八願一也　言二『一向専称』一者指二同『経』三輩之中一向専念一也(39)」

といい、定散諸行は非本願の故に釈尊は付属せず、念仏は第十八願の行であるから付属するのであるといい、この「観経」の付属の文の念仏が、三輩中の一向専念の念仏と同一であるとしている。そして更に諸行を廃し念

仏一行を取る善導の立場を説明して、

「今又善導和尚所下以廃二諸行一帰中念仏上者　即為二弥陀本願一之上　亦是釈尊付属之行也(40)」

といい、弥陀の本願と釈尊の付属の二面より、諸行を廃して、念仏に帰すべきことを主張しているのである。かくて法然の廃立釈義は全く善導の「散善義」の釈義を受けて構成されたものということが出来る。

以上の論及によりあきらかになった如く、法然は三論系浄土教における就行立信釈への注視を更に、質的に深化し、選択の教学的立場より、諸行を廃捨し、選択本願の行としての念仏一行を立し、念仏往生を主張しているのである。この場合念仏一行は仏の本願の行の故に正定業として絶対の価値が存するというべきである。ここに念仏一行による往因法の純化、確立を法然浄土教の上に見るのである。したがってその念仏は称名の多少にとらわれぬ本願他力の念仏というべきである。「本願章」において、乃至十念の解釈に関し、「経云二『乃至』一者従レ多向レ少之言也　多者上尽二一形一也　少者下至二十声一声等一也」と説示されている。したがってその念仏は一声の称名においても往因法として絶対の価値内容をもつものといわねばならぬ。念仏利益章を見るに「大経」流通分の「仏語二弥勒一其有下得レ聞二彼仏名号一歓喜踊躍乃至一念上当知此人為レ得二大利一則是具二足無上功徳一」とあるを引用し、「大経」の一念大利無上功徳を釈し、

「此大利者是対二小利一之言也　然則以二菩提心等諸行一而為二小利一以二乃至一念一而為二大利一也　又無上功徳者是対二有上一之言也　以二余行一而為二有上一以二念仏一而為二無上一也　既以二一念一為二一無上一当レ知以二十念一為二十無上一又以二百念一為二百無上一……念仏恒沙無上功徳復応二恒沙一(41)」

といい、一声の称名に大利無上の功徳が摂在しているのであり、第十八願の称名念仏は凡夫相応の最高の価

値内容もった往因法たる旨を説示されているのである。日本浄土教の展開史上、法然にいたって本願の乃至十念の念仏一行による往生行の確立があったと結論するのである。

十二

上述の如く法然浄土教の根本的立場は、選択の思想である。この立場に立脚して念仏と諸行の間に廃立釈を展開し、第十八願の乃至十念の専修念仏一行による念仏往生を展開しているのである。この師法然の教学を受けついだ親鸞の教学は他力廻向の立場より、往生成仏の因果はすべて如来より廻向されるのであり、往生成仏の涅槃の真因は仏廻向の行信にあることを詮顕し、もって信心為本の教学を展開しているのである。ここに選択の教学より他力廻向の教学へという思想の展開を見るのである。

「教行信証」の「教巻」には、

「謹按二浄土真宗一有二二種廻向一　一者往相二者還相　就二往相廻向一有二真実教行信証一」

といい、浄土真宗の綱格を往相還相の二廻向で説示されている。そして「行巻」では、

「謹按二往相廻向一有二大行一有二大信一」

といい、「信巻」には「按二往相廻向一有二大信一」と説示されている。そして「証巻」にいたって往相廻向を結して、

「夫案二真宗教行信証一者　如来大悲廻向之利益　故若因若果　無レ有四一事非三阿弥陀如来清浄願心之所二廻向成就一因浄故果亦浄也(42)」

と説示されている。そしてこの次下より還相廻向について論じ、

「二言二還相廻向一者凡是利他教化地益也　凡是出レ於二必至補処之願一亦名二一生補処之願一亦可レ名二還相廻向之願一也」

といわれている。「教行信証」の上に展開される親鸞の他力廻向説を見るに、往相還相共に弥陀如来より衆生への廻向法として示されている。往相還相の二種廻向は「往生論註」に出されている。しかし「論註」においては共に行者の所修としてである。即ち衆知の如く、往相廻向とは五念門所修の功徳を行者が衆生に廻向して、浄土を願生するものであり、還相廻向とは、浄土に往生して後、五果門中の第五薗林遊戯地門において、現実世界に還り来って衆生を化益することをいう。しかるに親鸞はこの「論註」の説意を展開せしめて、他力廻向の立場より受容しているのである。往相の廻向には教行信証ありといわれる如く、四法を該摂する。したがって衆生が浄土に往生する因法である大行大信も、まったく如来廻向の法であり、このことを更に「信巻」に「爾者若行若信　無二有四一事非三阿弥陀如来清浄願心之所二廻向成就一」ともいわれてある。したがってこの如来廻向の行信の因により、浄土において証得する仏果も如来廻向のものであることは言をまたない。衆生の往生成仏の因果はすべて如来の本願力による廻向である。そして更にこの証果より展開する還相の悲用も仏廻向のはたらきである。「高僧和讃」に「弥陀の廻向成就して　往相還相ふたつなり　これらの廻向によりこそ　心行ともにえしむなれ」といい、「正像末和讃」に「往相廻向の大慈より　還相廻向の大悲をう　如来の廻向なかりせば　浄土の菩提はいかゞせん」とあるのは上記の義を讃ぜられたものといえよう。したがって真宗の「すくい」と「さとり」は全く弥陀の本願力による廻向法ということが出来る。

このことを更に明確にするものが、名号と二相四法の関係である。往還二廻向も名号廻向に結帰する。「正像末和讃」を見るに

「南無阿弥陀仏の廻向の　恩徳広大不思議にて　往相廻向の利益には　還相廻向に廻入せり」

とある如く、南無阿弥陀仏の名号の中には、往相還相の二相も、教行信証の四法もすべて摂せられているのであり、この名号を仏は衆生に廻向されるのである。この名号が衆生に受容され、往相・還相と展開するのであり、衆生の大行・大信となり、因となり、果を成するのである。衆生の往生成仏の因果はすべて一名号に成就されて、仏より廻向されるのである。

以上の如き、真宗の他力廻向説より考えるに、真宗の「すくい」と「さとり」は他力廻向の法である名号の独用、本願他力のはからいによるものといわねばならない。以下他力廻向の親鸞の教学の内容について、往生成仏の因法である大行大信論を中心として考察をすすめよう。

十三

まず大行に関しては、「行巻」の標願には「諸仏称名之願」として、第十七願名があげられている。これは第十七願所誓の「我名」即ち名号が大行であることを示す。そしてこの法体名号、大行が仏廻向の法であることを示して「謹按〔ニ〕往相廻向〔ヲ〕有〔ニ〕大行」といっているのである。次で大行出体釈に大行を説明して「大行者則称無碍光如来名」といい、称名で解釈されている。これは仏廻向の名号が、法界に普流行して、行者に受容されて、行者の上に顕現して、能行となって展開している相を示されたものといえよう。この衆生の

機相の上に称名となって展開している名号の徳、いいかえれば衆生により称えられている所称の名号の徳を、次下に宗祖は「斯行即是摂二諸善法一具二諸徳本一極速円満真如一実功徳宝海　故名二大行一（所行）」といわれているのである。この他力廻向の法である名号摂化が誓われてあるのが第十七願である。即ち「設我得仏十方世界無量諸仏不三悉咨嗟称二我名一者不取正覚」とあり、第十七願においては十方諸仏の名号讃嘆が誓われているのである。阿弥陀仏は第十七願において諸仏に名号を称讃せしめ、名号により衆生を済度されるのである。しからば宗祖においては、この名号の内容について如何に説示されているのであろうか。今「一念多念文意」を見るに次の如くいわれている。

「真実功徳とまふすは名号なり　一実真如の妙理円満せるがゆへに　大宝海にたとへたまふなり[43]」

真実功徳を名号といわれている。真実功徳とは『論註』においては次の如く釈されている。

「従二菩薩智慧清浄業一起二荘厳仏事一　依二法性一入二清浄相一是法不二顛倒一不二虚偽一名為二真実功徳一　云何不二顛倒一依二法性一順二二諦一故　云何不二虚偽一摂二衆生一入二畢竟浄一故[44]」

真実功徳とは菩薩の智慧清浄業により成就された随順法性の果徳を表詮するものである。これをうけて宗祖は真実功徳を名号と解釈し、名号は一実真如の妙理円満せる全性修起の法であることを詮顕せられているというべきである。一実真如の内容を説明して、『一念多念文意』には「一実真如とまふすは無上大涅槃なり、涅槃すなわち法性なり、法性すなわち如来なり」と説示されている。これより見るに名号は一実真如の妙理円満した全性修起の法であり、涅槃の果徳、弥陀正覚の果徳を円具せる法であるといえよう。真実功徳相とは三種荘厳のことである。この広である三種荘厳の本質は略である一法句である。一如の略が法蔵の願心を契機として、衆生済度のため全性修起して有的展開をなしたのが広の三種荘厳である。この一如本来の姿が法性法身であり、この法性法身が衆生済度のため有的展開としてはたらいたのが方便法身である。かくて法蔵菩薩の全性修起の果徳全体（三種荘厳・真実功徳相）が衆生済度の法として具体化されたのが名号であるといえよう。かかる点より宗祖は真実功徳を名号と解されているのである。

ひるがえって「行巻」を見るに「浄土論」の利行満足章の文を引用されている。

「菩薩入二四種門一自利行成就（シタマヘリ）　応知　菩薩出二第五門一廻向利益他行成就（シタマヘリ）　応知　菩薩如レ是修二五門行一自利利他速得（エタマヘルガ）成二就阿耨多羅三藐三菩提一故」

といわれてある。「浄土論」自体の上では願生行者の五念二利成就を示すものであるが、親鸞は約仏の立場で訓点を変更して引用している。即ち「自利行成就シタマヘリ」「利益他行成就シタマヘリ」等といい、五念二利を法蔵菩薩の所修として解している。したがって「行巻」引用の今の「浄土論」の文中の菩薩とは願生行者ではなく法蔵菩薩である。衆生の願生浄土の因法である五念二利は、衆生にかわって法蔵が修せられたのであり、この法蔵所修の五念二利の初徳が名号に成就され、衆生に廻向せられてあることを示すものに外ならないのである。仏廻向の名号大行はその内容として五念二利の功徳を具しているのであり、よく衆生の浄土往生の因法となるのである。法蔵菩薩は五念二利の大乗菩薩道を満足したまい、全性修起して真実功徳相たる仏果を証されているのであり、その正覚の果徳全体が名号に円成されているものといえよう。この名号を廻向することにより、衆生を摂化することが誓われてあるのが、第十七願である。名号摂化所誓の願として第十七願に注目していった点に、法然から親鸞への思想展開を見るのである。

しからば以上の如き親鸞の他力廻向の教学的立場の成立根拠は何処に存するのであろうか。それに対する親鸞の直接的説示は「行巻」の他力釈といえよう。他力釈の冒頭に、

「言二他力一者　如来本願力也」

といわれている。如来の本願力の躍動が他力廻向法としての名号法の顕現であるといえよう。この他力、本願力の内容説明として宗祖は「行巻」に「論註」利行満足章の覈求其本釈を引用している。「行巻」引用の覈本釈を見るに、「問曰有二何因縁一言二速得成就阿耨多羅三藐三菩提一　答曰論言下修二五門行一以自利利他成就（シタマヘルガ）故上　然覈求二其本一阿弥陀如来為二増上縁一」とある。親鸞は一切衆生が菩提を速証する理由として、覈本釈により、法蔵が五念二利を成就せられたからであり、衆生が五念門の徳を成就して仏果を速証するのは阿弥陀仏を増上縁とするからであると釈顕されている。「論註」の当面においては、入出すべて願生行者の修相であるが、親鸞は覈求其本釈により、約仏の訓点をほどこし、五念五果は法蔵の所修であり往還の廻向はすべて他力廻向であることを釈顕されたものといいうるのである。そして更に親鸞は以下他利利他の釈、三願的証釈を引用して、往相の因果、還相の悲用もすべて本願他力によることを証しているのである。即ち引用されている「論註」の文を見るに「則是生二彼浄土一及彼菩薩人天所起諸行　皆縁二阿弥陀如来本願力一故何以言レ之若非二仏力一四十八願便是徒設」とあり、次で第十八願、第十一願、第二十二願を引用している。上記引文は「論註」当面においては、「生彼浄土」とは願生行者の五念門の実践による浄土往生のことであり、「彼菩薩人天所起諸行」とは浄土往生後の願生行者の五果門の仏道増進であり、その行者の五念五果の実践にあたり阿弥陀仏の本願力が増上縁になるという意である。しかし親鸞の引用意図は前者は往相の因果、

後者は還相の悲用を示すのであり、往還二廻向は全分阿弥陀如来の本願力によることを示されているのである。そしてこの本願他力を示して三願を引用されているのである。引用の第十八願は往相の因を示されたもので、「縁二仏願一十念々仏便得往生」と説明されてある。十念の称名念仏に法蔵所修の五念の因徳が摂せられてあることを示されたものといへよう。次の第十一願は往相の果も本願他力によるものであることを示すものである。正定聚には五果門の近門大会衆門があたり、宅屋二門は滅度の利益である。第二十二願は薗林遊戯地門の還相の悲用を示す。三願を親鸞は引用することにより、衆生往生の因果、還相の悲用はすべて仏の本願他力によることを証されているのである。かくて他力釈において親鸞は「論註」の利行満足章を引用し、五念二利は法蔵の所修であり、衆生往生の因果は全く本願他力によることを開顕されたのである。ここに五念五果の徳は名号大行に成就せられ、衆生に廻向されるという大行の廻向説が成立するのである。

以上の考察によりあきらかになった如く、宗祖は他力釈において、名号大行は阿弥陀仏の本願他力をその本質とするものであり、本願力の如実なる顕現として抱握されていたものと理解することが出来るであろう。そしてこの名号大行が所廻向の法であることを具体的に説示されているのが「行巻」の六字釈である。即ち「南無」を「帰命」と「発願廻向」で釈する中、「帰命」を「本願招喚之勅命」と能廻向の相で釈し、「発願廻向」を「如来已発願廻二施衆生之行一之心」と能廻向の心で釈し、「阿弥陀仏」を「言二即是其行一者即選択本願是也」と所廻向の行で釈されている。「選択本願」とは今の場合、「行巻」偈前の文に第十七願・第十八願を「選択本願之行信」と釈されてある如く第十七願と解すべきで、「我名」の法体大行のことである。三義共に約仏の釈をほどこすことにより、名号大行が仏廻向の法であることを釈顕されているのである。

十四

次に大信についての宗祖の説示を見るに、「信巻」のはじめに「謹按二往相廻向一有二大信一」とあり、大信が如来廻向の法であることを説示されている。仏廻向の名号が聞信の一念に衆生心中に領納されたのが大信である。この大信を親鸞は「大涅槃之真因」といい、信心正因を主張されているのである。「信巻」の標願に「至心信楽之願」と第十八願が示されている。第十八願を仏廻向の名号領受の相、即ち三心を誓った願として示されている。法然が第十八願の「乃至十念」に重点を置いて念仏往生を主張したのに対し、宗祖は「至心信楽欲生我国」の三心に重点を置いて信心為本の教学を展開されているのである。如来廻向の名号を聞を通して領受する具体相を示したものが第十八願成就文である。この文は「信巻」大信釈下に引用されている。

「諸有衆生　聞二其名号一　信心歓喜センコト　乃至一念セン　至心ニ廻向セシメタマヘリ　願レ生二彼国一　即得二往生一住二不退転一」

この成就文中、親鸞は「至心ニ廻向セシメタマヘリ」と点発されている。名号を聞いて信心歓喜する一念に、如来は至心に名号を衆生に廻向したもうのであり、衆生は名号に成就された往生成仏の因果、往相還相の徳をわがものとすることが出来るのである。ここに他力廻向の信心はよく往生成仏の因となるのである。

そしてこの信心が仏廻向のものであることを如実に示されてあるのが、「信巻」三一問答の法義釈である。ここにおいて、至心・信楽・欲生の三心に関して親鸞は衆知の如く、機無・円成・廻施の三段の法義展開をなし、大信が、全く仏廻向のものであることを説明されている。機無とは衆生に三心が全く存しないことをいい、円成とは如来が三心をまどかに成就されたことをいい、廻施とは如来が成就された三心を衆生に廻向されることをいう。衆生は疑蓋無雑の一心（三心即一の信楽）でもってこれを領納する外はない。この一心に如来廻向の三心が具有されているのであり、この一心が往生成仏の因となるのである。「信巻」にこのことを

「信知　至心信楽欲生　其言雖レ異其意惟一何以故　三心已疑蓋無レ雑　故真実一心　是名二金剛真心一
金剛真心　是名二真実信心一(45)」

と結ばれているのである。無疑の一心は仏の三心が一名号に円成され、廻向されて、衆生心中に円満している信相である。他力廻向の信心の外はないのである。いま「信巻」の三一問答の法義釈を見るに三重出体の釈においてこのことが説明されている。

「斯至心凡是至徳尊号為二其体一也(46)」

「即以二利他廻向之至心一為二信楽体一也」

「即以二真実信楽一為二欲生体一也」

至心は仏廻向の名号の真実が、衆生心中に領納されている点をいうのであって、信徳をいうのである。したがって至心の本質、体は衆生心中に領納された名号の外はないというべきである。このことを「至徳尊号をその体となす」と説示されているのである。次に「利他廻向の至心を信楽の体となす」といわれているのは、至心と信楽を体と相の関係で説示されているものである。衆生心中に領納されている名号の真実、信心の徳としての至心は具体的に疑蓋無雑の無疑の一心である信楽の信相として機相の上に展開するものといわ

ねばならない。至心は体であり信楽は相の関係が成立するのである。次に「真実の信楽をもって欲生の体となす」という意味であるが、この場合に信楽も欲生も衆生の信相である無疑心の見方の相違というべきである。信楽も欲生もどちらも心相である。仏勅に対して疑いはれた心相が信楽であり、そこにおのずと往生安堵の作得生想のおもいが具せられている点を欲生というのである。仏勅への疑いはれた信楽の心が浄土に向へば往生安堵のおもいとなって展開するものといわねばならぬ。信楽の挙体即欲生というべきである。したがって欲生は古来信楽の義別と釈され、信楽と欲生を体と義の関係で解されている。

以上の如き三重出体釈によれば、欲生の体は信楽であり、信楽の体は至心であり、至心の体は名号であり、衆生の三心は仏廻向の名号法の展開に他ならないというべきである。仏辺成就の三心は名号により衆生に廻向され、衆生の三心、無疑の真実信心として展開するものといえよう。いいかえれば信心の本質は名号に外ならないのである。かかる点より宗祖は他力廻向の大信心を釈して「信巻」冒頭に次の如く説示されている。

「謹按ニ往相廻向一有ニ大信一　大信心者凡是長生不死之神方　忻浄厭穢之妙術　選択廻向之直心　利他深広之信楽　金剛不壊之真心　易往無人之浄信　心光摂護之一心　希有最勝之大信　世間難信之捷径　証大涅槃之真因　極速円融之白道　真如一実之信海」

他力廻向の大信心の徳を讃仰し、「証大涅槃之真因」といい、信心為本の立場を詮顕されているのである。

以上の考察によりあきらかになった如く、衆生の往生成仏の正因である大行大信はすべて仏廻施の法であるという親鸞の他力廻向の教学の成立が存するといえよう。親鸞は大信釈を結して、「爾者若行若信无レ有四一事非三阿弥陀如来清浄願心之所二回向成就一非ニ无レ因他因有一也可レ知」と説示されている。大行大信はすべて弥陀如来の願心の廻向成就したものである。如来廻向の行信が名号により衆生に領受され浄土往生の因となるのであって、因なくして浄土に往生するのでもなければ、他の因で浄土に往生するのでもないと、他力廻向の真宗の立場を詮顕されているのである。

十五

以上日本浄土教の思想潮流が、法然・親鸞の教学に収斂されていく展開過程について考察した。日本浄土教は鎌倉期浄土教、法然・親鸞にいたって結実したといっても過言ではないであろう。日本浄土教の成立過程において、質的な展開契機となっていったものは、中国の善導浄土教の受容であったといいうる。(1)日本において浄土教を最初に組織的に論述した書は源信の「往生要集」である。源信は本書において「観念法門」「往生礼讃」「玄義分」を受容しているのであり、「摩訶止観」の常行三昧の唱念倶運の念仏と、善導浄土教との融会統一がなされ往生浄土の因法として念仏思想が展開されているのである。しかし「往生要集」の念仏思想の基本的立場は大文第四正修念仏門の観察門、大文第五助念方法の総結要行で説示される如き観念為本の唱念倶運の念仏で、称名は観念成就の方便とするのが、その基本的立場といえよう。(2)そしてこの「往生要集」より法然の「選択集」にいたる間にあって、注目されるのが南都三論系浄土教の永観と珍海である。即ち両者において、「要集」では見られなかった「散善義」就行立信釈への注視が存する。しかしその受容にあたっては、法然との開には段差が存する。永観は就行立信釈の称名を随順本願の称名正定業とするが、それのみが往生業となるのではなく、至心、いいかえれば三昧発得の方便として理解しているのである。また珍海は永観より一歩前進し、称名を往生の正定業と理解している点は法然と同じであるが、称名正定業を第二十願の行としているのであり、この点法然との間にまだ距離をみとめざるを得ないのである。(3)ここにおいて永観・珍海の立場を更に前進せしめ、選択の教学的立場より就行立信釈の称名正定業を選択本願の行とし、第十八願の専修念仏一行による念仏往生を主張したのが法然浄土教であるといえよう。(4)法然浄土教が選択の思想をその根本的立場をするのに対し、親鸞浄土教は他力廻向の思想をその根本的立場とする。そして法然が第十八願の乃至十念に立脚して念仏往生を主張したのに対し、親鸞は第十八願の三心にウエイトを置いて信心為本の教学的展開をなしているのである。この間にあって法然の教学と親鸞の教学の根本的相違は第十七願への注視である。法然においては第十七願はその教学構成上重要なウエイトを持たないというべきである。これに対し、他力廻向をその教学の根本的姿勢とする親鸞においては仏より衆生への廻向法としての名号が教学形成上重要な意味を持つことは言をまたない。その名号摂化が誓われた願が第十七願である。「教行信証」の「行巻」は第十七願を基点として論が展開されているのである。したがってこの第十七願所誓の名号には一切の如来正覚の果徳が成就されているのであり、名号法の価値の絶対性を親鸞は「真実功徳とまうすは名号なり」といい、法蔵により全性修起された正覚の果徳、三種荘厳の真実功徳が名号一法に現成していることを説示されているのである。したがってこの廻施の法としての名号は、信一念に衆生が名号法を聞信するところ、衆生心中に満入するといわねばならない。この名号領受の信相を示すものが、第十八願成就文である。

成就文の「聞其名号」とは第十七願において十方諸仏が称讃したもう名号である。この名号を聞いて信心歓喜する一念（「信楽開発時剋之極促」）に、如来は至心に、名号を衆生に廻向したもうのである。衆生の信心は仏廻向の名号法の衆生心中への展開である。三重出体の釈にてもあきらかな如く、衆生信心の体は名号法そのものといえよう。ここにおいて必然的に第十八願の理解においても法然と親鸞の間にその教学展開の上において質的な相違が存するというべく、親鸞においては「至心信楽欲生我国」の三心、いいかえれば信心為本の教学の成立が存するのである。親鸞における他力廻向の教学の形成は、選択の教学的立場に立脚して念仏往生を主張する法然浄土教を信心為本の教学へと深化発展せしめたものといいうる。この間にあって、法然と親鸞の間の選択より他力廻向へという思想深化の展開契機となったものが曇鸞の「往生論註」である。法然浄土教において「往生論註」の投影は見られない。むしろ親鸞の他力廻向思想の教学形成の上に重大な影響を見るのである。特に「行巻」他力釈に見られる「論註」の覈求其本釈の展開は名号大行を如来の本願力の躍動と見る親鸞独自の「論註」理解を示すものであり、他力廻向説成立の根源を示すものである。かくて日本浄土教の展開は、平安期における観念念仏中心の念仏諸行の併行の浄土教より、第十八願中心の本願力による他力救済の浄土教への深化発展というべく、究極的にその思想潮流の収斂、結実されたきわまりが、親鸞の他力廻向の教学であったと結論するのである。

註

（1）往生要集、真聖全一、七八二頁。
（2）摩訶止観、大正四六、五六頁。
（3）往生要集、真聖全一、七八四頁。

(4) 前　同、七九八頁。
(5) 摩訶止観、大正四六、一二頁。
(6) 八木昊恵「恵心教学の基礎的研究」三一三頁。「往生要集にしのぶ本具両疏の俤」、宗学院論輯三二号、一九七頁以下。
(7) 観念法門、真聖全一、六二一頁。
(8) 往生要集、真聖全一、八〇九頁。
(9) 前　同、八一七頁。
(10) 前　同、八一六頁。
(11) 前　同、八四七頁。
(12) 明山安雄「永観珍海の浄土教研究序説」(仏教大学研究紀要、通巻四六)。香川乗光「永観の浄土教」(仏教大学々報、第三十号)。藤堂恭俊「禅林寺永観律師の浄土教思想」(日本仏教学会年報、第二十二号)参照。
(13) 浄土法門源流章、浄全一五、五九〇頁。
(14) 漢語燈録、真聖全四、二九一頁。
(15) 前　同、二九二頁。
(16) 前　同、二九二〜三頁。
(17) 往生拾因、浄全一五、三七二頁。
(18) 香月乗光「永観の浄土教」(仏教大学々報、第三十号)八一頁。
(19) 念仏略記、恵全五、六二七頁。
(20) 往生拾因、浄全一五、三九一頁。
(21) 前　同、三八三頁。
(22) 前　同、三八四頁。
(23) 前　同。
(24) 前　同。

(25) 前　同。
(26) 決定往生集、浄全一五、四八七頁。
(27) 選択集、真聖全一、九四九頁。
(28) 決定往生集、浄全一五、四七五頁。
(29) 前　同、四九〇頁。
(30) 石田充之「日本浄土教の研究」、四二頁。
(31) 選択集、真聖全一、九三五頁。
(32) 前　同、九三六頁。
(33) 前　同、九四三頁。
(34) 前　同、九八八頁。
(35) 前　同、九四六頁。
(36) 往生要集、真聖全一、八一七頁。
(37) 往生拾因、浄全一五、三八五頁。
(38) 選択集、真聖全一、九四九頁。
(39) 前　同、九八〇頁以下。
(40) 前　同、九八二頁。
(41) 前　同、九五三頁。
(42) 証巻、真聖全二、一〇六頁。
(43) 一念多念文意、真聖全二、六一五頁。
(44) 往生論註、真聖全一、二八四頁。
(45) 信巻、真聖全二、六八頁。
(46) 前　同、六〇頁以下。

(『真宗学』第九九・一〇〇合併号「日本浄土教の展開と親鸞教学」)

浄土三経往生文類の一考察

――親鸞聖人の三経観――

一

『浄土三経往生文類』（以下『三経往生文類』と表示する）には衆知の如く広本と略本とがある。後者は本派本願寺所蔵の宗祖真蹟本でその奥書に「建長七歳乙卯八月六日　愚禿親鸞八十三歳書之」とあるものである。前者は興正派興正寺蔵本で宗祖真蹟本と伝える建長七年（一二五五）宗祖八十三歳の筆になるものである。奥書に「康元二年三月二日書写之　愚禿親鸞八十五歳」とある。略本の選述年時の翌年、広本の選述年時（宗祖八十五歳）の前年に『往還廻向文』（康元元年宗祖八十四歳）が選述されており、広本は略本と『往還廻向文』を整理統合したものと考えられている。略本には往相廻向についての説示されているが、還相廻向については説示されていない。しかるに広本には還相廻向についての説示が存するのである。『浄土論』の利行満足章第五門の文、第二十二願文の引用が存するのである。

本書選述の意図であるが、すでに浅野教授も指摘される如く、(1)宗祖の息男善鸞の異義への対応といえるであろう。広・略両本の選述年時の中間、即ち宗祖八十四歳の時に、義絶の事件が存するのである。第十八願をしぼめる花にたとへ、法然上人より宗祖が伝統される念仏往生を否定しているのである。かかる異義の是正を目的とした述作と考えられる。

されば本書において、宗祖は三経三願の真仮を明確にすることにより、法然を伝統した念仏往生の真実義を顕彰されているというべきであろう。以下本書に説示される宗祖の三経観について若干の考察をこころみよう。

二

宗祖の三経観は、法然の三経観を受け、更にこれを隠顕釈をもうけ、深化発展せしめたものといいうる。この隠顕釈に立脚して、三経の真仮分別がなされているのが、『三経往生文類』の所顕といえよう。まず宗祖の三経観の成立の背景となった法然の三経観を一瞥しよう。[2]

『選択集』は浄土三部経を主要典拠としてその教説が展開されている。二門章を見るに

「初正明二往生浄土一之教者三経一論是也　三経者一『無量寿経』　二『観無量寿経』　三『阿弥陀経』也　一論者天親『往生論』是也」

と説示されているにてもあきらかである。『選択集』の十六章中各々の冒頭に引用される三部経の文を見るに次のとおりである。第三本願章・第四三輩章・第五利益章・第六特留章は『大経』、第七摂取章・第八三心章・第十化讃章・第十一讃歎念仏章・第十二念仏付属章は『観経』、第十三多善根章・第十四証誠章・第十五護念章・第十六慇懃付属章は『小経』である。『三部経』を主要典拠とすることにより『選択集』の教義展開がなされているといえよう。以下『選択集』を中心として法然の三経観の特色について考察をここ

ろみよう。

まず『大経』についての法然の引用型態を見るに、念仏と諸行の廃立の視点より引用がなされている。本願章においては、第十八願文を引用し、次で『観念法門』本願加減の文、『往生礼讃』自解本願の文が引用されている。本章において余行を往生の本願とせず、念仏を往生の本願とする義を展開して、次の如くいっている。

「問曰普約二諸願一選二捨麤悪一選二取善妙一其理可レ然　何故第十八願選二捨一切諸行一唯偏選二取念仏一行一為二往生本願一乎　答曰聖意難レ測　不レ能二輒解一雖レ然今試以二二義一解レ之一者勝劣義二者難易義　初勝劣者念仏是勝余行是劣　所以者何　名号者是万徳之所帰也　然則弥陀一仏所有四智・三身・十力・四無畏等一切内証功徳、相好・光明・説法・利生等一切外用功徳皆悉摂二在阿弥陀仏名号之中一故名号功徳最為レ勝也　余行不レ然各守二一隅一是以為レ劣也……然則仏名号功徳勝二余一切功徳一故捨レ劣取レ勝以為二本願一歟　次難易義者念仏易レ修　諸行難レ修……念仏易故通二一切一諸行難故不レ通二諸機一　然則為レ令二一切衆生平等往生一捨レ難取レ易為二本願一歟」[3]

難易勝劣の二義により、念仏には勝易の二徳があるとして、第十八願において一切の諸行を選び捨て、念仏一行を往生の本願としているのである。総結三選の文を見るに、かかる念仏観を結して、三重の廃立をなしている。

「夫速欲レ離二生死一二種勝法中　且閣二聖道門一選入二浄土門一欲レ入二浄土門一正雑二行中且抛二諸雑行一選応レ帰二正行一欲レ修二於正行一正助二業中猶傍二於助業一選応レ専二正定一正定之業者即是称二仏名一　称名必得レ生

依㆓仏本願㆒故」(4)

といい、聖浄二門中浄土門を選び、浄土門の正雑二行中雑行を捨て正行に帰し、正行中助業を傍にして、本願の行である称名正定業一行を専修すべきことを主張しているのである。ここに法然の根本的立場を見るのである。廃立の視点より諸行を廃し、選択本願の行である称名念仏一行による念仏往生を主張している法然の立場を見るのである。『選択集』においては、以上の如き立場より『大経』の引用展開があるといえよう。即ち第四三輩章を見るに『大経』三輩の文が全引されている。本章において法然はまず三輩の文中に通じて「一向専念無量寿仏」と念仏行が示されているが、上中下輩それぞれ諸行が説かれている。この念仏と諸行の関係について、廃立・助正・傍正の分別をなし、廃立釈を取っている。即ち『散善義』付属文釈により諸行を廃して念仏を立てている。三義を結して、

「初義即是為㆓廃立㆒而説　謂諸行為㆑廃而説　念仏為㆑立而説　次義即是為㆓助正㆒而説　謂為㆑助㆓念仏之正業㆒而説㆓諸行之助業㆒　後義即是為㆓傍正㆒而説　謂雖㆑説㆓念仏諸行二門㆒以㆓念仏㆒而為㆑正以㆓諸行㆒而為㆑傍　故云㆓三輩通皆念仏㆒也　但此等三義殿最難㆑知請諸学者取捨在㆑心　今若依㆓善導㆒以㆑初為㆑正可」(5)

といわれているにてもあきらかである。第五利益章においては『大経』流通分の「其有㆘得聞㆓彼仏名号㆒歓喜踊躍乃至一念㆖当知此人為㆑得㆓大利㆒則是具㆓足無上功徳㆒」とある文を引用し、一念の念仏は無上大利の功徳があると釈されている。菩提心等の諸行は小利であり、「乃至一念」は大利である。「無上功徳」は有上に対する言であり、余行をもって有上となし、念仏を無上となすといい、次の如くいわれている。

「既以㆓念㆒為㆓一無上㆒当㆑知以㆓十念㆒為㆓十無上㆒……又以㆓千念㆒為㆓千無上㆒如㆑是展転従㆑少至㆑多　念仏

恒沙無上功徳復応二恒沙一　如是応知。然則諸願二求往生一之人何廃二無上大利念仏一強修二有上小利余行一乎(6)」

念仏と諸行の間に利益論の上より価値批判をなし、廃立がなされているというべきである。第六特留章においては「末法万年後余行悉滅特留二念仏一之文」といい、流通分の「当来之世経道滅尽我以二慈悲一哀愍特留二此経一止住百歳云云」の文を引用されている。私釈において、経には「特留此経止住百歳」とあるのに、何故標章において「特留念仏」というのかと問題を提起をして、「此『経』所詮全在二念仏一」といい、一経の帰結を本願の念仏にありと論断されている。『大経』中には弥陀如来の念仏往生の本願が説かれている故に、釈迦の慈悲は念仏を留めんために『大経』を留めたもうのであり、余経は念仏往生の本願が説かれていないから、これを留めたまわないのであると説示されている。そして『大経』と『観経』の流通分の説相は同じである旨を次のとおり説示されている。

「四十八願之中既以二念仏往生之願一而為二本願中之王一也　是以釈迦慈悲特以二此経一止住百歳也　例如下彼『観無量寿経』中不三付二属定散之行一　唯孤付中属念仏之行上　是即順二彼仏願一之故付二属念仏一行一也(7)」

『観経』では正宗分においては定散諸行が説示されているが、流通分においては念仏一行が付属されている。『大経』においてはこれと同じ説相であり、流通分にいたって諸行を廃して但念仏に帰せしめているのである。(8)かくて『大経』の帰結は諸行を廃して、選択本願の念仏往生に帰するのであり、『観経』とその帰結を同じくすると法然は結論しているのである。

次に『観経』の第七摂取章において、『観経』第九真身観を引用している。即ち

「念仏衆生摂取不捨」の文を引用し、仏の光明は念仏の者を照し、余行の者を照さない。何故ならば念仏は本願の行であり、諸行は非本願であるからと、光明の摂不摂の観点より、念仏と諸行の上に廃立がなされてる。次に第八三心章を見るに、『観経』上々品の三心、『散善義』『往生礼讃』の三心釈を全引している。そして私釈において、

「此三心者総而言レ之通二諸行法一　別而言レ之在二往生行一　今挙レ通摂レ別意即周矣」

といっている。三心が念仏と諸行に通ずることを示すものといえよう。『三部経大意』に至誠心を釈して

「この至誠心はひろく定善・散善・弘願の三門にわたり釈せり。これにつきて惣別の義あるべし。惣といふは自力をもて定散等を修して往生をねがふ至誠心なり　別といふは他力に乗じて往生をねがふ至誠心なり(9)」

と説示されている。自力の定散諸行に通じる惣の至誠心と、他力に乗じて往生をねがう別の至誠心の二面があることが説示されている。三心が真仮に通ずることを示すものといえよう。第十化讃章においては『観経』下々品の文が引用され、念仏は本願の行であり、正業の故に化仏が讃嘆する旨が説示されている。第十一讃嘆念仏章においては雑善に対し、念仏を讃歎する文として流通分の「若念仏者当知此人是人中分陀利華云云」の文が引用されている。第十二念仏付属章においては、流通分の「汝好持二是語一持二是語一者即是持二無量寿仏名一」とある付属の文と散善義の付属文釈が冒頭に引用されている。そして私釈において、『観経』正宗分所説の定散諸行は非本願の行の故に付属せず、念仏は本願の行の故に付属するといい、一経の結論を本願の念仏一行に帰しているのである。定散は所廃の行であり、諸行は非機失時の行で、本願の念仏は当機得

時の行であるといっている。

「随他之前暫雖レ開ニ定散門一随自之後還閉ニ定散門一　一開以後永不レ閉者唯是念仏一門　弥陀本願釈尊付属意在レ斯矣」(10)

定散諸行は随他の行で所廃であり、仏随自意の往生行は念仏一門であり、ここに一経の帰結の存する旨を詮顕されているのである。かくて法然の『観経』の見方は、善導の付属文釈をうけて展開されるものといえるのである。

次に『阿弥陀経』に関する『選択集』の説示を見るに、第十三多善根章において、修因段の「執持名号云云」の一段を引用し、念仏は多善根、雑善は小善根と断じている。第十四証誠章は六方段を引用し、諸仏が本願念仏を証誠し、余行を証誠しない旨を説示されている。第十五護念章においては、六方恒沙の諸仏が念仏の行者を護念する旨を説示されている。第十六慇懃付属章においては『小経』流通分の文を引用し、弥陀の名号を舎利弗等に付属することを述べている。法然は本経を本願念仏一行を開説する経として理解されていたことはあきらかである。『西方指南抄』に本経を解釈して、「阿弥陀経は　はじめに極楽世界の依正二報をとく次には一日七日の念仏を修して往生することを説けり　のちには六方の諸仏念仏の一行において証誠護念したまふむねを説けり　すなわちこの経には余行をとかずして念仏の一行を説けり　おほよそ念仏往生はこれ弥陀如来の本願の行なり」(11)といっている。法然の本経の見方を如実に示したものといいうる。かくて上人の三経観は、第十八願の念仏往生に結帰するものといいうる。第十六は慇懃付属章において、「凡案ニ三経意一諸行中選ニ択念仏一以為ニ旨帰一」といい、更に八選択をもうけて、三経が諸行を廃して、本願の念仏を選択することを説示されているのであり、三経は通じて、第十八願を根本的立場とする旨を詮顕されているのである。

三

上来法然の三経観を一瞥したのであるが、門下に残された教学上の問題が存することは否めない。その問題点をあげれば次のとおりである。(1)『観経』の三心は念仏と諸行に通ずるといい、更に至誠心については自力（定散二善）と他力（弘願）に通ずるといっている。しかし、法然は三経は共に第十八願に帰一せしめ、『西方指南抄』によれば、『大経』『観経』の三心と『小経』の一心とは同一とする立場であるが、この矛盾、三経相互の関係はどうなるのか。この点門下に残された課題といえよう。(2)法然においては念仏は選択本願の行、諸行は非本願とする立場であった。この念仏・諸行と生因三願の関係も門下に残された教学的課題である。第十九願については衆知の如く、二通りの解釈がなされている。その一は第十八願の念仏行者の臨終来迎を誓った願とするもので、『逆修説法』において、「所謂来迎願者即四十八願中第十九願也　此乃正為臨終正念有来迎」(12)といっているのであり、更に『三部経釈』に「又本願に『乃至十念』とたて給ひて、臨終現前の願に『大衆と囲繞せられてその人のまえに現ぜん』とたて給へり」(13)等といっているよりしてもあきらかである。この場合、第十九願の「発菩提心修諸功徳」の文の解釈であるが、『三部経釈』を見るに、

「三輩往生の文あり　これは第十九の臨終現前の願成就の文なり　発菩提心等の業をもて三輩をわかつといへども　往生の業は通じてみな『一向専念无量寿仏』といへり」(14)

この文章によれば「発菩提心云云」の願文は機類の品位差別を示すものである。次にもう一方の第十九願の解釈を見るに、助念仏、諸行の行者の来迎を誓う願としているのである。『漢語灯録』の『大経釈』に三輩の文に但念仏往生、助念仏往生、諸行往生の三義を立て、但念仏は第十八願の行であるに対し、助念仏、諸行に関しては、「来迎願等中及次三輩文明二助念往生諸行往生一」(15)といっている。かかる法然の説示にしたがえば、第十九願は助念仏往生、諸行往生の行者の臨終来迎を誓った願といいうる。以上の如く第十九願に二面の見方が存するが、この点、如何に解すべきであろうか。上にもふれた如く、『大経』は流通分にいたって「其有得聞彼仏名号云云」といい、助念・諸行を廃して、但念仏往生に帰結する説相である。このような法門施設は上に一言した如く『観経』と共通している。『観経』では正宗分では広く定散二善を説き、流通分にいたって、これを廃して、弥陀名号を付属している。いま『大経』の説相も同じであり、

「今経（大経）亦如レ此　上亘二機縁一且雖レ説二助念仏往生及諸行往生之旨一　准二仏本願一故至二于流通初一廃二諸行一帰二但念仏一也　助行猶廃レ之況但諸行哉云云」(16)

といっている。これによれば第十九願に誓われる助念・諸行は第十八願に誘引せんとする方便の施設であり、所廃の行業というべきである。かくて第十九願には第十八願但念仏往生の来迎所誓の願と助念諸行往生の来迎所誓の願とする二つの見方が存したが、究極的には前者に法然の立場が存するといえよう。しかしかくの如く第十九願に二つの解釈が存するのは教学上課題と残すものというべく、第十八願との関係の明確化が要請されるのである。かかる視点より、両願の上に真仮の分別をなし、師説のかかえる教学的課題に答えたものが、親鸞の本願観といえるであろう。

第二十願についてであるが、法然は第二十願を係念定生願(17)としていた如くである。『西方指南抄』を見るに良源の『九品往生義』をうけて次の如くいっている。

「第二十の願は大網の願なり　係念といふは三生の内にかならず果遂すべし　仮令通計するに百年の内に往生すべき也　これ九品往生の義　意釈なり(18)」

この内容より見るに、第二十願は第十八願の係念定生、三生果遂を誓った願として理解されていたものと考えられる。また石田博士も指摘される如く、『大経釈』に「来迎願等中及三輩文明二助念往生・諸行往生一」とある文中の「来迎願等」の中に第二十願も等取すれば、第二十願も第十九願と同じく助念・諸行をあかす願と見られる。(19)したがって第二十願には第十八願の念仏行者の係念定生・三生果遂と助念・諸行往生の二つの願事が存することとなり、法然の説明は不十分である。

かくて法然の生因三願に関する見方は、念仏は本願の行、諸行は非本願の行とする廃立釈が主張されるが、生因三願の相互の関係、真仮の分別が不透明であり、この点、門下にのこされた教学的課題であったといえよう。この法然をうけ更に一歩を進め、念仏と諸行の関係について、三経・三願の上に真仮の分別を明確にしたのが、親鸞の三経観であったといえるであろう。

四

まず『大経』と『観経』の関係より見るに、『化巻』の『観経』隠顕釈に関し次の如く説示している。

「問大本三心与二観経三心一異云何　答依二釈家之意一按二无量寿仏観経一者有二顕彰隠蜜義一　言レ顕者即顕二

定散諸善㆒開㆓三輩三心㆒　然二善三福非㆓報土真因㆒　諸機三心自利各別而非㆓利他一心㆒　如来異方便忻慕浄土善根是此経之意即是顕義也　言㆑彰者彰㆓如来弘願㆒演㆓暢利他通入一心㆒　縁㆓達多闍世悪逆㆒彰㆓釈迦微咲素懐㆒　因㆓韋提別選正意㆒開㆓闡弥陀大悲本願㆒斯乃此経隠彰義也……大経観経依㆓顕義㆒異依㆓彰義㆒一也可知(20)」

これによれば、『観経』の顕説を解し、経当面の定散諸善、三輩の機類に通ずる自力の三心が顕説であるとし、定散二善、三福は報土の真因ではなく、また上中下三輩の三心は自力の信心であって弘願の利他の一心と異なるとしている。故に経当面の顕説の立場に立つ限り、『観経』は方便要門の教となる。これに対し隠彰とは『観経』にはその裏面に『大経』の弘願意が存することをいう。

この『観経』顕説要門を本願の上に親鸞は位置づけて、『観経』の要門法は従真垂仮の方便教であることを示している。

「依㆑此按㆓方便之願㆒有㆑仮有㆑真　亦有㆑行有㆑信　願者即是臨終現前之願也　行者即是修諸功徳之善也　信者即是至心発願欲生之心也　啓㆓此願之行信㆒顕㆓開浄土之要門方便権仮(21)㆒」

親鸞は要門を第十九願に位置づけ真仮の分別をこころみている。行を「修諸功徳之善」、信を「至心発願欲生之心」と規定して、要門法が誓願海より垂仮したことを論成している。願中の修諸功徳の諸行、至心発願欲生の心を「有仮」といい、第十九願顕説の方便の要門法は従真垂仮の法であることを説示している。反面、仮の要門法は真実に衆生を導入せしめんとする仏意のはたらきであり、しかる以上第十九願の願底には仮より真に導入せしめんとする真実の仏意がはたらいているというべきである。かかる点を「有真」と宗祖は説示されたものといえよう。願の表の方便を「有仮」といい、願底の仏意を「有真」と説示されているのである。この仏意が表の方便仮門を働かせ従仮入真せしめるのである。『観経』顕説要門は第十九願に根拠するもので、上記引文中に「依二此願之行信一顕二開浄土要門方便権仮一」とあるものは、第十九願により、『観経』要門教を開くことを示すものである。そしてかかる顕説要門に対し、観経の隠彰の実義を示して次の如くいっている。

「亦此経有二真実一斯乃開二金剛真心一欲レ顕二摂取不捨一　然者濁世能化釈迦善逝宣二説至心信楽之願心一報土真因信楽為レ正故也　是以大経言二信楽一……観経説二深心一対二諸機浅信一故言レ深也　小本言二一心一二行无レ雑故言レ一也　復就二一心一有レ深有レ浅　深者利他真実之心是也　浅者定散自利之心是也(22)」

隠彰の面よりせば、『大経』の信楽と『観経』の深心と、『小経』の一心とは真実であり、三経一致である旨を詮顕している。宗祖は、かくの如く『大経』の真実に対し、『観経』『小経』には隠顕両面が存するが、隠彰の実義につけば、三経は選択本願に帰一することをあきらかにされているのである。三経を通釈して、宗祖は

「然今拠二『大本』一超二発真実方便之願一　亦『観経』顕二彰方便真実之教一　『小本』唯開二真門一無二方便之善一是以三経真実選択本願為レ宗也(23)」

と説示されてある。『大経』には真実の第十八願と方便の第十九・第二十願が誓われている。第十九願に根拠して観経顕説の方便法が開説され、第二十願に根拠して『小経』顕説の真門自力念仏が説かれるのであるが、三経を一貫するものは第十八願の真実法を宗となす旨を詮顕されているのである。

かくて『観経』顕説は調機誘引従仮入真の要門方便法であり、反面隠彰は『大経』の弘願真実と合致する旨を展開し、両経の関係を明確化されているのである。

五

次に『小経』の隠顕に関して、『大経』『観経』の三心と『小経』の一心との一異を問うて、次の如く説示されている。

「今就二方便真門誓願一有レ行有レ信亦有二真実一有二方便一　願者即植諸徳本之願是也　行者此有二二種一　一者善本二者徳本也　信者即至心回向欲生之心是也(24)」

『小経』真門成立の根源である第二十願をあげ『小経』隠顕釈の成立根拠を示している。

右の文を見るに方便真門の誓願に「有二真実一有二方便一」とある。「有真実」とは第二十願の所行法体の名号と第十八願は一である旨を説示したものである。真門の念仏は法頓機漸である。所称の名号は仏廻向の真実法であるが、それを称する衆生が自力心で称するから、機漸の自力念仏に堕してしまうのである。したがって第二十願の願底には真実の名号で機漸の自力念仏の行者を入真せしめる仏意がはたらいているというべきである。真門念仏は誓願海に根拠した従真垂仮、従仮入真の法であるといいうる。かかる点より宗祖は真門の行信をあげ、行は善本徳本の自力念仏、信は至心廻向欲生の三心であり、更に往生は難思往生、仏は化身、土は疑城胎宮と説示されているのである。

かかる視点より『小経』の隠顕について論じられている。顕説については「言レ顕者経家嫌二貶一切諸行少善一開二示善本徳本真門一励二自利一心一勧二難思往生一(25)」とある。釈尊は定散一切の諸行を嫌貶し、善本徳本、即ち「執二持名号一若一日云云」の真門念仏を開示し、自利の一心（「一心不乱」）をはげまして難思往生をすすめられていると解されている。隠彰については「言レ彰者彰二真実難信法一　斯乃光二闡不可思議願海一欲レ令レ帰二无㝵大信心海一」と説示されている。文中の「真実難信法」とは『小経』修因段の「執持名号」、本願真実の名号のことである。「无㝵大信心海」とは弘願の信を嘆ずるものである。即ち宗祖は修因段の「執持名号……一心不乱」の念仏について、隠顕両義で解されている。顕説では上記の如く真門念仏であるが、隠彰の上からは真実の他力念仏の仏意をくみとられている。即ち「執持」と「一心」の意を次の如く説示されている。

「執言彰三心堅牢而不二移転一也　持言名二不散不失一也　一之言者名二无二一之言也　心之言者名二真実一也　斯経大乗修多羅中无問自説経也　爾者如来所三以興二出於レ世恒沙諸仏証護正意唯在レ斯也(26)」

「執持名号……一心不乱」の修因段の念仏は隠彰の面よりうかがえば、諸仏の証護したもう弘願の一行一心の他力念仏である旨を詮顕されているのである。

かくて宗祖は『観経』・『小経』はその当相、顕説につくならばそれぞれ別個の仮門をのべるが、隠彰の実義につけば三経は一致する旨の結論を説示されているのである。即ち

「三経大綱雖レ有二顕彰隠蜜之義一彰二信心一能入……今按二三経一皆以二金剛真心一為二最要一(27)」

と説示され、三経は他力廻向の金剛の真心に帰一する旨を詮顕されているのである。

以上『化巻』における三経隠顕釈について概観した。法然においては廃立釈に立脚して三経の真実は第十

八願に結帰するという立場より、一切の諸行を廃捨して、選択本願の念仏往生を主張しているのである。しかしながら、廃捨された諸行・自力念仏の位置づけが不十分であり、これ等の問題をめぐって、生因三願・三経相互の関係が未整理のまま残されていたのである。法然門下の重要な教学的課題であったのである。この課題に対し、三経隠顕釈を展開し答えていったのが親鸞の教学であったといえるであろう。三経の真実を第十八願に帰一せしめている点では師法然の三経観の結論を受けつぐものであるが、生因三願の上に真仮を分別し、真実の『大経』に対し、『観経』『小経』の上に隠（真）顕（仮）両面を見、法然において廃捨された自力念仏・諸行を従真垂仮、従仮入真の方便法と位置づけ、三経一致門（隠）と差別門（顕）の両面より、三経の有機的関係を明確化しているのである。しからばこのような『化巻』における三経隠顕釈に対し、『三経往生文類』所明の三経観は如何なる内容であろうか。

六

本書において、宗祖は『化巻』をうけ、三経差別門の立場より、真仮の分別をおこない、『大経』の真実義を詮顕されている。いいかえれば、『化巻』の三経隠顕釈を受けて、顕説の面より、三経相互の関係を明確化したものといえよう。

まず『大経』に関する宗祖の説示をうかがうに次のとおりである。

「大経往生といふは如来選択の本願不可思議の願海　これを他力とまふすなり　これすなわち念仏往生の願因によりて必至滅度の願果をうるなり、現生に正定聚のくらゐに住してかならず真実報土にいたる

これは阿弥陀如来の往相廻向の真因なるがゆえに无上涅槃のさとりをひらく　これを大経の宗致とす
このゆへに大経往生とまうす　また難思議往生とまうすなり」(28)

これによれば『大経』の宗致を第十八願の願因により、現生に正定聚に住し、当来には報土に往生して滅度を証することと説示されている。この大経の真実により、浄土に往生することを難思議往生と説示されている。そして更に以上の如き『大経』往生の内容について、往還二廻向の二面より詮顕されている。即ち往相廻向について、行・信・証の三法について経論の文を引用して、説明されている。

行については「真実の行業あり　諸仏称名の悲願にあらわれたり」といい、第十七願文、第十七・第十八の二願の成就文が連引されている。大行は第十七願所誓の諸仏讃嘆の名号であり、この名号を対象として信の成立があることを証されている。信については「また真実信心あり　すなはち念仏往生の悲願にあらわれたり」といい、第十八願文と更に『如来会』の第十八願文を引用し、正依の経意を助顕されている。

真実証果については二段に分たれる。前段においては、(1)正依第十一願文、(2)『如来会』第十一願文、(3)『如来会』第十八願成就文、(4)正依第十一願成就文、(5)『如来会』第十一願成就文が引用されている。そして結して

「この真実の称名と真実の信楽を得たる人はすなわち正定聚のくらゐに住せしむとちかひたまへるなり」(29)

といわれている。引文中注意すべきは『如来会』の第十八願成就文が引用されている点である。即ち「聞㆓无量寿如来名号㆒能発㆓一念浄信㆒……皆生得㆓不退転乃至无上正等菩提㆒」とあるもので滅度の証果の因は真

実信心である旨を詮顕しているものといえよう。また宗祖は正定聚を現益で解せられるが、この証権となるものが引文(5)の『如来会』第十一願成就文である。即ち「又『如来会』言『彼国衆生　若当生者皆悉究ニ竟无上菩提ニ到ニ涅槃処ニ』」とある経文を「彼の国の衆生と（浄土）もしたうにむまれんもの（此土）」と訓点をつけられているのであって、正定聚を当益（広門示現の相）と現益で解する意を示すものである。

次に後段を見るに、(1)第十一荘厳妙声功徳成就の文、(2)第十三荘厳眷属功徳成就の文、(3)第十六荘厳大義門功徳成就の文、(4)荘厳清浄功徳成就の文である。いずれも『証巻』に連引されている。そして結して

「この阿弥陀如来の往相廻向の選択本願をみたてまつるなり　これを難思議往生とまふす　これをこころえて他力には義なきを義とすとしるべし」

といわれている。この一段の『論註』の引用は滅度の内容を証するものである。(1)の妙声功徳成就の文中に「若人ただ彼の国土の清浄安楽なるを聞きて　剋念して生れんと願ずると（此土）亦往生を得ると（彼土）即ち正定聚に入る」とある。この宗祖の独自の読み方の意味するところは衆知の如く、正定聚を現益と当益の両面より解するもので、彼土における正定聚は滅度を証して後の広門示現の相を示すものをいう。(2)の眷属功徳成就の文は、真実信心の行者の往生は同一の正覚華化生である旨を示す。(3)の大義門功徳成就は娑婆においては願生行者は九品の別があるが、その証果は一味平等である旨を示す。(4)の清浄功徳成就は浄土は三界に勝過した世界であり、浄土の往生人は不断煩悩のまゝ他力自然のはからいにて涅槃の証果を得ることを示すものである。かくて阿弥陀仏の往相廻向の選択本願、総じては第十八願、別しては第十七、第十八、第十一の本願他力により、真実信心の行者は浄土に往生成仏せしめられるのであり、これを難思議往生

というと結されているのである。

次に還相廻向に関する所明をうかがうに、まず

「二還相廻向といふは『浄土論』曰「以㆓本願力廻向㆒故是名㆓出第五門㆒」これは還相の廻向なり　一生補処の悲願にあらわれたり」(30)

『証巻』の還相廻向の釈の引文の冒頭に、『浄土論』の第五功徳門が引用されているが、唯今も、「以㆓本願力廻向㆒故是名㆓出第五門㆒」とある同一文を引用し、還相廻向の根源は一生補処の第二十二願に存することを説示し、ついで第二十二願文を引用されている。以上の二種廻向を結し、宗祖は更に「浄土論」の文を引用し、約仏の訓点がほどこされている。

「云何廻向　不（シタマヘル）㆑捨㆓一切苦悩衆生㆒心常作願　廻向為㆑首　得（エタマヘルガ）㆔成（スルコトヲ）㆓就大悲心㆒故」(31)

この廻向門の文を受け、「これは『大無量寿経』の宗致としたまへり　これを難思議往生とまふすなり」と説示されている。如来の大悲心の具体化が、二種廻向となって法界に躍動しているのであり、如来大悲の二種廻向が『大経』の宗致である旨を釈顕されているといえよう。我々は大悲の本願他力により往相還相せしめられているというべきである。この如来の大悲心よりする本願他力により、真実の信楽を得、正定聚に住し、浄土に往生せしめられるのであり、かかる難思議往生が、『大無量寿経』の宗致である旨を釈顕されているのである。

次に観経に関しては次の如く説示されている。

「観経往生といふは修諸功徳の願により　至心発願のちかひにいりて　万善諸行の自善を廻向して浄土

を忻慕せしむるなり　しかれば『無量寿仏観経』には定善散善三福九品の諸善　あるいは自力の称名念仏をときて九品往生をすすめたまへり　これは他力の中に自力を宗致としたまへり　このゆへに観経往生とまふすはこれみな方便化土の往生なり　これを双樹林下往生とまふすなり」(32)

観経の所説は第十九願に根拠して展開するものであり、定散二善の自力の諸行により、あるいは自力の称名念仏（要門位の念仏）により浄土往生を期するものである。その往生は方便化土、双樹林下往生である旨が釈顕されている。以下経釈の文を引用し、観経往生の内容を証されている。列挙すれば次のとおりである。

(1)第十九願文(2)『悲華経』大施品の文(3)『大経』三輩の文(4)第二十八願文(5)道場樹の願成就文(6)『往生要集』下巻に出る菩薩処胎経をめぐる執心牢固・不牢固による報化の浄土往生に関する問答の文である。

まず(1)(2)の文は修諸功徳（第十九願文）・修諸善根（悲華経）による臨終来迎が説かれている。いずれも『化巻』に引用されている。宗祖においては諸行往生による臨終来迎は否定されていることは衆知のところである。(3)三輩の文であるが、「至心発願の願成就の文」としてこの文を宗祖は解されている。『化巻』に「此願成就文者即三輩文是也　『観経』定散九品之文是也」と説示されている祖意と同一義の視点よりの引用と見るべきである。(4)(5)についてであるが、(5)の道場樹の文は『化巻』に引用されている。『略本』には(4)の第二十八願文が引用されている。唯今の引用は方便の化身化土の説明としてである。(6)『往生要集』の文は『化巻』に引用されている。『菩薩処胎経』の懈慢界を化土とするものであり、執心牢固の者は報土に生ずるが、執心不牢固の雑修の者は化土に生ずるのであり、『観経』の定散諸行の往生は双樹林下往生・方便化土の往生である旨を釈顕されている。

次に弥陀経往生については次の如く説示されている。

「弥陀経往生といふは植諸徳本の誓願によりて　不果遂者の真門に入り　善本徳本の名号をえらびて万善諸行の少善をさしおく　しかりといゑども定散自力の行人は不可思議の仏智を疑惑して信受せず如来の尊号をおのれが善根として　みづから浄土に廻向して果遂のちかひをたのむ　不可思議の名号を称念しながら不可称不可説不可思議の大悲の誓願をうたがう……しかれども如来の尊号を称念するゆへに胎宮にとどまる　徳号によるがゆへに難思往生とまふすなり　不可思議の誓願疑惑するつみにより難思議往生とはまふさずとしるべきなり(33)」

弥陀経往生は第二十願の真門に入り、万善諸行の少善を廃捨し、善本徳本の名号をえらぶが、仏智を疑惑し、如来の尊号を自分の善根として浄土に廻向して、往生を期するものである旨が説示されている。所謂教頓機漸の自力の称名念仏往生である。大悲の誓願を疑惑する自力廻向の称名念仏の故に胎宮にとどまるから難思議往生とはいわず、難思往生とまうすと説明されている。『化巻』に

「凡大小聖人一切善人以二本願嘉号一為二己善根一故不レ能レ生レ信不レ了二仏智一不レ能四了三知建二立彼因一　故无レ入二報土一也(34)」

とあるものと同一の趣意であるといえよう。以下弥陀経往生を証するものとして、経釈の文が引用されている。(1)第二十願文(2)『如来会』の文(3)『大経』胎化段の文(4)『如来会』胎化段の文(5)『定善義』の文(6)『述文賛』の文である。(1)(2)の正依・異訳の第二十願文は『化巻』真門釈下に引用されている。(3)(4)の正依・如来会の胎化段の文であるが、『化巻』要門釈下に引用されている。これを『往生文類』において宗祖

は第二十願成就文として引用されている点である。『化巻』真門釈下においてはこの胎化段の文は正依大経の文のみの引用である。

「又言『於二此諸智一疑惑不レ信　然猶信二罪福一修二習善本一願レ生二其国一　此衆生生二彼宮殿一』」(35)

仏智疑惑の修習善本自力念仏による胎宮往生の視点よりの引用である。この『化巻』真門釈下の引用文と同一線上での引用が(3)(4)の第二十願成就文としての正依・異訳の胎化段の文といいうる。「修習善本」の因行よりすれば第二十願の引証として適しいというべきであり、胎生という点より見れば、第十九願の要門も第二十願の真門も同致しているから、『化巻』要門釈下、真門釈下、『三経往生文類』の弥陀経往生の釈下への引用がなされていったものと思考するのである。(5)(6)の文はいずれも仏智疑惑による胎宮、胎生の文であり、『化巻』では要門釈下に引用されているが、唯今は弥陀経往生の条下に証文として引用されている。これは上記の如く、要門も真門も方便化土、胎生という点より同致しているから、本書の場合、弥陀経往生の証文として引用されたものと思考するのである。

七

以上『三経往生文類』にあらわれた宗祖の三経観について考察した。大経往生とは如来選択の本願他力により難思議往生の果を得るのであり、これを『大経』の宗致とされている。その内容を二相四法の綱格で説明し、本典の『行・信・証』所明の内容が、『大経』の真実義に他ならぬことを明らかにしている。観経往生は第十九願要門に立脚した、万善諸行による方便化土の双樹林下往生、弥陀経往生は第二十願真門に立脚した、自力称名念仏による難思往生である旨を詮顕し、『化巻』の要門・真門の顕説の説示に順じて、論の展開がなされており、引用の証文はいづれも『化巻』の要門・真門釈下の引用文と符節を合しているのである。本典の『教・行・信・証・真仏土巻』(真実)『化身土巻』(仮)の教義展開にのっとって三経に関する宗祖の理解が展開されているものといいうる。『三経往生文類』における三経の見方は、三願・三経・三往生の綱格、隠顕釈の顕説、三経差別門の立場よりその説示の展開がなされているといえるであろう。法然においては廃立の立場より、諸行を廃して、第十八願の念仏一行を立し、三経の帰一するところは第十八願にあることをあきらかにして、三経一致の立場より、論の展開がなされていた。しかし法然浄土教においては廃捨された諸行の位置づけ、それにともなう生因三願(第十八・十九・二十願)と三経の関係、真仮の分別が、門下に教学的課題として残されていたのである。この法然浄土教の残された教学的課題に対して、ひとつの回答をなしたのが親鸞の三経隠顕釈といえるであろう。『大経』の真実教に対し、『観経』『弥陀経』の上に隠顕両面を見、生因三願、弘願・要門・真門の上に、三経を位置づけ、隠彰の上よりは、三経は第十八願に結帰するが、顕説の上よりは、三経に真仮の分別をなし、三経差別門の解釈の展開がなされている。そして方便願である第十九・第二十願にそれぞれ真実と方便の両面があることを指摘し、『観経』要門・『弥陀経』真門の方便の法は従真垂仮の法であると同時に、究極的には自力執心の機をして従仮入真せしめる仏意をその根底にもつものであることを釈顕しているのである。もって法然浄土教において廃捨された諸行の位置づけ、生因三願と三経の関連について明確な結論を下されたものといえるのである。かかる法然の廃立から親鸞の隠顕へという教学の深化を背景にして打出されたのが、『三経往生文類』の三経観であるといえよう。上述した如く、顕説の三経差別門よりする宗祖の三経観が展開されているのであり、三経の真仮の分別が明確に説示されているのである。本典述作後の宗祖をとりまく教界に対応し、真実と方便のけじめを明確にし、第十八願に立脚する大経往生、難思議往生の真実性を顕彰しようとされたところに本書述作の意図が存するといえよう。

註

(1) 浅野教信「『三経往生文類』における伝統と已証」仏教文化研究所紀要一、一二二頁。
(2) 法然上人の三経観および親鸞聖人の三経隠顕釈については、拙論「親鸞における三経隠顕釈の研究」龍大論集四〇〇・四〇一合併号）において詳論している。本論稿は上記論文を参照した。
(3) 『選択集』真聖全一、九四三頁。
(4) 前同、九九〇頁。
(5) 前同、九五〇頁。
(6) 前同、九五三頁。
(7) 前同、九五五頁
(8) 『漢語灯録』真聖全四、三〇〇頁。
(9) 『三部経大意』真聖全四、七八七頁。
(10) 『選択集』真聖全一、九八三頁。
(11) 『西方指南抄』真聖全四、五八頁。
(12) 『漢語灯録』真聖全四、四三〇頁。
(13) 『和語灯録』真聖全四、五六三頁。
(14) 前同、五五二頁。

(15) 『漢語灯録』真聖全四、二九九頁。
(16) 前同、三〇〇頁。
(17) 前同、二七五頁。
(18) 『西方指南抄』真聖全四、一三一頁。
(19) 石田充之博士著『日本浄土教の研究』一一七〜八頁。
(20) 『化巻』真聖全二、一四七頁。
(21) 前同、一五三頁。
(22) 前同、一五四頁。
(23) 前同、一五三頁。
(24) 前同、一五六頁。
(25) 前同。
(26) 前同、一五七頁。
(27) 前同。
(28) 『三経往生文類』(広本) 真聖全二、五五一頁。
(29) 前同、五五三頁。
(30) 前同、五五四頁。
(31) 前同、五五四頁。
(32) 前同、五五四〜六頁。
(33) 前同、五五七頁。
(34) 『化巻』、一六五頁。
(35) 前同、一五八頁。

(『真宗学』第九七・九八合併号「浄土三経往生文類の一考察 ―親鸞聖人の三経観―」)

浄土真要鈔講讃

一　存覚上人の生涯

(1)　存覚上人の修学時代

『浄土真要鈔』の著者である存覚上人は、宗祖親鸞聖人の曽孫である覚如上人の長男である。正応三年（一二九〇）六月四日に誕生されている。出家されたのは十四歳、嘉元元年（一三〇三）十月十日のことである。そして東大寺で受戒し、翌嘉元二年、比叡山に上って尊勝院玄智の門に入っている。このように、存覚上人は南都北嶺において修学されているのであり、嘉元三年二月には日野俊光の猶子となり、名を光玄と改めている。徳治二年（一三〇七）十八歳の時に、比叡山の法華八講の講衆にえらばれたが、祖父の覚恵上人が往生されたので、講衆を辞退されている。

存覚という名は、祖父覚恵上人の命名を縁とする。覚恵上人は孫の存覚を非常に可愛がっておられたようである。覚恵上人は死に臨んで、往生の前夜に、存覚上人を枕頭によんで、「いずれ大谷廟堂を管領する身であるから房号がなくてはならぬ」といい、尊覚と命名された。しかし、この名は梶井法親王と同名であったので、尊の字をあらためて、存覚とされたのである。

そして、この年の秋には京都樋口の安養寺で、阿日房彰空より、善導の『観経四帖疏』の講義を聞き、浄土系教学を修められている。彰空は浄土宗西山派祖証空上人の門人で、深草流をはじめた円空の門下である。存覚上人と安養寺の関係は密であり、西山教学の影響を見ることが出来るのである。翌延慶元年（一三〇八）に、東寺配下の証聞院の尊勝供僧となり、延慶二年よりは証聞院に移住し、密教の受法をなしている。この様に存覚上人は青年時代、広く主として聖道門の修学をなしているのである。

かくて、延慶三年（一三一〇）に父の覚如上人の命により、大谷に帰住することとなったのである。以後は、大谷において宗学の研鑽にはげみ、また父にしたがって布教伝道に従事されているのである。

(2)　覚如上人・存覚上人父子の義絶とその背景

正和三年（一三一四）に覚如上人が病気となり、存覚上人に大谷廟堂を委ねようとされている。しかし、存覚上人はこれを辞退されたのであるが、聞き入れられず、十二月二十五日に継職されている。時に、存覚上人は二十五歳であり、以後八年間、大谷廟堂の留守職となるのである。

この間、三十一歳の元応二年（一三二〇）には了源上人（仏光寺派開山）が大谷に来参し、法門の指導を願い出ている。そこで、覚如上人は了源上人の指導を、存覚上人にゆだねているのである。ためにこの後、了源上人は存覚上人より教えをうけ、存覚上人はまた了源上人のために、多くの聖教を執筆してあたえているのである。『浄土真要鈔』『諸神本懐集』『持名鈔』『破邪顕正鈔』『女人往生聞書』『弁述名体鈔』等である。

しかしながら、元亨元年頃より父子の間に不和を生じ、口舌がたえず、ついに元亨二年（一三二二）に、覚如上人は存覚上人を義絶するにいたるのである。存覚上人の日記『一期記』によれば、「この両年、口舌のことあいつづき、ついに御勘気にあづかる」と記されている。覚如上人の存覚上人に対する義絶は、前後二回あり、最初はこの元亨二年であり、義絶をといたのは十六年後の暦応元年（一三三八）九月であり、二回目の義絶は康永元年（一三四二）であり、許されたのは八年後の観応元年（一三五〇）である。

何故、存覚上人は父覚如上人に義絶されたのであろうか。義絶の理由については古来諸説があるが、そのひとつとして考えられるのは、法義上の問題である。

宗祖滅後、末娘の覚信尼さまは門弟の帰依処として大谷廟堂を建立し、廟堂に宗祖の影像を安置して、その留守職は、宗祖の子孫の中、適任者がこれをつぐべきであり、その就任にあたっては、門弟の承認を得べきことと定めている。そして、自ら初代の留守職につき、その没後はその子の覚恵上人がつぎ、覚恵上人なき後は覚如上人がこれをついでいるのである。

しかるに、覚如上人は単なる大谷廟堂では満足せず、当時すでに一派として独立していた浄土宗西山派・鎮西派等の浄土異流に対して、宗祖の一流を顕正せんとしたのである。即ち、大谷廟堂を本願寺と呼び、真宗教団を統一せんと志したのである。そして、三代伝持の血脈を主張して、本願寺教団の正統性を主張したのである。三代伝持の血脈とは、法然上人・親鸞聖人・如信上人の三人が師資相伝した法門のことで、この浄土真宗の法門は、これを如信上人より伝受した覚如上人が、その正統をうけつぐことを門弟に主張することにより、地方に分立している門弟を大谷本願寺に統一し、かつ宗祖教義の顕正をはかったのである。

ために、その教学的姿勢は、真宗教義の純粋性の伝承であり、異端に対しては、きびしい破邪の姿勢でつらぬかれているのである。

これに対し、存覚上人の教学に対する姿勢は、父覚如上人と全く異なっているのである。覚如上人の如く三代伝持の血脈の主張は全く見られないのであり、また大谷本願寺を中心として、真宗教団を統一しようとする姿勢は見られない。覚如上人の如き親鸞教義の特殊性の顕正、たとえば信心正因・称名報恩といった教学的主張は見られない。むしろ父覚如上人より寛容な、幅の広い視野より、宗祖の教義を理解して行こうという姿勢であったといえるであろう。宗祖の教学を法然教学の正統と理解して、宗祖教義の顕正に努力されたといえる。

存覚上人の著作であり、『教行信証』の最初の註釈書である『六要鈔』において、「教巻」の「謹んで浄土真宗を按ずるに」とある文章を解釈して、「真宗と言うはすなわち浄土宗なり」といっている。法然上人の浄土宗という広い視野に立って、その法然上人の浄土宗の正統をつぐ者が親鸞聖人の一流であるという姿勢より、宗祖の教学を顕正していったのが存覚上人であったといえよう。

かかる教学に対する姿勢は、父覚如上人と異なるものがあり、この点、覚如上人は自分の志と違った立場の長男存覚上人に、不満を持たれるにいたったのではないかと推定されるのである。

(3) 流浪の存覚上人

かくて、存覚上人は大谷をしりぞき、近江瓜生津（滋賀県八日市市）の愚咄（ぐとつ）のところに行き、それから奥州におもむかれた。愚咄は存覚上人の妻奈有の縁者である。また、奥州におもむいたのは、東国門弟のたすけにより、義絶をとくためであった。元亨三年（一三二三）三月に、存覚上人は奥州から近江瓜生津に着き、五月に山科の興正寺に入っている。この時、関東の門弟が上洛し、存覚上人の義絶をとくべく連署状を作り、覚如上人に義絶の解除を請おうとしたが、世上の戦乱のため、書状が焼失してしまい、覚如上人の手にとどかなかったのである。

存覚上人と了源上人との親交は深いのであり、上記興正寺は了源上人の建立になり、後、寺は山科より東山の渋谷に移建され、寺号をあらため、存覚上人は仏光寺と命名している。そして、居所をこの仏光寺の寺内に主としておいているのであり、存覚上人一家は了源上人の温かい配慮のもとで生活しているのである。存覚上人は、仏光寺教団発展のために、教学的に種々協力されていたと考えられるのである。

建武五年（一三三八）三月に、存覚上人は備後におもむき、日蓮宗徒と対論している。この当時、日蓮宗は非常な勢いで山陽道に進出している。了源上人の師明光の門下である慶円等も、備後山南を中心として活躍しているのであり、真宗と日蓮宗の伝道の先端で衝突がおこっているのである。存覚上人は、名を悟一と改めて対論し、日蓮宗徒を論破されているのであり、ために、当地の真宗は非常に興隆したといわれている。この時、存覚上人が対日蓮のためにまとめた書が『決智鈔』である。この他、備後滞在中に、門弟の願いにより著述した書として、『顕名鈔』『歩船鈔』『報恩記』『法華問答』『至道鈔』『選択註解鈔』等がある。

存覚上人は同年七月に帰京した。九月に瓜生津の愚咄が父子の間を斡旋したので、覚如上人は備後における日蓮宗徒の論破等の功により、存覚上人の義絶を解いているのである。

当時、大谷の廟堂は建武三年（一三三六）の兵火により焼失していたのであるが、暦応元年（一三三八）

十一月に、門弟等の尽力により御堂を買得して、移建が成り、大谷の影堂は出来上がったのである。翌、暦応二年夏に、存覚上人夫妻は大谷に移住し、秋には覚如上人等も大谷に帰住され、ここに父子同居の生活がはじまったのである。

しかしながら、義絶の解除は、存覚上人の留守職への復権までは認めていないのであり、一時的なものであった。覚如上人・存覚上人等が大谷に帰住した暦応二年に、覚如上人はひそかに数通の置文等を執筆しているが、その中、従覚上人（存覚上人の弟）にあてた処分状を見るに、「抑存覚小法師に於ては、すでに仏法に附すの外道、冥罰を蒙るの条顕然、其咎軽からず」等と、存覚上人に対する批判がしたためられているのである。

これらの置文を見るに、覚如上人は留守職の後継者として妻の善照尼・従覚・光養丸（従覚の子）の順で指名している。かくて、三年後の康永元年（一三四二）に、再度存覚上人は義絶されるにいたるのである。再度にわたる義絶の原因として考えられることは、上述の如き法義上の問題の外に、仏光寺の空性房了源の存在である。了源上人は伝道、教団拡大の方便として、名帳・絵系図を作って宗義を乱したので、覚如上人は『改邪鈔』において、きびしく批判されているのである。了源上人と親密な存覚上人の存在は、覚如上人の忌避する所であったと推定される。

更に、義絶のもうひとつの原因として考えられるのは、門弟の間に存覚上人を擁立して、留守職につかせようとする動きがあったことである。存覚上人には留守職復権の意志は全く見られないが、門弟の運動が覚如上人の誤解をまねき、存覚上人に復権の意図ありとして義絶がなされたものと推定されるのである。存覚上人再度の義絶の年である、康永元年十二月の青蓮院若宮の令旨等にあきらかな如く、存覚上人が留守職を競望することを否定しているのである。

(4)　晩年の存覚上人

かくて、存覚上人は大谷を退去し、所々を転居しつつ、再三和解を願われていたが、観応元年（一三五〇）八月に、日野時光等の斡旋により、和解が成立したのであった。この翌年に覚如上人は往生された。この時、存覚上人は、すでに六十一歳の老齢であった。

覚如上人のあと、本願寺は従覚上人の子である善如上人が継職しているのである。一方、存覚上人の子綱厳（慈観）は、慈空のあとをつぎ近江の錦織寺（木辺派本山）に入っているのであり、存覚上人は甥の善如上人とわが子綱厳のよき補佐役として、晩年を静かに送っているのである。従覚上人や善如上人とは、存覚上人は親交が存するのである。京都での住居は、大谷に近い今小路に坊舎をたて、常楽台と称した。

思うに覚如上人と存覚上人は、その教学に対する立場、教団に関する姿勢は全く対照的であり、覚如上人は宗祖教義の純粋性を顕正し、本願寺のもとに真宗教団を統一せんと志されたのである。これに対し、存覚上人の教学の立場は、広い視野より宗祖教義を見て行こうとするもので、覚如上人の如き三代伝持の血脈の主張により、教団を統一しようとする姿勢は全くみられないのである。

ここに、親鸞聖人没後の教団の草創期において、父子の立場の相違は、両者の間に義絶という不幸を生ぜざるを得なかったものと考えられるのである。しかしながら、存覚上人の父に対する態度には、全く反抗の姿は見られないのであり、ひたすら父に義絶の許しを乞われることに終始されているといっても過言ではないであろう。

義絶されても、なお父を慕いつづけ、親鸞聖人のみ教えの弘通にその一生をささげつくされた生き様は、尊い御報謝のご生涯であったといえるであろう。

存覚上人は学徳兼備の名僧であり、各地の門弟達にしたわれ、応安六年（一三七三）二月二十八日、八十四歳で往生されている。多数の著述をあらわされているが、最もはやいのは、この度讃仰する『浄土真要鈔』で、三十五歳、元亨四年（一三二四）の著作である。

また、代表的著述としては『六要鈔』が存する。延文五年（一三六〇）の著作で、『教行信証』の最初の本格的な註釈である。これは後の学者の本典研究の指針となったものである。

存覚上人の御一生はまさに波瀾の連続であり、その中にあって、真宗発展のためにつくされた功績は、多大なものがあるというべきである。

二　『浄土真要鈔』の性格

(1)　『浄土真要鈔』の成立

本鈔は、いうまでもなく存覚上人の著作であるが、今日、本鈔の存覚上人真蹟は残っていない。

本鈔の古写本としては、大谷大学蔵の建武五年（一三三八）写本（浅野氏旧蔵）、上越市高田の浄興寺に応永三十二年（一四二五）八月の奥書の存するもの、本派本願寺に永亨十年（一四三八）八月の奥書と、嘉吉元年（一四四一）九月の奥書（本巻のみ、巻子本）のある二本の蓮如上人写本等が存する。

本派本願寺蔵の永亨十年蓮如上人写本の末巻奥書には、次の如く記されている。

「永亨十年戊午八月十五日奉書写之畢　右筆蓮如　大谷本願寺上人之御流之聖教也　本願寺住持　存如（花押）」

この度は、『真宗聖教全書』所収の永亨十年蓮如上人写本を依用した。

本鈔成立の事情であるが、大谷大学蔵建武五年写本や、『真宗法要』所収の本鈔の校異にのせられている跋文を見るに、この間の事情があきらかである。いま、『真宗法要』所収本の校異の跋文をあげれば、次のとおりである。

元亨四歳甲子正月六日これをかきしるして、釈了源に授写しをはりぬ。そもそもこのふみをしるすをこりは、日ごろ、浄土文類集といふ書あり。これ当流の先達のかきのべられたるものなり。平生業成の義、不来迎のをもむき、ほぼかの書にみえたり。しかるにそのことば、くはしからざるあひだ、初心のともがら、こころをえがたきによりて、なを要文をそへ、かさねて料簡をくはへて、しるしあたふべきよし、了源所望のあひだ、浅才の身、しきりに固辞をいたすといへども、連々懇望のむね、黙止がたきによりて、いささか、領解するをもむきを、しるしをはりぬ。かの書を地体として文言をくはふるものなり。またその名をあらたむるゆへは、聖人の御作のなかに、浄土文類聚鈔といへるふみあり。その題目あひまがひぬべし。これさだめて作者の題する名にあらじ。他人のちにこれを案ずる歟のあひだ、わたくしに、いまこれを浄土真要鈔となづくるものなり。おほよそ、いまのぶるところの義趣は当流の一義なり。……願主の命のさりがたきによりて、これをしるすものなり。文字にうとからん人のこころえやすからんことを、さきとすべきよし、本主ののぞみなるゆへに、重々ことばをやはらげて、一々に訓釈をもちゐるあひだ、ただ領解しやすからんを、むねとして、さらに文体のいやしきをかへりみず、みんひと、いよいよあざけりをなすべし。かれにつけこれにつけ、ゆめゆめ外見あるべからず。あなかしこ、あなかしこ。

釈存覚

この跋文によるに、元亨四年（一三二四）存覚上人三十五歳の寺に、空性房了源の請いにより、本鈔を述作し、授与しているのである。

元亨四年はすでにのべた如く、存覚上人が父覚如上人より義絶されて三年目であり、この頃存覚上人は、山科に了源上人が建立した興正寺に居住しているのである。本鈔は、この山科の興正寺在住中の述作と推定されるのである。存覚上人は、了源上人に本鈔のほかに『諸神本懐集』二巻・『持名鈔』二巻・『破邪顕正鈔』三巻・『女人往生聞書』・『弁述名体鈔』等をあたえており、その関係は密接である。

了源上人は、事実上仏光寺の開基である。『存覚一期記』によれば、六波羅の南方探題越後守北条維貞の家人である比留左衛門太郎維広の中間で、彌三郎と称する武士であると記されている。すでにのべた如く、元応二年（一三二〇）に大谷に来て、法門の指導を願い出ているのである。時に存覚上人は三十一歳であり、以後、了源上人は存覚上人より教化をうけているのである。

了源上人は山科に興正寺を建立、後、寺基を京都に移転し、元徳二年（一三三〇）に寺号を仏光寺とあらためているのである。了源上人は伝道に力をそそぎ、民衆教化にあたってはたくみに対応していったのである。

その代表的手段が、名帳と絵系図である。名帳とは、一味同心の者の名字を名帳に記入するもので、この時往生は決定するとしたものであり、絵系図とは、相承する法流を肖像画で示すものである。名帳を図像化したものといえよう。かかるたくみな布教方法により、了源上人の仏光寺教団は非常な勢いで発展するのであり、以後、本願寺の蓮如上人の出現まで、仏光寺教団はその繁栄をほこったのである。

了源上人は建武二年（一三三五）に伊賀で暗殺されているのであり、没年は四十三歳であった。存覚上人は、了源上人を指導し、親交があり、経済的援助を受けると共に、反面仏光寺教団の発展のため、教学的に了源上人をたすけていたものと推定されるのである。そのひとつが、了源上人の請いにより述作された『浄土真要鈔』である。

先に引用した本鈔の跋文を見るに、当流先達のかきのべた『浄土文類集』という書があり、この中に平生業成、不来迎の義が説きのべられている。しかし、その文言がくわしくないから、初心者には領解しがたい。よって、これを更にくわしくし、説明を加えて授与するよう了源上人が所望されたから述作した、とのべられている。したがって、本鈔は『浄土文類集』を地体、すわりとして、これに文言を加えて、ことばをやわらげて訓釈し、初心者に理解しやすいように製作されているのである。

(2)『浄土文類集』の内容

『浄土真要鈔』成立のもとになった書である『浄土文類集』とは、どのような書であろうか。この書については、泰巌師の『蔵外法要菽麦私記』、僧撲師の『真宗法要蔵外諸書管窺録』において解説されている。

一説によれば、和歌山市真光寺蔵室町時代末期の写本である『取意抄出』は、『菽麦私記』『管窺録』の記事と内容的に完全に一致するのであり、同系統の類本としては、大谷大学蔵恵空伝写本、滋賀県五箇荘弘誓寺蔵恵広伝写本等が存する。この『取意抄出』がいまいう『浄土文類集』と推定されるのである。

『取意抄出』の内容であるが、㈠浄土文類集曰、㈡相伝云、㈢般舟讃云、㈣龍樹偈云、㈤涅槃経曰、㈥華厳経云という展開であり、主として臨終来迎に対して、平生業成、不来迎の義が説示されている。即ち、第十九願の自力の諸行往生が、臨終に仏の来迎をたのんで浄土に往生するのに、第十八願の他力信心の行者は、一念の信心が定まれば、平生に浄土に往生する身につき定まるのである、という不来迎の義が説かれているのである。この他、善知識論等にも論及している。

しかしながら、『浄土文類集』には安心上問題点が種々存するのであり、この点存覚上人が『浄土真要鈔』作成にあたり、苦心、配慮されたことが推測されるのである。

僧撲師の『管窺録』の『浄土文類集』に対する批評をあげれば、次のとおりである。

文の初より華厳二文をひくまでは、子細なくみへたり。人法並彰の釈よりすへは甚だうたがはしきものなり。先づ人法並彰の義を釈して、他力の法と行者といへる、まさしく玄義の意に違せり。穀食の同喩、不都合なり。次に願くは法力は先徳乃至公家には宣旨等、この一段全く還相廻向聞書の意にて、宣旨御教書の法譬は、全く彼文と同じ。かの書は善知識秘事者の所作とみゆ。この書かれによるや、かの書これによるや、いぶかし、いぶかし。……又此書大無量寿経言より摂取不捨の文をひくまでは、全く真宗意得鈔の初とおなじ。これもまた彼鈔を引たるや。又人法並彰の釈より願力の釈にいたるまでは、全く他力信心聞書と同じ。彼書はゆゆしき邪義の書也。この書かの書と同じたること、いよいよ可ᵣ怪。

この『管窺録』の批評は、『浄土文類集』の内容について、その問題点をえぐっているのである。『浄土文類集』の著者は不明である。

存覚上人は、この書の疑義のある点を修正し、真宗教義の正統な立場より論を展開し、平生業成、不来迎の問題を中心に教示することにより、『浄土真要鈔』を述作されたのである。

(3)　題目の意味

先にすでに引用した跋文に記されてある如く、宗祖親鸞聖人の著作に、『浄土文類聚鈔』という書がある。『浄土文類集』は、この宗祖の撰述とまぎらわしいから、『浄土真要鈔』という題目にされているのである。

この題目のよみ方であるが、「浄土の真要なる鈔」とよむのが自然であろうと思う。浄土の二字であるが、これに二義がある。その一は、我々の願求する清浄の仏国土、阿弥陀仏の国土のことである。その二は、宗旨に名づくる場合で、聖道自力教に対し、浄土に往生して成仏する他力浄土門のことである。いまはこの他力浄土門（浄土真宗）のことを浄土といわれているのである。

次に、真要の二字であるが、真とは真実という意味で、第十八願の真実の教法をいうのである。宗祖は、宗教を三種に分類されている。即ち、真・仮・偽である。偽の宗教とは、仏教以外の諸教・邪教をいう。仮の宗教とは、真宗以外の聖道門仏教、浄土門内の要門・真門のおしえであり、真実の宗教とは、第十八願の浄土真宗である。いまいう真とは、この第十八願の真実のおしえをいうのである。次に要とは、肝要の意味である。浄土真宗の教法の要義のことである。

最後に、鈔の字であるが、これは鈔出の義である。『唯信鈔文意』に「鈔はすぐれたることをぬきいだしあつむることばなり」と説明されている。したがって、『浄土真要鈔』とは、浄土真宗の肝要なる要義を抄出し釈する書、という意味に理解すべきであろう。

三　『浄土真要鈔』の概要

本鈔は本末の両巻に分かれているが、その内容は大別すると二段に分けることが出来る。

その第一段は、真宗教義の根本は一向専修の念仏にあることを説示されている。一向専修の念仏が、浄土往生の肝要な業因である旨を、『大経』を根本として、善導大師、法然上人、親鸞聖人のおしえにより説明されている。

第二段は、十四番の問答を展開して、親鸞聖人の浄土真宗の一流は、平生業成である旨を主として釈明し、真宗教義の肝要を説示されているのである。

まず第一問答においては、平生業成の宗義についてあきらかにしている。即ち、平生に信心をうるときに往生すべき身に定まるのであって、臨終にのぞんで往生の得否が決定するのではない旨が詳論されている。第二問答においては、第十八願文と第十八願成就文に注目して、平生業成の理由を論証されている。第三問答においては、正定聚は現生、この現実世界において得る利益であることを論証されている。所謂現生不退論である。第四問答は、『観経』下々品の所説についてである。一生造悪の悪人が臨終に善知識にあい、往生をとげるというのは、平生業成の義と矛盾しないという釈明である。

第五問答は、第十八願文と成就文との相違について論じてある。第十八願文では十念とあり、成就文には一念とある。これと往生との関連において、釈明されているのである。第六問答は、十念に執着すべきでない旨が説示されている。第十八願文等には、十念の念仏が説示されている。この意味を説明し、十声の称名念仏往生に執着すべきではなく、宗祖のおしえの如く、往生の決定は信の一念にあることをのべ、称名の多少でもって往生の得否を論ずべきでないことを説示されている。

要するに、第五・六問答は、平生業成と一念往生について論じ、経文の十念と一念の関係について説明されているのである。

第七・八・九問答においては、来迎について、念仏の利益か諸行の利益かを論じられている。即ち、第七問答においては、来迎は念仏の益ではなく、諸行の益である旨を断じられている。第八問答においては、善導大師の著作において、所々に来迎を釈されてあるが、第十八願の釈文においては、全く来迎を釈されていないと説明されている。そして、この第八問答をうけて第九問答においては、善導大師が第十八願を解釈されている所々の釈文をあげて、来迎は念仏の益ではないことを説示されている。

第十問答においては、念仏と諸行の利益が異なることを論じている。念仏の行者は、第十八願の信心を決定すると同時に、摂取不捨の益にあずかり、真実報土の浄土に往生するのであり、臨終の来迎をまつ必要はない。これに対し、諸行（念仏以外の種々の行業を往生浄土の業因として自力で修すること）の行人は、第十九願をたのみ、臨終の時に化仏の来迎を得て、胎生辺地の浄土への往生をうるのである。念仏と諸行の利益が相違する旨を論じているのである。

次に、第十一・十二・十三問答は第十問答をうけて、胎生と化生、報土と化土について分別している。まず第十一問答においては、『大経』の所説に順じ、胎生と化生の二種の往生について述べている。第十八願の行者の浄土往生は化生であり、真実報土の往生である。仏智疑惑の第十九願の諸行の者の往生は胎生であり、化土の往生である旨が釈されている。第十二問答は、胎生と化生の相状について、『大経』の文をあげて説明されている。第十三問答は、胎生と辺地について説明し、両者は名はことなるが、本質は同じである旨を論じている。そして報土と辺地、化生と胎生との勝劣について論じている。

最後に、第十四問答は、上来の十三問答をうけて展開される問答である。平生業成の一流のおしえのかなめが以上で説明されつくしたので、信心決定し、真実浄土に往生するのは、善知識のおしえによるべきである旨を説示されるのである。即ち、善知識の内容について論じられている一段である。

以上、本鈔の概要について大観したのであるが、平生業成論を中心として、浄土真宗の教義のかなめを詳論された著作ということが出来るのである。

四　念仏の相承

まず本鈔の第一段の説示よりうかがうに、浄土往生の根本である念仏の相承について説示されている。大体三つに区分することが出来る。

(a)その一は、宗祖の恩師である法然上人の念仏のおしえについてのべ、(b)その二は、宗祖の一義は、この法然上人の本意にかなうものであることを釈されている。(c)その三は、念仏の信心は釈尊、善導大師、源空上人、宗祖の相承（うけつたえ）であることを讃嘆されているのである。

(1)　法然上人の念仏

(a)の一段を見るに、冒頭に、

それ一向専修の念仏は決定往生の肝心なり。

といい、この証権として、(1)第十八願、(2)『大経』三輩の文、(3)善導大師の『散善義』の就行立信の文をあげている。そして、源空上人の専修念仏のおしえはこれをうけて展開されているものであることを、『選択集』の結論である総結三選の文を引用し、説明されているのである。

ここにわが朝の善知識黒谷の源空聖人、かたじけなく如来のつかひとして末代片州の衆生を教化したまふ。……この文（選択集総結三選の文）のこころは、すみやかに生死をはなれんとおもはば、二種の勝法のなかに、しばらく聖道門をさしをきてえらんで浄土門にいれ。浄土門にいらんとおもはば、正雑二行のなかに、しばらくもろもろの雑行をなげすててえらんで正行に帰すべし。正行を修せんとおもはば、正助二業のなかに、なを助業をかたはらにしてえらんで正定をもはらにすべし。正定の業といふはすなはちこれ仏名を称するなり。みなを称すればかならずむまるることをう、仏の本願によるがゆへにとなり。すでに南無阿弥陀仏をもて正定の業となづく、正定の業といふはまさしくさだまるたねといふこころなり。これすなはち往生のまさしくさだまるたねは念仏の一行なりとなり。

一向専修の念仏が浄土往生の根本であることを、法然上人の上に讃仰されている文面である。それならば、「一向専修の念仏」とは一体如何なる意味であろうか。

言葉の意味であるが、本鈔には「一向といふはひとつにむかふといふ、ただ念仏の一行にむかへとなり」と説明がされてあり、宗祖の『一念多念文意』には、「一向は余の善にうつらず、余の仏を念ぜず、専修は本願のみなをふたごころなく、もはら修するなり」と説明されている。本願のみ名を二心なく信じ、ひたすらに称名念仏することが、決定往生の正因であるという意味である。

名号を二心なく信じて念仏申すものは、必ずすくうということが誓われてあるのが、第十八願である。この『大経』所説の第十八願に誓われてある念仏のおしえ、阿弥陀仏の本願他力を根底とする念仏が、浄土往生の唯一無二の業因である旨を開顕されたのが、法然上人の『選択集』であり、その結論を示すのが、総結三選の文である。上に引用したのは、三選の文についての存覚上人の解釈である。

この三選の文において、法然上人は三つの選択（えらびとり）をされている。その一は聖浄二門について、その二は正雑二行について、その三は正助二業についてである。

所謂、仏教の根本目的は、転迷開悟（まよいを転じて、さとりを開く）にある。我々が生死のまよいより離脱するおしえとして、仏教では自力の聖道門と他力の浄土門の二種の勝法が説かれているが、聖道門をさしおいて、浄土門をえらぶ。浄土門の中では、正雑二行中雑行をなげすてて、えらんで正行に帰する。雑行とは阿弥陀仏に関係のない諸種の行であって、これを修して浄土往生を願うものである。正行とは、阿弥陀仏に関係のある純往生極楽の行である。念仏者の往生浄土の実践法であり、五正行のことである。五正行とは、読誦・観察・礼拝・称名・讃嘆供養である。この正雑二行中、五正行をえらぶのである。

そしてこの五正行が、正定業と助業の二に分類される。五正行中の前三（読誦・観察・礼拝）後一（讃嘆供養）が助業であり、第四の称名が正定業である。この正助二業中、助業をかたわらにして、称名正定業を究極的な往生行として選択するのである。

法然上人は、仏教の八万四千の教法中より、往生浄土の唯一無二の行として、念仏一行を選択されたのである。このことを結論的に示しているのが、三選の文であって、法然浄土教の帰結を示すものといえよう。正定業とは、まさしくさだまるたねという意味である。私共凡夫をして、まさしく往生成仏に決定せしめる業因、たねという意味である。そのたねとは、南無阿弥陀仏の名号を称する念仏の一行であり、これを称名正定業というのである。

それならば何故、称名念仏がよく正定業たりうるのであろうか。そのことを、「依仏本願故」（仏の本願によるがゆえに）と説明されているのである。阿弥陀仏を信じ、二心なく称名念仏する者は、すくわずにはおかぬという「若不生者不取正覚」の本願力によりてこそ、一向専修の念仏は決定往生の業因となりうるのである。阿弥陀仏は第十八願において、一切の諸行をえらびすて、念仏一行を往生の因法としてえらびとられたのである。

法然上人は、この称名念仏を本願の行といわれている。この場合注意すべきは、称名念仏する我々の口称の功力、となえるはからいに浄土往生の功徳があるのではない。法然上人のいう本願に順じた念仏は、他力の念仏である。私によってとなえられている名号それ自体に、無上の功徳が存するといわねばならない。

『選択集』本願章に「名号はこれ万徳の所帰」といい、また利益章に、「一念をもって一無上となす。まさに知るべし、十念を以て十無上となし……千念を以て千無上となす」といわれている如きは、一声の称名にも無上の価値が具有されていることを示した説示といえるであろう。何故ならば、本願所誓の他力の念仏であるからである。

(2) 宗祖の相承

本鈔冒頭の総説部分(b)の一段には、法然上人を正しく受けついだ宗祖親鸞聖人のおしえについて説示されている。

しかるにこのごろ浄土の一宗にをいて面々に義をたて行を論ずるいへいへ、みなかの黒谷のながれにあらずといふことなし。しかれども解行みなおなじからず、をのをの真仮をあらそひたがひに邪正を論ず。まことに是非をわきまへがたしといへども、つらつらその正意をうかがふに、もろもろの雑行をゆるし諸行の往生を談ずる義、とをくは善導和尚の解釈にそむき、ちかくは源空聖人の本意にかなひがたきものをや。

覚如上人・存覚上人の頃に、法然上人の門流は非常に発展している。ひとり振るわないのは親鸞聖人の一流であった。

法然上人の没後、その門流は蘭菊その美をきそったのであるが、その中、主なものをあげれば、次のとおりである。幸西上人（一一六三～一二四七）の一念義、隆寛律師（一一四八～一二二七）の長楽寺流、弁長上人（一一六二～一二三八）の鎮西派、証空上人（一一七七～一二四七）の西山派、長西上人（一一八四～一二六六）の九品寺流である。特に、鎮西・西山両派を中心として、法然門下の異流は繁栄しているのである。

しかしながら、これ等の異流は、法然上人のおしえを正しく伝承しているとはいいがたいのである。このことは、存覚上人の父である覚如上人において、すでに強く意識されているのである。

覚如上人の著作である『口伝鈔』を見るに、浄土宗鎮西派祖聖光房弁長や西山派祖善恵房証空に対して批判している。たとえば、弁長上人についての覚如上人の批判を見るに、弁長上人は親鸞聖人の引導により法然上人の弟子となり、のちに師法然上人のもとを辞して、西下するにあたり、法然上人より勝他（他に対し威張ること）・利養（利益をもとめること）・名聞（名誉心）の点で注意をうけた。しかし、西下の後は、師にそむいて諸行往生の異説を主張したと、批判している。

つゐにおほせをさしをきて口伝をそむきたる諸行往生の自義を骨張して自障障他する事、祖師の遺訓をわすれ諸天の冥慮をはばからざるにやとおぼゆ。かなしむべし、おそるべし。しかればかの聖光坊は、最初に鸞上人の御引導によりて黒谷の門下にのぞめる人なり。末学これをしるべし。

この記事の史実の信憑性については疑問があるが、鎮西教義に対する批判を示したものである。弁長上人は黒谷（法然上人）の流れをくむにもかかわらず、師説と異なる諸行往生を主張したと、『口伝鈔』は指摘しているのである。

ひるがえって、『真要鈔』を見るに、上に引用した如く、存覚上人は父覚如上人と同じく、法然門下の異流においては、師説を正しく伝承せず、おのおの義を立て、相互に邪正を論じている。特に諸行往生を主張するのは、善導大師、ちかくは法然上人の本意にそむく旨を説示しているのである。

文中に批判している諸行往生の主張とは、主として弁長上人の鎮西派などの教義をさしているものと考えられる。諸行往生とは、念仏以外の雑多な行業を自力で修し、善根をつみ上げて浄土に往生しようとするものである。法然上人は、浄土往生の業因として本願の他力念仏ただ一行を選択（えらびとる）し、余他の一切の諸行は非本願の行として選捨（えらびすてる）されているのである。法然門下の浄土異流が、師説を逸脱していることを指摘し、親鸞聖人の一流のみが、法然上人のおしえの正統をつぐものであることを、存覚上人は説示されているのである。

しかるにわが親鸞聖人の一義は、凡夫のまめやかに生死をはなるべきをしへ、衆生のすみやかに往生をとぐべきすすめなり。そのゆへは、ひとへにもろもろの雑行をなげすてて、もはら一向専修の一行をつとむるゆへなり。……念仏の一行はこれ弥陀選択の本願なり、釈尊付属の行なり、諸仏証誠の法なればなり。釈迦・弥陀をよび十方の諸仏の御こころにしたがひて念仏を信ぜんひと、かならず往生の大益をうべしといふことうたがひあるべからず。かくのごとく、一向に行じ一心に修すること、わが流のごとくなるはなし。

法然上人を正しく伝統された親鸞聖人の化導が、仏意にかなうものであることを論証されている。念仏の一行は、(イ)弥陀選択の本願であり、(ロ)釈尊付属の行であり、(ハ)諸仏証誠の法であるといわれている。(イ)弥陀選択の本願とは、『選択集』本願章の意を受けるものである。弥陀選択の本願とは、第十八願である。阿弥陀仏は昔、法蔵菩薩の時に四十八願を建立して、成仏されたのである。その中での根本の願、王本願といわれるものが、第十八願である。我々が浄土に往生するには、色々な因行があるが、雑多な諸行を捨てて、他力念仏の一行こそが往生成仏の因行として選択（えらびとる）されたのが、第十八願である。この第十八願所誓の念仏を、選択本願の行というのである。

それならば何故、法蔵菩薩は念仏一行をえらびとられたのであろうか。『選択集』本願章の説意によれば、勝易の二徳があげられている。

勝徳とは、我々によってとなえられる名号には、仏の一切の功徳が摂在しているということである。このことを、法然上人は「名号はこれ万徳の帰する所なり」と讃じておられるのである。

易徳とは、念仏は修し易いということである。『歎異抄』に「やすくたもち（信じやすい）となへやすき名号を案じいだしたまひて」とあるのが、この意味である。念仏がお浄土に生れさせて頂く因となるのは、私が口に称するはからいに功徳があって、往生の業因となるのではないのである。私によってとなえられているる名号の功徳によって、往生成仏せしめられるのである。何故ならば、阿弥陀仏選択の本願に誓われてあるからに外ならない。

次に、(ロ)釈尊付属の行とは、『選択集』の念仏付属章の説意を受けるものである。『観経』の正宗分（一経の本論にあたる部分）には、主として定善（定心の観法）と散善（廃悪修善の散心の行）の行業が説かれているが、巻末の流通分（一経のかなめを示し、後の世に流通せしめることを記した部分）にいたって、釈尊は阿難に対して、「無量寿仏の名をたもて」といい、一経の結論を説示されているのである。

『観経』では、浄土に往生する因法として定善・散善の行法が説かれていたが、帰する所は、定善・散善にあるのではなく、無量寿仏のみ名を称する称名念仏に一経の結論があることを示されてあるのが、『観経』の流通分の説意である。中国の善導大師は、その著『観経疏』において、この流通分の文を解釈して次の如くいわれている。


上よりこのかた定散両門の益を説くといへども、仏の本願の意をのぞまんには、衆生をして一向にもっぱら弥陀仏の名を称するにあり。


『観経』には、往生成仏の因法として定善や散善、念仏が説かれているが、本願の仏意にのぞむれば、弥陀仏名を一向に称する念仏に本経の説意が結帰する旨を釈されているのである。このように、本願の念仏は『観経』において、釈尊が一経の結論として後の世までも伝えてくれよと、阿難に付属せられたものであることを、釈尊付属の行というのである。

最後に、(ハ)諸仏証誠の法とは、『選択集』の証誠章の説意を受けるものである。『阿弥陀経』の正宗分証誠段において、六方の諸仏方が念仏のおしえがまことであることを証明され、一切の人々に信をすすめられている。このように、念仏は諸仏がそのまことを証明される法であることを、諸仏証誠の法といわれているのである。かくて、念仏のみ教えは、弥陀・釈迦・諸仏の御心にかなったおしえであり、この念仏を信ずる者は往生の大益を得ることが出来ると存覚上人は説示し、そしてこの恩師法然上人の念仏のみ教えを正しく伝統されているのが、親鸞聖人の一流である旨を述べているのである。

この事は、親鸞聖人自身も語られているのであって、『歎異抄』に、

　親鸞におきては、ただ念仏して弥陀にたすけられまひらすべしと、よきひと（法然上人）のおほせをかぶりて信ずるほかに、別の子細なきなり。

といわれているものと同じ説意というべきであろう。

(3)　知識相承の恩恵

本鈔の総説部分の(c)の一段は、念仏のみ教えを伝える善知識のご恩についてのべられている。

　釈尊・善導この法をときあらはしたまふとも、源空・親鸞出世したまはずはわれらいかでか浄土をねがはん。たとひまた源空・親鸞世にいでたまふとも、次第相承の善知識ましまさずは真実の信心をつたへがたし。

善知識とは、第十八願のまことのみ法を教え伝える人々をいうのである。この世に釈尊があらわれ、弥陀如来の本願にちかわれた念仏のみ教えをときたまい、善導大師はその経説の真実のおしえを開顕したもうたのである。そして、これをうけつぎ、我々末世の凡夫に念仏のみ教えを教示し、つたえて下さったのが源空

上人・親鸞聖人である。

しかし、もし源空上人・親鸞聖人が出世されなかったとしたならばどうであろうか。私共はどうして浄土をねがうことが出来るであろうか。ひいては、源空上人・親鸞聖人以後の、念仏のみ教えをうけついで下さった善知識がおられなかったならば、真実の信心はつたわらなかったであろうといい、世々に真実のみ教えを伝えて下さった善知識の恩恵について、説示されているのである。文中の「次第相承の善知識」とは、存覚上人にとっては、如信上人・覚如上人等をさすものといえよう。

かくて、存覚上人は善導大師の『般舟讃』の文を引用して、

「若非本師知識勧、弥陀浄土云何入」といへり。文のこころは、もし本師知識のすすめにあらずは弥陀の浄土いかんしてかいらんとなり。知識のすすめなくしては浄土にむまるべからずとみえたり。

といい、善知識のすすめなくしては浄土往生の不可能な事をのべて、善知識のご恩について嘆じられているのである。

『般舟讃』の本文中の「本師知識」とは、娑婆出現の釈尊をさすのであるが、存覚上人の引用意図は仏・菩薩だけではなく、凡夫の知識にも通じ、念仏のみ法をつたえる人なれば、釈尊と同じく本師知識ととうとぶべしとあらわしたもう意と、うかがうのである。

かくて、存覚上人は善知識による教化を讃嘆し、報恩謝徳のために「弥陀の大悲をつたへてあまねく衆生を化する、これまことに仏恩を報ずるつとめなり」と、この一段を結んでいるのである。

五　平生業成の宗義

本鈔は、最初の一向専修の念仏についての説示の一段の次に、十四番の問答を展開し、親鸞聖人の浄土真宗は平生業成である旨を顕開し、真宗教義のかなめについて詳論されている。

まず第一問答であるが、問いの意味は、法然門下の諸流派においては、浄土往生に関して異なった主張が見られるとし、平生業成・臨終往生、来迎・不来迎の義の中、わが親鸞聖人の一流においては、いずれにその立場をおくのかという問意である。

浄土異流においては、臨終往生、来迎論を主張するのである。浄土異流とは、西山・鎮西・九品・長楽寺等の流義のことであるが、いま鎮西派の説でいえば、平生において、念仏（自力念仏）を申し、その平生における称功により、臨終において往生が決定すると説くのである。往生の得否は、平生の念仏の積功（念仏を申し善根を積み上げる功徳）により、臨終時に決定するのである。そして、臨終に仏の来迎にあずかり、浄土に往生すると主張するものである。来迎とは、行者の臨終に仏・菩薩が来たって、行者を迎え、浄土に往生せしめることをいうのである。

これに対して、平生業成ということとは、平生とは臨終に対する語であり、平常の時をいう。業成とは、業事成弁ということである。業事とは往生のための業因、たね（因種）ということであり、これが満足、成就するのを成弁というのである。したがって、真宗においては、臨終にことさら来迎の必要はみとめないのである。これを不来迎というのである。平生業成・不来迎が真宗のすわりといえよう。

この第一問答の答えは、大体三つに区分することが出来る。(a)その一は、平生業成の宗義の根本的立場を摘示し、(b)その二は、「正信偈」の「能発一念喜愛心云々」以下の四句を引用し、一念の信心により得るところの平生業成の宗義をあらわし、(c)その三は、同じく「正信偈」の「摂取心光常照護云々」以下の六句を引用し、阿弥陀如来の摂取心光のはたらきによって得るところの正定聚の益により、平生業成・不来迎の義を釈顕するものである。

(1) 平生業成の根本的立場

答えの部分の(a)の一段を見るに、法然門下における親鸞聖人の一流の根本的立場が示されてある。

こたへていはく、親鸞聖人の一流にをいては平生業成の義にして臨終往生ののぞみを本とせず、不来迎の談にして来迎の義を執せず。ただし平生業成といふは平生に仏法にあふ機にとりてのことなり、もし臨終に法にあはばその機は臨終に往生すべし。平生をいはず臨終をいはず、ただ信心をうるとき往生すなはちさだまるとなり。

親鸞聖人の一流においては、平生業成を宗義とするのであり、臨終往生を目的とするものではない。したがって、来迎を期待しないと明示されている。平生に本願を信ずる一念、信ずると同時に、浄土往生の業因がみたされ、かならず往生すべき身（正定聚）につき定まるのである。これを平生業成というのである。

浄土真宗は、他力廻向の宗教である。如来は私共をすくおうという本願、大慈悲心より、名号を私達に廻向（ふりむけあたえる）されるのであり、その名号を二心なく領納し、信ずる所、往生成仏する一切の功徳は、名号を通して私にめぐまれてあるといわねばならない。

したがって、本願名号のおいわれを聞信した時、即ち平生において、摂取不捨の利益にあずかり、浄土往生が決定して、臨終をまたないのである。そして、平生に往因が満足しているから、来迎の必要はないのである。

これに対して、自力の諸行往生の行者は、善根功徳をつみあげて、浄土往生を期するから、往生の行業が成就し難く、臨終にいろいろな雑念煩悩のために悩乱せしめられるのである。そこで仏・菩薩が、臨終にあらわれ、引接しなかったならば、自力の行者は往生することが出来ないから、来迎が必要なのである。平生の自力の念仏・諸行による善根の積功により、臨終時に来迎の仏の引接にあずかり、そこではじめて煩悩罪障が滅して業事が成弁するのである。

このことを、宗祖は『末灯鈔』において、次の如く説示されている。

来迎は諸行往生にあり、自力の行者なるがゆへに、臨終といふことは諸行往生のひとにいふべし、いまだ真実の信心をえざるがゆへなり……真実信心の行人は、摂取不捨のゆへに正定聚のくらゐに住す。このゆへに臨終まつことなし、来迎たのむことなし、信心のさだまるとき往生またさだまるなり、来迎の儀則をまたず。

この文は、『真要鈔』の唯今の第一問答中にも引用されているのである。

ところで真宗では、臨終の業成はいえないのであろうか。もし短命の人で、臨終ではじめて遇法の縁にあわば、聞信の一念に往生の業因が満足するものといわねばならぬ。この場合、平生に業成したものと、臨終にはじめて聞信したものとは同じである。本願を信ずる一念に往生が決定するのであるから、平生と臨終を択(えら)ばないというべきである。

このことを『真要鈔』は、「平生をいはず、臨終をいはず、ただ信心をうるとき往生すなはちさだまるとなり」と説示されているのである。

(2) 信の一念と平生業成

(b)の一段を見るに、「正信偈」を引用し、一念の信心の利益としての平生業成の義が示されている。

「能く一念喜愛の心を発すれば、煩悩を断ぜずして涅槃をうるなり、凡聖逆謗ひとしく廻入ずれば、衆水海に入りて一味なるが如し」といへり。この文のこころは、よく一念歓喜の信心をおこせば、煩悩を断ぜざる具縛の凡夫ながらすなはち涅槃の分をう、凡夫も聖人も五逆も謗法もひとしくむまる、たとへばもろもろのみづの、うみにいりぬれば、ひとつうしほのあぢはひとなるがごとく、善悪さらにへだてなしといふこころなり。

この「正信偈」の文は、仏になる信心の利益を示したものである。

「よく一念喜愛の心を発すれば」とは、如来の本願を信じた一念にという程の意味である。「煩悩を断ぜずして涅槃をうるなり」とは、煩悩にしばられた凡夫の身のままで、「涅槃の分をう」と釈されている。「涅槃の分をう」とは、蓮如上人の『正信偈大意』には、「わが身には煩悩を断ぜざれども、仏のかたよりはつゐに涅槃にいたるべき分にさだまるものなり」と釈されてある如く、涅槃にいたるべき位につき定まることをいうのである。つまり、不断煩悩の凡夫のまま正定聚の位に、信一念同時につき定まることをいうのである。

最後の「凡聖逆謗ひとしく廻入すれば、衆水海に入りて一味なるが如し」とは、いろいろの異なった川の水も海に入れば、ひとつの塩味になる如く、凡夫であれ聖者であれ、逆謗の存在であれ、如来の真実を信ぜば、すべて平等に浄土に往生し、仏果を得させて頂く利益があることを説示されているのである。

我々の浄土往生の業因は、信一念同時に満足せしめられるのであり、煩悩具足の凡夫のままで、涅槃を証得すべきなかま、いいかえれば正定聚につき定まり、平等の仏果を得る利益が信心の行者にはめぐまれてある旨を、「正信偈」を通して存覚上人はあきらかにし、平生業成の宗義を解明したものといえよう。

したがって、至心信楽の信心の行者にあっては、往生は臨終にいたってはじめて決定するのではなく、平生の信心開発の信の一念にその業因が成就するのである。平生に往生の業因が満足する以上、臨終に聖衆の来迎引接を期待する必要はないのである。このことを次の如く、存覚上人は本鈔で説示している。

されば至心信楽の信心をえながら、なを往生をほかにをきて、臨終のときはじめてえんとはおもふべからず。したがひて信心開発のとき摂取の光益のなかにありて往生を証得しつるうへには、いのちをはるときただそのさとりのあらはるるばかりなり。ことあたらしくはじめて聖衆の来迎にあづからんことを期すべからずとなり。

(3) 摂取不捨の利益と平生業成

(c)の一段を見るに、次の「正信偈」の文を引用して、平生業成義を説明されている。

摂取の心光常に照護したまふ、已によく無明の闇を破すと雖も、貪愛瞋憎の雲霧、常に真実信心の天におほへり、譬えば日光の雲霧におほはるれども、雲霧の下明らかにして闇なきが如し。

この「正信偈」の意味する所は、信心の利益として、摂取不捨の光明の利益を説示したものである。信心の行者は、如来の摂取の光明に護られている。故に、本願疑惑の闇ははらしていただいているが、貪り愛する心、瞋り、憎しみの心の雲や霧が真実信心の天をおおっている。それはあたかも太陽が、雲や霧におおわれている如くである。しかし、太陽が雲や霧におおわれていても、昼間その下はあきらかで闇がない如く、信心の天は貪愛・瞋憎の雲や霧におおわれていても、本願をうたがう闇は、はれているという趣旨である。

この「正信偈」の趣旨に立脚して、存覚上人は正定聚不退の平生業成義を、次の如く説示しているのである。

されば信心をうるとき摂取の益にあづかる、摂取の益にあづかるがゆへに正定聚に住す。しかれば三毒の煩悩はしばしばおこれどもまことの信心はかれにもさへられず、顚倒の妄念はつねにたへざれどもさらに未来の悪報をばまねかず。かるがゆへにもしは平生もしは臨終、ただ信心のおこるとき往生はさだまるぞとなり。これを正定聚に住すともいひ、不退のくらゐにいるともなづくるなり。

その意味は、信心獲得と同時に弥陀如来の摂取不捨の利益にあずかるのである。摂取不捨の益を得るから、正定聚に住するのである。

正定聚とは、正しく往生成仏すべき身に決定した仲間という意味で、信心の行者は、この正定聚の位につき定まるのである。平生業成の行者の得る利益である。この正定聚の位を得ても、凡夫の身体が存する以上、貪欲・瞋恚・愚痴の三毒の煩悩はたゆることはない。しかし、如来よりたまわった信心はかかる煩悩にも邪魔されず、この信心の利益により、妄念煩悩も未来の悪報をまねかないのである。

したがって、平生、または臨終に信心決定したならば、その時往生すべき業因満足するのであり、往生すべき身につき定まるのである。このことを正定聚に住すとも、不退の位（往生成仏すべき位）にいるともいうのである、という説意である。

平生に信心決定して、正定聚に住せる信心の行者は、たとい三毒の煩悩が生じおこっても、平生業成のことわりは不変である旨を、「正信偈」を通して釈顕されたものといえよう。

かくて、第一問答は、親鸞聖人の一流は浄土異流に対して、平生業成・不来迎を根本的立場とする旨をあきらかにされたものといえるであろう。

六　経典の文義と平生業成

本鈔の第二問答を見るに、まず問いの意味するところは、不来迎の義は、経文の上からどこにその根拠、義理を求むべきであるのかという問意である。いいかえれば、平生の信心決定の時、臨終をまたずに浄土に往生すべき身につき定まるのは、経文のどの文義によるのであるかという意味である。

この問題について存覚上人は、「世のなかにひろまれる諸流（浄土異流）、みな臨終をいのり来迎を期す、これを期せざるはひとりわがいへ（浄土真宗）なり」といい、経典の上における不来迎の文拠として、『大経』の第十八願文と、第十八願成就文とをあげて説明されている。

(1) 第十八願文の説意

存覚上人は次の如くいっている。四十八願のなかで念仏往生の利益をとくのは、第十八願である。しかし、この第十八願の文中には、臨終・平生についての教示がなされていない。臨終における聖衆の来現（来迎）の儀が示されていないのである。第十八願文に来迎のおもむきが教示されていない以上、第十八願に帰し、本願を信じて念仏申し、往生に思いをいたすとき、臨終をまたず、往生すべき身に平生に決定するのであって、来迎を期する必要はない。不来迎、平生業成が、第十八願の誓意である旨を存覚上人は説示しているのである。

そして、更に第十八願自体について、次の如く説明している。

この願のこころは、たとひわれ仏をえたらんに、十方の衆生、心をいたし信楽してわがくににむまれんとおもふて乃至十念せん、もしむまれずは正覚をとらじとなり。この願文のなかに、またく臨終ととかず平生といはず、ただ至心信楽の機にをいて十念の往生をあかせり。しかれば臨終に信楽せば臨終に往生治定すべし、平生に至心せば平生に往生決得すべし。さらに平生と臨終とによるべからず、ただ仏法にあふ時節の分斉にあるべし。しかるにわれらはすでに平生に聞名欲往生の義あり、ここにしりぬ、臨終の機にあらず平生の機なりといふことを。かるがゆへにふたたび臨終にこころをかくべからずとなり。

宗祖の『大経』四十八願の見方の特色は、真と仮の両面より分別されるところにある。仏の真実の思召しが説かれている願を、真実の願というのである。真実の願とは、第十一・十二・十三・十七・十八・二十二願である。この中、往生成仏の真因（信心）が誓われているのが、第十八願である。

この真実の願に対し、方便の願とは、他力真実の教法が領解出来ない者のために、真実に導入するためのてだてとしてのおしえが誓われている願であり、第十九願と第二十願がこれにあたる。第十九願は、自力で修した諸善万行の善根を浄土にふりむけて、仏のすくいにあずかり、浄土往生をねがうおしえが誓われてあり、第二十願は、自力念仏を修し、その善根を仏果菩提にふりむけ、浄土に往生しようとする者をすくおうと誓われてある願である。

ところで、今問題にしている来迎は、方便の願である第十九願には出ているが、真実の願であり、浄土への往因が誓われてある第十八願には誓われていないのである。第十九願に誓われてある来迎の願文を示せば次のとおりである。

設ひ我仏を得んに……寿終の時に臨みて仮令大衆と囲繞して其の人の前に現ぜずは、正覚を取らじ。

自力で諸善万行を修し、浄土を願生する行者は、寿命がつきんとする臨終に、仏の来迎が約束されているのであり、来迎することが出来なかったならば、正覚を取らぬという願意である。したがって、自力願生の第十九願の行者は、臨終の仏の来迎が、浄土への往生の得否の条件になるといわねばならない。臨終における仏の来迎が期待せられるのであり、臨終時の仏の来現に会うまでは、浄土往生は不確定、不安であるといわねばならぬ。

これに対して、真実願である第十八願には、臨終、平生についての分別は存しない。ただ誓われてあることは、「至心信楽の機にをいて十念の往生をあかせり」と存覚上人は説示している。

至心信楽の機とは、真実信心の行者という意である。十念の往生とは、十念とは願文の「乃至十念」の称名念仏のことである。

中国の善導大師は、この「乃至十念」を、「上は一形を尽し、下は十声一声に至る」と釈されている。となえることが出来れば、上は一生涯（一形）を通して、となえることが出来ねば、下は十声一声でもよく、全く強制されない他力のお念仏である。信心決定し、お念仏申し、お浄土に往生させて頂くことを、十念の往生と説示されているのである。

したがって、浄土往生の決定する時は、臨終に信心決定したならば、臨終に往生がさだまるのであり、平生に信心決定したならば、平生に往生すべき位である正定聚に住するのであり、往生の得否の時期は、平生と臨終を問わないというべきである。浄土往生が決定するのは、仏の真実にあう時節によるのである。

我々日頃よりおみのりを頂いている者にとって見れば、臨終をまつ必要はないのであって、このことを存覚上人は「われらはすでに平生に聞名欲往生の義あり」と説示されている。「聞名欲往生」は、『大経』「東方偈」の文であり、名号を聞信し、浄土往生を要期（あらかじめ期待する）するおもいに住することを意味する。したがって、往生は信心決定の平生に決するのであって、再度臨終におもいをかける必要は存しないと、説明されているのである。

(2)　第十八願成就文の説意

この第十八願成就文について、存覚上人は次の如く釈されている。

この文のこころは、あらゆる衆生その名号をききて信心歓喜し乃至一念せん、至心に廻向したまべり、かのくににむまれんと願ずればすなはち往生をえ不退転に住すとなり。こころは、一切の衆生、無碍光如来のみなをききえて、生死出離の強縁ひとへに念仏往生の一道にあるべしとよろこびおもふこころの一念おこるとき往生はさだまるなり、これすなはち弥陀如来因位のむかし至心に廻向したまへりしゆへなりとなり。

第十八願成就文には、一切の衆生が無碍光如来の名号を聞信し、信心歓喜する信の一念に、往生すべき身に定まることが説示されている。

第十八願成就文の「その名号を聞きて」とある聞を、宗祖は『一念多念文意』に、「きくといふは、本願をききて、うたがふこころなきを、聞といふなり。またきくといふは、信心をあらわす御のりなり」と説明されている。

また、信心決定する信の一念を、成就文では「信心歓喜し乃至一念せん」とあるが、この文を『一念多念文意』では、「信心は、如来の御ちかひをききてうたがふこころのなきなり。歓喜といふは、歓はみをよろこばしむるなり、喜はこころによろこばしむるなり、うべきことをえてむずと、かねてさきよりよろこぶこころなり。乃至は、おほきおも、すくなきおも、ひさしきおも、ちかきおも、さきおも、のちおも、みなかねおさむることばなり。一念といふは、信心をうるときのきわまりをあらわすことばなり」と説明されている。

要するところ、信の一念とは、信心を決定する最初の時をいうのである。このことを「信巻」で宗祖は、「一念といふは信心を獲得する時節の極促（きわまり）をあらわす」といわれているのであると、存覚上人は釈されている。

この信の一念同時に、仏はおのが一切の果徳を名号により衆生に至心に廻向したもうのである。「至心に廻向したまへり」とある成就文を、『一念多念文意』には、「至心廻向といふは、至心は真実といふことばなり、真実は阿弥陀如来の御こころなり。廻向は、本願の名号をもて十方の衆生にあたへたまふ御のりなり」と釈されている。仏心の真実全体を、信一念同時に、名号によりわれわれにめぐみたもうことを、「至心廻向」というのである。

したがって、この信一念同時に仏果の真因は満足せしめられ、平生の一念において、往生すべき身につき定まるものといわねばならない。このことを、『真要鈔』で次の如く説明されている。

いまいふところの往生といふは、あながちに命終のときにあらず、無始已来輪転六道の妄業、一念南無阿弥陀仏と帰命する仏智無生の名願力にほろぼされて、涅槃畢竟の真因はじめてきざすところをさすなり。すなはちこれを「即ち往生を得、不退転に住せん」とときあらはさるるなり。

したがって、成就文の「即ち往生を得、不退転に住せん」とは、臨終時をいうのではなく、平生の信心決定の時に、往生すべき身につきさだまることをいうのである。このことを、存覚上人は次の如くも説明されているのである。

即得といふは、すなはちう（得）となり、すなはちうといふは、ときをへだてず、日をへだてず、念をへだてざる義なり。されば一念帰命の解了たつとき、往生やがてさだまるとなり。うるといふはさだまるこころなり。

往生を得るというのは、唯今に浄土に往生することではない。

「うるといふはさだまるこころ」とも、「往生やがてさだまるとなり」ともいわれている如く、捨此往彼の実質上の浄土往生は、未来の我々の娑婆での命終と同時であるが、いま問題にしている成就文の「即得往生住不退転」の意味は、平生の信一念同時に、浄土に往生すべき身にさだまりつくことをいうのである。いいかえれば、正定聚の位につき定まることをいうのである。

(3)　一念の信心の内容と平生業成

かくて、存覚上人は最後に、平生に我々を往生すべき身につき定まらせる一念の信心の価値の絶対性について説示されている。

この一念帰命の信心は凡夫自力の迷心にあらず、如来清浄本願の智心なり。

行者のおこす信心は、如来の願心とひとつである。たとえば、二河白道の譬にある衆生の貪欲・瞋恚の水火二河の中間の白道を、中国の善導大師は、一方では如来の願力の道にたとえ、一方では行者の信心（清浄願往生心）にたとえている如きは、白道に二つあるのではなく、如来の願心がめぐまれて衆生の信心となるのであって、別体あるものではないことを示すものである。

中間の白道は、あるときは行者の信心といはれ、あるときは如来の願力の道と釈せらる。これすなはち行者のおこすところの信心と如来の願心とひとつなることをあらはすなり。

衆生の信心は、如来よりたまわりたる他力廻向の信心である。如来の願心が廻向されて、衆生の一念帰命の信心の成立があるのである。

いいかえれば、法蔵因位の御修行の果徳一切が浄土往生のたねとして、名号を通して廻向されるのであり、その名号を聞信する一念に仏智（仏心）がわが心中に満入し、仏心凡心一体となり、摂取不捨の利益にあずかるといわねばならぬ。

このことを、存覚上人は、

法蔵比丘として難行苦行積功累徳したまひしとき、未来の衆生の浄土に往生すべきたねをば、ことごとく成就したまひき。そのことはりをききて一念解了の心おこれば、仏心と凡心とまたくひとつになるなり。

とも説明されているのである。

一念の信心は他力廻向の信心であり、仏心の衆生心中へ満入せるものである。したがって、信心決定と同時に平生に往因満足して、往生すべき身に定まりつく平生業成のおしえは、理の必然というべきであろう。

かくて存覚上人は、第十八願文と成就文の上より、不来迎の義理を説明されているのである。

七　現生正定聚（現生不退）の教説

本鈔の第三問答は、真宗の正定聚の特色について語られている。この問答は、前に説明した第二問答の説意をうけて展開されている。第二問答において、存覚上人は第十八願成就文の「即得往生住不退転」を、信心決定と同時にこの土で得る利益と解される宗祖の思召しにより解釈されていた。

しかし、浄土教一般においては、この点について解釈を異にするのである。一般的に正定聚とは、かならず仏果、さとりにいたるべき位につき定まることであり、不退転とは、生死のまよいの境界にかえらないことを示す用語である。表現は異なっているが、意味するところは同じである。

ところが、この用語の取扱いについて、浄土教一般においては、共に浄土の事として説かれる。現実の土はまよいの土であり、穢土である。仏道修行の土としては不適当である。そこで、まず清浄な浄土に往生し、修行をして仏果を証せんと志すのである。浄土に往生して、まず正定聚不退転の位に入り、さらに修行をつみ、仏果にいたらんとするのである。

この浄土教一般の考え方に対して、宗祖は正定聚（不退転）の位は、信心決定と同時に現実において得る利益とし、究竟のさとりの仏果は浄土に往生すると同時にめぐまれる世界である、と教示されているのである。したがって、正定聚とは、現実における仏因円満を示すことばといえよう。

これに対し、浄土教一般の立場よりの疑問が、第三問答である。

問ていはく、念仏の行者一念の信心さだまるとき、あるひは正定聚に住すといひ、あるひは不退転をうといふこと、はなはだおもひがたし。……しかれば即得往生住不退転といへるも浄土にしてうべき益なりとみえたり、いかでか穢土にしてたやすくこのくらゐに住すといふべきや。

と、現生不退（現実の世で不退転の位、正定聚の位につき定まる真宗教義の特色を示すことば）の真宗教義に問いをなげかけているのである。

これに対し、存覚上人は以下三段にわたって、真宗の現生不退論を説示している。(1)第一段は、現生不退の基本的立場を略示し、(2)第二段は、『往生礼讃』と『阿弥陀経』に依り、(3)第三段は、宗祖の釈義の上より解明している。

(1) 現生不退の基本的立場

浄土と現実の穢土とを比較せば、浄土はきよらかな世界であり、この浄土に生ぜば二度とまよいの境界に退転することのない不退の世界である。しかし、現実の穢土は煩悩にけがれた世界であり、生死を流転せざるを得ない有退の土である。また、菩薩は自力の仏道修行により煩悩を断じ、まよいに退転しない不退の位に到達出来るが、凡夫は煩悩具足の身であり、まよいに退転せざるを得ない身である。

したがって、穢土の凡夫が、不退の位につき定まることは不可能というべきである。しかるに、この不可能を可能ならしめるものが、金剛の信心に他ならぬのである。このことを存覚上人は、

しかるに薄地底下の凡夫なれども、弥陀の名号をたもちて金剛の信心をおこせば、よこさまに三界流転の報をはなるるゆへにその義不退をうるにあたれるなり。これすなはち菩薩のくらゐにをいて論ずると

ころの位・行・念の三不退等にはあらず、いまいふところの不退といふはこれ心不退なり。

と説示している。

我等凡夫であっても、仏が、おのがすべての功徳をこめてめぐみたもうた名号を領納し、金剛の信心決定したならば、信心の徳により、まよいの流転の境界よりはなれることができ、正定聚不退転の位につき定まることが出来るのである。

このまよいの境界に退転しない不退の位は、自力の菩薩のうる位・行・念の三不退ではなく、心不退であるといっている。位・行・念の三不退とは、位不退とはすでに修得した仏道の位を退失しないことをいう、行不退とは、修したところの行法を退失しないことをいう、念不退とは、正しい心のおもい、正念を退転しないことをいう。この三不退は、自力の聖道門仏教でいうところであり、所謂、断惑証理の仏道の過程の上での所談である。

これに対して、心不退とは、浄土真宗でいうところであり、現生不退のことである。他力廻向の信心の故に、信心決定する所、信心は退転せず、仏因円満し、弥陀の光明に摂取され、仏果にいたるべき正定聚の位につき定まり、再びまよいの境界に退転しないことをいうのである。

この現生不退のおもむきを、存覚上人は本問答において詳説されているのである。

(2)　経釈における現生不退論

本問答の第二段は、『往生礼讃』と『阿弥陀経』の経釈の文により、現生不退を論じている。

されば善導和尚の『法事讃』(『往生礼讃』の文)には、「光觸を蒙る者は心不退なり」と釈せり。こころは弥陀如来の摂取の光益にあづかりぬれば心不退をうとなり。まさしくかの『阿弥陀経』の文には「阿弥陀仏の国に生れんと欲はん者は、このもろもろの人等、皆阿耨多羅三藐三菩提を退転せざることを得」といへり。願をおこして阿弥陀仏のくににむまれんとおもへば、このもろもろのひとらみな不退転をうといへる、現生にをいて願生の信心をおこせば、すなはち不退にかなふといふこと、その文はなはだあきらかなり。

『礼讃』の説意は、信心決定せば、たちどころに弥陀の摂取の光明の利益にあずかり、心不退の正定聚の位につき定まることであると解釈されている。

また、『阿弥陀経』の説意は、この世で浄土願生の信心をおこせば、不退転の位につき定まるという義であって、浄土真宗の宗義の根本である現生不退は、経釈の文義の上にあきらかであることを明示されているのである。かくて存覚上人は、かかる義理を、更に次の如く結んでいる。

しかれば阿弥陀仏のくににむまれんとおもふまことなる信心のおこるとき、弥陀如来は遍照の光明をもてこれをおさめとり、諸仏はこころをひとつにして、この信心を護念したまふがゆへに、一切の悪業煩悩にさへられず、この心すなはち不退にしてかならず往生をうるなり。これを「即得往生住不退転」ととくなり。すなはち往生をうといへるはやがて往生をうといふなり。……いま即得往生住不退転といへる本意は、証得往生現生不退の密益をときあらはすなり。これをもてわが流の極致とするなり。

すでに前に説明した如く、第十八願成就文の「即ち往生を得、不退転に住せん」の文は、現生において正定聚不退転の位、いいかえれば往生すべき身につき定まる文義である。このことを存覚上人は、「往生をうといへるはやがて往生をうといふなり」とも、また、この成就文の本意は、「現生不退の密益をときあらはすなり」ともいわれている。

密益とは、我々凡夫は死ぬまで煩悩具足である。姿の上に現生不退の徳相があらわれているのではない。しかしながら、信心決定せば摂取不捨の利益にあずかっているのであり、信心の徳として、往生すべき正定聚の利益が我々にめぐまれていることを、密益というのである。

(3)　宗祖における現生不退論

第三段は、宗祖の『教行信証』の釈義により、現生不退を説示されている。まず、「行巻」よりは、「正信偈」の「弥陀仏の本願を憶念すれば、自然に即の時に必定に入る、ただよく常に如来のみなを称して、大悲弘誓の恩を報ずべしといへり」とある、龍樹菩薩のおしえを讃嘆されている文をぬき出して、現生不退の宗祖の思召しを解されている。

上記「正信偈」の意味するところは、弥陀如来の本願を信ずれば、如来の本願力のはたらきにより自然に、信ずると同時に必定（正定聚）に入ることが出来る、この様に、不退転の正定聚の位に入った上は、報謝の念仏を称すべきであるという義である。

存覚上人は、この「正信偈」の「即の時に必定に入る」とある文を、次の如く解釈している。

すなはちのとき（即の時）といふは信心をうるときをさすなり、必定にいるといふは正定聚に住し不退にかなふといふこころなり。

「即の時」とは、信心をいただくと同時という意味であり、「必定にいる」とは、信心決定と同時に、この世におりながら、凡夫の身のままで、必ず仏になることに決定した不退転の正定聚の位に入ることである。現生不退の宗祖の思召しを、「正信偈」を通して讃仰されているのである。

次に「信巻」よりは、

またおなじき第三（信巻末）に領解の心中をのべたまふとして、「愛欲の広海に沈没し名利の太山に迷惑して、定聚のかずにいることをよろこばず、真証の証にちかづくことをたのしまず」といへり。これすなはち定聚のかずにいることをば現生の益なりとえて、これをよろこばずとわがこころをはぢしめ、真証のさとりをば生後の果なりとえてこれにちかづくことをたのしまずとかなしみたまふなり。

「信巻」末の文章は、「悲しい哉」と凡夫としての自分の現実の姿を、悲歎内省される宗祖のことばである。

この中で、「定聚のかず」といわれているのは正定聚のことであり、これを現生の利益とし、「真証の証」は浄土往生後の証果と解されているのである。正定聚不退転の位を現生とする宗祖の思召しを、「信巻」末の文を引用して説明されているのである。

宗祖は、愛欲、名利の煩悩の渦に埋没してしまい、今生の一大事にまなこをうばわれ、ともすれば、後生の一大事よりまなこが遠ざかりがちにならざるを得ない凡夫の現実を、「定聚のかずにいることをよろこばず」と悲傷されているのである。

かくて存覚上人は、最後に「証巻」より次の文を引証されている。

第四（証巻）に、第十一の願によりて真実の証をあらはすに、「煩悩成就の凡夫、生死罪濁の群萠、往相廻向の心行をうれば、すなはちのときに大乗正定聚のかずにいる。正定聚に住するがゆへにかならず滅度にいたる」

「証巻」は、信心の行者の得る利益が示されている。第十一願には、証果の内容として正定聚と滅度が誓われてある。

宗祖は、この第十一願の内容を「証巻」で説明し、正定聚は現生でうる利益、滅度のさとりは浄土に往生して得る証果として教示されているのである。我等は煩悩具足の凡夫であるが、仏がめぐみたもうた浄土往生の因法である大信大行を得たならば、その時、この世で正定聚のかずに入り、未来においては浄土に往生し、滅度のさとりをひらくことができると、現益と当益に分別して、正定聚と滅度を分別されているのである。

かくて存覚上人は本問答を結び、「聖人の解了常途の所談におなじからず、甚深の教義よくこれをおもふべし」といい、現生不退は宗祖の独自のおしえであることを注意されているのである。

八　『観経』の臨終往生と平生業成

本鈔の第一問答を見るに、「親鸞聖人の一流にをいては平生業成の義にして、臨終往生ののぞみを本とせず」と説示されてある。これによれば、念仏の行者が浄土へ生れることが決定するのは、平生の信心決定の時、という意味である。

これをうけて、第四問答の展開がある。第四問答の問いの文をあげれば、次のとおりである。

問ていはく、『観経』の下輩の機をいふに、みな臨終の一念・十念によりて往生をうとみえたり、また平生往生の義をとかず、いかん。

この文中の「臨終の一念」とは、『大経』巻下の下輩段の一念の念仏をさす。下輩段に臨終にのぞんで一声の念仏を申し、浄土を願生せば往生を得ることが出来る旨が説示されてある。『大経』の下輩は、『観経』に収めれば下品におさまるから、『大経』の下輩を『観経』におさめて、「観経の下輩の機をいふに、みな臨終の一念・十念によりて往生をうとみえたり」と説示されているのである。

そこで、『観経』の下々品を見るに、十悪五逆の悪人が、臨終に十声の称名で往生することが可能な事が説かれている。この様な経説によれば、一念・十念の念仏による臨終往生が、経文の上に明示されてあることになり、平生業成の宗義に違するのではないかとの問意である。

これに答えて、次の如く説示されている。

これすなはち、つみふかく悪をもき機、行業いたりてすくなけれども願力の不思議によりて刹那に往生をとぐ、これあながちに臨終を賞せんとにはあらず法の不思議をあらはすなり。もしそれ平生に仏法にあはば、平生の念仏そのちからむなしからずして往生をとぐべきなり。

『観経』下々品の説示は、一生造悪の罪人が臨終の時にはじめて善知識に遇うて、十声の称名念仏により往生をとげるという意である。この経説は、臨終往生をすすめるものではない。仏の本願力による念仏往生の不思議をあらわすものに外ならない。

『観経』下々品の一生造悪の罪人でも、もし平生に仏法を聞く機会があれば、名号を聞信し、念仏申すところ、平生のときに浄土の往生が定まるのである。弥陀の本願念仏には、遇法の時が臨終であれ、平生であれ、浄土往生の利益がめぐまれてあるものといわねばならない。

したがって、下々品の説意は、一生造悪の者の臨終によせて、本願念仏の不思議をあらわすと共に、本願念仏には平生の時にも同じく利益があると、平生業成の義を反顕するものといえよう。『観経』の下々品は、一生造悪の者が臨終にはじめて仏法にあい、本願の念仏の功徳によってすくわれていく旨を説示するものであって、臨終業成を説示して、平生業成を否定するものではないのである。

九　信と念仏　―第十八願文と成就文―

第五・第六問答は、浄土往生の因としての念仏が誓われてある第十八願文の十念と、第十八願成就文の一念との説示の相違について論じられている。即ち、第五問答においては、第十八願文には浄土往生の因法としての念仏について、「乃至十念」と示されてあり、第十八願成就文には、「乃至十念」にあたる所が「乃至一念」と示されている。この二文の相違如何という問いである。

(1)　「乃至十念」と「乃至一念」の解釈

第十八願文の「乃至十念」とは、乃至とは『一念多念文意』に「称名の徧数さだまらずといふことを」といわれている如く、のぶれば一生涯、つづむれば十声一声の称名にいたる、一多を問わぬ称名であることを示す。十念の念とは称名であり、十とは十声の称名をさす。

信心は一期相続の称名となってあらわれ、その「乃至十念」の称名は、時節の久近、遍数の多少を問わぬ易行であり、浄土往生の因となることを誓われてあるのが、第十八願の意である。この場合、私がとなえるところに功徳があるのではない。私によってとなえられている名号に功徳があるから、称名念仏が浄土往生の因法となるのである。

これに対して、第十八願成就文を見るに、

その名号を聞きて、信心歓喜せんこと、乃至一念せん……。

とある。この「乃至一念」の解釈については、法然上人はこの一念を称名と解されている。けだし、念仏往生を主張される法然上人においては、称名行で乃至一念を理解されたものと考えられる。

これに対して、信心往生を説く宗祖にあっては、信の一念で解されているのである。「乃至一念」とある乃至は、一生涯の信心の相続をあらわすことばである。『一念多念文意』には、乃至は多少・久近・前後をみなかねおさめることばであると釈されている。一念とは、信心が決定する最初の時をいうのである。また、信心二心なきことをも意味する。

このような法然上人や宗祖の解釈に対して、存覚上人は成就文の「乃至一念」に、両者の説示をうけてひとつの解釈を本鈔で示されている。

これは存覚上人独自の解釈である。本鈔第二問答を見るに、次の如く説示されている。

この一念につゐて隠顕の義あり、顕（ウヘニアラハシテハ）には十念に対するとき一念といふは称名の一念なり、隠（シタニカクシテハ）には真因を決了する安心の一念なり。

成就文の一念を、隠顕の両面より解釈されている。この場合の隠顕とは、『本典』の「化巻」でいわれるような真仮の義を分別する隠顕の意味ではない。共に弘願真実の説意である。

顕の左訓に「ウヘニアラハシテハ」とあり、隠の左訓には「シタニカクシテハ」と解釈されている。これによれば、経の文面の表にあらわれた顕相の面につけば称名の一念であり（顕の一念）、表にあらわれぬ文の下にかくれた文底の仏意の深義、即ち隠の面につけば浄土往生の真因が決定する信の一念である。

かくて、隠顕両面より成就文の一念を解する存覚上人の意図は、法然上人と宗祖の相違を会通し、信をはなれた行もなく、行をはなれた信もない行信不離を説明したものであろう。

(2)　念仏の易行性

第十八願の乃至十念と、成就文の一念についての意味は上述の如くであるが、この十念と一念の二文の相違する点を問題にしているのが、この第五問答である。この点について、存覚上人は次の如く答えている。

こたへていはく、因願のなかに十念といへるは、まづ三福等の諸善に対して十念の往生をとけり、これ易行をあらはすことばなり。しかるに成就の文に一念といへるは易行のなかになを易行をえらびとるところなり。

第十八願文中に「乃至十念」とあるのは、三福等の諸善に対して十念の念仏往生を示し、諸善に対する念仏の易行性を示すにあるといわれている。

三福とは三種の善ということで、世福・戒福・行福のことである。世福とは、世間一般の道徳のことであり、戒福とは戒律を守ることであり、行福とは、大乗仏教の修行のことである。この三福の諸善を修して浄土を願生するのは困難な行であるのに対して、本願の念仏は易行であることをあらわすことばが、「乃至十念」であると説明しているのである。

これに対して、成就文の一念は易行中の易行であり、易行のきわまりは、一念の称名である旨を説示されているのである。そして、十念、一念に執着することを否定されているのである。この場合の成就文の一念は、顕の称名の一念の義にのっとっての所論である。

宗祖も、信心決定してとなえる最初の一念の称名について、「行巻」で「選択易行の至極を顕開す」といわれている。一念の称名は、信受した名号の全現である。わずか一声のところに無上大利の功徳を得るのであり、第十八願においてえらびとられた他力易行のきわまりであるという意味である。そして、この称名は命あるかぎり相続されていくものである。存覚上人の意もまたこの宗祖の説示に順ずるものといえよう。

そして更に、存覚上人は悪人の念仏往生を例にあげて、十念と一念についての分別をなしている。

悪人のなかにまた長命・短命の二類あるべし、長命のためには十念をあたふ、至極短命の機のためには一念の利生を成就すとなり。これ他力のなかの他力、易行のなかの易行をあらはすなり。

悪人は三福等の諸善を修することは出来ない。その悪人のために、念仏往生が説かれている。ところが、この悪人の中に長命の者もおれば、短命の者もいる。長命の者は生涯相続して念仏申すのであるから、この人のあおぐ念仏のおしえとしては、因願の「乃至十念」の教示が適切である。

しかし、短命の者は、称名念仏を相続する時間がないといわねばならぬ。死を直前にして法を聞く者もいるといわねばならぬ。その人のために、一声の称名念仏にも絶対の価値があることを説示されているのが、成就文の「乃至一念」の称名であり、仏よりめぐまれた名号の功徳が全現した一念の称名により、悪人が救済されていくのであるという説意である。

このように存覚上人は、因願文の「乃至十念」と成就文の「乃至一念」の相違を、命の長短で分別しているが、「乃至十念」の念仏も、「乃至一念」の念仏も別なものではないのであって、信心決定してとなえる最初の初一声の称名がのびゆけば、一生涯相続の念仏になるのである。称名の多少によって、価値に変化が生ずるのではない。仏よりめぐまれた名号が衆生に信受され、称名となって全現する以上、ひと声の称名にも無限の価値があり、百声千声の称名にも無限の価値が存するのであって、同じである。ただ、我々の命の長短によって、となえる称名の遍数に、多い少ないの相違が生ずるといわねばならない。

因願文の十念にも、成就文の一念にも、乃至の字がおかれているのであって、乃至の意味は上にものべた如く、のびゆけば一生涯をつくし、つづむれば十声一声の称名を摂する意を示す。このような経典の説意をふまえての、存覚上人の説示であると理解するのである。

この場合、称名念仏にこの様な絶対の価値があるのは、当然、仏よりめぐまれた名号を信受領納する信心が根底になければならぬ。信心を具足してはじめて、真実の他力の称名念仏となるのである。このことを、本問答の最後において、一念の信心さだまるとき往生を証得せんこと、これその証なり。

と結ばれている。

この場合の一念の信心とは、成就文の隠の一念である。名号領受の信の一念、信心決定した最初の時、往生すべき身につき定まるのである。この信心を根底として、称名念仏の相続が存するものといえよう。

このように、信の一念と称名念仏の相続の上より、第十八願の「乃至十念」と成就文の「乃至一念」の説示の相違について論じたのが、第五問答の内容といえよう。

(3) 十念念仏の偏執の否定

第五問答においては、浄土往生の因として念仏が誓われてある第十八願文の「乃至十念」と、成就文の「乃至一念」について説示されていた。

これを受けて、第六問答においては、第十八願文では十念と説き、成就文では一念と説くが、所々の解釈においては、多くは十念を本としている。たとえば、中国の善導大師の『法事讃』には、「上盡一形下至十念」といい、『往生礼讃』には、「称我名号下至十声」と釈されてあるように、十念の念仏が説示されている。世の中の念仏の行者は、このような善導大師の釈によって、十念念仏を行要としている。これに対して、成就文の一念を易行中の易行というのは、不合理ではないかという問意である。

世の行者は主として、十念念仏往生を主張するのに、成就文の一念の念仏を重視することへの疑問である。

この疑問に答えて、まず十念と一念は、それぞれ根拠になる証文が存することを指摘して、一念・十念に偏執することを否定し、念仏の正しい理解を示されているのである。

即ち、世の常の行者が主張する十念念仏は、第十八願文に「乃至十念」とあるものであり、一念の証文としては、『大経』成就文・下輩の文・流通文等に示されてある「乃至一念」の語であると、それぞれの証文をあげて、次の如く説明されている。

おほよそ乃至のことばをゝけるゆへに、十念といへるも十念にかぎるべからず、一念といへるも一念にとどまるべからず。一念のつもれるは十念、十念のつもれるは一形、一形をつゞむれば十念、十念をつゞむれば一念なれば、たゞこれ修行の長短なり、かならずしも十念にかぎるべからず。

因願の文にも「乃至十念」とあり、成就文にも「乃至一念」とある。十念と一念の相違はあるが、両者共に「乃至」の語が置かれている。

すでに説明した如く、乃至は、のぶれば一生涯、つづむれば十声一声の称名にいたる、遍数の一多を問わぬ、久近、前後をみなかねおさめる意味である。したがって、「乃至十念」とあっても、十声の称名にかぎるものではない。また「乃至一念」とあっても、一声の称名にとどまるものではない。

一声の称名がかさなれば、十声の念仏になるのであり、十声念仏がつもれば、一生涯（一形）の念仏となるのである。また逆に、一生涯の称名をつづむれば、十声の念仏、ひいてはひと声（一念）の念仏におさまるのであって、念仏行の時間の長短によって、十念・一念の称名の差が生ずるかであり、かならずしも、十念念仏の十声の称名に限定する必要はないのである。

このことを存覚上人は、更に、法然上人の『選択集』と、宗祖の「行巻」引用の『安楽集』の文を引用して説明している。

即ち、前者の『選択集』は本願章の文である。

諸師の別して十念往生の願といへるは、そのこころすなはちあまねからず、しかるゆへはかみ一形をすて、しも一念をすつるがゆへなり。善導の総じて念仏往生の願といへる、そのこころすなはちあまねし、しかるゆへはかみ一形をとり、しも一念をとるがゆへなり。

その意味するところは、自力聖道の諸師は、第十八願名を「十念往生の願」といわれている。これに対し、七高僧の一人である善導大師は、「念仏往生の願」といわれている。この願名の表示に、称名念仏についての聖道諸師と善導大師の間に相違が存することを、法然上人は指摘しているのである。

聖道諸師が「十念往生の願」というのは、十念を重要視するのであり、第十八願文の「乃至十念」の十念を重視し、十遍の称名念仏往生を誓った願と解しているのである。したがって、一生涯の念仏でも、一念の念仏でもなく、臨終の十念念仏往生を期しているのである。

これに対し、善導大師が「念仏往生の願」というのは、上は一生涯の念仏から、下は一念の念仏までも含むものとして、「乃至十念」を解しているのであり、一多の遍数を問わないのが、第十八願の誓意であるという意である。

存覚上人は、『選択集』に示された諸師と善導大師の第十八願の願名の比較を通し、善導大師の説示にしたがい、一念と十念に偏執すべきでない旨を論証されているのである。

次に、後者の「行巻」引用の『安楽集』の文を見るに、「十念相続といふはこれ聖者のひとつのかずの名ならくのみ」と記されている。十念相続ということは、衆生が十遍の称名をかぞえあげるということではない。大聖たる仏が知ろしめして説かれた、ひとつの数の名である。

聖者が十念といい、十声を記したのは、十という字は満数をあらわし、ひとつの業事が成就することを示す。念仏往生の業事が満足せしめられることを意味するのである。はげんで念仏の数をかぞえる必要はないのである。ひと声の念仏であろうが、十声・百声であろうが、数に関係なく、浄土往生の業因は満足せしめられるのであって、この念仏による浄土往生の業因が成就、満足せしめられていることを、仏は十念と説示されたのである、という意である。

かくて存覚上人は、『選択集』と「行巻」引用の『安楽集』の説示により、十念の意味を明確にしているのである。「ただおほくもすくなくも、ちからのたへんにしたがひて行ずべし、かならずしもかずをさだむべきにあらずとなり」といっている。

浄土に往生する業因である他力の念仏は、数に制約のある念仏ではないのであり、一声でも無上の価値があり、百声・千声となえようとも同じく無上の価値があるのであって、一念、十念に偏執することのあやまりを指摘しているのである。

(4)　行の一念と信の一念

存覚上人は、念仏の行についての十念と一念について、上述の如く分別し、次いで、更に一念に関して、宗祖の『教行信証』に教示されている行の一念と信の一念をあげ、きわまるところは信の一念にあることをあきらかにしている。

行の一念とは「行巻」に、

行の一念といふは、いはく称名の遍数について選択易行の至極を顕開す。

と説示されている。行の一念とはいうまでもなく、我々凡夫のとなえる最初の一声の称名である。

この称名は、仏よりめぐまれた名号が、我々に聞信せられ、心に領納されて、我々の口にほころび出たものである。しかる以上、ひと声の称名にも無限の価値がめぐまれてあるといわねばならぬ。多くの称名をまたずに、わずか最初の一声の称名に往生する利益がめぐまれてあるといわねばならぬ。ひと声の称名ではあるが、めぐまれた名号の功徳全体が全現しているというべきである。

かかる称名念仏の価値の絶対性を、宗祖は「選択易行の至極」といわれている。仏の本願により、えらびとられた他力至極の念仏と嘆ぜられているのである。

宗祖は、この行の一念を証するため、「行巻」行一念釈に『大経』流通分の付属文を引用されている。

仏、弥勒に語りたまはく、それ彼の仏の名号を聞くことを得て、歓喜踊躍して、乃至一念せむことあらむ。まさに知るべし、この人は大利を得となす。則もこれ無上の功徳を具足するなり。

その意味するところは、仏の名号のいわれを聞いて信じ、仏のすくいをよろこび、わずかひと声称名念仏するところ（乃至一念）、この人は浄土に往生し成仏する、無上の功徳を具足することが出来るという意である。

この『大経』の教説により、宗祖は一念の称名にも、無限の利益がめぐまれてあることを説示されているのである。

次の信の一念とは、「信巻」に説示されている。

信楽に一念あり、一念といふはこれ信楽開発の時尅の極促をあらはし、広大難思の慶心をあらはす。

「信楽開発の時尅の極促」とは、信心決定した最初の時をいう。信の一念について、宗祖には二釈ある。一は時間の上よりする解釈であり、二は無二心、つまり疑心なき、二心のない信心を信の一念と解するもので、心相の上よりする解釈である。

このように一念の解釈について、行の一念と信の一念の二つの宗祖の解釈をあげ、帰するところは信の一念であり、行の上、すなわち念仏の数の上での十念・一念の偏執は、本願他力の道では間違いである旨を、存覚上人は結論しているのである。

かみにいふところの十念・一念はみな行について論ずるところなり。信心についていはんときは、ただ一念開発の信心をはじめとして一念の疑心をまじへず、念念相続してかの願力の道に乗ずるがゆへに名号をもてまたくわが行体とさだむべからざれば、十念とも一念ともいふべからず、ただ他力の不思議をあふぎ、法爾往生の道理にまかすべきなり。

行の一念と信の一念の前後であるが、信心正因を根本とする宗祖教義においては、信の一念が先であり、行の一念はあとである。往生成仏の因は、信一念の時に満足するのであり、信心決定後の最初のひと声の称名が行の一念である。

存覚上人の説意も、この宗祖の意に順ずるのであり、帰する所は信の一念であって、一念開発した信心は生涯相続するのであり、本願力の大道に乗ずるところ、仏のねがいのとおりはからわれ、すくわれてゆく世界がめぐまれてくるのである。

文中の「法爾往生」とは、法爾とは法則のままに働くこと、しからしめられる世界のことである。いいかえるならば、法の徳、即ち本願の徳、本願力により行者のはからいをはなれ、本願のとおりおのずと往生成仏の因果が満足せしめられることをいうのである。ここに、他力信心の世界があるといえる。

このような真宗の信心の上より見れば、十声の称名（十念）・ひと声の称名（一念）に偏執するのは問題外であり、ただ誓願不思議のはからいにまかすより他にはないというのが、第六問答における存覚上人の結論といえよう。

一〇 来迎論

(1) 浄土異流と来迎

本鈔の第七・八・九・十問答は、来迎について説明されている。来迎とは、臨終に化仏・菩薩が来たって行者を迎え、浄土に往生せしめることをいう。

第七問答には、次の如く問題を提起している。

問ていはく、来迎は念仏の益なるべきこと経釈ともに歴然なり、したがひて諸流みなこの義を存せり。しかるに来迎をもて諸行の益とせんことすこぶる浄土宗の本意にあらざるをや。

浄土異流の来迎論はすでに一言した如く、平生において念仏（自力念仏）を申し、自力で修した称名念仏の功徳によって臨終に仏の来迎にあずかり、浄土に往生すると主張するものである。

質問は、かかる浄土異流の義に立っての問いかけである。来迎が念仏の利益であることは、経典や、釈文の上にあきらかに出ているではないか。この義は浄土の諸流において、すべて主張するところである。しかるに親鸞一流において、来迎を諸行の益とするのは、不都合ではないかという質問である。

『末灯鈔』を見るに、「来迎は諸行往生にあり」と、宗祖は明言されている。諸行とは自力でさまざまな善行を修し、善根功徳をつみあげ、浄土を願生し、来迎を期するものである。諸行を修する自力の行者は、自力で善根をつみあげ浄土往生を期するから、煩悩のために往生の行業が成就し難く、往生について不確実な要素が多く、決定的な安堵のおもいよりほど遠いといわねばならぬ。ここに臨終時の諸仏・菩薩の来迎が要請されるのである。来迎引接により、はじめて浄土往生が達成されるのである。

かかる諸行往生についての親鸞一流の主張に対して、浄土異流の立場よりの疑義である。

この疑義に対して、存覚上人は、来迎は諸行往生にいうところであるという当流の主張はすでに論じたところであるといい（本鈔第一問答）、他流の義で親鸞一流を非難するのは不合理であると、以下、来迎を誓った第十九願について詳論し、来迎は諸行往生の利益である旨をのべている。

まづ来迎をとくことは第十九の願にあり、かの願文をあきらめてこころうべし。……この願のこころは、たとひわれ仏をえたらんに、十方の衆生、菩提心をおこしもろもろの功徳を修して、心をいたし願をおこしてわがくににむまれんとおもはん、いのちをはるときにのぞみて、たとひ大衆と囲繞してそのひとのまへに現ぜずは正覚をとらじとなり。「修諸功徳」（モロ〳〵ノクドクヲシュシテトイフ）といふは諸行なり、「現其人前」（ソノヒトノマヘニゲンゼントイフ）といふは来迎なり、諸行の修因にこたへて来迎にあづかるべしといふこと、その義あきらかなり。されば得生は十八の願の益、来迎は十九の願の益なり。この両願のこころをえなば、経文にも解釈にも来迎をあかせるは、みな十九の願の益なりとこころうべきなり。

第十九願は、自力の願生行者が、さまざまな善行（諸善万行・諸行）を修し、善根功徳をつみ、その上で、仏の来迎にあずかり、浄土にすくわれていくことを誓った願である。

この願文中、十方の衆生が浄土に往生せんという菩提心を発し、もろもろの功徳を修すという「修諸功徳」の句は、その左訓に、「モロ〳〵ノクドクヲシュシテトイフ」と説示されている如く、諸善万行の諸行を修することをいうのである。また、願生行者の臨終の時に、仏がその人の前にあらわれるという「現其人前」の句は、来迎を示すものであると、存覚上人は説明している。

したがって、第十九願は、諸行を修し、その修因により、仏の来迎にあずかり、浄土に往生することを誓った願ということが出来るのである。

宗祖が『末灯鈔』に、「第十九の誓願にもろもろの善をして浄土に廻向して往生せんとねがふ人の臨終には、われ現じてむかへんとちかひたまへり」と説示されているのと、同意というべきである。

したがって、第十八願は他力の念仏の行者が、仏の本願他力により浄土に往生せしめられる利益が誓われているのであり、第十九願は諸行往生の来迎の益を誓った願であるといえよう。第十八願の他力念仏の行者は、信心決定と同時に往生すべき身に定まる。正定聚に住するのであって、来迎をたのむ必要は全くない。存覚上人は浄土異流に対し、第十九願と第十八願の水際をあきらかにして、来迎は自力の行者のいうことであり、他力念仏の行者は来迎をたのむ必要のないことを説示している。

(2)　念仏と来迎

親鸞聖人の一流は、来迎は諸行の利益であり、他力念仏の利益ではない旨を、存覚上人は説明されているのであるが、経釈の上には、念仏の利益として来迎が存する旨を示す文が多く存するのは、否定出来ない事実である。たとえば、『大経』の三輩段、『観経』の下品上生段、『小経』の修因段、『法事讃』下等々におけるが如くである。

一、二の例を示せば『観経』下上品においては、「善男子、なんじ仏名を称するが故に、諸罪消滅す、われ来りて汝を迎ふと」とあり、『法事讃』においては、「上は一形をつくし十念・三念・五念にいたるまで、仏来迎したまふ」とあり、念仏の利益として来迎が示されている。

親鸞一流では、他力念仏は不来迎を主張するのであり、経釈の文と矛盾することになるが、この点は如何に解釈するのか。

第七問答には次の如く説明している。

ただし念仏の益に来迎あるべきやうにみえたる文証ひとすぢにこれなきにはあらず。しかれども聖教にをいて方便の説あり真実の説あり、一往の義あり再往の義あり、念仏にをいて来迎あるべしとみえたるはみな浅機（アサキキ）を引せんがための一往方便の説なり、深理（フカキコトハリ）をあらはすときの再往真実の義にあらずとこころうべし。当流の料簡かくのごとし。

経釈中に念仏に来迎ありと説くのは、一往の方便の説（真実に導入せんための、てだての説）であると理解するのが、存覚上人の主張である。

それは真実の説ではない。来迎を好む諸行の行者を念仏に誘引せんために、諸行の利益である来迎を念仏の方に引きとり、念仏の利益とするのである。諸善万行を修する自力の行者が、来迎の利益の方便により念仏に帰するのである。したがって、念仏の益に来迎ありと説くのは、一往の方便の説であり、真実の他力念仏には来迎は存しないと解している。

他力信心の行者においては、浄土と穢土のさかいは、はるかに遠いが、穢土を去って浄土に往生するのは、一念の瞬間である。「往生の時分一念なれば、そのあひだにはさらに来迎の儀式もあるべからず。まどひをひるがへしてさとりをひらかんこと、ただたなごころをかへすへだてなるべし」と、浄土往生は一念の瞬間である以上、来迎の儀式も存する余裕はなく、たなごころをかえす位のへだたりにしかすぎないと、他力念仏に来迎の儀式の存する余地のないことを説明している。

かくて、『真要鈔』第八・九問答を見るに、念仏来迎の問題を、更に善導大師の第十八願の釈文の上より吟味している。

即ち、善導大師の解釈に、所々に念仏の益として来迎を説いているが、それはすべて方便の説に外ならぬ。何故ならば、第十八願文の解釈において、来迎がもし念仏の益であるならば、善導大師が第十八願を解釈されるところに、来迎が念仏の利益として釈されて当然である。しかるに、善導大師の第十八願の釈文には、来迎に論及されてあるところは存しないのであって、来迎は念仏の益ではないことはあきらかである、と存覚上人は解している。

本鈔第九問答を見るに、善導大師が念仏往生の視点より、第十八願文を解した釈文を、『玄義分』『往生礼讃』『観念法門』より引用している。いま『往生礼讃』・『観念法門』の第十八願の釈文をあげて説明せば、次のとおりである。

(イ)　『往生礼讃』

「もしわれ成仏せんに、十方の衆生、わが名号を称すること、しも十声にいたらん、もしむまれずは正覚をとらじ」

(ロ)　『観念法門』

「もしわれ成仏せんに、十方の衆生、わがくにに生ぜんと願じてわが名字を称すること、しも十声にいたらん、わが願力に乗じて、もしむまれずは正覚をとらじ」

これらの善導大師の第十八願の釈文について、存覚上人は多少のつけ加えられた句、減じられた句は存するが、こころは同じであるといい、

あるひは称我名号（ワガミャウガウヲトナヘン＝『往生礼讃』）といひ、あるひは乗我願力（ワガグワンリキニジョウジテ＝『観念法門』）といへる、これらのことばは本経になけれども、義としてあるべきがゆへに和尚この句をくはへられたり。しかれば来迎の益も、もしまことに念仏の益にしてこの願の

なかにあるべきならば、もともこれらの引文のなかにこれをのせらるべし、しかるにその文なきがゆへに来迎は念仏の益にあらずとしらるるなり。

と説明されている。

『往生礼讃』の第十八願の釈文には「称我名号」か句が存し、『観念法門』においては「乗我願力」の句が存する。これらの句は、『大経』の第十八願文の上には存しないが、願文に含まれてある義の上よりいえば、この義意が存するから、善導大師はこれらの句を第十八願を釈するにあたって付け加えられているのである。

これと同様に、来迎も念仏の益であるならば、当然、第十八願の釈文中に来迎の義意が表詮されてあるべきである。しかるに、来迎に関する釈文は全く存しないのであって、かかる善導大師の第十八願の解釈より、来迎は念仏の益にあらず、と結論されているのである。来迎は、第十九願の諸行往生の益というべきである。第十八願の他力念仏においては、臨終の来迎は必要としないのである。

(3) 念仏と諸行の利益

第十問答を見るに、来迎と浄土往生をめぐって、第十八願の念仏と第十九願の諸行との利益の相違について論じている。

問うていはく、念仏の行者は十八の願に帰して往生をえ、諸行の行人は十九の願をたのみて来迎にあづかるといひて各別にこころうることしかるべからず、そのゆへは念仏の行者の往生をうといふは、往生

よりさきには来迎にあづかるべし、諸行の行人の来迎にあづかるといふは来迎ののちには往生をうべし、
　なんぞ各別にこころうべきや。

この問いは、浄土異流の立場からするものである。

浄土異流においては、第十八願と第十九願を一具のものと解する。即ち、第十八願はいうまでもなく、念仏往生を誓った願であるが、この第十八願の念仏行者の来迎引接、更には、諸行の来迎を誓った願として、第十九願を解するのである。第十九願文中の「修諸功徳」は、浄土異流においては念仏と諸行に通じ、念仏を主とするものである。したがって、浄土異流においては、第十九願は念仏と諸行に通じて、来迎を誓った願と解釈するのである。

このような浄土異流の立場よりすれば、親鸞聖人の一流において、念仏の行者は第十八願に帰して往生の利益を得、自力諸行の行人は第十九願をたのんで来迎の利益を得ると分別するのは容認しがたいところであり、かかる観点よりの問いである。

即ち、第十八願と第十九願を一具のものと解する浄土異流では、来迎と往生とは念仏・諸行に通じての利益であるとする。念仏の行者の往生といっても、往生より前に来迎にあずかるのであり、諸行の行人が来迎にあずかるといっても、来迎の後には浄土の往生をうるのであって、念仏は第十八願による往生、諸行は第十九願による来迎引接と、各別に解するのは不合理ではないかという問意である。

これに対し、存覚上人は、浄土真宗においては念仏と諸行の利益は各別である旨を、答えにおいて論証しているのである。当時は浄土異流との間に、来迎論をめぐる教学上の問題が生じていたことが知られるので

ある。存覚上人は、次の如くいっている。

こたへていはく、親鸞聖人の御意をうかがふに、念仏の行者の往生をうるといふは化仏の来迎にあづからず、もしあづかるといふは報仏の来迎なり、これ摂取不捨の益なり。諸行の行人の来迎にあづかるといふは真実の往生をとげず、もしとぐるといふもこれ胎生辺地の往生なり。念仏と諸行とひとつにあらざれば往生と来迎とまたおなじかるべからず。

その意味するところは、念仏の行者は、諸行の行人の如き来迎は期せないが、諸行に比して、しいて念仏にも来迎ありといわば「報仏の来迎」であり、往生は真実の報土往生であるが、諸行の行人の来迎は「化仏の来迎」であり、往生は胎生辺地の化土の往生である。来迎・往生の利益は、念仏と諸行とは全く異なるというべきである。

(a)　念仏行者の来迎と往生

(一)

前述の如く、念仏と諸行の行者の来迎と往生の利益は異なると説示するのだが、如何なる点において相違するのであろうか。まず真実の念仏の行者の利益より、本鈔は論が展開されている。

他力真実の行人は、第十八の願の信心をえて第十一の必至滅度の願の果をうるなり。これを念仏往生といふ、これ真実報土の往生なり。この往生は、一念帰命のとき、さだまりてかならず滅度にいたるべきくらゐをうるなり。

第十八願の信心決定した真実の念仏行者の得る利益は、第十一願に誓われている。第十一の必至滅度の願には、二つのことが誓われている。正定聚と滅度である。正定聚とは、一念の信心が決定すると同時に、現生で得る利益のことである。真実の浄土に往生すべき身につきさだまるのであり、この現世でうる位のことを正定聚というのである。滅度とは、浄土に往生すると同時に証する仏果、さとりのことである。

真実の行人は、第十一願の誓いのとおり、一念の信心決定すると同時に、未来の浄土往生は定まり、必ず滅度にいたるべき位をうるのである。

したがって、真実の行者の浄土往生は、信一念同時に約束されているのであり、命終と同時に往生するのであって、来迎をまつ必要はないのである。このことを存覚上人は、「一念のきざみ（臨終の一念）には実には来迎もあるべからずとなり」といっている。

そして、この真実信心の行者が往生する土は、真実の報土であると、存覚上人は説明している。報土とは、阿弥陀仏の因位の本願と行にむくいあらわれ、成就された真実の浄土のことである。仏の大涅槃の妙境界で、真土ともいう。信心決定した行者の往生する世界は、この阿弥陀仏の浄土である。

かくて、念仏の行者は、現世では信一念同時に正定聚の位につき定まり、当来において、真実報土に往生して滅度のさとりを証するというのである。

(二)

存覚上人は、かかる第十一願の説意を、更に『浄土文類聚鈔』の文を引用して説明している。

①かならず無上浄信のあかつきにいたれば②三有生死のくもはる、③清浄無碍の光耀(こうよう)ほがらかにして④一如法界の真身あらはるとなり。

この四句(①②③④)の解釈について、古来、現益とする説と、当益とする説の二説がある。現益とする説は、四句共に現益、即ち、信一念同時に現生でうる利益とする説であり、当益とする一説によれば、前の二句(①②)は現益、後の二句(③④)は当益、即ち、未来往生後の利益とする説である。存覚上人は、四句共に現益とする立場である。

まず、後説により『浄土文類聚鈔』の文を解釈せば、次のとおりである。

①「無上浄信のあかつきにいたれば」とは、弥陀の他力により、この上ない信心をえさせて頂いたあかつき、信心が決定した時という意味である。この信心決定と同時に、三有のまよいの境界にしずみ、生死をかさねなければならない迷いの雲が一時にはれるのである。このことを、②「三有生死のくもはる」といわれているのである。

流転の凡夫をすくおうという如来の本願を疑うから、三有生死の境界に沈むのであり、このまよいの境界より我々をすくいたもう本願を信ずるところ、信心の徳により、生死流転の迷いの雲はたちきられ、二度と迷いの境界に退転しない確信がめぐまれるといわねばならない。

このように、迷いを脱して、お浄土への目を開かせて頂くところ、命おわれば、ただちに浄土に往生して、清浄にしてさわりのない光明ほがらかな、真如の真実の仏身をさとりあらわすことが出来るのである。このことを、「③清浄無碍の光耀ほがらかにして④一如法界の真身あらはるとなり」と教示されているのである。

以上の後説に対し、前説の四句共に現益で解する立場が、存覚上人である。存覚上人の『真要鈔』の釈文をあげれば、次のとおりである。

三有生死のくもはるといふは、三界流転の業用よこさまにたえぬとなり。一如法界の真身あらはるといふは、寂滅無為の一理をひそかに証すとなり。

三有のまよいの生死を流転している我々をすくおうという、如来の本願を信ずるから、信心をいただくと同時に、本願他力により、三界を流転せざるをえない煩悩の業用がたちきられるのである。

この場合、存覚上人は「よこさまにたえぬ」と説示されている。自力を竪（しゅ）というのに対し、他力を横というのである。仏の他力により、生死流転の煩悩のきずなをたちきって頂くことをいうのである。そして、三有生死の雲がはれた所、即ち、信心決定して生死流転の迷いの雲がはれたところ、現益として一如法界の真身をさとりあらわすと説明しているのである。

「一如法界の真身」とは、真如の真実のさとりを開いた仏身ということである。この場合、信心決定の凡夫が、この身このままで、現実の世界で、仏と同じさとりの真実の仏身を証得するのではない。存覚上人はこのことを、「寂滅無為の一理をひそかに証すとなり」と説明されている。「寂滅無為の一理」とは、涅槃、さとりのことわりという意味である。そうすると、仏と同証の涅槃、さとりを「ひそかに証す」とは、如何なる意味であろうか。

古来、この『真要鈔』の文を、滅度密益の異義をのべられたところとして誤解する説もある。滅度密益とは、現実において、滅度、即ち仏と同じさとりを、我々がひそかに証しているという異義である。凡夫の我々が、仏と同じさとりを現生で得ることはあり得ない。

正定聚は現益であり、滅度は当益とするのが、宗祖の御己証(ごこしょう)である。してみれば、『真要鈔』の上記の文章も、かかる視点より解釈すべきであろうと思う。「寂滅無為の一理をひそかに証すとなり」という文章は、宗祖のことばに置きかえたならば、「如来等同」、「如来とひとし」という言葉に置きかえることが出来ると考える。

『浄土和讃』に、

信心よろこぶそのひとを
如来とひとしとときたまふ
大信心は仏性なり
仏性すなはち如来なり

信心決定の人は如来とひとしい。何故ならば、如来よりめぐまれた信心には、仏性を開顕したもうた如来のすべての功徳がほどこされているからである。

信心をめぐまれた人々は、信心の徳として仏徳がめぐまれてあるから、信心よろこぶ人を「如来とひとし」と讃ぜられているのである。信心の徳より、如来とひとしいというのであり、現生で仏と同じさとりを開いているというのではない。得果はあくまでも、浄土往生と同時である。信心具足の行者は、現生において、すでに成仏の因（信心）を円満せしめられているから、かく讃ぜられているのである。

また、このことを、宗祖の『末灯鈔』を見るに、

> 正定聚の人は如来とひとしとも申なり。浄土の真実信心の人は、この身こそあさましき不浄造悪の身なれども、心はすでに如来とひとしければ、如来とひとしとまふすこともあるべしとしらせたまへ。

と教示されている。正定聚の人を、如来とひとしいといわれている。

真実信心の行者は、現実においては、一生造悪の凡夫ではあるが、無上功徳の名号を仏より廻向されているのであり、名号を領納した心には、一切の仏徳を、信心の徳としてめぐまれているといわねばならない。仏よりあたえられた信心の価値、内容より、「心はすでに如来とひとし」といわれているのである。それは、行者の身心の表にあらわれる顕益としてではない。信心の徳としてである。

かくて、信心の行者は無上功徳の名号がめぐまれ、仏になるべき身に定まっているから、因の位において果をといて、如来と等しいというのである。

いま問題にしている『真要鈔』の文も、かかる点より解釈すべきであって、信心の行者には、一如法界の真身たる仏徳が、信心の徳として仏よりめぐまれているのであり、その念仏の行者の信心の価値の高いことを示し、その充足感を表白（ひょうびゃく）したことばである。

凡夫の現実は、依然として死ぬまで罪悪生死の凡夫である。しかし、その心に仏徳の一切が、信心の徳としてめぐまれてある事実を、「寂滅無為の一理をひそかに証すとなり」と、記せられたものと考える。した

がって、この文は現実の上で滅度を密得することを示されたものではない。この直後の文に、

しかれども煩悩におほはれ業縛にさへられて、いまだその理をあらはさず、しかるにこの一生をすつるとき、このことはりのあらはるるところをさして、和尚（玄義分）は「この穢身をすててかの法性の常楽を証す」と釈したまへるなり。

ともいわれているのであって、滅度、さとりの開顕は、未来の浄土においてであると明示されている。

信心決定と同時に、一如法界のさとり、寂滅無為の一理を証すべき因が、信心の徳として満足し、滅度を証すべき身に定まっているのである。このことを、「寂滅無為の一理をひそかに証すとなり」と表白されているとうかがうのである。そして、信心の具徳としてめぐまれた、寂滅無為の理を得証するのは、未来浄土においてであると釈顕されるのが、存覚上人の真意であると思う。

かくて、諸行の行者に対して念仏の行者は、信一念同時に、寂滅無為の一理を証すべき身に、現生ですでにつき定まっているのであり、往生と同時に、そのさとりのことわりを開顕するのであって、仏の来迎は全く入る余地のないことを示されたものであろう。来迎は第十八願の行者にとっては、浄土往生の条件にはならない旨を示されているのである。

㈢

更に、存覚上人は往生という点より、念仏の行者には来迎の存しない旨を詳論している。即ち、

されば往生といへるも生即無生のゆへに実には不生不滅（シャウゼスメチセズ）の義なり、これすなはち

ち弥陀如来清浄本願の無生の生なるがゆへに法性清浄畢竟無生なり。

といっている。『論註』の「生即無生」の説意に順じて、論が展開されている。

存覚上人は、往生安楽国の往生を「生即無生」といっている。浄土の往生の生とは、凡夫が迷情により執着する実の生死のことではない。所謂、浄土は阿弥陀如来の本願により建立された世界である。阿弥陀如来の本願は、法性平等の無生無滅の生滅の変化を絶した、真如の理にかなったものといわねばならぬ。かかる無生無滅の真如にかなった本願により建立されたのが、弥陀の浄土であるから、この浄土への往生は、無生の真如の理に順じた往生でなければならない。我等凡夫が執着する迷妄の生ではない。この真如の無生の理に順じた不可思議の生を、無生の生というのである。

浄土の本質である真如は、清浄であり、生滅変化の相を絶して、無生無滅である。浄土の往生は、この無生の真如の理に順じたものであるから、無生の生というのである。我々凡夫が、一般的に生れるとか、往生とかいうのは、迷妄の世界にいる往生人の情の上からいうのである。

したがって、浄土の生は生即無生であって、我々の執着心よりする虚妄の実の生をさすのではない、とするのが、『論註』をうけた存覚上人の往生の理解である。

しからばこの場合、願生行者は、真如の理に順じた無生の道理をさとって、浄土を願生せねばならぬのであろうか。この点については、存覚上人は『論註』巻下の「氷上燃火」の教示をうけて、次の如く説明している。

さればとてこの無生の道理をここにしてあながちにさとらんとはげめとにはあらず、無智の凡夫は法性無生のことはりをしらずといへども、ただ仏の名号をたもち往生をねがひて浄土にむまれぬれば、かの土はこれ無生のさかひなるがゆへに見生のまどひ自然に滅して無生のさとりにかなふなり。この義くはしくは曇鸞和尚の『註論』にみえたり。

我等凡夫は、浄土の無生の理をさとって往生するのではない。凡夫は実生実滅の見の上に、願生の心を起すのである。浄土願生の実生の執着心のまま、仏の名号を称し、浄土往生をねがうのである。

しかし、浄土は無生の真如の理に順じた世界であるから、浄土にいたれば、無生の浄土の土徳により、浄土願生の凡夫の見生の執着心が自然に滅して、浄土の無生に順じた不思議の往生をとげるのである。行者の実生の見を滅して、無生無滅の証りを開くのである。したがって、往生とは生即無生の涅槃のさとりを開くのである。

第十八願の念仏行者の願生は、以上の如き、生即無生の理にかなった往生である。この無生のさとりにかなう往生に、はたして来迎の義が存するであろうかというのが、存覚上人の主張である。このことを、次の如く説示されている。

しかればひとたび安養にいたりぬれば、ながく生滅去来（シャウズルメチスル　サルトキタルト）等のまどひをはなる、そのまどひをひるがへしてさとりをひらかん一念のきざみには実には来迎もあるべからずとなり。来迎あるべしといへるは方便の説なり。

安養の浄土にいたれば、私共は生滅去来のまよいをはなれることが出来る。

凡夫は、生・滅・去・来に執着している。一切の存在は、因縁和合して生じ、因縁がつきれば滅するのであって、凡夫の執着するような実生実滅は存しない。また、我我はまよいの境界である六道中、ある一道より来たり、更にまた一道に向って去るといった、去来の見に執着しているが、かかる生滅去来は凡夫の迷執であって、浄土の土徳は凡夫の迷執を断じた、不生不滅不去不来のさとりの世界である。

したがって、安養浄土にいたれば、浄土の土徳として、不生不滅不去不来のさとりをうるのである。かかる生即無生の往生において、来迎の有無を論ずる余地は存しないというべきである。

念仏の行者は、真実の報土に生れ、無生のさとりを開くのであるから、そこにおいては、去来生滅の相は見ないというべきである。臨終の一念に、即時に不生不滅不去不来の無生の理にかなうのであって、来迎を見る余地は全く存しないと、存覚上人は主張しているのである。「来迎あり」と説くのは、第十九願、諸行往生の方便の説というべきである。

かくて、存覚上人は、生即無生の往生論の上より、臨終来迎を否定しているのである。

㈣

しからばこの場合、上にも一言した如く、念仏の行者のうる「報仏の来迎」は如何に解すべきであろうか。存覚上人は諸行の行人の「化仏の来迎」に対して、念仏の行者に報仏の来迎の利益を説示していた。

一般に、仏身の性格に法身・報身・応身（化身）の三身がある。すべての仏には、この三身がそなわっているのである。法身とは、宇宙の根源的真理である真如法性そのものである仏身をいう。報身とは、さとりを得る前の因位の時、本願をたて、ねがいのとおり修行を達成した仏身をいう。因位の願に酬報した仏身である。化身とは、衆生の認識能力に応じて、穢土に出現した仏身をいう。

阿弥陀仏にもこの三身がそなわっているのである。西方浄土の阿弥陀仏は、因位の願行に酬報してさとりを証し、浄土を建立したもうた仏身であるから、当然、報身の仏格をすわりとするといわねばならぬ。

いまいう報仏の来迎とは、尽十方無碍光如来の報身が摂取不捨の光明を放って衆生を済度したもうことをいうのである。報身の光明による「念仏衆生摂取不捨」の利益を、報仏の来迎と存覚上人は説示しているのである。

これを存覚上人は、善導大師の『法事讃』の文で説明している。

『法事讃』にいはく……ひとたび坐してうつることなくまたうごきたまはず、後際を徹窮して身光をはなつ、霊儀の相好真金色なり、巍々としてひとり坐して衆生を度したまふとなり。この文のごとくならば、ひとたび正覚をなりたまひしよりこのかた、まことの報身はうごきたまふことなし、ただ浄土に坐してひかりを十方にはなちて摂取の益ををこしたまふとみえたり。

この『法事讃』の文は、浄土の報身の阿弥陀仏は不動而至の徳があることを示すものといえよう。その大意は、浄土の阿弥陀仏は正覚を成就されてより、浄土に居して不動である。しかし、未来永遠に光明を放たれるのであり、真金色の尊いおすがたで、独りけだかく坐して衆生を済度したもうという意である。浄土の報身如来は、空間的にその本処を動ぜず、しかも同時に、光明を十方にはなって衆生済度のはたらきをなしたもうのである。報仏の来迎とは、かかる報身如来が浄土に坐しつつ、ひかりを十方にはなって念仏衆生を摂取することをいうのであり、報身如来には他方よりの来迎引接は存せず、来迎は化仏にのみいうところであることを論じているのである。

即ち、存覚上人はまた、「真実の報身の体は来迎の義なしとみえたり」ともいっているのである。報仏の来迎とは、諸行の行者の臨終の化仏の来迎に対して、一応説示したものであって、報身如来が、浄土より来迎引接するということではない。浄土に居したもう報身の阿弥陀仏が、不動のまま光明を十方にはなって、摂取のはたらきをされることをいうのであって、真実の念仏の行者には来迎なしというべきである。

(b)　諸行の行者の来迎と往生

諸行の行者の来迎と往生の利益について、存覚上人は次の如く説示している。

自力不真実の行人は第十九の願にちかひましますところの「修諸功徳乃至現其人前」の文をたのみてのぞみを極楽にかく、しかれどももとより諸善は本願にあらず、浄土の生因にあらざるがゆへに報土の往生をとげず、もしとぐるもこれ胎生辺地の往生なり。この機のためには臨終を期し来迎をたのむべしとみえたり。

自力不真実の諸行の行者は、第十九願によりて、浄土を願生するのである。

すでに一言した如く、第十九願はもろもろの諸行を修し、善根をつみ、浄土を願生するものあれば、命終の時にその人の前に現じ、来迎引接し、済度せんとする誓いである。しかしながら、念仏以外の諸行は、阿弥陀仏の浄土に往生する純極楽の行、生因ではない。雑多な行をつみ上げて浄土往生をねがう、自力不真実の行というべきである。当然、真実報土の往生は不可能であり、胎生・辺地の往生である。

また、この自力不真実の諸行の行人は、自力で善根をつみあげ、浄土往生を達成せんとするものである以上、命終時まで、往生浄土の安堵心に住することは出来ない。このため、臨終に仏の来迎を期待するのである。この諸行の行者の来迎は、化仏の来迎であり、胎生・辺地の往生であって、真実の念仏の行者のそれとは全く異なるというべきである。

化仏の来迎とは、自力の諸行の行者の感見に応じて、仏が臨終に来迎したもうことをいうのである。

また、胎生・辺地の往生とは、自力の行者は浄土に生じても、自力の執着心の故に、浄土の真実相を見ることが出来ない未究竟の境地に住している状態をいうのである。浄土に往生はしても、さとりを証し得ず、自己の自力の能力相応の世界しか認識出来ず、自己の小さい世界にとじこもっていることを象徴したことばである。

胎生とは、浄土に生じても、母の胎内の子供の如く、浄土の全体相を見ることが出来ない往生をいうのであり、辺地とは浄土のかたほとりという意味で、自力の行者の生ずる浄土につけた名である。

更にいうならば、諸行の行者の修する善根は自力である以上、来迎、ひいては辺地・胎生の往生に対しても、不確定な善根であるといわねばならぬ。

仏より廻向される名号を領納し、信心決定して念仏申す行者は、他力廻向の大行・大善を領納しているから、正定聚に住し、往生安堵の思いに住している。これに対し、自力不真実の諸行の行者は、凡夫自力の善根のつみ上げである以上、来迎も不確実であり、臨終に正念に住せねば辺地・胎生の往生も不確定であって、安堵の思いに住することは出来ないのである。

これを存覚上人は、次のようにいう。

されば願文の「仮令」の句は、現其人前も一定の益にあらざることを、ときあらはすことばなり。この機は聖衆の来迎にあづからず、臨終正念ならずしては、辺地胎生の往生もなを不定なるべし。

かくて、存覚上人は自力の諸行を修し、臨終来迎、辺地の往生に執着するよりは、一念の信心決定せば、平生に正定聚に住し、決定往生の業を成就する第十八願に帰し、如来の他力により、真実報土の往生をとぐるべきことを結示しているのである。

一一　胎生・化生論

本鈔第十一・十二・十三問答は、胎生・化生論について論じている。

前章よりのべて来た如く、阿弥陀如来の浄土に、真土と仮土の二がある。信心の純と不純、仏智を信ずる第十八願の念仏の行者が往生する世界と、仏智を疑惑する第十九願の諸行の行人の往生する世界の二が存する。このことは、阿弥陀仏の浄土が二つ建立されてあるということではない。阿陀弥仏の浄土は、因願酬報した唯一真実の浄土・報土である。

しかるに、この浄土に生れながら、仏の他力を信じない仏智疑惑の者は、浄土の全体の真実相を見ることが出来ず、自己の能力相応の未究竟の境地にとどまらざるを得ないのである。かかる仏智疑惑の往生人の認識能力に応じて、阿弥陀仏が現じたもう土を、化土とも辺地とも仮土ともいうのである。いわば、自力心の執着のはなれ得ない往生人が感見する、浄土中の真実ならざる世界のことである。

これに対し、第十八願の念仏行者は、浄土に生じて、そのすべての真実の相を見ることが出来るのであり、他力真実の往生人の見る浄土を真土、または真実報土というのである。この真土と化土への往生のあり様を、化生と胎生という言葉で表現するのである。

さきの第十問答において、諸行の人の往生は胎生・辺地、念仏の行人の往生は真実報土であることを釈顕していた。以下の三問答は、これをうけて、胎生、化生の意味を詳論しているのである。

(1) 胎生・化生の分別

第十一問答を見るに、諸行の往生を辺地の往生という、経典の文証を問うている。これに答えて、次の如くいっている。

こたへていはく、『大経』のなかに胎生・化生の二種の往生をとくとき、あきらかに仏智を信ずるものは化生し、仏智を疑惑して善本を修習するものは胎生する義をとけり。

と『大経』により答えている。即ち、下巻の胎化得失の一段には、胎生・化生が説示されている。

その大意を見るに、仏智の不思議をあやぶみ、もろもろの功徳善根を修して浄土を願生する者は、命おわれば浄土に往生して、五百歳の間、三宝を見ることが出来ない。このような往生を、胎生というのである。これに対し、仏智を信ずる者は、浄土に往生せば、その身にそなわる身相も光明も功徳も、浄土の菩薩と同じ様に具足せしめられるのであり、このような往生を化生と説かれているのである。

仏智を疑惑して化土に往生するのを胎生といい、仏智を信じて真土に往生するのを化生というと、『大経』

では教示されているのである。このような『大経』の経意をうけて、存覚上人は更に次の如く説明している。

しかれば、あきらかに仏智を信ずるものといふは第十八の願の機、これ至心信楽の行者なり。その化生といふは、すなはち報土の往生なり。つぎに仏智を疑惑して善本を修習するものといふは、第十九の願の機、修諸功徳の行人なり。その胎生といへるはすなはち辺地なり。……諸行の往生は胎生なるべしとみえたり。

『大経』の中で説示されている「明信仏智」の者とは、第十八願の至心信楽の真実信心の行者のことであり、化生とは、この信心念仏の行者の真実報土の往生をいう。これに対し、仏智を疑いて、自力の執心より諸善万行を修する者とは、第十九願の諸行の行人のことであり、この行人が辺地に往生することを胎生という、と説明しているのである。

かくて、第十八願の信心念仏の行者の往生は真実報土への化生であり、第十九願の諸行の行者の往生は来迎が前提となり、辺地・化土への胎生である。念仏と諸行の往生には、利益の上より大きな相違が存することを、胎生・化生論の上より指摘しているのである。即ち存覚上人は、

されば十八の願に帰して念仏を行じ仏智を信ずるものは得生の益にあづかりて報土に化生し、十九の願をたのみて諸行を修するひとは来迎の益をえて化土に胎生すべし。化土といふはすなはち辺地なり。

と説明されているのである。

(2) 胎生・化生の相

第十二問答を見るに、胎生と化生の相について問題にしている。存覚上人は、胎生の相と化生の相について、『大経』下巻の胎化得失の一段より、それぞれ経文をあげて説明されている。まず胎生の相とは、次の経文である。

かの宮殿に生れて、いのち五百歳、つねに仏をみたてまつらず、経法を聞かず、菩薩・声聞・聖衆をみず、このゆへにかの国土にをいてこれを胎生といふ。

上にも一言した如く、浄土に往生しても、五百歳の間、仏と経法と菩薩・声聞・聖衆を見ることが出来ない。このような状態を胎生というのである。あたかも母親の胎内の子供が、外界の状態を全く知らないで、胎内のみが世界であると思っている如く、浄土に生じても、仏智を疑う自力の執着心のため、浄土の真実の相を見ることが出来ない状態をいうのである。

存覚上人は、この様な胎生の浄土を、「疑惑のものの生ずるところなり」といっている。

次に化生の相とは、左の経文である。

七宝のはなのなかにをいて、自然に化生し、跏趺してしかも坐し、須臾のあひだに身相光明・智慧功徳、もろもろの菩薩のごとく、具足し成就せん。

浄土の七宝の華のうてなの上に生じ、またたく間に、浄土の菩薩と同じ身相、光明、智慧、功徳をそなえる往生のありようを、化生というのである。この化生の者は、浄土の全体の真実相を見ることが出来るのであり、この化生の浄土を、存覚上人は「仏智を信ずるものの生ずるところなり」と説明されている。

(3)　胎生と辺地の分別

第十三問答においては、胎生と辺地は、同一の事実を示す語句であることを説明されている。第十一問答中に、「胎生といへるはすなはち辺地なり」といい、胎生即辺地の意が示されていた。本問答はこれをうけて、名別体一の義を詳説されているのである。

胎生の語句は、上述の如く『大経』に出て来るが、辺地の語句は、憬興師の『述文讃』に出ている。『述文讃』の文は、「化巻」要門釈、『浄土三経往生文類』に引用されている。即ち、

仏智を疑ふに由りて、彼の国に生れて辺地に在りと雖も、聖化の事をかぶらず。

若し胎生せば、よろしくこれを重く捨つべし。

その意味するところは、仏智を疑うことにより、浄土に生じても辺地におとしめられ、三宝を見聞することが出来ない。故に、若し胎生せば、この仏智疑惑は厳重にすてねばならぬという文意である。

いま存覚上人は、『大経』の胎生と、『述文讃』に出る辺地とが、名は異なるが本質は一である旨を、曇鸞大師の『略論安楽浄土義』により論証しているのである。本鈔第十三問答を見るに、

胎生といひ辺地といへる、そのことばことなれども別にあらず、『略論』のなかにいまひくところの『大経』の文をいだして、これを結するに「これを辺地と謂ひ、また胎生と曰ふ」といへり。かくのごとく宮殿のなかに処するをもて、これを辺地ともいひまたは胎生ともなづくとなり。

と詳論されている。

『略論』においては、仏智を疑惑する者が浄土に生じた場合、三宝を見ないという『大経』の文に注意して、かかる疑惑仏智の生ずる不見三宝の浄土を、「安楽国土にはこれを辺地といひ、また胎生といふ」と釈されているのである。この『略論』の説意に順じて、仏智を疑う行者が浄土の宮殿に生じ、不見三宝の状態にあることを、辺地とも、胎生ともいうとして、辺地即胎生の意を説明している。

ついで、更に存覚上人は、辺地・胎生の語句を解釈する『略論』の説意に順じて、釈名の上より辺地即胎生の義を説明している。

またおなじき釈（『略論』）のなかに「辺はその難をいひ、胎はその闇をいふ」といへり。こころは、辺はその難をいひ胎はその闇をいふとなり。これすなはち報土のうちにあらずしてそのかたはらなる義をもては辺地といふ、これその難をあらはすことばなり。また仏をみたてまつらず法をきかざる義については胎生といふ、これそのくらきことをいへる名なりといふなり。

まず辺地であるが、中央よりはなれた辺畔、かたほとり、かたわらにあるという意味である。浄土のかたほとりという意により、その難をあらわして辺地というのである。

次に胎生とは、たとえば、胎児が外界を見ることが出来ない如く、仏智疑惑の者は浄土に生じても、三宝を見聞することが出来ない点をいうのである。三宝を見聞出来ない点があることを、闇というのである。

かくて辺地も胎生も共に、仏智疑惑のものが、十分な果を得ることが出来ない点をあらわす用語であり、辺地と胎生とはいずれも化土の異名であることを、存覚上人は釈顕しているのである。

かくて存覚上人は、辺地と真土の勝劣について、次の如くいっている。

されば辺地にむまるるものは、五百歳のあひだ仏をもみたてまつらず、法をもきかず、諸仏にも歴事せず。報土にむまるるものは、一念須臾のあひだにもろもろの功徳をそなへて如来の相好をみたてまつり、甚深の法門をきき、一切の諸仏に歴事供養してこころのごとく自在をうるなり。

辺地に往生するものは、五百歳の間、仏を見ることが出来ず、法を聞くことも出来ず、諸仏の国をへめぐることも出来ない。これに対して、真実の報土に往生するものは、瞬時にもろもろの功徳をそなえるにいたり、また阿弥陀如来にまみえ、尊いおしえ、法を聞き、十方のすべての諸仏国をへめぐって、諸仏を供養して、思うままなる自在の仏果をうるにいたるのである。

存覚上人は辺地と真土の仏果の勝劣論の上より、諸行に対する念仏のすぐれている事を説示される思召しとうかがうのである。

(4)　念仏一道の勧進

第十三問答の最後の一段は、念仏と諸行には、化生と胎生の得果の相違が存することをのべ、念仏一行をすすめられている。

諸行と念仏とその因おなじからざれば、胎生と化生と勝劣はるかにことなるべし。しかればすなはち、その行因をいへば、諸行は難行なり念仏は易行なり、はやく難行をすてて易行に帰すべし。その益を論ずれば、来迎は方便なり得生は真実なり、もとも方便にとどまらずして真実をもとむべし。いかにいはんや来迎は不定の益なり……得生は決定の益なり……その果処をいへば、胎生は化土の往生なり化生は報土の往生なり、もはら化土の往生を期せずして直に報土の無生をうべきものなり。

念仏と諸行とを比較するに、

(イ) その行因の点よりいえば、諸行は自力をはげます行業であるから、難行であり、念仏は他力の称名であるから、易行である。難行を捨てて、易行の念仏に帰すべきである。

(ロ) 利益の点より比較せば、諸行の利益である来迎は方便で不定の益であり、念仏の利益である報土得生は真実であり、決定の益である。諸行の利益である来迎は、真実の浄土へ諸行の行者をみちびき、往生せしめる仏の方便、てだてである。また来迎は、諸善万行を自力で修し、善根をつみあげて、臨終に期待する利益であるから、不確実、不確定の利益(不定の益)である。これに対し、念仏の利益である浄土往生は、真実の浄土への得生であり、他力の念仏の利益である以上、確実に約束された決定の利益というべきである。

(ハ) 果処の点、浄土往生の果より比較せば、諸行の者は胎生、いいかえれば化土の往生であり、念仏の行者の往生は化生、即ち、真実の浄土への往生である。

この様に、諸善万行の諸行と他力念仏を比較するに、(イ)行因 (ロ)利益 (ハ)果処の上に、質的なへだたりが存するのである。

かかる観点より、存覚上人は、第十九願の諸行、もろもろの雑多な自力の諸善万行を捨て、第十八願に帰し、仏智を信じ、念仏往生の一道に帰し、真実報土の往生をとげることを、本問答のおわりですすめられているのである。

されば真実報土の往生をとげんとおもはば、ひとへに弥陀如来の不思議の仏智を信じてもろもろの雑行をさしをきて専修専念一行一心なるべし。第十八の願には諸行をまじへず、ひとへに念仏往生の一道をとけるゆへなり。

かくて存覚上人は、第十一・十二・十三問答において、諸行と念仏の往生に関し、胎生と化生を分別し、真実浄土の往生は、第十八願の念仏一行によるべきことを開顕されたものといえよう。

一二　善知識論

第十四問答は、善知識について説示されている。我々が信心決定し、浄土往生を得るのは、善知識のおしえによるのであるが、その善知識とはどのように領解すればよいのかという問意である。

最後の問答において、善知識が展開されるのは、本鈔冒頭の一段に対応する。総説段において、念仏往生の一道は釈尊・善導大師・源空上人・親鸞聖人、ひいては、次第相承の善知識によることがのべられている。

釈尊・善導この法をときあらはしたまふとも、源空・親鸞出世したまはずはわれらいかでか浄土をねがはん。たとひまた源空・親鸞世にいでたまふとも、次第相承の善知識ましまさずは真実の信心をつたへがたし。

右の一段を受けて展開されるのが、第十四問答であるといえよう。我々に念仏の法義を伝えたもう善知識の本質について、本問答で説示されているのである。

(1) 善知識の規定

こたへていはく、惣じていふときは真の善知識といふは諸仏・菩薩なり、別していふときはわれに法をあたへたまへるひとなり。

真の善知識は、諸仏・菩薩というべきである、この他に、衆生のために法をあたえ、きかしめるひとを善知識という、と説示されている。その根拠として、『大経』を引用されている。

如来の興世まうあひがたく見たてまつりがたし、諸仏の経道得がたく聞きがたし、菩薩の勝法、諸波羅蜜、聞くことを得ること亦かたし、善知識に遇ひ法を聞き能く行ずることこれ亦かたしとなす。

この文は「化巻」に「難信の勝法」をあきらかにするために引用されている。

この経文を見るに、はじめに仏・菩薩を出し、次いで仏・菩薩の外に善知識と教示されている。これによれば、この善知識というのは、仏・菩薩の外である凡夫の善知識であることはあきらかである。仏・菩薩の外に法を聞かせる人を、善知識と定めよという『大経』の教示であると、領解するのである。

かかる点より、存覚上人はこの『大経』を、次の如く解釈されているのである。

されば如来にもあひたてまつりがたしといひ、菩薩の勝法もききがたしといひて、そのほかに善知識にあひ法をきくこともかたしといへるは仏・菩薩のほかにも衆生のために法をきかしめんひとをば善知識といふべしときこへたり。

仏・菩薩の外に衆生に法を聞かす人も、善知識というと規定されているのである。

更に存覚上人は、

またまさしくみづから法をときてきかするひとならねども、法をきかする縁となるひとをも善知識となづく。いはゆる妙荘厳王の雲雷音王仏にあひたてまつり、邪見をひるがへし仏道をなり、二子夫人の引導によりしをば、かの三人をさして善知識ととけり。また法花三昧の行人の五縁具足のなかに、得善知識といへるも、行者のために依怙となるひとをさすとみえたり。

といい、自ら法を説いて人に聞かせる立場には居らぬけれども、人に法を聞かす縁になる人をも、善知識となづけると説示されている。そして、その例として、妙荘厳王の物語と、法華三昧の五縁具足とが出されている。

昔、妙荘厳という王がおられた。ところが、この王は外道で、仏説を信じなかった。この夫人を浄徳といい、夫婦の間には、浄蔵と浄眼の二人の子があった。母と二子は、深く仏法に帰依していた。外道の父王を仏法に帰せしめるべく、母のすすめで、神通力を得ていた二人の子は、父の前で種々の神通を現じて見せた。これに父王はおどろき、神通を誰にならったのかとたずねたのである。

ここにおいて、浄蔵と浄眼は仏徳を讃嘆したので、父王は雲雷音王仏のみもとにいき、仏に帰依されたのである。かくて、二人の子と、夫人の三人の縁により、王は仏に帰依したのであるから、三人をさして善知識というのである。

また、法華三昧の行人の五縁具足とは、行者の具足する五種の縁で、㈠持戒清浄、㈡衣食具足、㈢閑居静処、㈣息諸縁務、㈤得善知識である。この中の得善知識について、「得善知識といへるも、行者のために依怙となるひとをさす」といわれている如く、依怙とは「たよる」という意で、行者が法を聞くにあたり、たよりになる人、縁になる人のことである。

かくて存覚上人は、善知識の意味を結論して、

されば善知識は諸仏・菩薩なり、諸仏・菩薩の惣体は阿弥陀如来なり。その智慧をつたへその法をうけて直にもあたへ、またしられんひとにみちびきて法をきかしめんは、みな善知識なるべし。しかれば仏法をききて生死をはなるべきみなもとはただ善知識なり。

と説示されているのである。

(2) 善知識の徳相

最後に、「化巻」に引用されてある『涅槃経』と、『華厳経』の二文を引用して、善知識の徳相について説示されている。

いはゆる『涅槃経』には一切梵行の因は善知識なり、一切梵行の因無量なりといへども、善知識をとけばすなはちすでに摂在しぬ」といひ、『華厳経』には「なんぢ善知識を念ぜよ、われを生ずること父母のごとし、われをやしなふこと乳母のごとし、菩提分を増長す」といへり。このゆへにひとたびそのひとにしたがひて仏法を行ぜんひとは、ながくそのひとをまもりてかのをしへを信ずべきなり。

『涅槃経』は、すべての梵行の因となるものは善知識である。一切の梵行の因は無量であるが、善知識をあげると、みなそのうちに摂めつくされるという意味である。信心念仏のきよき道に我々をみちびいて下さ

るみなもとは、善知識であるという意である。

また『華厳経』は、「汝は、善知識を、われを生んでくれた父母のごとく、われを養育してくれた乳母の如くに念ずべきである。すると、さとりを求める智慧が増長する」という意である。私を信心に導入して下さったのは、善知識のみちびきであり、善知識は、我々にとって、父母、乳母の如き存在であると讃ぜられているのである。

かくて第十四問答は、本鈔冒頭の総説段と相応して、我々に念仏往生の一道を説き、相承したもうた善知識の何たるかを論じ、その善知識よりおしえられ、聞かされた他力の教法を信ずべきことを、説示されているのである。

一三　結び

かくて本鈔は、まず第十八願の念仏往生の一道は、善導大師・法然上人・親鸞聖人・次第相承の善知識により伝統されたものであることを説示し、以下、平生業成・現生正定聚・信一念と称名念仏・来迎・胎生化生・善知識の各論にわたり、真宗の要義について論述したものといえよう。

（『真宗の救い　―浄土真要鈔のこころ―』）

講話の部

鎌倉仏教と教行信証

一

真宗学第六十回大会への出講依頼を、武田龍精先生より頂き、その時は一瞬、如何いたそうかと思いました。もう二ケ月すると私は七十六歳になります。しかし、長年お育てを頂きました龍谷大学の真宗学へのご恩報謝をさせて頂こうかという思いが、心にこみあげて参りまして、ならばお受けしようと決心致し、本日は参上致しました。

テーマは「鎌倉仏教と『教行信証』」という題を出しておきました。『ご本典』全般にわたりますと時間がかかりますので、今回は『行文類』に限定いたし、話しを進めてまいります。

視点は三点であります。第一点は『ご本典』成立にあたって、大きな背景になったのは、法然上人の『選択集』であります。『選択集』の教学的立場はどこにあるのか。これが一点であります。

第二点はその法然上人の念仏往生に対して鎌倉旧仏教の貞慶上人・高弁上人より批判がなされています。法然門下は当然これに答えねばならない。そして更に師説を顕彰していく責務があった。鎌倉旧仏教よりの批判に対して、親鸞聖人はどのような視点から、師説を受容し、その教学を構築されたのか。

第三点は親鸞聖人は『教行信証』において、他力廻向という視点より、浄土真宗の教義を展開構築されているのでありますが、その自説を立証する根拠として、宋代浄土教の膨大な典籍、特に元照系浄土教を中心とした引用文が、多量に引用されています。貞慶・高弁などはいわゆる南都の戒律、南京律と申します。これに対して、泉涌寺の俊芿律師は、入宋して、多くの文献を日本に将来されています。この中に宋代浄土教の文献が多く含まれていたと考えられるのであります。俊芿は戒浄一致の立場から、南京律に対して、北京律（南山律）を提唱しています。俊芿は南山律元照浄土教の影響を受けており、彼のもたらした元照系浄土教は、法然門下の著作の上に多く引用されているのであります。親鸞は当時の最も新しい、俊芿によってもたらされた元照系浄土教を受容することによって、自説を論証していかれたものといえましょう。以上の三つの視点をふまえまして、話しを進めていきたいと存じます。

二

まず最初に、親鸞の『教行信証』成立の背景になった『選択集』においては、法然の根本的立場は如何に展開されているのか。貞慶・高弁の両上人に対置した場合、ポイントは何処にあるのかと申しますと、善導教学に対する両者の立場に根本的な差異が存するということです。衆知の如く、法然は偏依善導一師の立場より、第十八願に立脚して念仏往生を主張されています。法然の教学的立場は、『選択集』二行章・本願章・総結三選の文に見ることが出来ます。二行章においては、『散善義』の就行立信釈を引用することにより、称名正定業、選択本願の行としての念仏、雑行に対する選択本願の行として、念仏往生の立場を主張されています。本願章においては、諸行と念仏を、いわゆる難易勝劣の分別をされ、一切の諸行を選捨して、本願念仏の絶対性を確立されています。更に『選択集』の結論である総結三選の文においては、聖道門と浄土門、正行と雑行、正行中称名正定業と助業の三選択をなし、結して「正定の業はすなわちこれ仏名を称するなり。称名は必ず生を得る。仏の本願によるが故に」と結釈されています。ここに偏依善導一師の立場で、第十八願に立脚をした念仏往生を主張される『選択集』の根本的立場が結示されているといえましょう。

この場合、法然においては、第十八願の念仏と選捨された諸行の関係について、独自の教学展開をされています。三輩章において、『大経』三輩段の解釈をめぐり、菩提心等の諸行と一向専念無量寿仏の念仏の関係を、廃立・助正・傍正の視点より分別されています。そして廃立釈に立脚して、選択本願の行として、専修念仏を主張されている。廃立釈は法然の念仏思想の特色を示すものであり、善導教学により論が展開されています。即ち三輩中に諸行を説いたのは、諸行を廃して、念仏に帰せしめんために説いたのであるといい、『散善義』付属文釈に立脚して、廃立釈が展開されています。『散善義』の付属文釈とは、『観経』の結論である流通分の「汝好持是語　持是語者　即是持無量寿仏名」とある経文についての、善導独自の『観経』解釈の結論を示す文であります。

一に諸行を廃して念仏に帰せんがためにしかも諸行を説くとは、善導の『観経疏』のなかに、「上来、定散両門の益を説くといえども、仏の本願の意に望まんには、衆生をして一向にもっぱら弥陀仏の名を称するにあり」（付属文釈）の釈意に准じて、しばらくこれを解せば、上輩のなかに菩提心等の余行を説くといえども、上の本願の意に望むれば、ただ衆生をしてもっぱら弥陀仏名を称せしむるにあり。而るに本願の中に更に余行なし。三輩ともに上の本願によるがゆゑに、「一向専念無量寿仏」といえるなり……中略……すでに一向といふ、余を兼ねざること明らかなり。すでに先に余行を説くといえども、後に「一向専念」といふ。あきらかに知りぬ、諸行を廃してただ念仏を用うるがゆゑに一向といふ、もししからずんば一向の言もっとももって消しがたきか。
（『選択集』真聖全一、九四九頁）

『散善義』付属文釈に立脚して、諸行を廃捨し、本願念仏に帰すべきことを法然は三輩章の廃立釈において主張されているのであります。

更に『選択集』念仏付属章を見るに、冒頭に「釈尊定散諸行を付属せず、ただ念仏をもって阿難に付属するの文」といい、さきほど一言ふれました『観経』の付属流通の文と善導のこの文についての付属文釈があげられています。

釈尊定散の諸行を付属せず、ただ念仏をもって阿難に付属したまふ文。

『観無量寿経』に云く。「仏阿難に告げたまはく、汝よくこの語を持て。この語を持てとは、すなはち無量寿仏の名を持てとなり（仏告阿難　汝好持是語　持是語者　即是持無量寿仏名）」。

同経『疏』（『散善義』）に云く、「仏告阿難汝好持是語」より已下、まさしく弥陀の名号を付属して、遐代に流通することを明す。上よりこのかた定散両門の益を説くといへども、仏の本願の意を望まんには、衆生をして一向に弥陀仏名を称するにあり。
（前同、九七五頁）

『観経』では正宗分で定善・散善が説かれているが、流通分において、「持無量寿仏名」と本願の念仏が結示されている。ここに一経の結論がある。このように善導は解釈されておりますよというのが法然の善導の『観経』付属文釈に対する理解であります。では何故『観経』においては、正宗分において、本願の念仏を説かず、定散二善を説くのかという経意を問題にして、次の如く問答を展開されています。

> 問ひていはく、もししからばなにが故ぞ、ただちに本願念仏の行を説かず、煩はしく非本願定散諸善を説くや。
> 答へていはく、本願念仏の行は『双巻経』（『大経』）のなかに委しくすでにこれを説く。ゆゑにかさねて説かざるのみ。また定散を説くことは、念仏の余善に超過したることを顕さんがためなり。もし定散なくば、なんぞ念仏の特に秀でたることを顕さんや……ゆゑに今定散は廃のために説き、念仏三昧は立のために説く。（前同、九八一頁）

『観経』で定散諸善を説くのは、本願念仏が定散諸行・余善に超勝していることを説示するにあると解されています。一経の結論は本願念仏であり、定善・散善は随他方便の法であると法然上人は偏依善導一師の立場から、念仏往生を主張されていかれたといえましょう。ここに法然の善導教学受容の基本姿勢があるといえます。

三

このような法然の念仏往生の立場に対して貞慶や高弁からの批判がなされているのであります。次に第二の論点であります鎌倉旧仏教よりの批判について論を進めて参ります。

鎌倉旧仏教より法然浄土教への論難は多方面にわたりますが、今日、私は善導の念仏について、法然と貞慶・高弁二師との間に、どこが根本的に相違するのかという点に問題をしぼって話しを進めていきます。結論的に申せば貞慶の立場は称名念仏は観念成就の方便である。念仏の根本は観念為本であり、称名は観念を達成するための方便手段である。目的は観念為本だというところに貞慶の基本的立場があります。このような立場より、善導の念仏を理解されているといえましょう。『法相心要鈔』の文であります。

『観経』下々品に、「この人、苦にせめられて、念仏するにいとまあらず、善友告言して、汝もし念ずることあたわずんば、（『汝若不能念者』）、まさに無量寿仏を称すべし」。不能念者とは観念を本とかすが故に、称名また念ずるが故に三昧を得る。仏を見たてまつることを得るなり。善導和尚現に三昧を成ずる、もっぱら口称念仏を勧るなり。

（『法相心要鈔』二六～二七丁）

三昧を達成せんために口称の念仏があるというのが、貞慶の根本的立場であります。この立場より善導の教学を見ていくのであります。

これは『興福寺奏状』の「第七念仏を誤るの失」の下で善導の行実について述べられたものであります。

善導和尚、発心のはじめに浄土の図を見て歎じていわく、「ただこの観門、定んで生死を超える」。遂にこの道に入り、三昧を発得する。定んで知んぬ。彼の師十六想観を行ず。念仏の名、観と口とを兼ねるなり。

（『興福寺奏状』日仏全一二四、興福寺叢書二、一〇六～一〇七頁）

善導大師は観念為本、三昧発得の人だと、称名念仏により観念を達成された方だということが明確に示されています。法然上人と貞慶の善導観が根本的に異っているのであります。『観経』流通分の「持無量寿仏名」の文についての善導『散善義』付属文釈の解釈をめぐっての貞慶の立場が示されています。法然は「観経」流通分の付属文の説意は第十八願の称名念仏だという理解でありますが、貞慶はこの点、次の如く解されています。

『観経』付属の文、善導一期の行、ただ仏名にありとは、下機を誘ふるの方便なり。かの師の解釈の詞に表裏あり。慈悲知恵、善巧一にあらず。（前同、一〇七頁）

流通分で称名念仏が出されているのは、下機、下々品の者を導いていく方便、下機誘引の方便である。『観経』付属文は善導一期の行ではないとする立場が示されています。善導の解釈には、表裏があり、善巧のてだてが存するといい、法然とは全く異った見解を示しています。このような姿勢で貞慶は自分の主張を展開していくわけでありますが、根本は戒律であります。後でも申しますが、南京律に立脚して、戒律復興運動を展開しているのが貞慶であります。貞慶は戒律と念仏の関係をどのように見ているのか。法然の他力易行の念仏の教えを聴く人々の中には、非常に道徳的に乱れた者の存在が多く見られた。この点に関する法然の念仏の教団への批判がなされています。

第八釈衆を損じるの失。それ極楽の教門は盛んに戒行を勧むる。浄土の業因はこれをもって最となす。ゆえんはいかんとならば、戒律にあらずんば、六根守ることかたし……妄縁身に纏い、念仏の窓静かならず……これによつて浄土の業因盛んに戒行を用ちうる。（前同、一〇七頁）

浄土の業因は戒行であるというのが、貞慶の根本的立場であります。念仏によって浄土に往生するのではなしに、戒律が根本となる。いわゆる南京律に立脚して、念仏の行者は戒行が重要であるといい、その戒律を無視する法然の念仏教団を批判しているのであります。

このような鎌倉旧仏教よりの論難に対して、親鸞は北京律（南山律）の俊芿によりもたらされた元照系浄土教を受容して教学的対応をしていかれたといえましょう。元照は中国の宋代、南山律第十六祖であり、戒浄一致の浄土教を主張している。その元照浄土教は善導の浄土教を受けているのであり、称名念仏往生を主張しているのであります。善導を受け称名念仏は浄土往生の因となるという立場を取り、その浄土思想を展開されているのであります。親鸞は法然浄土教を批判した南都の南京律の貞慶・高弁に対して、俊芿によりもたらされた、中国の南山律（北京律）の元照系浄土教を受容して、鎌倉旧仏教からの批判に答え、自説の正当性を立証していかれたといえましょう。

四

次に高弁の善導理解でありますが、法然は先ほど申しましたように、『選択集』二行章において、就行立信釈に立脚して、選択本願の行として称名正定業、念仏往生を主張していかれたわけですが、その善導の就行立信釈について、高弁はどのような解釈をされているのか。『摧邪輪』を見ますと、法然は菩提心は諸行の一として廃捨されている。この菩提心を廃捨された法然を批判して「菩提心をもって往生極楽の行と為さざるの過」といい、次の如き就行立信釈についての見解を説示されています。

善導正助二業を作すは、能起の菩提心をもって置いてこれを論ぜず、所起の諸行についてこれを分別するなり。彼の截打の声を聞きて功を刀杖に開くが如し、仏法の諸行みな功を菩提心に譲るべし。菩提心これ体、称名等これ業なるをもつての故に、このゆえにもし菩提心と称名の二行についてこれを論ずるの時、菩提心をもって正業となすこと、理在絶言たるべし。（『摧邪輪』日本大蔵経、華厳宗章疏下、二八八頁）

高弁は善導の正助二業論を解して、善導の意は能起の菩提心が前提されているのであって、これを置いて論じないだけであり、正助二業は所起の諸行についての分別であると解しているのであります。称名は菩提心を体とし、能起の心とする所起の行業と解しているのであります。菩提心が仏道の正因、正行所助であり、称名はこれが助行能助とする菩提心正因論をその基本的立場としているのであります。善導教学の理解に対して、法然と貞慶・高弁の間には本質的な違いが存するのであります。このような視点から、称名は三昧発得の方便と解しているのであります。『礼讃』前序の『文殊般若』の一行三昧の文と称名念仏に関する問答であります。

また『文殊般若』にいうが如し。「一行三昧を明さば……諸の乱意を捨て、心を一仏に係けて、相貌を観ぜず、もっぱら名字を称する。即ち、念中において、彼の阿弥陀仏及び一切の仏等を見たてまつることをうるなり」。問うていわく。何がゆえに観をなさずして、直ちにもっぱら名字を称せしむるは、何の意ありやと。答えていわく。すなわち、衆生障り重く、境は細にして心は麤なり、識颺り神飛び、観成就しがたきによりてなり。これをもって大聖悲憐して、ただちに勧めてもっぱら名字を称せしむ。まさに称名やすきによるがゆえに相続即生。

（『往生礼讃』真聖全一、六五一頁）

この文の解釈について、高弁は称名は観念成就の方便である。善導がこの一行三昧の文を引用されているのは、廃観立称ではない。称名は障りを除き、見仏を期する方便としてであって、それ自体往生の行となるものではないという解釈であります。法然は『選択集』本願章において本願の称名念仏と諸行との難易勝劣の判釈をなし、衆知の如く、『礼讃』の一行三昧の問答を引用して、観難称易・廃観立称の立場で一行三昧の問答の文を解釈されています。しかし高弁の解釈は異なります。『摧邪輪』に次の如く説示されています。

即ち識颺り神飛び観成就し難し、名字を専称せしむと言うは、念心を成就せしめんがためなり。引くところの文殊般若の文に云く。「即ち念中において彼の阿弥陀仏及び一切の仏等を見たてまつることを得る」等とは、称名によるがゆえに、必ず念心成就する。この念中において見仏を得るなり。

（『摧邪輪』二九二頁）

基本的に法然と高弁両者の間には、善導の一行三昧をめぐる理解において、本質的な相違があるといえましょう。

更に善導の称名念仏についての両者の間に『観経』の流通分「持無量寿仏名」の付属持名の解釈をめぐって、全く異なった立場が見られます。すでに貞慶の善導理解の項で述べていますとおり、法然は「念仏付属章」において、『散善義』の付属持名を釈する付属文釈を引用して、『観経』では正宗分で定散の諸行を説くが、仏の本願の意にのぞめば「一向専称弥陀仏名」にありとし、定散二善を廃して、付属の口称念仏が本願の行であり、ここに一経の結論がある旨を釈顕されています。善導の『観経』理解の帰結を付属持名の本願の口称念仏にありと釈されています。これに対して高弁は『摧邪輪』において、善導の『観経』流通分の付属持名を解釈した付属文釈に「上来雖レ説ニ定散両門之益一……一向専称ニ弥陀仏名一」とある「一向」の言には語一向と意一向の両義があるという解釈を示されています。

一向というは三業に通ずる。……この中一向の言に必ず語一向・意一向の義あり。まず三業一向の義につけば、たとい身・語一向の行ありといえども、もし意一向の義なくんば往生をえず。たとい身・語一向あらずといえども、もし意一向の義あらば必ず往生をうべし。この中、語・意一向の義を取る……意業一向の義とは即ちこれ菩提心をもって先となすべし。（前同、三三〇頁）

付属文釈の一向は身口意の三業にわたるといい、その中語一向と意一向について、語一向は称名であり、意一向は菩提心である。高弁は語一向より、意一向の菩提心が根本であると主張しているのであります。善導の「一向専念無量寿仏」の解釈は語一向を出しているだけであって、この中に意一向の菩提心を摂すると主張している。あくまでも菩提心正因論の立場より、法然の善導理解を批判しているのであります。

以上申し述べました如く、法然と貞慶・高弁の善導解釈には大きな相違があるといわねばなりません。主要な相違点は三点あげることが出来ると思います。

(1)就行立信釈の解釈については、法然は称名正定業、選択本願の専修念仏の視点より受容されている。これに対し高弁は菩提心を除いた所起の諸行の分別と解し、菩提心正因論を展開している。(2)『往生礼讃』前序の一行三昧をめぐる問答については、法然は本願の念仏、念仏往生の釈顕と解釈している。いわゆる観難称易・廃観立称。これに対し貞慶・高弁は称名は三昧成就の方便として一行三昧の観称を解釈している。(3)『観経』流通分の付属持名の文の解釈については、法然は付属の口称念仏が本願の行であり、釈尊付属の行であると、善導の『観経』理解の帰結を付属持名の口称念仏にありと解されています。これに対し、貞慶は善導付属文釈の「一向専称弥陀仏名」とある文は善導一期の行ではなく、下機誘引の方便と解し、高弁は語一向の称名が出されているだけで、その根底には意一向、菩提心正因が存すると解されているのであります。

両者、まったく善導教学に対する理解が異なっているのであります。この様な鎌倉時代における法然浄土教と鎌倉旧仏教の貞慶・高弁の論難を背景とすることにより、親鸞の『教行信証』の成立の一面があったということが出来ます。

五

この場合『教行信証』成立の背景になったのが、もう一方の鎌倉仏教の動向であります。すでにのべました如く、俊芿によって招来された元照系浄土教であります。法然門下において元照系浄土教の多量の引用が見られるのでありますの。『選択集』において宋代浄土教の典籍の受容は非常に少ないのであります。賛寧の「宋高僧伝」、「龍舒浄土文」、王古の「新修往生伝」のみであります。元照の浄土教の善導理解については、当然法然や親鸞とは異なるところはあります。しかし称名念仏往生という点においては同一線上で見られます。親鸞はかかる視点より、鎌倉時代におけるもう一つの大きな運動、いわゆる北京律を提唱した俊芿によりもたらされた元照系浄土教を引用することによって、自説の立場、ひいては法然の善導教学の理解の立場の正当性を立証していかれたところに、『行文類』における元照浄土教受容の意義が存すると考えます。

となれば、法然から親鸞への展開はどのようになるのか。衆知のごとく法然は一願建立の立場であり、親鸞は五願開示の立場であります。『行文類』において、第十七願を標願され、仏廻向の名号摂化、南無阿弥陀仏の名号の絶対性と普遍性を論証されているのであります。

法然から親鸞への教学展開の上で、大きな進展は、第十七願に注目していかれた点にあるといえます。『選択集』の上においては、第十七願に対する注目はありません。それは一願建立第十八願に立脚しての念仏往生の教説であります。この間にあって、即ち法然から親鸞への間にあって第十七願に注目していったのが、聖覚であります。ただ法然の上で第十七願に一箇所だけ注目しておられるところがある。それは『和語灯録』所収の『三部経釈』であります。十二・十三・十七・十八願との関連について述べられています。第十七願所誓の名号摂化が具体的に衆生の上に展開していくのが第十八願の乃至十念の称名であるとその関連が説示されています。これと同一線上で第十七願について聖覚の『唯信抄』において述べられています。

これによりて一切の善悪の凡夫、ひとしくむまれ、ともにねがはしめむがために、ただ阿弥陀の三字の名号をとなえむを往生極楽の別因とせむと、五劫のあひだふかくこのことを思惟しおはりて、まづ第十七に諸仏にわが名字を称揚せられむといふ願をおこしたまへり。この願ふかくこれをこころうべし。名号をもてあまねく衆生をみちびかんとおぼしめすゆへに、かつ〳〵名号をほめられむとちかひたまへるなり。

（『唯信抄』真聖全二、七四二頁）

名号によって一切衆生をみちびかんと諸仏による名号の称揚讃嘆が誓われているのが第十七願であると釈されています。十方諸仏の名号讃嘆により如来の尊号は十方世界に流行するのであります。そしてこの第十七願所誓の名号が、衆生の上に称名となって展開し、念仏の衆生を摂取することが誓われてあるのが第十八願であると両願の関係を説明し、「さてつぎに第十八願に念仏往生の願をおこして、十念のものおもみちびかむとのたまへり」（同上、七四三頁）と説示されています。聖覚は法然を受けつぎ第十七・十八両願の上に弥陀の衆生救済の具体性を開顕されているのであります。この聖覚の教学の立場を更に展開したのが、親鸞の『唯信抄文意』であります。

おほよそ十方世界にあまねくひろまることは、法蔵菩薩の四十八の大願のなかに、第十七の願に、十方無量の諸仏にわがなをほめられんとなへられんとちかひたまへる一乗大智海の誓願を成就したまへるによりてなり……称名の本願は選択の正因たること悲願にあらはれたり。この文のこゝろはおもふほどはまうさず、これにておしはからせたまふべし。

（『唯信抄文意』真聖全二、六二五頁）

名号流行による衆生摂化を誓われているのが第十七願である。そしてこの名号法の具体的な衆生の上への展開を「称名の本願は選択の正因たること、この悲願にあらわれたり」と釈され、第十七願と第十八願の関係を説示されているのであります。第十七願において満足成就された名号の流行により、第十八願の乃至十念の「選択の正因」の衆生の上への展開があるのであり、それは悲願即ち第十七願を根源とするものであることを釈顕されているのであります。

そして更に親鸞は両願の関係を本願の三心、信の上より釈顕されています。

「聞名念我」といふは、聞はきくといふ、信心をあらわすみのりなり。名は如来のちかひの名号なり念我とまうすは、このみなを憶念せよとなり。諸仏称名の悲願にあらわせり。憶念といふは、信心まことなる人は本願をつねにおもひいづるこゝろのたえずつねなるなり。

（前同、六二六頁）

「聞名念我」とは第十八願成就文の「聞其名号」と同義であります。この所聞の対象である名号は第十七願成就の名号であることを「名は如来のちかひの名号なり」と釈されているのであります。そして「念我」を「このみなを憶念せよとなり　諸仏称名の悲願にあらわせり」と釈されています。憶念とは第十八願の三心、信心であり、この「ちかひのみ名」を憶念する信心の相続は第十七願を根源として成立するものであることを釈顕されているのであります。悲願とは第十七願であります。第十八願の三信十念は第十七願成就の名号の流行展開であり、第十七願と第十八願の関係を三心の信心にすわりを置いて見ていくところに、念仏往生より信心為本へという法然から親鸞への教学の深化を見るのであります。

六

以上述べました如く、法然の一願建立の立場を一歩進めて、第十七願に注目することにより、第十七願を教義成立の基盤として展開するのが『行文類』であります。冒頭の標願に「諸仏称名之願」とかかげ、細註において「浄土真実之行　選択本願之行」と釈されています。「行文類」を諸仏所讃の名号、衆生をして信ぜしめ行ぜしめ往生成仏せしめつつある本願力、仏の廻向法である名号大行を詮顕する巻として位置づけられているのであります。細註の「浄土真実之行」とは弥陀廻向の名号大行が、浄土真実の行であり、「選択本願之行」とは乃至十念の称名念仏であります。衆生の上に能行となり展開するものであることを教示されたものといえましょう。大行は所行の法体名号より、能行の乃至十念の称名までもその内容とするものであります。所行から能行にわたって、空華的表現をすれば、能所不二の大行といえましょう。このことを具体的に示しているのが大行出体釈であります。

大行とは無碍光如来のみ名を称するなり。この行はすなわち摂諸善法、具諸徳本、極速円満す、真如一実の功徳宝海なり。このゆえに大行となづく。

衆生の称名（能行）が大行といわれるのは所称の仏廻向の名号の果徳によるものといわねばなりません。

『行文類』冒頭において「謹んで往相の廻向を按ずるに大行あり大信有り」と教示し、大行は弥陀廻向の法であり、衆生所称の名号には「摂諸善法、具諸徳本」の量徳、「極速円満」の用徳、「真如一実の功徳宝海」の性徳の三徳が成就されていることを讃仰されているのであります。三徳円具の名号が衆生に廻向され、衆生の上に称名となって展開している点をさして大行といわれているのであります。そしてこの名号大行が成立する根源は第十七願にあることを『行文類』で釈顕されているのであります。『行文類』の大行釈下で「これ凡聖自力の行にあらず、故に不廻向之行と名づくるなり」と大行を「不廻向之行」といわれています。「不廻向之行」とは『選択集』にも出されています。二行章の二行得失を判ずる条下において、雑行に対して、本願の念仏を不廻向の行といわれています。雑行が往生の因となるには、廻向を用うる必要があるが、本願念仏は衆生の側から廻向を用いる必要はない。自然に往生の行となるから、称名念仏は不廻向の行だと、法然は雑行と念仏の得失を判ぜられているのであります。これに対し、親鸞は名号大行は弥陀如来より廻向された本願力廻向の行であるから不廻向の行だと釈顕されているのであります。衆生の上に称名念仏となって流行する名号大行はまさに阿弥陀如来より凡夫にめぐまれた弥陀廻向の行であることを不廻向の行と結示されたものとうかがうのであります。

称名は単なる観念成就の方便ではない。阿弥陀仏よりの廻向法という立場より名号大行の価値の絶対性を主張していかれたところに、『行文類』における親鸞の根本姿勢が存するといえましょう。このような『行文類』の立場の論証として、俊芿将来の元照系浄土教の受容があったとうかがうのであります。

七

次に第三の論点に参ります。法然門下において、宋代浄土教の多くの引用がなされております。幸西・隆寛・証空・弁長・長西などにその多用が見られます。

法然門下における元照系浄土教の多用でありますが、俊芿が中国に渡ったのは一一九九年であります。この前年の一一九八年に『選択集』は成立しています。この翌年一一九九年に俊芿は中国に渡りそれから十一年後一二一一年に帰国しております。その時、多量の文献を日本にもたらしています。律・天台・華厳・儒教等であります。この中に宋代浄土教の文献が多数含まれていたと推定されます。法然門流における宋代浄土教典籍の依用は俊芿の宋代諸文献の将来によるものと思考致します。とりわけ法然門流において元照系浄土教の多量の依用は俊芿の学系に関連するものと考えられます。俊芿が律を学んだのは南山律元照の系統であり、元照は南山律第十六祖と称され、南山律と共に浄土教に帰し、戒浄二門を主張しています。俊芿が律を学んだ如庵了宏は南山律元照の系統であり、当然戒浄二門を主張する元照の教学、元照浄土教を彼は摂取したと考えられるのであります。帰朝後京都泉涌寺において、北京律（南山律）を中心として、戒・円・密・禅・浄の五宗兼学の宗風をおこしたことは有名であります。『泉涌寺不可棄法師伝』によりますと、俊芿は帰国にあたり、南山律の祖である道宣と元照の真影各一幅を日本に持ち帰っているのであり、このような点よりも俊芿における元照教学の影響を見るのであります。

泉涌寺俊芿不可棄法師、遠く波瀾を越えて入宋学法。まさに台教律宗を伝う。かねて霊芝（元照）浄教を伝う。即ちこれ浄教相伝の規模。その後彼の寺の宗師、智鏡大徳入宋して律を伝う。また浄教を習う。遂に本寺に還って所学を弘む。浄教の所伝、泉涌を本となす。

（『三国仏教伝通縁起』日仏全一〇一、一〇五頁）

俊芿が建暦元年（一二一一）に帰朝してより、元照浄土教は泉涌寺を中心としてひろまったものと考えられるのであります。法然門流における宋代浄土教の典籍の多量の引用、特に元照系浄土教への重視は、俊芿による元照浄土教の伝来によるものと考えるのであります。

南都の南京律の貞慶や高弁は浄土の業因の根本は戒律である。称名は観念成就の方便であるという立場より善導教学を理解し、法然浄土教を批判された。これに対し、北京律を提唱した俊芿は元照の影響を受けている。元照は戒浄一致の立場ではあるけれども、その浄土教は善導の影響を受けております。しかもその善導浄土教の受容にあたっては、法然の善導観と同一線上に見られる称名念仏往生が展開されているのであります。このような点に注目し、親鸞をはじめとする法然門下の方々は、当時最も新しい浄土教の流れを受用していかれたものと推論するのであります。それならば元照はどのような視点から善導浄土教を受容していかれたのか。

八

浄土門において帰向することなし。浄業を修するをみて、また軽謗を生ず。後に重病に遭い、色力痿羸し、神識迷茫し、趣向するところを知ることなし。すでにして病いゆ。頓に前非を覚り、悲泣感傷、深く自ら克責し、志洪大といえども、力いまだ堪任ならず。よって、天台の『十疑論』を覧る。「初心の菩薩いまだ無生忍を得ず。すべからく常に仏を離れざるべし。また『智度論』を引きていわく。具縛の凡夫、大悲心ありて願じて悪世に生じて、苦の衆生を救うこと、このことわりあることなし。たとえば嬰児の母を離れ得ざるが如し。又弱羽の枝を伝うべきが如し」。これよりことごとく平生の所学を棄て、もっぱら浄土の教門を尋ぬ。二十余年いまだかつて暫捨せず。理教を研詳し、古今を披括して、頓に群疑を釈し、いよいよ深信を加う。また善導和尚の専雑二修を見る。「若専修の者は百即百生、若雑修の者は万千に一二も、心識散乱し観行成じ難し。志を一にして、専ら四字の名号をたもち、幾生にか逃逝せん」。今始めて帰することを知りぬ。

（『浄業礼懺儀』、楽邦文類、大正四七、一七〇頁）

これは『浄業礼懺儀』に出ている文であります。『楽邦文類』に収められています。元照自身が善導に帰依された所以が説示されています。善導の『往生礼讃』の専雑得失の所判等、称名念仏による浄土往生を期する浄土教に元照は注目していったといえましょう。

元照は『観経義疏』において釈尊一代の教えを二つに大別しております。娑婆入道教観と往生浄土教観であります。娑婆入道教観とは此土入聖の法門、往生浄土教観とは彼土得証の法門。『観経』所説の弥陀法は円頓一仏乗であるといい、一代仏教を二つに分別して浄土教を位置づけています。そして善導の影響を受けて、九品唯凡説を受容しています。聖道諸師は大体『観経』九品段の上三品は大乗の聖者、中三品は小乗の聖者、下三品は大乗始学の凡夫と解されていた。これに対し善導は上三品は遇大乗の凡夫、中三品は遇小乗の凡夫、下三品は遇悪の凡夫と解し、九品唯凡を主張されているのであります。元照はこの善導の九品唯凡説を受容しているのであります。善導は『玄義分』において、『観経』より十文引用して自説を立証しておいでであります。元照はその著『観経義疏』の中で、善導が『玄義分』において引用された十文をすべて引用し、『観経』十六観は常没の衆生のためであり、本経は濁世の凡夫にこうむらしめるべく開説された経典であると論じているのであります。そしてこのような立場より元照は称名念仏往生を主張して来るのであります。

元照の『阿弥陀経義疏』の文には親鸞も注目され、『行文類』大行釈下に引用されています。

一乗の極唱の終帰、ことごとく楽邦を指す。万行の円修、最勝を独り果号にゆずる。まことにもって因より願を建つ。志を乗り行を窮め、塵点劫を歴て済衆の仁を懐けり。芥子の地も捨身の処にあらざることなし。……行満じ劫なり、一時に円かに三身を証す。万徳すべて四字に彰る……。すべからく信ずべし。他力によるにあらずんば、業惑を截つこともって期することなし。この門に遇わずば、生死を脱することと路なし。（『阿弥陀経義疏』大正三七、三五六頁）

一乗教の究極の終帰は西方の浄土である。その西方浄土への往生の業因は、法蔵の発願修行が円満成就された名号である。三身を証した果徳が円満されている名号によってのみ生死を脱することが出来ると、名号による他力の摂化、名号の価値の絶対性を元照は本義疏において明確に主張されているのであります。『阿弥陀経』の修因段を見ますと、

阿弥陀仏を説くを聞きて、名号を執持すること、もしは一日……もしは七日、一心不乱云云。

とあります。称名念仏往生が説示されています。ここに一経の経宗があると元照は指摘しているのであり

ます。

今経もっぱら持名の法を示す。正にこれ経宗。今において要となすなりり。　　（前同、三五七頁）

そしてこの『阿弥陀経』の経宗である修因段の称名念仏を次のように解しています。

もし大本・観経に準ずれば、すなわち日限なく、下至十念、皆往生を得る。十念即十声なり。

（『阿弥陀経義疏』大正三七、三六一頁）

『阿弥陀経』の経宗を称名念仏往生と解しているのであります。そしてこれを立証するために、元照は『往生礼讃』前序の一行三昧の問答と光号摂化の文に注目し受容引用しているのであります。

善導問うていわく、何故に観をなさしめずして、ただもっぱら名号を称せしむは何の意ありやと。答えていわく。すなわち衆生障り重く、境は細にして心は麤なり、識颺り神飛び観成就しがたきによりてなり。これをもって大聖悲憐してただもっぱら名号を称することを勧む。正に称名易きによるが故に相続即生。またいわく弥陀世尊もと深重の誓願を発し、光明名号をもって十方を摂化したまふ。ただ信心求念せしめ、上一形をつくし、下十声一声等にいたるまで、仏願力をもって往生得やすし。

（前同、三六一頁）

『礼讃』の『文殊般若』の一行三昧の観称の念仏をめぐる問答に注目して、観仏は修し難く、大聖悲憐の称名の易行により往生すべきである。更に光号摂化の文に注目して弥陀の本願は光明名号でもって十方を摂化されるのであり、十声一声にいたるまで仏願力により往生せしめられるのであると、善導浄土教を受容し、本願を根底にした称名念仏往生を主張しているのであります。

このような『礼讃』前序の元照の受容姿勢は、法然・親鸞の善導理解と同一線上でみていくことが出来ると思います。そして名号の功徳の超勝性について『阿弥陀経義疏』において次の如く説示されています。

仏身は相にあらず。果徳深高なり。嘉名を立せずんば、妙体を彰すことなし。十方三世に皆異名あり。（以下『行文類』に引用）況んやわが弥陀、名をもって物を接す。これをもって耳に聞き口に誦するに、無辺の聖徳識心に攬入する。永く仏種となって、頓に億劫の重罪を除き、無上菩提を獲証する。まことに知りぬ、少善根にあらず、これ多功徳なり。（前同、三六二頁）

「況んやわが弥陀」以下の御文は『行文類』に引用され名号摂化を讃仰されています。仏果は深高であって、名号でもってその妙体を彰されるのである。弥陀はこの名号でもって衆生を済度されるのであって、名を称するところ、無辺の聖徳が衆生心中に入り、仏種となって菩提を証せしむると、名号の功徳をたたえられているのであります。元照はこの名号の多善根多功徳を襄陽石碑の経文を引用して論証しておられます。

この襄陽石碑の経文は『選択集』多善根章、『化身土文類』真門釈下にも引用されています。

所謂、布施持戒、立寺造像、礼誦坐禅、懺念苦行、一切の福業、もし正信に回向して願求することなくば、皆少善となす。往生の因にあらず。もしこの経によりて、名号を執持して決定往生、即ち知りぬ称名はこれ多善根多福徳なり。……近ごろ襄陽石碑の経本を得て、文理冥符、はじめて深信を懐く。彼に云く。「善男子善女人、阿弥陀仏を説くを聞きて、一心不乱、もっぱら名号を持し、名を称するをもって、諸罪消滅。即ちこれ多功徳多善根多福徳因縁なり。」（前同、三六一頁）

元照は『阿弥陀経』の「執持名号」の称名念仏の理解にあたって龍舒浄土文に注目し、称名の多善根多功徳の因縁による称名念仏往生を主張しているのであります。法然の善導教学の理解と同一線上の立場といえましょう。かくて親鸞は当時の最も新しい俊芿将来の南山律元照浄土教に注目し、これを受容することにより自説を立証されていかれたといえましょう。

以上大略語りました如く、鎌倉期において法然を中心とする専修念仏の教団の展開が見られます。これに対し旧仏教の側においては、南都の戒律中心（南京律）の復古運動がおこなわれています。そして戒律中心の立場より貞慶・高弁による、法然の念仏教団への批判がなされているのであります。このような南都仏教の動向に対して、法然門流、特に親鸞においては、鎌倉期におけるもう一つの戒律興隆運動を展開した北京律の俊芿系浄土教、即ち元照浄土教が多用されているのであります。俊芿は入宋し、南山律元照の影響を受けて、泉涌寺において、南都の南京律に対して、所謂北京律を提唱しているのであります。泉涌寺を中心としてひろまった元照教学は戒浄二門一致をその基本的立場とし、その浄土教は善導の影響を受け、称名念仏による浄土願生をすわりと致します。その善導浄土教の受容の基本姿勢は、法然と同一線上に見ることが出来ます。親鸞はかかる宋代浄土教、戒浄一致の元照浄土教に注目し、南都の貞慶・高弁等の師法然浄土教への論難に対し、「律宗祖師元照云」等といい、答えていったものといえましょう。

九

「行巻」大行釈には、①「楽邦文類」（張掄勧文）・②前同（慶文釈文）・③元照「観経義疏」・④前同・⑤元照「阿弥陀経義疏」・⑥前同・⑦前同・⑧元照「観経義疏」（「慈雲法師云」）・⑨前同（「慈雲讃云」）・⑩前同・⑪戒度「正観記」・⑫用欽釈文・⑬前同。

他力釈下には、①元照「観経義疏」。

「信巻」菩提心釈下には、①元照「阿弥陀経義疏」・②前同・③前同・④用欽釈文・⑤戒度「阿弥陀経聞持記」・⑥「楽邦文類」（柏庭善月の後序）。

「信巻」末、真仏弟子釈下には、①王日休「浄土文」・②用欽釈文・③「楽邦文類」（智覚「神棲安養賦」・④前同（元照（無量寿院弥陀像記）。

「化巻」真門釈下、①元照「阿弥陀経義疏」・②智円「阿弥陀経疏」。

「化巻」末、外教釈下には、①「楽邦文類」（慈雲「往生西方略伝序」の祭祀権方文）・②神智「天台四教儀集解」・③元照「鬼神釈文」・④戒度「観経扶新論」。

『教行証文類』における宋代浄土教典籍をあげておきました。上来述べました如く、親鸞は法然の第十八願の選択本願の行としての念仏往生の立場を深化し、第十七願に立脚して、弥陀廻向の法として、名号大行論を『行文類』において展開されています。衆生の能称の功を否定し、所称の名号そのものに絶対の価値をみとめる大行論を展開し、聖道仏教よりの論難に答えていったものと考えます。大行釈では七祖の釈文の引用がありますが、その中、善導釈文中、『往生礼讃』の一行三昧論の問答と光号摂化の文の引用が注目されます。その引用意図でありますが、『文殊般若』の一行三昧を口称の本願念仏と解して、観念を成就し難い凡夫の往生行として名号大行の利益を証するものといえましょう。そしてこの後につづく光号摂化の文は「光明名号をもって、十方を摂化したもう。ただ信心をして求念せしむれば、上一形をつくし、下十声一声等にいたるまで、仏願力をもって往生を得易し」とあるもので、仏廻向の名号による摂化の相を示すものに他なりません。この『行文類』引用の『往生礼讃』の一行三昧・光号摂化の文は上に述べました如く元照も注目しているのであります。高弁の理解と異るのであります。そして親鸞はこの善導釈文のあとに六字釈をなし、『行文類』冒頭の大行釈と呼応して、衆知の如く、約仏の立場より六字名号を解釈して、衆生所称の名号は弥陀廻向の法であることを釈顕されているのであります。善導から法然へと伝統された本願の称名念仏は、仏廻向の名号法の流行に他ならぬことを開顕し貞慶・高弁等鎌倉旧仏教よりの論難に答えていかれたものといえましょう。そしてその自説の論証として、六字釈のあとに膨大な宋代浄土教の典籍を中心としての引用の展開がされているのであります。

十

まず最初に後善導といわれた唐の法照の『五会法事讃』の文が引用されています。

しかるに念仏三昧はこれ真の無上深妙の門なり、弥陀法王四十八願の名号をもって、ここに仏、願力を事として衆生を度したもう。

（『行文類』、真聖全二、二三頁）

この文は『五会法事讃』一部の念仏三昧の大意をのべたもので、本願力によるの名号度生が念仏三昧の法門である旨を釈顕したものといえましょう。そして以下宋代浄土教の引用が存するのであります。引用の要は名号論中心に引文の展開がなされています。まず『楽邦文類』総管張掄の文であります。

仏号はなはだたもち易し。浄土はなはだ往き易し。八万四千の法門、この捷経にしくなし。（前同、二七頁）

慶文法師の文

もっぱら一仏名号を称するは、すなはちこれつぶさに諸仏の名号を称するなり。功徳無量なれば、よく罪障を滅し、よく浄土に生ず。（前同、二八頁）

名号法は浄土往生の捷経であり、弥陀の名号を称すれば、一切の諸仏の名号を称する功徳が具足されているのであり、功徳無量の法門である旨を釈顕されているのであります。南無阿弥陀仏の名号の価値の絶対性・普遍性を論証するという視点より元照系浄土教の引用がなされていると見ることが出来ます。「律宗祖師元照いはく」として『観経義疏』の文が引用されています。

律宗の祖師、元照いわく、いわんやわが仏大慈、浄土を開示して慇懃にあまねく諸大乗を勧属したまへり……修行の久近を論ぜず、造罪の重軽を問はず、ただ決定の信心すなこれ往生の因種ならしむ。（前同、二八頁）

名号法の流行により、我々は信ぜしめられ行ぜしめられる。旧仏教に対し、新しい南山律元照浄土教による信心念仏の法門の普遍性を立証されているのであります。同じく『観経義疏』を引用して

いま浄土の諸経にならびに魔をいはず。すなはち知りぬ。この法に魔なきことあきらけし。（前同、二八頁）

お念仏のおみのりには魔障は存しないこと証されているのであります。次はすでに述べました如く元照浄土教の基本的立場を示す文であります。

またいはく、一乗の極唱の終帰、ことごとく楽邦を指す。万行の円修、最勝を独り果号にゆずる。……

行満じ功なり、一時に円に三身を証す。万徳すべて四字に彰る。（前同、二九頁）

本文は『阿弥陀経義疏』の玄談の冒頭の文であり、元照浄土教の根本的立場を示すものであります。阿弥陀仏の一切の功徳が名号に具足されている。名号法は一乗の究極の教えであると、名号の価値の絶対性を、南山律宗の元照により証し、貞慶・高弁の批判に答えられているといえましょう。更にこの文につづいて、同じく『阿弥陀経義疏』の文を引用し、名号度生についての元照の見解を受容されているのであります。

いわんやわが弥陀は名をもって物を接したもう。ここをもって耳に聞き口に誦するに無辺の聖徳識心に攬入す。永く仏種となりて頓に億劫の重罪を除き、無上菩提を獲証する。（前同、二九頁）

所称の名号の功徳の超勝性を示し、名号は滅罪、得証の仏種となる旨を詮顕し、名号摂化の真実を、元照の釈を引用して論証されているのであります。更に前掲の文につづいて、元照の『観経義疏』より「慈雲法師云」といい

ただ安養の浄業は捷真なり。修すべし。もし四衆ありて、またすみやかに無明を破し、永く五逆・十悪重軽等の罪を滅せんと欲はば、まさにこの法を修すべし。（前同、三〇頁）

とある文を引用し、念仏三昧は五逆十悪の罪を滅する法であり、安養の浄業であることを説示して、名号大行を証されているのであります。

慈雲の讃に云く。了義中の了義なり、円頓中の円頓なり。（前同、三〇頁）

大智、唱へていはく（元照観経義疏）、円頓一乗なり、純一にして雑なし。（前同、三〇頁）

元照『観経義疏』により、名号大行が純一無雑の一乗法である旨を釈顕されているのであります。そして

更に以下、南山律元照の弟子である戒度・用欽の釈文を引用して、名号法に弥陀正覚の果徳が具足されてあることを詮顕されています。

律宗の戒度のいはく（『正観記』巻下）、仏名はすなはちこれ劫を積んで薫修し、その万徳を攬る、すべて四字に彰る。この故にこれを称するに益を獲ること、浅きにあらず。（前同、三〇頁）

律宗の用欽のいはく、いまもしわが心口をもって一仏の嘉号を称念すれば、すなはち因より果にいたるまで、無量の功徳具足せざることなし。（前同、三一頁）

元照の弟子である戒度・用欽二師を「律宗」の二字を付して引用し、名号には阿弥陀仏の因より果にいたる正覚の果徳が具足されているのであり、往生成仏の最高の因法であることを論証されているのであります。律宗（南山律）においても、名号は万徳の所帰であり、浄土往生の正因、因種であると、称名念仏往生が主張されている旨を証権として、鎌倉旧仏教よりの論難に答えていったものといえましょう。

十一

『行文類』は法然浄土教を第十七願に立脚して、他力廻向の立場より深化すると共に、当時の鎌倉仏教の動向をふまえ、鎌倉旧仏教より師説に加えられた論難に対応し、名号大行の価値の絶対性を論証し、誓願一仏乗としての名号の真実性を開顕された書といえましょう。親鸞は南都仏教の貞慶・高弁等よりする法然の念仏教団への論難に対し、自説の正当性を、普遍性を、当時南都の南京律に対して、北京律を提唱し、新しい戒律興隆運動を展開した俊芿将来の南山律元照浄土教に注目し、宋代浄土教典籍を受容することにより、自説を確立されていかれたものと考えます。第十八願に立脚して選択本願の行としての称名念仏往生を展開された師法然の浄土教を、第十七願に注目することにより、弥陀廻向法としての名行大行論を展開されたのであります。そして『行文類』大行釈において、貞慶・高弁の善導念仏の理解に対して、法然・親鸞の善導解釈の正当性、更に廻向法としての名号大行の価値の絶対性・普遍性の立証として、当時最も新しい元照を中心とする宋代浄土教を受容して、対応されていかれたものということが出来ましょう。『教行信証』は、鎌倉時代における最先端の教学的いとなみの中で生み出された最高峰の書と讃仰するものであります。

鎌倉仏教と『教行信証』との関連については色々な視点より考察されねばなりませんが、本日の私の講演は冒頭に指摘しました三点に焦点をしぼって愚見を申し上げた次第であります。

最後にひと言。話しをしている最中に、お浄土からの声を聞きました。宗学のお導きを頂いた大江和上・大原和上・桐渓和上・神子上和上・加藤和上等、恩師の和上方のなつかしい温顔、耳にのこるお声を思い出しました。娑婆は邂逅と別離の繰り返しであります。十八才のときに私は宗学研鑽の志を心に、龍谷大学の門をくぐりました。真宗学大会、第三回大会が私が入学した年に開催されました。それから五十七年の歳月が流れてしまいました。邂逅と別離、出会いがあれば必ず別れの時が来る。教えを受けた先生方は、全部お浄土の人になられました。邂逅と別離はどうにもならぬ娑婆のさだめであります。だがしかし、別離のない邂逅がただひとつあります。私はこの龍谷大学で別離のない出遇、邂逅をさせて頂いた。それは親鸞聖人であります。何処で、『教行信証』においてであります。『教行信証』で親鸞聖人との邂逅がめぐまれました。それは永遠であります。聖人のおみのり、お導きを頂き、今日まで宗学研鑽の歩みをさせていただいた。幸せなことだと思っています。ただ心にあるのは、わが龍谷大学の真宗学の発展のみであります。年寄はエールを送っております。錚々たる若手の研究者が続々と後を継いでくれておる。力強い限りであります。今後の真宗学の発展、皆様方のご精進を念じながら、本日の講演を終えさせて頂きます。ご清聴ありがとうございました。

参照論文

拙論　日本仏教における善導教学の展開
　―貞慶・高弁の善導観と親鸞の立場―　仏教文化研究所紀要　第一〇集
拙論　俊芿系浄土教と親鸞の関連について
　―宋代浄土教と『教行信証』―　「鎌倉仏教成立の研究―俊芿律師―」所収
拙論　一願建立と五願開示
　―法然浄土教と『教行証文類』―　「仏教から真宗へ」所収

（「鎌倉仏教と教行信証」『真宗学』第一一七号）

教行信証のこころ

一

今回の龍谷教学会議、記念講演をするようにというご依頼を頂戴をいたしまして、私も八十才になります。公的なこのような学会でお話しをさせていただくのは、この度が最後と思うてお引き受けをいたしました。今日は難しい話はいたしません。長年頂戴をいたして参りました、ご本典について私の思うておるところを、お話しをさせていただきたいと存じます。どうぞ、お気楽にお聞きいただきたいと思います。

題は、「教行信証のこころ」と題しました。親鸞聖人がご本典をお書きくださいましたのは、一体、どのような「おこころ」でご本典の撰述がなされていったのかということでございます。それは、誰しもご指摘のところであろうと思いますが、親鸞聖人がご本典を撰述された眼精、ただ一言で申せばどこに出ておるのか。それは「信文類」別序に説示されている「一心の華文」、この一句に尽きると思います。

ここに愚禿釈の親鸞、諸仏如来の真説に信順して、論家・釈家の宗義を披閲す。広く三経の光沢を蒙りて、ことに一心の華文を開く。しばらく疑問を至してつひに明証を出す。

（『浄土真宗聖典（註釈版）』二〇九頁）

別序に、「一心の華文」と出ております。ここに、『教行信証』ご撰述の、親鸞聖人のおこころがあると頂きます。「一心の華文」とは何か。これは天親菩薩が『浄土論』の冒頭で「世尊我一心」とおっしゃっておいでになる。そこからお言葉をとっておいでになっているわけであります。つづむれば、三心即一の信楽の一心、それを天親菩薩の「世尊我一心」の言葉により、讃仰されて「一心の華文」と説示されている。この一心のお徳、内容を讃仰するところに、ご本典撰述の親鸞聖人の「おこころ」があったと、私は見ることができると思います。「一心の華文」、「我一心」という言葉は、ご本典のかなめのところに引用されておりま す。「ことに一心の華文を開く。しばらく疑問を至してつひに明証を出す」。「疑問を出す」というのは「三一問答」です。「信文類」の「三一問答」、そこを見て参りますと、親鸞聖人のご本典の要、至心・信楽・欲生の三心釈、すなわち字訓釈の結文、それから法義釈の結示のご文、それから信一念釈の結示のご文、そこに全部、「一心」「如実修行相応」の『論』『往生論註』の文言が出されてきております。そして、「教文類」冒頭に、「謹んで浄土真宗を案ずるに二種の回向あり。一つには往相、二つには還相なり。往相の回向について真実の教行信証あり」(『浄土真宗聖典(註釈版)』一三五頁)と真宗教義の大綱が教示されている。これを受けて、「証文類」の最後のご文にどう出ておるのか。

しかれば、大聖の真言、まことに知んぬ、大涅槃を証することは願力の回向によりてなり。還相の利益は利他の正意を顕すなり。ここをもつて論主(天親)は広大無礙の一心を宣布して、あまねく雑染堪忍の群萌を開化す。

(『浄土真宗聖典(註釈版)』三三五頁)

「広大無礙の一心」、天親菩薩は「広大無礙の一心を宣布して、あまねく雑染堪忍の群萌を開化す」と。往相と還相を結ぶところに、天親菩薩の「我一心」、「一心」の言葉がそこに出てきておるわけでありまして、弥陀回向の一心の信心には往相・還相のお徳が恵まれている。往相・還相のお徳を成就した一心、それが我々に如来さまから賜った信楽の一心でありますね。その仏心の結晶である一心によって、私どもは往相・還相させていただくんだということが、「証巻」の末尾の結論のところで出てくるわけであります。そういう意味で、親鸞聖人はご本典で開顕していこうとなされました眼目はどこにあるのか。「別序」の中に出て参ります「一心の華文」に尽きると、この様に言い切ってよかろうと思います。そしたら、天親菩薩の「我一心」、どういう意味であるのか。

〈我一心〉とは天親菩薩の自督（督の字、勧なり、率なり、正なり）の詞なり。いふこころは無礙光如来を念じて安楽に生ぜんと願ず。心々相続して他想間雑することなし。

（『浄土真宗聖典（註釈版）』一五五頁）

「我一心」とは、これは『論註』の建章の偈の註に出ております。これは「行文類」に引かれてありますね。「我一心とは天親菩薩の自督の詞なり」と。「自督」の「督」の字にその細註のところに、親鸞聖人は「督」の字に左訓して「アキラカナリ」と左訓されている。何にあきらかであるのか。「無礙光如来を念じて安楽に生ぜんと願ず。心々相続して他想間雑することなし」。如来さまを信じて、明らかに信じて心々相続する。そういう私どもの信心の内容を、天親菩薩は「我一心」とおっしゃっておいでになったんだと、曇鸞大師は『論註』で讃仰しておいでになるわけでありますが、そのご文を親鸞聖人は「行文類」に引用されておいでになる。そして、それをさらに親鸞聖人は『尊号真像銘文』でどのように讃仰しておいでになるのかと申しますと、

「世尊我一心」といふは、「世尊」は釈迦如来なり。「我」と申すは天親菩薩のわが身とのたまへるなり。「一心」といふは、教主世尊の御ことのりをふたごころなく疑なしとなり、すなはちこれまことの信心なり。

（『浄土真宗聖典（註釈版）』六五一頁）

天親菩薩が「我一心」とおっしゃっておいでになる「一心」はふたごころなく疑いない疑蓋無雑の信楽の一心、まことの信心であると、親鸞聖人は『尊号真像銘文』で解釈をしておいでになる。曇鸞大師は天親菩薩の『浄土論』の冒頭の「我一心」をさらに具体的にお念仏とあわせてどのようなお領解をしておいでになるのかといいますと、これは、『論註』の下巻ですね。『論註』の下巻の讃嘆門の釈において、真実のお念仏と不真実のお念仏とどこが違うのかと。真実の称名念仏は信心具足の念仏。不如実の、真実でないお念仏はこれは信心がまっとうでないということを、曇鸞大師は『論註』下巻の讃嘆門の釈で説示されています。このご文を親鸞聖人は「信文類」大信釈下に引用をしておいでになられます。

〈如彼名義欲如実修行相応〉といふは、かの無礙光如来の名号は、よく衆生の一切の無明を破す、よく衆生の一切の志願を満てたまふ。しかるに称名憶念することあれども、無明なほ存して所願を満てざるはいかんとならば、実のごとく修行せざると、名義と相応せざるによるがゆゑなり。いかんが不如実修行と名義と相応せざるとする。いはく、如来はこれ実相の身なり、これ物のための身なりと知らざるなり。また三種の不相応あり。一つには信心淳（淳の字、音純なり、また厚朴なり。朴の字、音トなり。薬の名なり。諄の字、至なり。誠懇の貌なり。上の字に同じ）からず、存せるがごとし、亡ぜるがごときのゆゑに。二つには信心一ならず、決定なきがゆゑに。三つには信心相続せず、余念間つるがゆゑに。

この三句展転してあひ成ず。信心淳からざるをもつてのゆゑに決定なし、決定なきがゆゑに念相続せず。また念相続せざるがゆゑに決定の信を得ず、決定の信を得ざるがゆゑに心淳からざるべし。これと相違せるを〈如実修行相応〉と名づく。このゆゑに論主（天親）、建めに〈我一心〉とのたまへりと。

（『浄土真宗聖典（註釈版）』二一四頁）

「如彼名義欲如実修行相応とは、かの無礙光如来の名号は、よく衆生の一切の無明を破す、よく衆生の一切の志願を満てたまふ。しかるに称名憶念することあれども、無明なほ存して所願を満てざるはいかんとならば、実のごとく修行せざると、名義と相応せざるによるがゆゑなり」と。如来さまの、無礙光如来の名号、南無阿弥陀仏の名号は衆生の全ての無明を破して、私どもの浄土願生の願いを満たしてくださるということであるけれども、何故称名念仏しても無明が解消されないのかと。浄土願生の思いが満たされないのかという質問である。これに対して、「実のごとく修行せざると、名義と相応せざるによるがゆゑなり」と答えられている。二不知・三不信の不如実の称名であるからだと説示されている。二不知とは「如来はこれ実相の身なり。これ物のための身なりと知らざるなり」と説示されている。如来は真如実相をさとった自利円満の徳と、衆生を済度したもう利他円満の徳を満足したもう仏身であることを知らぬことをいうのである。

三不信とは「三種の不相応あり」と説示されている。名号の実義に相応しない名義不相応の三不信は不淳心・不一心・不相続心である。これに対し名号に相応した三信が淳心・一心・相続心であり、この真実信心よりする称名が如実修行相応の念仏である。名号の真実義にかなった信心を、論主は「我一心」と顕示されているのであります。この義を「一つには信心淳からず、存せるがごとし、亡ぜるがごときのゆゑに。二つには信心一ならず、決定なきがゆゑに。三つには信心相続せず、余念間つるがゆゑに。この三句展転してあひ成ず。信心淳からざるをもつてのゆゑに決定なし、決定なきがゆゑに念相続せず。また念相続せざるがゆゑに決定の信を得ず、決定の信を得ざるがゆゑに心淳からざるべし。これと相違せるを如実修行相応と名づく。このゆゑに論主、建めに我一心とのたまへり」と説示されているのであります。如実修行のお念仏が真実のお念仏だと。如実修行相応の念仏とは「南無阿弥陀仏」の名号の真実にかなった称名念仏が、真実の称名。「南無阿弥陀仏」の名号を信ずる、信を根源にしたお念仏にしてはじめて真実の称名である。お念仏は何に極まるのか。「一心」に極まるという。「このゆゑに論主、建めに我一心とのたまへり」。

このご文を先程指摘しましたように、『教行信証』の要のところに全部聖人は引用しておいでになられているのであります。ご本典撰述のお心、眼精、要はどこにあるのか。天親菩薩のおっしゃった「我一心」「一心の華文」にあるんだと。ご本典の「信巻」の別序の中で聖人はただ一言で言い切っておいでになるわけであります。そのように己をして『教行信証』を書かしめたものは、「一心の華文」の顕彰にあると説示されているのであります。

二

そうしますと、次に問題になるのは、親鸞聖人のお領解は一体どこからきておるのかということですね。これは法然聖人の念仏往生を受け継ぎ、法然聖人の念仏往生は信に極まると、自分の師説の究極の極まりどころは「信」にあるんだと。親鸞聖人は法然聖人の念仏往生を「信」に極まると、信心まで深化して見極めていかれたところに、法然聖人の『選択集』、念仏往生を受け継がれた親鸞聖人の求道の結論があったと言い切ることができるであろうと言えましょう。この場合、「一心の華文」を顕彰されたご本典は、法然聖人の『選択集』をどのように受け継いでおいでになるのかということが次の問題になると思います。それを簡潔に親鸞聖人が説いておいでになるのは、ご本典の「後序」で、ご本典の撰述は法然聖人の『選択集』を受け継がれたと。『教行信証』の撰述は法然聖人の『選択集』を受け継ぎ、深化したものだということが述べられてあります。

『選択本願念仏集』は、禅定博陸　月輪殿兼実、法名円照　の教命によりて撰集せしむるところなり。真宗の簡要、念仏の奥義、これに摂在せり。見るもの諭り易し。まことにこれ希有最勝の華文、無上甚深の宝典なり。………中略………
慶ばしいかな、心を弘誓の仏地に樹て、念を難思の法海に流す。深く如来の矜哀を知りて、まことに師教の恩厚を仰ぐ。慶喜いよいよ至り、至孝いよいよ重し。これによりて、真宗の詮を鈔し、浄土の要を摭ふ。ただ仏恩の深きことを念うて、人倫の嘲りを恥ぢず。もしこの書を見聞せんもの、信順を因とし、疑謗を縁として、信楽を願力に彰し、妙果を安養に顕さんと。（『浄土真宗聖典（註釈版）』四七三頁）

我が師、法然聖人の『選択本願念仏集』、関白・九条兼実の願いによってあらわされたものである。「真宗の簡要」「念仏の奥義」、これにすべて摂在をしている。「見るもの諭り易し。まことにこれ希有最勝の華文、無上甚深の宝典なり」。その師説を受け継いで、浄土真宗の要になるご文を集めて、浄土真宗のおみのりを讃仰させていただいたのが『教行信証』であるんだということ、ご本典撰述の慶びを親鸞聖人は述べられている。「人倫の嘲りを恥ぢず。もしこの書を見聞せんもの、信順を因とし、疑謗を縁として、信楽を願力に彰し、妙果を安養に顕さんと」。親鸞聖人は、法然聖人の『選択集』を受け継いで、ご本典の「一心の華文」の顕彰があったということを、簡潔にそこで述べておいでになるわけであります。そうすると、なぜ『選択集』がご本典に深化されていったのかということです。『選択集』の法然聖人のお立場と、親鸞聖人の教学のお立場は、これは違います。『選択集』、法然教学の特色は「選択の教学」と言い切ってもいい。選び取る、あらゆる諸善万行の中から念仏一つを選び取り、念仏が往生の業だと、「往生之業、念仏為本」と、選択本願の行を開顕されたところに法然聖人の『選択集』の所詮がある。それに対して、親鸞聖人の教学は「本願力回向の教学」ですね。選択の教学を回向の教学に深化することによって、念仏往生即信心為本の立場で開顕されていったところに、法然聖人から親鸞聖人への教学の展開、深化があると、こういうふうに見ていくことができるであろうと思います。

法然聖人の『選択集』の特色はどういうところにあるのか。先程申しましたように、選択本願の行、第十八願の「乃至十念」に立脚をして、他力の念仏往生を主張されていかれたところに法然聖人の『選択集』、念仏往生の教学があったと。一願建立の立場であります。第十八願の「乃至十念」に立脚をして、選択の教学、念仏往生の教学を樹立しておいでになる。そして、法然聖人の教学の構成は三法展開です。教・行・証の枠組みでそれぞれの教義を顕彰していくのが、仏教一般の、これは教義開顕、教義を説明する一般的な枠組みであります。教・行・証。法然聖人がおっしゃる教とは何かというと、三経一論、『浄土三部経』と『浄土論』。そして、行とは念仏往生一行。証は、浄土往生ですね。そこに、他力の念仏をもって浄土に往生しようという、法然聖人の選択本願の行としての念仏往生の展開がある。ところが、法然聖人の念仏往生の特色は、お念仏というてもそれは何か、能称無効の念仏である。衆生の称え心に功徳があるのではない、能称無効、称えるところに功徳があるのではない。能称無効の他力の念仏、だから法然聖人は念仏は選択本願の行である。衆生によって称えられるところの名号には、勝易の二徳があるということを『選択集』の本願章で語っておいでになる。易徳、易しい。勝徳、「名号は万徳の帰するところなり」（『註釈版七祖篇』一二〇七頁）と明確におっしゃっている。我々によって称えられているところの名号は、如来の外用功徳、内証の功徳、万徳の功徳が結実しておるのが名号。それを称えるのがお念仏だからして、お念仏ひとつに無上の功徳がある。だから、能称無効の念仏。『選択集』を拝見してまいりますと、『選択集』の利益章を見ますと、こういう特徴的な表現で能称無効の念仏の特色を表現しておいでになる。どういう言葉であるのかというと、「すでに一念をもつて一無上となす。まさに知るべし、十念をもつて十無上となし、……中略……また千念をもつて千無上となす」（『註釈版七祖篇』一二二四頁）。一声称えても無上であるよと、千声称えても無上である、なぜならば名号は万徳の所帰であるからというところに、法然聖人の念仏往生の要があったというふうに見ていくことができます。

ところが、そのお念仏を称えても浄土願生が果たせない者と果たせる者とがある。どこが違うのかと。その万徳の所帰である念仏を信じるか信じないか、そこが分かれ目だと。『選択集』を拝見していきますと、三心章に「三心具足の念仏」、法然聖人は『観無量寿経』をお立場にしておいでになる。「一者至誠心、二者深心、三者回向発願心」、その三心具足の念仏にして初めて真実の称名念仏であると。だから、「生死の家には疑をもつて所止となし、涅槃の城には信をもって能入となす」（『註釈版七祖篇』一二四八頁）と、三心章で言うておいでになる。信心具足のお念仏にして初めて真実の他力念仏である。

ところが、法然聖人は三法門のお立場でありますから、行に立脚して、信心具足のお念仏、そこに法然聖人の三法展開の教学の特色があるわけです。この師の法然聖人の他力のお念仏を受容された親鸞聖人は、その真実の念仏と真実でない念仏、それが分けられる分岐点は何であるのか。信心を具足するかしないか、信に極まると、深化、展開されていかれたといえましょう。お念仏は何に極まるのか、それは信に極まるんだという立場で、法然聖人のお念仏の教えを深く受け止めていかれたところに親鸞聖人の、法然聖人からの展開があるわけでありますね。何を信じるのかと、万徳の所帰である名号、そこに法然聖人の教学は「選択の教学」、それに対して親鸞聖人はその名号は誰から頂戴をしたものであるのか、如来さまから頂戴したものである「回向の教学」ですね。法然聖人の「選択の教学」を「回向の教学」として深化されたところに、親鸞聖人の信心為本の「信文類」の展開がある。こういうふうに、私は見ていくことができる。だから、自分の教学を構成するにあたっては、先程申しましたように、法然聖人は一願建立の立場であります。それに対して親鸞聖人は、五願開示、第十一願・必至滅度の願、第十二願・光明無量の願、第十三願・寿命無量の願、第十七願・諸仏称名の願、そして第十八願・至心信楽の願。十一願、十二願、十三願、十七願、十八願と五願に開いていかれた。法然聖人から親鸞聖人への教学の展開は、第十七願に注目されていかれたところに、私は大きな、そこに教学の深化があったというふうに見ていくことができるであろうと思います。

三

親鸞聖人の五願開示の教学に弥陀回向の名号は、第十七願に、「たとひわれ仏を得たらんに、十方世界の無量の諸仏、ことごとく咨嗟して、わが名を称せずは、正覚を取らじ」、「咨嗟称我名」と出てくる。「本願為宗、名号為体」と名号の内容を説いておいでになるのが『大無量寿経』であります。この名号を回向して、阿弥陀如来は我々が往相、還相するお徳をめぐんでくださっているのであります。そしてこの名号を聞信していく、その信の一念を「我一心」、「一心の華文」と親鸞聖人は讃仰していかれた。

そうしますと、第十七願について法然聖人は注目をしておいでなかったのかということでありますが、『選択集』の上において第十七願に触れておられるところはありません。しかし、法然聖人の上にも親鸞聖人の五願開示を彷彿させる文言がある。これは法然聖人の『三部経釈』に出てまいります。そこまでしゃべっておると時間がありませんので、簡潔に要だけ申していきますが、第十二願・光明無量の願、第十三願・寿命無量の願、それで我々はご縁を結ばしてもらう。そして、第十七願、諸仏が名号を讃嘆される、諸仏が名号を讃嘆されるのを、私どもはどう受け止めていくのかと、第十八願の「乃至十念」。法然聖人は「乃至十念」に注目された。第十七願の諸仏が「咨嗟称」される名号を、第十八願の「乃至十念」で受け止めて念仏往生する。だから、十二・十三・十七・十八で、親鸞聖人と少しそこにやはり思想の深化の上で違いがあります。そして次で第十九来迎引接の願を出しておられる。こういう形で第十七願に注目をしておいでになる資料が『浄土三部経釈』に一文出ておりますが、それ以外にはありません。そうすると、法然聖人と親鸞聖人の間で第十七願に注目をした学者は誰であるのかと。それが親鸞聖人が讃仰されておる聖覚法印でありますね。聖覚法印の『唯信鈔』に出てまいります。『唯信鈔』のご文、読んでいきます。

まづ第十七に諸仏にわが名字を称揚せられんといふ願をおこしたまへり。この願ふかくこれをこころうべし。名号をもつてあまねく衆生をみちびかんとおぼしめすゆゑに、かつがつ名号をほめられんと誓ひたまへるなり。（『浄土真宗聖典（註釈版）』一三四〇頁）

諸仏による名号讃嘆。それは、聖覚法印も気づいておいでであったと。親鸞聖人と非常に親交がありましたね。その聖覚法印の著された『唯信鈔』を親鸞聖人は註釈をしておいでになるわけで、それが『唯信鈔文意』であります。

四十八大願のなかに、第十七の願に、「十方無量の諸仏にわがなをほめられん、となへられん」と誓ひたまへる、一乗大智海の誓願成就したまへるによりてなり。（『浄土真宗聖典（註釈版）』七〇三頁）

「一乗大智海の誓願」とは、第十七願。「一乗大智海」とは、一乗法の名号ですね。誓願一仏乗の名号の成就がなされていったのが第十七願。第十七願において諸仏方は弥陀回向の名号を讃嘆されている。それを我々は聞信するところに浄土往生の真の成就がある。そういう形で親鸞聖人は、五願開示、他力回向の根源を第十七願に注目をしていかれたと。そして、法然聖人と親鸞聖人の教学の枠組みの仕方が違うわけでありますす。先程申しましたように、法然聖人は三法展開、教・行・証。それに対して、親鸞聖人は信心為本だから、どのような枠組みを構成しておいでになるのかと。ご本典の題目は『顕浄土真実教行証文類』、三法表示ですね。そして、中身は「教文類」の冒頭に「つつしんで浄土真宗を案ずるに、二種の回向あり。一つには往相、二つには還相なり。往相の回向について真実の教行信証あり」と四法展開。標題は教・行・証、中身は四法展開になっているわけで、そこに師説を受け継いだ親鸞聖人の行から信を別開をした四法展開の教学構成があると、このように見ていくことができるわけであります。

そうしますと、親鸞聖人の上において『教行証文類』、三法表示と四法展開、この関係はどのように見ていくのであるのかということでありますね。昔の学者はこれを次のような言葉で簡潔に表現しています。「三法は他力の極致、四法は機受の精要をあらわす」。このように、三法と四法の関係。先輩の学者のお方々は、このような形で三法と四法の枠組みをですね、「三法は他力の極致」。他力回向の名号によって私どもは信ぜしめられ、行ぜしめられていく。そういう私どもが信ぜしめられ、行ぜしめられていく他力の極まりをあらわすのが三法表示である。「四法展開は機受の精要」、受け心は、弥陀回向の名号を領納した信の一念に極まると。「機受の精要」、機受、私どもが名号を受け止める極まりは何であるのかと。信の一念に極まるんだと。三心即一の信楽、このように三法と四法の関係、「三法は他力の極致をあらわす、四法は機受の精要をあらわす」と。こういう形で三法と四法の枠組みを先哲たちは説明をしておいでになるわけです。かかる視点より、「行文類」を拝見してまいりますと、冒頭に「諸仏称名の願　浄土真実の行　選択本願の行」と標願・細註がなされています。

諸仏称名の願

浄土真実の行

選択本願の行

つつしんで往相の回向を案ずるに、大行あり、大信あり。大行とはすなはち無碍光如来の名を称するなり。この行はすなはちこれもろもろの善法を摂し、もろもろの徳本を具せり。極速円満す、真如一実の功徳宝海なり。ゆゑに大行と名づく。

（『浄土真宗聖典（註釈版）』一四〇頁）

「行文類」の冒頭ですね。「諸仏称名の願」とは、諸仏が名号を讃嘆される、名号摂化の願。第十七願は名号摂化の願、名号によって衆生を済度しようとする仏さまの願いがたてられた願である。その諸仏称名の願、開いてみれば、「浄土真実の行」、他力回向の名号ですね。具体的に我々の上では、「選択本願の行」、仏回向、名号は衆生の上においては乃至十念の称名となって展開をしておるよと。所行と能行、両面にわたって他力回向の大行の内容を「浄土真実の行　選択本願の行」と。そしてその後、それを説明して、御自釈では「謹んで往相の回向を案ずるに、大行あり、大信あり。大行とはすなはち無礙光如来の名を称するなり」、選択本願の行ですね、お念仏ですよと。「この行は」と我々によって称えられているところの名号、浄土真実の行、その内容を言えば「この行はすなはちこれもろもろの善法を摂し、もろもろの徳本を具せり。極速円満す、真如一実の功徳宝海なり。ゆゑに大行と名づく」と。仏回向の名号の中身はどのようなお徳であるのかという。「摂諸善法、具諸徳本」、量徳です。諸善万行がすべて摂せられている。「極速円満」、速やかに浄土の往生が約束される、浄土往生の利益が満足せしめられる。「極速円満」、往生即成仏の利益が満足せしめられる、用徳です。「真如一実の功徳宝海なり」、如来さまのお悟りの内容がすべて一名号となってめぐまれているよと、性徳ですね。だから、「摂諸善法、具諸徳本」は量徳、「極速円満」は用徳、「真如一実の功徳」は性徳。量・用・性の三徳円備の嘉号、名号。それが我々に回向されて私どもを信ぜしめ、行ぜしめてお浄土に救いとってくださるところに、弥陀回向の名号の特色がある。こういう形で法然聖人の教学を本願力回向の教学として「行文類」では開顕しておいでになる。

そこに行から信を別開をしていかれるわけでありますね。その行を、弥陀回向の行を領納していくのは如何にしてか。それは信に極まるわけであります。そういう弥陀回向の行を領納する信心の内容を開顕するのが、これが「信巻」。だから、そういう視点で見てまいりますと、三法から四法、三法の行から信を別開をして、教・行・信・証の枠組み。そうすると「行は所信、信は能信」の関係になります。信ぜられるところのものがら、名号。名号の内容を開顕するのが「行巻」であるし、その「行巻」で開顕された他力回向の名号を信ずる、信の内容を開顕するのが「信巻」。だから、「行巻」と「信巻」は所信と能信の関係になると、このように昔の学者は説明しておいでになりますが、私もその通りであると思いますね。

四

親鸞聖人は三法から信を別開して、教・行・信・証と、その四法展開でもってご本典を撰述されたのでありあます。かくて、信心為本の特色を開顕せる「信文類」の冒頭に「別序」が設けられているわけであります。従来は四法展開で教義の枠組みをした、そういうならわしはありません。親鸞聖人からはじまったわけであって、行から信を別開して「信文類」、だから冒頭に「別序」が設けられてきてあると、こういうことであります。

かつて、私の大学院の時代に東大の結城先生と、それから我が龍谷大学の大江和上や大原和上との論争があったんです。東大の結城先生は「信巻」は後からできたという説をお立てになりました。そこに「別序」

の問題がいろいろ展開をしたわけで、大江先生と結城先生の印度学仏教学会での席上の論争、私も教室の片隅で、楽しくお聴聞させていただいたことを昨日のように覚えております。その「別序」のところで親鸞聖人は「一心の華文」とおっしゃったわけですね。だから、「別序」の中に「一心の華文」とおっしゃっておいでになるのは、私がご本典を開顕したのは一体どういう目的であるのかと。師説を受け継いで、それは信に極まるよと。浄土往生は信心に極まるんだと。一心、それを開顕するところに『教行信証』撰述の眼精があるという親鸞聖人の思いが吐露された一句であると、このように見ていくことができるであろうと。そうしますと、その一心、それは誰が語った言葉かと。天親菩薩が『浄土論』の冒頭で、「世尊我一心」とおっしゃっておいでになる。それを曇鸞大師はさらに詳しく説明して、「如実修行相応、このゆゑに論主、建めに我一心とのたまへり」と釈されている。その言葉でもって三心即一心の信心の内容を釈顕される要の結示のところに全部、親鸞聖人はご引用になって論証されているわけであります。

「別序」に親鸞聖人は「一心の華文」と説示されている。その信楽の一心、それが具体的にご本典に展開をされておるのが「信文類」の「字訓釈」と「法義釈」であります。「字訓釈」は言葉そのものの分別から前後の至心と欲生は真ん中の信楽におさまる、三心即一の信楽の一心ということを論証されるのが「字訓釈」であり、「法義釈」は法義の上から機無・円成・回施の論理展開でもって三心は信楽の一心、三心即一心でありますよということを説明されるのが「法義釈」であります。

いずれの結示のご文においても、親鸞聖人は「一心」のご文を結論のところに出しておいでになる。そして、その三心即一心の信楽の一心は何に極まるのか。信の一念ですね。本願成就文に「聞其名号、信心歓喜、乃至一念」とある。第十八願の至心・信楽・欲生の三心を何をベースにしてお領解しておいでになるのかと。第十八願文と第十八願成就文は表裏の関係、第十八願成就文を根源にすることによって第十八願のご文の「至心信楽欲生」の三心即一の信楽の一心は、信の一念に極まる。その「信一念釈」の最後の結示のご文にも「一心」、「如実修行相応」のご文が引用されている。まず、「字訓釈」から読んでいきます。

問ふ。如来の本願（第十八願）、すでに至心・信楽・欲生の誓を発したまへり。なにをもつてのゆゑに論主（天親）「一心」といふや。

答ふ。愚鈍の衆生、解了易からしめんがために、弥陀如来、三心を発したまふといへども、涅槃の真因はただ信心をもつてす。このゆゑに論主、三を合して一とせるか。

わたくしに三心の字訓を闚ふに、三すなはち一なるべし。………中略………いま三心の字訓を案ずるに、真実の心にして虚仮雑はることなし、正直の心にして邪偽雑はることなし。まことに知んぬ、疑蓋間雑なきがゆゑに、これを信楽と名づく。信楽すなはちこれ一心なり、一心すなはちこれ真実信心なり。このゆゑに論主（天親）、建めに「一心」といへるなりと、知るべし。

（『浄土真宗聖典（註釈版）』二二九頁）

本願文に至心・信楽・欲生の三心が誓われたのに、なぜ「一心」と天親菩薩はおっしゃっておいでになるのかという設問である。それに対して、「答ふ。愚鈍の衆生、解了易からしめんがために、弥陀如来、三心を発したまふといへども、涅槃の真因はただ信心をもつてす。このゆゑに論主、三を合して一とせるか」と。愚かなる私どもにはその至心信楽欲生の領解は不可能である。だから我々に易しく領解させせんがために「三を合して一とせるか」と、「合三為一は論主の勲功」と昔から説明されている。それを親鸞聖人は三心とあるままが一心だということは、本願本然のすがたであると。本願本然のすがたであるということは、「わたくしに三心の字訓を闚ふに、三すなはち一なるべし」といい、三心即一心が本願本然のすがたである、願海の本来のすがたであると釈され、至心と信楽と欲生の字訓を展開をなさいまして、前後の至心と欲生は真ん中の信楽におさまるという事を「字訓釈」の上で展開をしておいでになる。

なら、その字訓の中身はどうなるのか、それを話しておりますと日が暮れますので、そこは省略します。結論の所、「いま三心の字訓を案ずるに、真実の心にして虚仮雑はることなし、正直にして邪偽雑はることなし。まことに知んぬ、疑蓋間雑なきがゆゑに、これを信楽と名づく。信楽すなはちこれ一心なり、一心すなはちこれ真実信心なり。このゆゑに論主、建めに〈一心〉といへるなり」と。そこに「一心」という言葉が出てくる。字訓の上から言うなれば、前後の二心は真ん中の信楽におさまるんだと。「疑蓋無雑」、それは信楽の当釈だと。だから、「まことに知んぬ、疑蓋間雑なきがゆゑに、これを信楽と名づく」、疑い心なく如来の名号を領納する信楽、それに極まるんだと。それを天親菩薩は「一心」とおっしゃっておいでになるんだと。そこに三心即一の信楽を、親鸞聖人は字訓の上から説明しておられるわけでありますね。

そして更に法義の上から説明され、その法義釈の結びの文に次の如く説示されています。

まことに知んぬ、至心・信楽・欲生、その言異なりといへども、その意これ一つなり。なにをもつてのゆゑに、三心すでに疑蓋雑はることなし、ゆゑに真実の一心なり。これを金剛の真心と名づく。金剛の真心、これを真実の信心と名づく。真実の信心はかならず名号を具す。名号はかならずしも願力の信心を具せざるなり。このゆゑに論主（天親）、建めに「我一心」（浄土論　二九）とのたまへり。また「如彼名義欲如実修行相応故」（同　三二）とのたまへり。

（『浄土真宗聖典（註釈版）』二四五頁）

「至心・信楽・欲生」の解釈において、機無・円成・回施の論理展開により説明がなされています。機無、我々の側に浄土に往生するような至心も信楽も欲生もない。円成、それを我々に代わって如来さまのお手元で成就してくださったんだと。回施、如来さまのお手元で成就してくださった至心・信楽・欲生を、私どもに仏さまはめぐんでくださる。受け心は何かと。受け心は疑蓋無雑の一心である。機受の信相は疑蓋無雑の信楽に極まるわけで、衆生の機受に約して三心即一であることを説示されているのであります。「まことに知んぬ、至心・信楽・欲生、その言異なりといへども、その意これ一つなり。なにをもつてのゆゑに、三心すでに疑蓋雑はることなし、ゆゑに真実の一心なり。これを金剛の真心と名づく。金剛の真心、これを真実の信心と名づく。真実の信心はかならず名号を具す。名号はかならずしも願力の信心を具せざるなり。このゆゑに論主、建めに〈我一心〉とのたまへり。また〈如彼名義欲如実修行相応故〉とのたまへり」。ここに『浄土論』の「我一心」と「如実修行相応」のご文で結んできておいでになる。だから、至心・信楽・欲生の三心は仏辺成就で、それを如来さまは名号のお手立てでもって、私共に恵んでくださる。仏辺成就の三心、如来の真実を、我々が受けとめる受け心は、信楽の一心の外はない。この三心即一の信楽が浄土往生の「金剛の真心」、「真実の信心」だと。だから、その「真実の信心」は当然、具体的に今度はどのようにその信心は私共の口から漏れて出てくるのであるのかというたら、我が心にいただけている名号は称名念仏となって流出する。「真実の信心はかならず名号を具す」、この名号は称名のことである。いろいろ異論があるところでありますが、覚如上人は『本願鈔』で〝名号は称名のことだ〟とご解釈しておいでになります。私もそのお説に従います。一般的にこの説でご領解してますね。「真実の信心はかならず名号を具す。名号はかならずしも願力の信心を具せざるなり」ということは、真実の信心は、真実の称名となって流出する。しかし、他力回向の信心が決定しておらない自力の信心は如実の称名となって展開をしない、それは不如実の称名だと。

このように如来回向の仏心を頂戴した三心即一心の信楽が浄土往生の、往生成仏の正因になる。それを天親菩薩はどのようにおっしゃっておいでになるのか。「建めに〈我一心〉とのたまへり。また〈如彼名義欲如実修行相応故〉とのたまへり」と。天親菩薩は『浄土論』の冒頭で「我一心」とおっしゃっておいでになるんだと。だから、浄土往生成仏の因は信に極まる、信心為本である。そしてこの仏回向の名号のいわれにかなってご領解している信心が、如実、真実の称名となって私の口から漏れて出ておるんだということを「かの名義のごとく、如実に修行して相応せんと欲するがゆゑなり」（『註釈版七祖篇』三三頁）というご文で結ばれているのであります。三心の法義釈の結示を、天親菩薩の「我一心」で結ばれているのであります。そして、更に三心即一の信楽の極まるところはどこに極まるのかと。信の一念、乃至一念に極まるんだということを誓われてあるのが第十八願成就文ですね。ご存知のように「聞其名号信心歓喜乃至一念」とあります。信一念釈において信の一念について聖人は釈されています。「聞其名号」、如来回向の名号を信じて喜ぶ、「信心歓喜」、信楽の一心。信楽の一心は極まるところは「乃至一念」、「乃至一念」の一念を親鸞聖人は二つの意味で解釈しておられます。一つは、「時剋の極促」（『註釈版』二五〇頁）、信心決定した最初の時を一念という、それからもう一つは「無二心」、二心のない信。だから時剋の極促、信心決定した最初の時、その最初の時の信心は二心がない。その無二の信心が決定した時に私共は往生即成仏の利益が満足せしめられるんだと。

その信一念の解釈の結示のご文と三一問答結帰のご文とを見るに次のとおりであります。

ゆゑに知んぬ、一心これを如実修行相応と名づく。すなはちこれ正教なり、これ正義なり、これ正行なり、これ正解なり、これ正業なり、これ正智なり。三心すなはち一心なり、一心すなはち金剛真心の義、答へをはんぬ、知るべしと。

（『浄土真宗聖典（註釈版）』二五三頁）

「ゆゑに知んぬ、一心これを如実修行相応と名づく」、ここに『浄土論』の「我一心」と「如実修行相応」の言葉が出てくる。この場合の「如実修行相応」はどういう意味であるのかというと、『往生論註』自体の上の解釈では南無阿弥陀仏の名号の真実にかなった称名念仏だという意味でありますが、ところが、ここの言葉の解釈はその根源にかえって解釈すべきである。「如実修行相応」の称名のきわまり、根源は、仏回向の名号である。したがってその根源に帰って、「一心これを如実修行相応と名づく」とは、信心即名号の義だと。そのようなご説明を聞いたのは、大江和上から私は大学時代に聞きました。その通りであろうと思いますね。仏回向の名号が衆生の心中にめぐまれているのが一心であります。「ゆゑに知んぬ、一心これを如実修行相応と名づく」と、親鸞聖人は信心の解釈をご教示しておられるのであります。かくて、「信文類」の三心即一心の信楽、仏回向の信心の教義大系を総括的に窺いますと資料№（9）であります（本論の末尾に掲載）。図示しております。

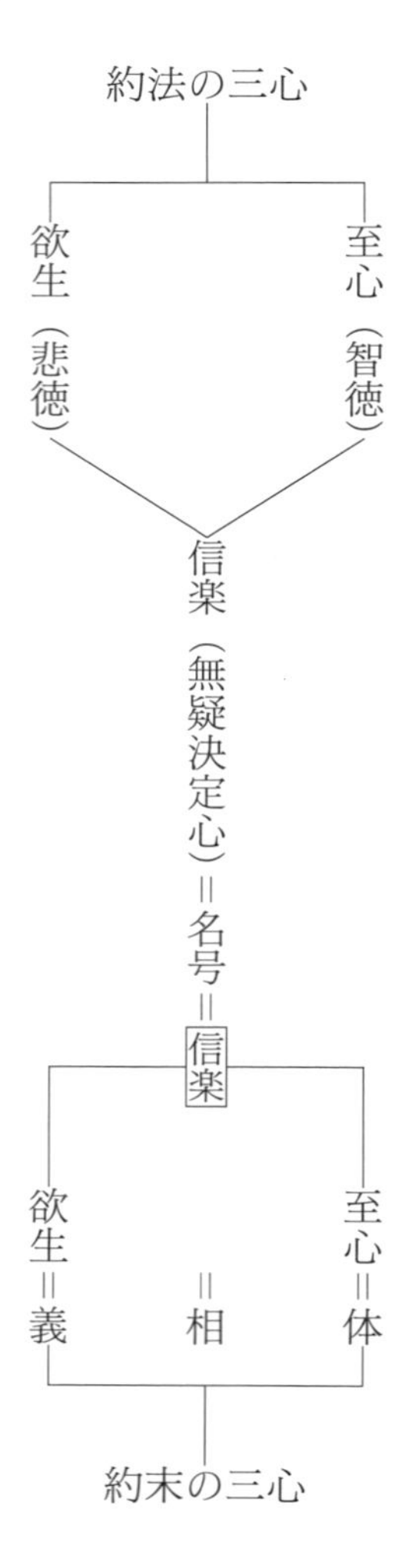

第十八願文では「至心信楽欲生」、浄土往生成仏には至心と信楽と欲生の三心の信心が正因だと誓われている。とてもじゃないが我々にはそのような信心を全うすることはできない。先程申しましたように、機無・円成・回施、如来さまが我々に代わって成就してくださったんだと。仏辺成就の三心、約法の意。至心は仏さまの側に約すならば如来の智慧の徳、欲生は我々を浄土に往生させてやろうという如来さまのお慈悲の徳、その智慧の徳とお慈悲の徳によって我々を必ず往生せしめずんばおかないと。如来さまの絶対的な確信、無疑決定心、摂取に決定した如来さまのお心を信楽。だから上の至心と欲生と信楽は約法の三心。この如来さまの仏辺成就の約法の三心を、どのようなてだてで如来さまは我々に恵んでくださるのかと、それの結晶が南無阿弥陀仏の名号であります。南無阿弥陀仏の名号は仏心の結晶である。

私はいつも檀家に言うんですが、「あんたがた、お念仏申しておるやろ」と、「念々一声一声のお念仏は仏心の結晶ですよ」と、「一声お念仏を称えるごとに仏心がいただけていく世界が浄土真宗のお念仏の世界よ」と。その名号を我々に回向してくださる。その名号を私共はどうお領解していくのかと。疑いなく頂戴をしていく信楽以外にはない。「疑蓋無雑の信楽」、受け心は信楽の一心に極まる。その「疑蓋無雑の信楽」に恵まれておるところの如来さまの名号のお徳、法の徳が至心である。だから、至心は信楽の体、体徳。だから至心には信相はない。ところが、「信巻」冒頭をみると「心を至して信楽して」と、「至心」を「心を至して」という親鸞聖人、送り仮名をうってござる。そこはどうお領解していくのか。大江和上の説なんかは、信楽の形容という風に説明をしておいでになります。「心を至して」とはひたすらにという意味ね。ひたすらに如来の名号のお徳を頂戴し、疑い晴れた信相を「心を至して信楽して」と、セットにして親鸞聖人ね、至心・信楽を解釈しておいでになるところであろうと、そのように私は讃仰することもできるであろうかと思いますね。

信楽が受け心、その疑蓋無雑の受け心に恵まれておる南無阿弥陀仏、仏回向の名号のお徳を至心、だから至心と信楽の関係は体と相の関係になるんですね。そうすると、今度は約末の欲生の解釈。おまこと一つによって救われていくに間違いないという疑い晴れた心が、お浄土に向いた場合には如来さまの仏力、お慈悲によって必ずお浄土に往生させていただけるに間違いないと、決定安堵の思いが滲んでくる。疑蓋無雑の心がお浄土に向いた場合には、どのような味わい心となって展開をするのであるのか。欲生、決定要期、必ず救われるに間違いないと決定して、要期する、信楽に本来そなわっている往生安堵の思いを別に開いたのが欲生です。欲生は信楽の義別だという。そういう関係で前後の二心はですね、信楽におさまる。だから、三心即一の信楽の一心が浄土往生の正因になる。それを天親菩薩は「一心」と言われたんだと、『浄土論』の冒頭。その「一心」の内容を開顕するところに、ご本典を撰述された究極の目的が存すると窺うのでありま す。だから、天親菩薩のおっしゃった「我一心」を親鸞聖人は別序で「一心の華文」とおっしゃっておいでになる。

五

そこで、最後に「信文類」において、その他力回向の一心、信楽の一心に救われていく救いの目当てについて詳説されるのが「逆謗摂取釈」ですね。五逆罪、謗法罪、一闡提の者、その者が救われていく世界、その者が救われていく正因が一心である。この旨を「逆謗摂取釈」において『涅槃経』を引用して釈顕されている。難化の三機の具体的人物として阿闍世の救済と回心について詳説されているのであります。

それ仏、難治の機を説きて、『涅槃経』（現病品）にのたまはく、「迦葉、世に三人あり、その病治しがたし。一つには謗大乗、二つには五逆罪、三つには一闡提なり。かくのごときの三病、世のなかに極重なり。ことごとく声聞・縁覚・菩薩のよく治するところにあらず。善男子、たとへば病あればかならず死するに治することなからんに、もし瞻病随意の医薬あらんがごとし。もし瞻病随意の医薬なからん、かくのごときの病、さだめて治すべからず。まさに知るべし、この人かならず死せんことを疑はずと。善男子、この三種の人またかくのごとし。仏・菩薩に従ひて聞治を得をはりて、すなはちよく阿耨多羅三藐三菩提心を発せん」と。

（『浄土真宗聖典（註釈版）』二六六頁）

難治の三機について、『涅槃経』「現病品」の文を引用されている。この文章は親鸞聖人が取捨し、訓点を打ち変えて引用しておいでであります。「それ仏、難治の機を説きて、『涅槃経』にのたまはく、〈迦葉、世に三人あり、その病治しがたし。一つには謗大乗、二つには五逆罪、三つには一闡提なり〉」、謗法罪と五逆罪と一闡提の者は往生できんよと、それを譬えている。「かくのごときの三病、世のなかに極重なり。ことごとく声聞・縁覚・菩薩のよく治するところにあらず」、引意は声聞・縁覚・菩薩は聖道門仏教全体を包含する。聖道門仏教では救われないよと。「善男子、たとへば病あればかならず死するに治することなからんに」、必死の病があって治すことができないという病人がおった場合、どうであろうかと。「もし瞻病随意の医薬あらんがごとし」、看病人とお医者さまと薬とがあったらどうであろうかと。救われる。ない場合は救われないよと、「もし瞻病随意の医薬なからん、かくのごときの病、さだめて治すべからず。まさに知るべし、この人かならず死せんことを疑はずと」。「善男子、この三種の人」、謗大乗、五逆罪、一闡提も「またまたかくのごとし」、声聞・縁覚・菩薩の聖道門仏教では救われない。しかし、「仏・菩薩に従う」、この場合の仏・菩薩は誓願一仏乗、他力本願のおみのりですね。「仏・菩薩に従ひて聞治を得をはりて」、聞信させられたならば、「すなはちよく阿耨多羅三藐三菩提心を発せん」と。仏・菩薩の誓願一仏乗のおみのりを聞信する信心決定したならば救われると、「現病品」の文を取捨引用して、逆謗の存在が救済の対象になる義を説示されている。そして次にこの難化の機を代表する人物として、阿闍世に注視して、その逆害と救済について、更に「梵行品」の文を引用して詳説されている。

〈善男子、わがいふところのごとし、阿闍世王の為に涅槃に入らず。かくのごときの密義、なんぢいまだ解くことあたはず。なにをもつてのゆゑに、われ《為》といふは一切凡夫、《阿闍世王》とはあまねくおよび一切五逆を造るものなり。また《為》とはすなはちこれ一切有為の衆生なり。………《阿闍世》とはすなはちこれ煩悩等を具足せるものなり。また《為》とはすなはちこれ仏性を見ざる衆生なり。

………《阿闍世》とはすなはちこれ一切いまだ阿耨多羅三藐三菩提心を発せざるものなり。

（『浄土真宗聖典（註釈版）』二七七頁）

阿闍世は父親を殺して全身膿血と化す病にかかった。地獄の果報近づきて遠からずと悩むんですね。その阿闍世をみて釈尊はどういうふうに言われたのか。救わずにはおかんぞと。「善男子、わがいふところのごとし、阿闍世王の為に涅槃に入らず。かくのごときの密義、なんぢいまだ解くことあたはず」、私は阿闍世王を救わんかぎりは死なんよと。この時点でお釈迦さまはもうあと三ヵ月たったら齢が尽きるということを知っておいでであった。阿闍世王を救わずには涅槃に入らん、「阿闍世王の為に涅槃に入らず」、死なんということですね。「かくのごときの密義、なんぢいまだ解くことあたはず」と、なんぢ、わしの思いをお前はわからんじゃろうと。「なにをもつてのゆゑに、われ《為》に」とは一体誰のことをいっておるのか、一切の凡夫の「為」という意味である。目の前の阿闍世だけではない。「《阿闍世》とはあまねくおよび一切五逆を造るものなり」、阿闍世でもってお釈迦さまは何を代表せしめておいでになるのか、一切の五逆を造れるもののことを阿闍世というておるんじゃと。「また《為》とはすなはちこれ一切有為の衆生なり。………《阿闍世》とはすなはちこれ煩悩等を具足せるものなり」、また「為」とは一切の有為の衆生、すなわち迷えるすべての衆生のためという意味である。阿闍世とは歴史上の単なる一人物のことだけをいうておるんじゃないんだと、一切の煩悩具足しておるもののことである。「また《為》とはすなはちこれ仏性を見ざる衆生なり。………《阿闍世》とはすなはちこれ一切いまだ阿耨多羅三藐三菩提心を発せざるものなり」と。阿闍世とは仏性を見ぬ、未発心のものすべてのもののことである。阿闍世を救わんかぎりは涅槃に入らんと。

阿闍世とは一体誰のことをいうておるのかというと、単に目の前におる阿闍世のことをいうておるわけじゃない。その阿闍世を代表せしめて誰のことを言うておるのかといえば、過去・現在・未来にわたっての一切の五逆を造るもの、煩悩を具足するもの、未発心のもの、そのものを救う教えを説かんかぎりは私は死なぬと、涅槃に入らぬとお釈迦さまはおっしゃる。阿闍世の人格が歴史上の一人物から三世を超えた普遍的な人格に転換されているということです。そして、月愛三昧に入って阿闍世の病を治し、阿闍世の心を癒していかれるわけですね。お釈迦さまのお導きによって心を癒された阿闍世は、どのような言葉を語っておるのか。

世尊、われ世間を見るに、伊蘭子より伊蘭樹を生ず、伊蘭より栴檀樹を生ずるをば見ず。われいまはじめて伊蘭子より栴檀樹を生ずるを見る。伊蘭子はわが身これなり。栴檀樹はすなはちこれわが心、無根の信なり。

（『浄土真宗聖典（註釈版）』二八六頁）

「伊蘭子」というのは麻薬の木ですね。「栴檀」というのは香木であります。麻薬の種から麻薬の木が成長するのは当然のことだ。ところが今、麻薬の木から香木、よいにおいのする栴檀樹が生ずるのを見たと。到底、麻薬の木から栴檀樹が生ずることはありえない。ところが今私ははじめて麻薬の伊蘭子の種から栴檀樹、香木が生ずるのを見たと。「伊蘭子はわが身これなり」、伊蘭子とは我が身のことだと。父親を殺し、母親までも殺そうとした、その私の体から何が芽生えたのか。「栴檀樹はすなはちこれわが心、無根の信なり」、私の心に無根の信が芽生えたと。弥陀回向の一心ですね。それによって私は救われたと、阿闍世は喜ぶわけです。栴檀樹は無根の信、根の無い信とは他力回向の信ということです。伊蘭子の中に根を張って芽生えた信心ではない。如来より賜わりたる信心だから根を張らぬ信、他力回向の信だから「無根の信」。お釈迦さまによって一心の仏心が恵まれて救われていく阿闍世の上に、親鸞聖人は五逆罪、謗法罪、一闡提の難化の逆謗の存在である私共が救われていく世界を、『涅槃経』の阿闍世のこの言葉を通じて、見極めていかれたのであります。そのご文を親鸞聖人はご本典に引用しておいでになるわけでありますね。我々、地獄必定の凡夫がお浄土に往生させていただくのは、「無根の信」、弥陀回向の「仏心」、それを天親菩薩は「我一心」とおっしゃった。その私共が救われていくのは一心の信心為本以外にはありえない。そのことを開顕するところに、私が『教行信証』を撰述した〈こころ〉があったのよということを聖人は「別序」で語っておいでになるのであります。その聖人のおこころが教示されてあるのが、「一心の華文」であったと、このように私は結ぶことができるであろうと思います。

私は尊い親鸞聖人の思し召し、宗学に馴染んでから、十八のときに龍谷大に入って、八十になりました。ご本典を讃仰させて頂き、導かれたゴールは、その「一心の華文」にあったと、このように申し上げることができるであろうと思います。まっとうな学会でお話しするのは、今日を最後と心に決めてまいりました。今後は皆さん方、ますます龍谷教学会議を通じて宗学の研鑽をなさいますことを、傍から見守っていきたいと思います。以上で、私の講演「教行信証のこころ」を終わりにさせていただきます。ありがとうございました。

資料

(1) 爰愚禿釈親鸞、信二順諸仏如来真説一、披二閲論家・釈家宗義一。広蒙二三経光沢一、特開二一心華文一。且至二疑問一遂出二明証一。

(『浄土真宗聖典全書二』宗祖篇上〈以下、『聖典全』とする〉六五頁)

(2) 我一心者天親菩薩自督之詞。言念二无碍光如来一願レ生二安楽一。心心相続无二他想間雑一。

(『聖典全』二六頁)

(3) 「世尊我一心」といふは、「世尊」は釈迦如来なり。「我」とまふすは世親菩薩のわがみとのたまへる也。「一心」といふは、教主世尊の御ことのりをふたごゝろなくうたがひなしとなり、すなわちこれまことの信心也。

(『聖典全』六一七頁)

(4) 如彼名義欲如実修行相応者、彼无碍光如来名号、能破二衆生一切元明一、能満二衆生一切志願一。然有二称名憶念一而、无明由存而不レ満二所願一者何者、由下不二如実修行一與二名義一不中相応上故也。云何為三不如実修行與二名義不相応一。謂不レ知二如来是実相身、是為レ物身一。又有二三種不相応一。一者信心不レ淳若レ存若レ亡故。二者信心不レ一、无二決定一故。三者信心不二相続一、余念間故。此三句展転相成。以二信心不レ淳故无二決定一、無二決定一故念不二相続一。亦可下念不二相続一故不レ得二決定信一、不レ得二決定信一故心不上レ淳。典レ此相違名二如実修行相応一。是故論主、建言二我一心一。

(『聖典全』六九頁)

（5）

浄土真実之行

選択本願之行

諸仏称名之願

謹按二往相廻向一、有二大行一、有二大信一。大行者則称二无碍光如来名一。斯行即是摂二諸善法一、具二諸徳本一。極速円満、真如一実功徳宝海。故名二大行一。

（『聖典全』一四頁）

（6）問。如来本願、已発二至心・信楽・欲生誓一。何以故論主言二「一心」一也。答。愚鈍衆生、解了為レ令レ易、弥陀如来雖レ発二三心一、涅槃真因唯以二信心一。是故論主合レ三為レ一歟。

私闚二三心字訓一、三即合レ一。………中略………今按二三心字訓一、真実心而虚仮无レ雑、正直心而邪偽无レ雑。真知疑蓋无二間雑一故、是名二信楽一。信楽即是一心、一心即是真実信心。是故論主建言二「一心」一也、応レ知。

（『聖典全』七九頁）

（7）信知至心・信楽・欲生、其言雖レ異、其意惟一。何以故。三心已疑蓋无レ雑、故真実一心。是多二金剛真心一。金剛真心、是名二真実信心一。真実信心必具二名号一。名号必不レ具二願力信心一也。是故論主、建言二「我一心」一。又言二「如彼名義欲如実修行相応故」一。

（『聖典全』九〇頁）

（8）故知一心是名二如実修行相応一。即是正教、是正義、是正行、是正解、是正業、是正智也。

三心即一心、一心即金剛真心之義、答竟、可レ知。

（『聖典全』九六頁）

（9）

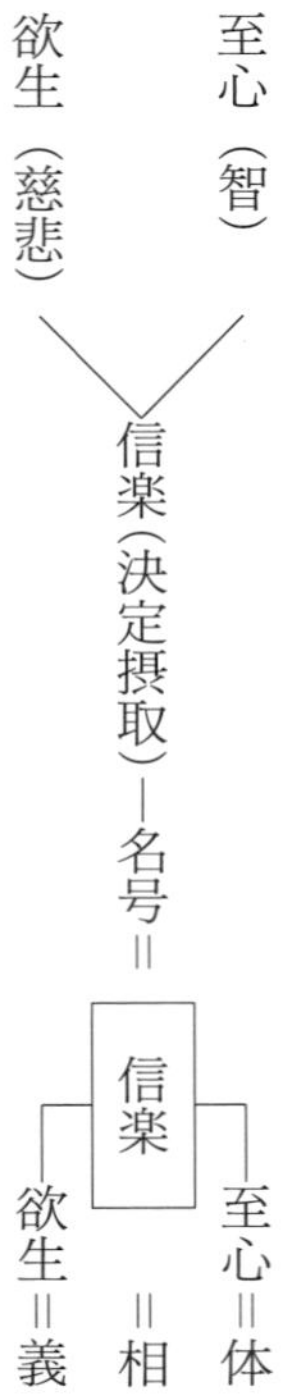

至心（智）

欲生（慈悲）

信楽（決定摂取）—名号＝

信楽

至心＝体

＝相

欲生＝義

(10) 三重出体

斯至心則是至徳尊号為二其体一也　（『聖典全』八一頁）

即以二利他回向之至心一為二信楽体一也　（『聖典全』八三頁）

即以二真実信楽一為二欲生体一也　（『聖典全』八七頁）

(11) 言二真仏弟子一者、真言対レ偽対レ仮也。弟子者釈迦・諸仏之弟子、金剛心行人也。由二斯信行一必可三超二証大涅槃一故、曰二真仏弟子一。　（『聖典全』九八頁）

(12) 真知弥勒大士窮二等覚金剛心一故、龍華三会之暁、當レ極二无上覚位一。念仏衆生窮二横超金剛心一故、臨終一念之夕、超二証大般涅槃一。故曰二便同一也。加之獲二金剛心一者、則与二韋提一等、即可三獲二得喜・悟・信之忍一。　（『聖典全』一〇三頁）

(13) 夫仏説二難治機一『涅槃経』言、「迦葉、世有二三人一、其病難レ治。一謗大乗、二五逆罪、三一闡提。如レ是三病、世中極重。悉非三声聞・縁覚・菩薩之所二能治一。善男子、譬如三有レ病必死無レ治、若有二瞻病随意医薬一、若無二瞻病随意医薬一、如レ是之病、定不レ可レ治。當レ知、是人必死不レ疑。善男子、是三種人亦復如レ是。従二佛・菩薩一得二聞治一已、即便能発二阿耨多羅三藐三菩提心一。　（『聖典全』一〇五頁）

(14) 善男子、如二我所レ言、為二阿闍世王一不レ入二涅槃一。如レ是密義、汝未レ能レ解。何以故。我言レ為者一切凡夫、阿闍世者普及一切造二五逆一者。又復為者即是一切有為衆生。………阿闍世者即是具二足煩悩等一者。又復為者即是不レ見二仏性一衆生。………阿闍世者即是一切未レ発二阿耨多羅三藐三菩提心一者。

(15) 世尊、我見二世間一、従二伊蘭子一生二伊蘭樹一、不レ見下伊蘭生二栴檀樹一者上。（『聖典全』一一二頁）
我今始見下従二伊蘭子一生中栴檀樹上。伊蘭子者我身是也。栴檀樹者即是我心、无根信也。

（『聖典全』一一八頁）

(16) 是以今拠二大聖真説一、難化三機、難治三病者、憑二大悲弘誓一、帰二利他信海一、矜二哀斯一治、憐二憫斯一療。喩如三醍醐妙薬療二一切病一。濁世庶類、穢悪群生、応三求二念金剛不壊真心一。可三執二持本願醍醐妙薬一也、応レ知。
（『聖典全』一二四頁）

(17) 爾者大聖真言、誠知証二大涅槃一籍二願力回向一。還相利益顕二利他正意一。是以論主宣二布広大无碍一心一、普偏開二化雑染堪忍群萌一。
（『聖典全』一五一頁）

(18) 『選択本願念仏集』者、依二禅定博陸之教命一所レ令二撰集一也。真宗簡要、念仏奥義、摂二在于レ斯。見者易レ諭。誠是希有最勝之華文、无上甚深之宝典也。
…………中略…………

慶哉、樹二心弘誓仏地一、流二念難思法海一。深知二如来矜哀一、良仰二師教恩厚一。慶喜弥至、至孝弥重。因レ茲、鈔二真宗詮一、摭二浄土要一。唯念二仏恩深一、不レ恥二人倫嘲一。若見二聞斯書一者、信順為レ因、疑謗為レ縁、信楽彰二於願力一、妙果顕二於安養一矣。

（『聖典全』二五五頁）

(19) 唯信鈔
まづ第十七に諸仏にわが名字を称揚せられむといふ願をおこしたまへり。この願ふかくこれをこゝろふべし。名号をもてあまねく衆生をみちびかむとおぼしめすゆへに、かつがつ名号をほめられむとちかひたまへるなり。

（『聖典全』一〇八六頁）

(20) 唯信鈔文意

四十八大願の中に、第十七の願に、十方无量の諸仏にわがなをほめられむ、となえられむとちかひたまへる、一乗大智海の誓願成就したまへるによりてなり。

（『聖典全』六九一頁）

（「教行信証のこころ」『龍谷教学』第四七号）

親鸞聖人と末法思想

一

『親鸞聖人と末法思想』という題を出させていただきました。資料（本論の末尾に掲載）をすでにお配りしていると思います。それに準拠して話をしてまいります。今日は、話をいたします主題は、親鸞聖人の末法思想であります。これは御本典が中心になりますので、本典中心に親鸞聖人の末法思想について窺っていきたいと思います。

御本典で拝見をしていきます場合には、「化巻」の、既に午前の研究発表でも先生方からご指摘がありましたように、聖道釈に親鸞聖人の歴史観・末法思想が論じられております。親鸞聖人は末法史観に立脚をして、正しい、王法と仏法の関係について、論じておられます。既存の律令体制、王法・仏法の枠組からの批判への反論の理論的根拠として、末法史観の立場を確立して、そして聖道仏教に対して、弘願の浄土真宗の教学的立場というものを顕彰いかれたところに、「化巻」における親鸞聖人の末法思想についての基本的なお領解があったであろうと考えます。弘願の浄土真宗の拠って立つ歴史観として、末法思想に親鸞聖人は注目をしていかれたわけでございますが、更に問題は、親鸞聖人の末法思想と関連して御本典の上で取り上げなければならないのは、「真仏弟子釈」でございます。末法の時代における世の真の宝は無戒名字の比丘であるという立場で、親鸞聖人は、『末法灯明記』を受容して、そういう末法の時代における無戒名字の比丘が救われていく教えとして、浄土真宗の立場を顕彰されておるわけでありますが、その無戒名字の比丘とは一体、実体は何であるのか、その点についてご教示を頂戴をしておりますのが、いわゆる「信巻」の「真仏弟子釈」であります。この二点に焦点を絞って話をしていきたいと思います。

二

先ず最初に、親鸞聖人の末法史観が打ち出されてくる、歴史的背景は一体どういう状況であるのかということであります。これは、鎌倉仏教、いわゆる旧仏教の王法仏法論と密接な関連が存する。「化巻」において、親鸞聖人が末法思想について、その年次計算をしておいでになります起点は、元仁元年の年期でございます。これはもう、よくご存知のところで、それを起点として末法の年次計算、さらにそれに引き続いて、『末法灯明記』のご引用があるわけでありますが、その元仁元年をどう理解するかということについては、学者の間で色々見解が分かれております。私は、自分の教えを受けた、宮崎先生の元仁元年の関する見解、非常に優れた見解が既に大分前に「親鸞の立場と『教行信証』の撰述」という論文で述べられておりますが、その通りであろうと思いますし、この学説は、一流の学者達がそれぞれ注目をしておるところであります。大体その説に準拠して、話をしていきたいと思います。

当時の南都・北嶺の律令仏教ですね、そして当時の南都・北嶺の律令仏教の要請を受けて念仏停止を行った政府、いわゆる朝廷の権力社会、そういう既存の王法と仏法の律令体制に対する親鸞聖人のお立場の表明が、元仁元年の末法思想の年次計算になっていったと。元仁元年という年は、これはどういう意味を持つものであるのかというわけでありますが、親鸞聖人のご一生、一番大きな法難は何であったのか。それは三十五歳の時にご流罪になられた承元の法難、それから関東在住中に親鸞聖人に非常なショックを与えたであろう嘉禄の法難でございます。嘉禄の法難は、これは嘉禄三年に、いわゆる律令仏教の、鎌倉旧仏教ですね、叡山の僧達が法然上人の墓堂を破却して、そして法然の教団の方々、隆寛、空阿、幸西等が御流に処せられて、念仏停止がさらに具体化していくのが、いわゆる嘉禄の法難といわれるものであります。承元の法難の引き金になったものが何であるのかというと、これが、貞慶の起奏した『興福寺奏状』。それが引き金になっておる。それから二年後に承元の法難が起こっておるわけであります。嘉禄の法難の引き金になったものは何であるのか。これは貞応三年五月、これ十一月に改元されて元仁元年になっております。叡山の山門の奏状が朝廷に対して提出をされている。そういう一連の文書が一冊の書物になっておるのが、いわゆる『停止一向専修記』といわれるものでございますが、その山門の奏状、いわゆる元仁元年、正確には貞応三年五月に出された上奏文が引き金になって、その三年後に嘉禄の法難が起っておる。そういう視点から親鸞聖人は、元仁元年という年期に注目をして、それを起点として末法史観の年次計算をなさったと、こう見ていくことができるであろうと思います。鎌倉時代の仏教界、あるいは政治、いわゆる鎌倉時代の律令体制というものをですね。これは王法と仏法、この場合の仏法は鎌倉旧仏教、王法は当時の朝廷でございますが、そういう王法と仏法の関係は、いわゆる相互依存の補完関係ですね。学者の言葉を使いますと、運命共同体、そういう形の上で、鎌倉末の律令体制は正当な秩序として社会に確立をしていた。そういう正当な秩序として社会に確立をしている王法と仏法の関係というものを、これを乱していくものが、法然を中心とする念仏運動であったと、こうとらえていくわけで、そういう既存の、権益の保存、保持と保証というものを、鎌倉仏教は朝廷に対して要請をしていったということであります。で、鎌倉旧仏教の王法と仏法に対する見方というものは、一体どういう見方であるのか。資料№（1）をご覧いただきますと、そこに『興福寺奏状』をあげておきました。読み下していきます。

「第一に新宗を立るの失、夫れ仏法東漸の後、我が朝に八宗あり…其れ新宗を興し一途を開くの者、中古以降絶えて聞かず。…今末代に及んで始めて一宗を建てしむるは、源空　その伝灯の太祖か…たとえ功あり徳ありといえども、公家に奏して勅許を待つべし。私に一宗と号するは甚だもって不当」

こういう形で、律令社会で認められた宗派が、正当な仏法であって、少なくともそういう律令の体制の中で、一宗というものが独立、認められようとするのであるならば、いわゆる朝廷の許可、天皇の許可が要る。その朝廷公認の宗派が、いわゆる鎌倉八宗をいうものであります。法然の浄土一宗は、それと逸脱としたものだという形で、弾圧しろというのが『興福寺奏状』資料№（1）の趣旨であります。そのことは、これは貞応三年五月に、いわゆる元仁元年でございます、叡山から念仏弾圧・停止の上奏文（『停止一向専修記』）が出されてあります。内容的には、ほぼ同じであろうと思いますが、それを拝見をしてまいりますとですね、その中に「弥陀念仏を以て、別して宗を建立すべからず」という項目で、教えを建て、一宗を建てるには、やはり法と式とがある。それなりの順序というものがある。勅許を待って成立してくるものだと。源空は誑惑の言を吐いて、自分勝手に宗を建ててですね、経論の誠説に拠らないで、邪見を都に広めておる。お浄土は万民の帰する所であり、念仏は諸宗が尊ぶところである。にもかかわらず、何故に浄土と念仏の二つをもって、別して一宗を建てるのか。念仏の徒は、いわゆる鎮護国家の諸宗を難行と非難して、放逸の一法、いわゆる称名正定業ですね、を尊重するのは奇怪の至りだと。そういう視点から、国家公認の勅許を得た鎌倉八宗の正当性をですね、八宗が護国の仏教であるということを主張していったわけであります。資料No.（2）（『停止一向専修記』）を見ますと、「一向専修の濫悪を停止して、護国の諸宗を興隆すべきのこと」という中で、『興福寺奏状』と同じ様な主張がなされています。

「右仏法・王法、互守互助、たとえば鳥の二翅のごとし。なお車の両輪に同ずる。大集経の説を案ずれば、仏法の精気を以て、鬼神の精気を増す。鬼神精気有れば、即ち五穀精気多し。五穀精気有れば、即ち人倫豊楽す。是を以て、深く仏法を敬い王法に背かず。此の四輪転じて互いに国土を保つ。若し仏法衰微に属けば、即ち鬼神法味に飢える。すなわち草木の精を吸う、穀麦の気を喰らう。人倫之を食らえば心正直ならず、あえて仏法僧の三宝を敬わず、永く貪・瞋・痴の三毒に迷悶すると。」

こういう形で、法然浄土教を批判をして、いわゆる鎌倉の律令体制、仏法と王法の互守互助ですね、そういう体制は、鳥の二つの翅、車の両輪の様なものだという主張で、法然上人の念仏教団を排除すべしというかたちで、上奏文をあげていったのが、貞応三年五月に、山門、いわゆる叡山から朝廷に出された奏状であります。同じ様な視点から法然浄土教に対して弾圧を加えようと、こういう形での運動が旧仏教の体制の側から出てきておるわけであります。旧仏教の体制においては、鎌倉八宗と言われるものは、これは鎮護国家を祈願して王法に貢献をする。それに対して王法の側は八宗の正当性を公認をする。そして、法然上人等がおっしゃる念仏の悪法を停止するところ、護国の宗教の繁盛、国の繁盛がある。こういう論旨であります。そういう視点でもって、旧体制の側から、法然浄土教に対する圧力が加えられていたのが、親鸞聖人が生きておいでの鎌倉末の歴史的な時代背景であったと、こうおさえてかかることができるであろうと思います。そういう場合ですね、いわゆる鎌倉旧仏教、いわゆる八宗、華厳・天台・真言・法相・律・成実・倶舎・三論等の諸宗、そういう諸宗は、どういう歴史観を持っていたのであるのかということでございます。『興福寺奏状』ないしは『停止一向専修記』等には、やはり独自の歴史観の上に立脚をして、法然の浄土教を批判をしております。『停止一向専修記』を拝見をしていきますと、「諸教の修行を捨て、弥陀仏を専念し、広行流布するの時節、未だ至らざるのこと」と言い、浄土門で末法思想を主張をしておりますが、それを真っ向から否定してかかっております。御存じの様に、これは『大経』の「流通分」にですね、こういう文言があるわけで、「当来の世、経道滅尽する。われ慈悲・哀愍をもって、特にこの経を留めて止住すること百歳せん」と。これはお互いがよく存じておる経文でありますが、この解釈をめぐって、『大無量寿経』にそうは出ておると、だがしかし『停止一向専修記』の説によりますと、慈恩大師の『西方要決』の釈文をあげて、それに対してひとつの、独自の論を立てております。その『大経』の「流通分」に出ている御文の解釈、どの様な解釈をしておるのか。専修の徒は末法万年に入ると、余教はすべて滅して、そしてその中で『大無量寿経』だけが世の中に留まるというけれども、お経さまの滅尽するのは、末法万年の後であって、末法の間に経道が滅尽するのではない。正法・像法・末法の間は、念仏偏増の時にあらず、念仏がまだ繁盛する時じゃないんだと、そして仏滅年次に異説のあることを示しております。そのことは資料の一番最後、No.（24）

をご覧いただきます。これは『停止一向専修記』の説でございますが、「天台の浄名疏の如きは、周の荘王他の代を以て釈尊出世の時と為す。その代より以来、未だ二千年を満たず、像法の最中也。末法というべからず。たとえ末法の中に入るといえども、尚これ証法の時也」とあります。

こういう形で、法然浄土教が主張する末法思想を、真っ向から否定しておるわけで、元仁元年、正確に申せば貞応三年五月を像法の最中だと判定をしているわけで、当時を末法とする、専修念仏の教団の主張を、これを否定をしてきている。この場合、『一向専修記』の主張はですね、正法千年、像法千年、二千年説をとっておるという風にみることができると思います。親鸞聖人や『末法灯明記』の見解は、それから『安楽集』は、正法の時代は五百年、像法の時代は千年、その後の万年が末法だという解釈でありますが、『停止一向専修記』の立場は、正法千年、像法千年、二千年説をとっている。そういう立場から、なお今日は像法の時代だと、たとえ末法に入っておっても、なおこれ、法を悟ることのできる時代だ。そういうような視点から、法然浄土教、ひいては親鸞聖人をはじめとする法然浄土教を否定をしていった。それが親鸞聖人を取り囲む歴史的状況であったわけであります。親鸞聖人はそういう環境の中で、浄土真宗の拠って立つ教学的立場はどこにあるのか、それは末法史観であります。当時の律令仏教の側からする非難、律令仏教の側の見解に対して、末法史観に立脚をして、それに反論をしていかれたところに、親鸞聖人の末法思想を主張されていく基本的な姿勢があった。それが展開をされておるのが『教行信証』の聖道釈であると、こういうふうに私はおさえてかかることができるであろうと思います。

三

それならば「化巻」では、末法思想はどの様な展開になっておるのかということでございますが、御存じの様に、親鸞聖人は三経隠顕・真仮論を展開されまして、そしてその結びのところで、三願転入の御領解を示しておいでであります。三願転入の御文の理解は色々あると思いますが、真仮論に対する親鸞聖人のひとつの結論を示されている。十九・二十願に対して浄土真宗の第十八願の立場はここにあるという真仮廃立をして、親鸞聖人の弘願の浄土真宗の拠って立つ立場を、そこで説示をしておいでになるわけであります。その後にですね、そういう姿勢から聖道仏教を、いわゆる律令仏教に対する、自己の立場の位置づけを末法史観に立脚をしておっしゃっておいでになる。それが資料No.（3）（『化巻』）でございます。読み下していきます。

「聖道の諸教は、在世・正法の為にして全く像末・法滅の時機にあらず。すでに時を失し機にそむくなり。浄土の真宗は在世・正法、像末・法滅、濁悪の群萠、斉しく悲引する」

聖道仏教は釈尊在世の正法の時代の教えである。像法・末法の時機に相応した教えではない。だからすでに時を失し機にそむいた、時機に反した教えだと。対して浄土真宗こそが正法・像法・末法の三時に通じた、いわゆる濁悪の群萠を救う真の仏法であるということを、まず親鸞聖人は主張してこられるわけであります。そこで親鸞聖人は、真の仏法がですね、律令社会で公認され、その正当性を主張している鎌倉旧仏教、いわゆる八宗ではなく、浄土真宗であるということを、まず明確にされている。そうしてその次に引き続いて、具体的な聖道釈が展開をしてくるわけで、その中に『末法灯明記』の引用が出てくるわけであります。資料No.(4)(『化巻』)をご覧いただきますと、

「正真の教意によって、古徳の伝説をひらく。聖道・浄土の真仮を顕開して、邪偽異執の外教を教誡す。如来般涅槃の時代を勘決して正像末法の旨際を開示する

と説示されています。聖浄の真仮、そういうものを明らかにするにあたって、正法・像法・末法の、ひとつの歴史、どの様に歴史をみていくのかということを明らかにしようと。そういう視点で時をおこして、以下において、親鸞聖人ご自身の末法史観のご領解について展開をなさってくるわけでございます。その中で、色々な御文が引かれておりますが、注目される御文は、『安楽集』であります。『安楽集』の一連の御文の引用、大体ポイントは三つに絞ることができるであろうと。第一点は、『大集経』の五個の五百年説をあげておる。お釈迦さま滅後の時代変遷を、五百年に区切ってみていく。最初の五百年は解脱堅固、第二番目の五百年は禅定堅固、第三番目の五百年は多聞読誦堅固、第四の五百年は修福懺悔堅固、第五の五百年は闘諍堅固。で、『安楽集』はお釈迦さまの滅後の時代変遷を五つの五百年に区切って、道綽は現在は第四の五百年だと言っておいでになる。そして二番目のポイントは、お経の住滅に関してでありますが、『安楽集』では、正法は五百年、像法は千年、末法は万年。末法に入ると諸経は滅尽する。そして『大経』だけが百年間留まる。だから『安楽集』の見解は、正法が五百年、像法千年、末法万年。親鸞聖人も「化巻」の論旨の展開は、この歴史観の上に立脚をして展開しておいでであります。第三番目のポイントは何かといいますと、いわゆる聖浄二門判が出されてあります。末法の悪世においては、人々を救う教えは浄土の一門のみであって、現

在を末法と把握して、浄土の一門のみが時代を救う教えだと、明確に『安楽集』で道綽は、末法史観を展開をしておいでであるわけでありますが、親鸞聖人はその説をご自身の『教行信証』の「化巻」に引用してきて、全面的に自分の立論の根拠にしておいでである。そういうものをふまえてきて、親鸞聖人のご見解が出されてくるのが、その次の親鸞聖人のご自釈のところでございます。

そこで親鸞聖人は、当時の律令体制ですね、国家権力、王法と旧仏教・鎌倉八宗の仏法、いわゆる権門態勢に対せられている。律令体制というのは、ご存じの様に、これは僧尼令でもってスタートするわけで、古代においては、仏法は王法に奉仕する。だから王法は、完全に仏法を自分の支配下に摂めた形で、鎮護国家という点で仏法は国に奉仕するし、そして国はその仏法の維持を保障していった。だから王法の方が上で、仏法の方がそれに支配されている。そういう関係での僧尼令の展開がある。ところが鎌倉仏教、平安末から鎌倉時代になりますと、これは諸先生方の御研究の成果が出ておりますので、そちらに譲っておきますが、対等の立場にある。王法と仏法は対等の立場だと。仏教教団も、多くの荘園を領して、いわゆる経済的にも王法に対立するだけの勢力を持してきておる。だから、王法と仏法は対等の立場でもって、お互い運命共同体として社会体制というものを確立をしていた。その中で、それを乱す一つの運動が、法然上人の念仏運動であった。ここに律令体制、権力社会よりの弾圧がなされていった。それが承元の法難であり、嘉禄の法難であったといえます。そこに当時の社会の体制に対する親鸞聖人の批判の言葉が出てきておるのが、資料No.

（5）（『化巻』）でございます。

「しかれば濁悪世の群生、末代の旨際を知らず僧尼の威儀をそしる。今の時の道俗己が分を思量せよ」

末代の旨際を知らぬということは、すでに末法に入っているということが、まだご存じでない。僧尼の威儀をそしる。末代の時代はもう破戒・持戒の段階を通り越して、無戒の時代に入っておるんです。にもかかわらず、そういう時代認識の欠如の上から、僧尼の威儀をそしる。「今の時の道俗己が分を思量せよ」。「今の時」、わざわざ元仁元年を今の時と、親鸞聖人はおっしゃっておいでになるわけで、法然上人のお念仏の徒を、排除しようとする当時の王法と仏法、そういう律令体制の社会的な仕組みを、「今の時の道俗」と言われているのであります。「道」はこれは鎌倉八宗、「俗」はそれと同じ体制の中の国家権力、王法。「己が分を思量せよ」、何をしておるのかかくお考え下さい。これは一つの親鸞聖人の当時の時代批判であるということは、宮崎先生もすでにご指摘をしておいでのところであります、私もその通りであろうと思います。そして親鸞聖人は御自身の立場から、末法の年次計算、正法・像法・末法の年次計算をしてこられるわけでございます。それがなされておるのが、資料No.（6）でございます。読み下してまいります。

「三時の教を按ずれば、如来般涅槃の時代を考うるに、周の第五の主穆王五十一年壬申に当たれり。その壬申より我が元仁元年甲申に至る。二千一百八十三歳なり。また賢劫経・仁王経・涅槃経等の説に依れば、すでに末法に入って六百八十三歳なり」

とあります。この場合、年次計算の上で、親鸞聖人は未訂正・誤記がございます。これはもう、すでに存覚が『六要鈔』の中でも指摘をしておりますし、学者の先生方も皆指摘なさっておいでのところで、十年ずつ短く、だから元仁元年甲申は末法に入って二千一百七十三年。それから末法に入って六百七十三年です。即ちお釈迦さま滅後から今日まで二千一百七十三年。私は一応、親鸞聖人のご指示のごとく、その年数で話をしていきます。正しくは十年短くなると、ご了承いただきたいと思います。とにかく元仁元年に親鸞聖人は注目をしておいでであって、この年は釈尊滅後の二千一百八十三年であり、末法に入ってから六百八十三年になる。だからもう元仁元年ということは、『教行信証』撰述の年だという様な話が一般的でありましたが、そうではないわけで、今日の歴史研究が進んだ段階では、やはりそれなりの意味をもった年次であります。これは嘉禄の法難の引き金になったのが山門の奏状ですね、それが出されたのが貞応三年五月、改元になって元仁元年というわけでございます。そこを親鸞聖人は、末法の時代だという、末法の時代認識、強烈な時代認識の上から、まさに法然上人のお墓があばかれるというようなことは、末法の時代の極みだという形で、親鸞聖人は元仁元年に注目をして、この年次計算をしていかれたという宮崎先生のお説は、私は当然であろうと思います。で、ここで注意するのは、先程申しました資料№.（24）、『停止一向専修記』に出ていたその年次計算でございますね。もう一遍読みます。

「周の荘王他の代を以て釈尊出世の時と為す。その代より以来、二千年を未だ満たず、像法の最中也。末法というべからず。たとえ末法の中に入るといえども、尚これ証法の時也」

こういう時代認識。元仁元年を『停止一向専修記』では像法の最中。そういう視点から、鎌倉旧仏教はただ今を末法と解する専修念仏の主張を否定していたわけであります。それへの反論の根拠として出されてきておるのが、ここの元仁元年を起点とする、親鸞聖人の正・像・末法の年次計算であります。『停止一向専修記』では、正法千年、像法千年、二千年説に依って、像法の時代とするんだと、たとえ末法に入っても証法の時だと主張している。親鸞聖人は、正法五百年・像法千年説、『安楽集』の説に準拠して主張されている。『末法灯明記』も後で話をいたしますが、同じであります。正法五百年・像法千年、その説に立脚をして、末法に入って六百八十三年だと。そういう視点から親鸞聖人は反論をしておいでであります。

四

親鸞聖人は末法史観の上に立脚をして、王法と仏法の律令体制を批判をしていかれた。その批判の文言が、資料No.（5）ですね。

「末法の旨際を知らず僧尼の威儀をそしる。今の時の道俗己が分を思量せよ」

こういう親鸞聖人のご見解であります。そして更に自分のその末法史観は自分勝手にそれを主張したんじゃないんだと。その自分の主張している末法史観の理論的根拠として親鸞聖人が注目をされていかれたのが『末法灯明記』であります。末法史観に立脚をして、王法と仏法の正しい関係の有様を説示しておるのが、伝教大師最澄の『末法灯明記』であります。親鸞聖人が『末法灯明記』というものを注目をしていかれた。それは、それなりの、やはり、時代背景というものがあるわけであります。『停止一向専修記』におさめられております山門の奏状は、これは叡山の大衆がですね、ただ今は像法の時代だと。だから現今の律令体制の王法と仏法の枠組みを公認せよ。その枠組みを乱すような法然の念仏運動はけしからん。それを弾圧しろというのが『停止一向専修記』の主張であったわけでありますが、あなた方の主張しておるのは間違いでありますよと、少なくとも叡山、あなた方の天台の開基である伝教大師は、そんなことはおっしゃっておりませんよと。伝教大師は明確に末法史観に立脚をした王法と仏法の関係の樹立を『末法灯明記』の中で主張されておるではないかと。こういう視点から、親鸞聖人は『末法灯明記』の引用をしていかれるわけであります。

『末法灯明記』については、今日ですね、真撰説・偽撰説、両方ございます。私は何れともよう断定いたしかねます。そのことは歴史学の先生方のご判断に譲ることにしましてですね。伝教大師にもそういう思想があったと。ここに資料はあげておりませんが、伝教大師の『顕戒論』等を拝見いたしますとですね、伝教大師が叡山で天台宗を開いた時には、その当時の律令体制はどういう体制であったのかと。これは南都六宗が中心でございます。そこに割って入ったのが伝教の天台宗であったわけです。南都六宗中心の、律令体制の中で天台一宗の主体性を認めさせようとしたところに、伝教大師最澄の一代の苦労があったと。そういう意味でいうならば、そういう自分の思想を、教学的立場を主張していかれたのが、伝教大師最澄の『顕戒論』であります。それを拝見をいたしますと、いわゆる俗官が僧尼を使役するのは、これは許すことができない。僧尼を束縛して使役していくのは、純粋な仏法の有様ではないという立場で、伝教大師は『顕戒論』において、天台一宗の主体性の確立、更には大乗戒壇の独立を朝廷に願っていくわけであります。そういう意味においては、資料はここへ出しておりませんけれども、親鸞聖人の歴史的立場と、伝教大師最澄が主張した歴史的立場というものは、共通した面があるのではなかろうかと、思考いたします。そういう視点から親鸞聖人は『末法灯明記』に注目されていかれた。これは最澄の真撰としての引用であります。『末法灯明記』は法然上人の著作の中、あるいは栄西の『興禅護国論』、日蓮の遺文等には、すでにその名前があげられておるように、当時一般的には最澄の真撰としてこれは認められ、引用されておったわけであります。だから親鸞聖人も、当然この書物ですね、最澄撰として、ご自身のご著作の中に、『教行信証』の中に引用していかれた。そうすると、親鸞聖人の末法史観というものの理論的根拠を構成していくものが『末法灯明記』であるとするならば、『灯明記』の中での主な主張は、いったい論点はどういうところにこれをみていくことができるのであるのかということでございます。主要な点だけを要約をしてまいります。第一点はですね、王法と仏法に対する基本的な立場であります。『末法灯明記』では王法と仏法に対してどの様な立場であったのかと。資料№（7）（『化巻』）をご覧いただきます。読み下していきます。

「夫れ一如に範衛して以て化を流すは法王、四海に光宅以て風に乗ずるは仁王。然れば即ち仁王法王互いに顕れて物を開し、真諦・俗諦たがいに因りて教えを弘む。……然るに法に三時あり。人にまた三品あり。化制の旨、時に依りて興讃（讃は替です、『灯明記』はこれは、色々誤植がありますので、替に替えた方が正しいです。）毀讃の文、人に遂って取捨する。……後五の機、慧悟また異なる。あに一途に拠りて済わんや、一理に就いて整さんや」

と出ております。一如の真理に乗っかって教化するのはお釈迦さま、法王である。四海に光宅して以て風に乗ずるは仁王、天皇さまだと。だから、そういう意味で、天皇さまと法王、仁王と法王とは、互いに協力しあって、真諦と俗諦、これは国家と宗教、王法と仏法ですね。互いに相まって教えが広まっていく。然るに法に三時ありということは、正法・像法・末法の時代がある。人にまた三品あり、上品・中品・下品。化制の旨、これは化は化教、制は制教ですね、教えと戒律。時に依って興替すると、時代時代によってそれぞれ教法・戒律の持っている価値が変わってくるというわけです。末法の時代には末法の時代に合うた教え、末法の時代には戒律は、これはそぐわないですね。毀讃の文、だから破戒の者をそしったり、讃嘆したりする。それは人によって取捨されるべきものだと。後五の機。これは『安楽集』で出てた五箇の五百年説のことです。仏滅後の五箇の五百年説、それぞれあると。仏法の教えを聞く者は慧悟みなまた異なる、能力がそれぞれ人々各々だと。だから、あに一途に拠りて済わんや。一理に就いて整さんやと。そういう視点で、基本的姿勢は、王法と仏法は相資相依の関係にある。これ一点ですね。そして時機相応した教法の展開が必要だと、これ二点目。第三点は、時機不相応の仏法の強制は不合理だということを、まず『末法灯明記』は冒頭で指摘をしてくるわけであります。それについて、第二番目のポイントでありますが、そうすると、『末法灯明記』では年次計算はどうしておるのかと、お釈迦さま滅後の歴史観でございますね。これは『末法灯明記』は、正法五百年、像法千年、以後万年。慈恩大師の説でとっておりますが、『大集経』の五箇の五百年説をあげております。解脱堅固、最初の五百年です。

それから次の五百年は禅定堅固、次第の如く五百年毎に、多聞堅固、造寺堅固、闘諍堅固。『安楽集』といっしょでありますが、『灯明記』では、解脱堅固の最初の五百年が正法の時代。二番目の禅定堅固と多聞堅固は像法の時代（千年）。四番目の造寺堅固と闘諍堅固は末法の時代。こういうふうに仕分けをしてきて、そして末法の年次計算はどう立てておるのかというわけでありますが、二つ説をあげております。資料No.（8）をご覧いただきます。

「且く両説を挙ぐる。一には法上師等周異の説に依りて言く。仏、第五の主穆王満五十一年壬申に当たって入滅したまふ。若しこの説に依れば、その壬申より我が延暦二十年辛巳に至るまで一千七百五十歳なり。二には費長房等の魯の春秋に依れば、仏、周の第二十の主匡王班四年壬子に当たって入滅したまふ。若しこの説に依れば、その壬子より我が延暦二十年辛巳に至るまで一千四百十歳なり。故に今の時の如きはこれ像法の最末の時なり。彼の時の行事既に末法に同ずる。然れば即ち末法の中に於いて但言教のみ有りて行証なし。若し戒法有れば、破戒有るべし。既に戒法なし。何れの戒を破るに由りてか破戒有らんや。破戒尚無し。何に況や持戒をや。故に大集に言く仏涅槃の後、無戒州に満すると」

以上の如く、二説をあげてくるわけでございます。それで、この説によりますと、延暦二十年の年次計算、一つは『周書異記』の説で、仏滅を周の第五主穆王五十一年壬申とした場合には、入滅後千七百五十年であります。これは完全に末法に入っていますね。正法五百年、像法千年をあてはめれば、末法に入っている。二番目の説は『魯春秋』ですね。これは周の第二十主匡王班四年壬子として計算をすると、入滅後千四百十年。『灯明記』はどちらの説をとっておるのかと申しますと、二説中第二の『魯春秋』の説をとっております。だから、延暦二十年は像法最末の時だと。僧尼の行事は末法に同ずると。末法と同じだという時代認識であります。末法の時代においては、いわゆる教えのみ、言教のみがあって、行と証は無い。持戒・破戒の段階を通り越して、無戒の時代だと言っている。ここで注意しなければならないのは、『停止一向専修記』の、先程の資料№（24）の仏滅の年次計算でございますが、『停止一向専修記』の仏滅の年次計算、正像末の計算は、『灯明記』の二番目の魯春秋の説と同じ立場であります。『停止一向専修記』は仏の生誕、お生れになった年から計算していくわけで、仏の生誕を周の荘王他の代、即ち十年甲子、この場合は仏の入滅は周の匡法班四年壬子。この『灯明記』と同じですね。そして正法千年、像法千年、末法万年の説をとって釈尊入滅より二千年をまだ満たしておらない、まだ像法の真っ直中だと。だから元仁元年を像法の時代として、念仏の徒の末法説を真っ向から否定していたわけです。しかし『灯明記』は正法五百年・像法千年説の立場より、同じ『魯春秋』の説をあげながらも、延暦二十年は仏滅後千四百十年であって、像法最末の時であり、その行事は末法に同ずると、要は末法だという立場であります。

ここに『停止一向専修記』の時代観と、『末法灯明記』の時代観、立場の根拠を同じにしておっても、見解が違う。明らかに両者の時代認識の相違をみることができるわけで。そういう点から、親鸞聖人は叡山の開祖、伝教大師の『灯明記』における主張を引用することによって、末法の時代認識の正当性を証明して、もって『一向専修記』の像法とする時代認識に対応せられておるものだと、こういうふうに理解することができると考えます。しかもご自身は、『灯明記』の一の説、『周書異記』の説に立脚をしてですね、明確に元仁元年は入滅後二千百八十三年、末法に入って六百八十三年。そして正法五百年、像法千年の『灯明記』の説に立脚して、末法史観を打ち出していかれたところに、親鸞聖人の歴史観の特色があるといえます。『末法灯明記』の第三のポイントでありますが、『末法灯明記』では、末法無戒論を主張をしております。以上の様な末法史観を展開する『灯明記』では、末法は無戒のみが存在するんだと。資料№（9）（『化巻』）をご覧いただきますと、

「但今論ずる所、末法に唯名字の比丘有り、此の比丘を世の真宝と為する。福田無からんや。たとえ末法の中に持戒有れば、既に是怪異なり。市に虎有らんが如し、此誰ぞ信ずべきやと」

末法の時代には無戒名字の比丘のみが存在をしておる。この無戒名字の比丘が世の中の真の宝だという言

っているわけです。末法の時代に、持戒の者がいたとするならば、京都のど真ん中に虎がおるようなものだと、誰も信用しない。そして、時代の無価の宝、お互いが尊敬しなければならない宝として、八つあげております。一番目が阿弥陀如来。二番目が縁覚。三番目が声聞。四番目が世の賢聖衆。五番目が得定の凡夫、禅定を得た得定の凡夫。六番目が持戒の比丘。七番目が破戒の比丘。八番目が無戒名字の比丘。これが八重の宝であります。その中の一番から四番までが、正法の時代の宝。正法の時代に世の宝になるものは、如来・縁覚・声聞・世の賢聖衆。それから像法の時代の出の宝になるものは、得定の凡夫・持戒の比丘・破戒の比丘。そして末法時は八番目、無戒名字の比丘。末法の時代の無価の宝、最高の宝、世の福田になるものは、無戒名字の比丘だという形で、末法無戒論の展開がなされている。これ三番目のポイントでございます。そして四番目のポイントは、随時制許。戒律というものを主張していく場合には、時に従って、ある場合は戒律でもって律し、ある場合は破戒・無戒を許すということがあってしかるべきだと。なぜ、随時制許ということが主張されるのかといいますと、無戒名字の比丘を世の真の宝としたならば、経文に異することになるではないかと。経文の中に、破戒・無戒の者を否定をしておいでになる。それは一体どう考えたらいいのかという問題でありますが、それに対して、そういう戒律というものは、時によって説かれるべきだと。末法の時代に生きている者に、正法の時代の戒律を強制しても、これは意味はないと。資料№.（10）をご覧いただきますと、

「答ふ、此の理然らず。涅槃等の経、且く正法の破戒を制する。像末代の比丘に非ず。その名同じといえども（比丘という名前は同じだけれども）、時に異有り。随時制許。是大聖の旨趣なり。世尊に於い

て両判の失無し」

破戒の者をお経の中で批判しておいでになる。そういうお釈迦さまの説は正法の時代に説かれたものであって、その正法の時代の破戒を制約する戒律を、末法の時代に持ってくることは、これはお釈迦さまといえどもそんなことはなさっておらないと。両判の失なからんやと。同じことは資料№.（11）であります。

「これらの諸経（これらの諸経というのは涅槃経・大集経等の説ですね）、皆年代を指す、将来末世の名字の比丘、世の尊師となす。若し正法の時の制文（正法の時の戒律）でもって、末世の名字の僧を制せば、教機相そむく。人法合せず。これによりて律に言く。非制を制するは、即ち三明を断ずる。記説する所、これ罪有らんやと」

こういう形でですね、『末法灯明記』では末法の時代においては、無戒の名字が世の真の宝になるんだと、これは仏説にはそむいていないという立場で、説明をしていっておるわけであります。そういう形で、持戒と破戒の見方、念仏者の行儀についての見方がですね、『停止一向専修記』と親鸞聖人、『灯明記』の間にはかなり開きが有るといえます。親鸞聖人は『灯明記』に立脚をして、当時の律令体制の批判に対応しておいでであります。一方『停止一向専修記』を拝見をしていきますと、やはり、破戒ということについてかなり抵抗があるわけで。そういう点から、専修の徒の行儀について批判をしております。資料№.（12）（『停止一向専修記』）をご覧いただきます。

「世に一紙の事有り、善導の遺言と号す。かの文に云く。吾諸の禁戒を持して一の戒を犯さじ。未来世の比丘、戒を捨てずして念仏すべし、念仏するといえども、戒を捨てれば往生即ち得難し。……懺悔の心に至りて無きは、万万生ぜずと。彼の党類、悪を造り改悔の心無し。破戒にして堅持の望み無し。経に背いて師に違すると」

末法の祖である善導大師ですら、持戒を強調しておいでだと。にもかかわらず、専修の輩が破戒を主張していくのは、これはけしからんと。親鸞聖人はそういう主張に対して、『灯明記』の立場からですね、末法無戒の立場に立って反論をしているわけで、それが末代の旨際を知らず僧尼の威儀をそしる、という親鸞聖人の時代批判の言葉になって出ておる。同じことは、資料No.（13）をご覧いただきますと、これも『停止一向専修記』でありますが、

「護国の高僧を軽んずること芥帯の如し。練行の名徳これを視ること泥土の同ず、全く福田を敬わず。何ぞ国家を安んじ得るやと」

かかる立場で、破戒について当時の既存の仏法の側は批判をしておるわけであります。親鸞聖人はかかる主張に対して、末法は無我の時代だという視点で、『灯明記』の立場に立脚をして、末法の福田が無戒名字の比丘であると主張していかれた。こういうふうに『灯明記』の御引用の趣旨は理解をしていくことが出来るであろう。そして、親鸞聖人はそういう立場から、鎌倉旧仏教、朝廷の時代認識の欠如を批判して、末法相応の仏法としての無戒名字の比丘の形成する教団、専修念仏の教えの正当性を主張していかれたといえます。だから、このような『灯明記』の末法史観に立脚をした親鸞聖人が主張しようとされた点は、どういうところにあったのかというわけでありますが、一つは古代国家の僧尼令にみられるような、王法に隷属した仏法が国に奉仕する。いわゆる鎮護国家の仏教としての王仏相資でもない。それから二番目、平安朝末期・

鎌倉期にみられるような俗の権門（王法）と聖の権門（仏法・鎌倉旧仏教）、王法と仏法との相互依存の体制のうえから、その権益保持のために、ただ今を像法の時代ととらまえて、戒律重視の立場から専修念仏を弾圧しようとするような王仏相資の体制でもない。そういうものを否定している。末法という時代の危機的状況を親鸞聖人は認識して、末法無戒の時機にかなった教法が弘願の真宗である。いわゆる仏法為本の立場に立脚をして、正しい王法と仏法の関係を樹立しようとされたところに、親鸞聖人の末法史観の特色があったと、こういうふうに言えるだろうと思います。その教学的証権となったものが、最澄の『灯明記』の主張であります。念仏停止を上奏した叡山の僧徒に対して、叡山の開祖である伝教の『灯明記』でもって、親鸞聖人は自己の教学的立場を構築して、反論されていかれたところに、「化巻」における親鸞聖人の末法思想の特色があったと、こういうふうに結論することができるわけであります。

五

そういたしますと、問題は一つ残るわけでございまして。それはどういう問題かというと、末法無戒の、末法の時代の世の真の宝は、それは無戒名字の比丘だというのが、『灯明記』の立場、ひいては親鸞聖人のお立場であったわけであります。そうしますと、無戒名字の比丘とは一体どの様な存在であるのか。これに対して親鸞聖人は答えていく必要があったであろうと。それに答えるものが、「信巻」末の真仏弟子釈であります。親鸞聖人は末法史観に立脚をして、末法の時代に生きる正定聚の信心の行者、金剛心の行者を真仏弟子と表明して、その当時の、鎌倉旧仏教の主張に対応し、反論をしていかれたものだと。この様に私は理解することができるであろうと考えます。末法の時代の無戒名字の比丘が真の宝だと。それが真仏弟子である。それが正定聚の聚人だと。そこで資料№（21）をご覧いただきますと、

「真の仏弟子と言うのは、真の言は偽に対し仮に対するなり。弟子は釈迦諸仏の弟子なり。金剛心の行人なり。この信行によりて必ず大涅槃を超証すべし、故に真仏弟子と曰ふ」

真の仏弟子、これは金剛心の行人。仮が聖道諸機、浄土定散の機。偽が以外の外教・邪教にあたりますね。親鸞聖人が、そこで注目すべき言葉は、弟子とは釈迦諸仏の弟子なり、という言葉を使うておいでになる。親鸞聖人が正定聚の者を、釈迦諸仏の弟子と讃仰されるについては、やはりそれはそれなりの歴史的背景を無視することはできません。すでに述べた様にですね、法然上人の念仏運動に対して、鎌倉旧仏教からの批判が加えられている。『興福寺奏状』『停止一向専修記』等の主張で明らかである。法相宗の貞慶は『興福寺奏状』によって、華厳の高弁は『摧邪輪』によって、法然を論難をしております。そしておのれ達はどの様なお立場であったのか。鎌倉旧仏教、貞慶だとか高弁という代表する学者は、戒律を重視して、そしてお釈迦さま在世の正法の時代、釈尊の時代への復帰を主張している。戒律を実践してる我等こそが釈迦の真仏弟子だという点から、復古運動を展開なさったのが、貞慶であり、高弁であったと。私はそれは尊い運動であっただろうと思いますね。その中心が貞慶・高弁。このお釈迦さまの正法の時代への復帰、それと連動する形で、第二の釈迦である弥勒への信仰が、当時は流行しておりました。そういう点からですね、末法の時代相応の教えであるとして念仏運動を展開した法然浄土教を批判をしてくるわけであります。高弁は『摧邪輪』で、法然上人のことを釈尊の怨敵だとまで非難をしております。それに対応して、親鸞聖人は正定聚の

者が釈迦の真仏弟子だと、そして正定聚の者は便同弥勒だと。そういう立場で信心の行者のお徳を讃仰して、当時の旧仏教に対応していかれた。こういうふうに、みていくことができるであろうと考えます。ならば、貞慶や高弁はどの様な主張であったのかと、その点に関してですね。そこで貞慶の『興福寺奏状』第三の「釈尊を軽んずる失」を拝見をいたしますと、資料No.（14）をご覧いただきます。

「専修の身余仏を礼せず、口に余号を称せず。その余号・余仏とは即ち釈迦等の諸仏なり。専修専修汝誰が弟子ぞ。誰が彼の名号を教えたる、誰がその安養の浄土を示したる。憐れむべし、末生にして本師の名を忘る」

と言うて専修念仏の者が釈迦諸仏を礼拝しないことを非難している。彼はそういう立場から釈尊を自分の本師としておるわけで、自分が真仏弟子だと。そういう自覚のもとで、戒律復興運動を展開していったのが貞慶であります。資料No.（15）を見ていただきますと、これは『戒律再興願文』、『日本仏教全書』に入っております。

「如来興後戒を以て師と為す。……戒本一巻と雖も……勧めてこれを誦せしむ、訓えてこれを知らしむるは時に取りて至要なり。世の巨益となす」

戒律重視の立場ですね。そして資料No.（16）を見ていただきますと、『愚迷発心集』、彼が時代を悲歎した書物でございますが、これは『岩波思想体系』の鎌倉旧仏教に入っていたと思います。私がその資料を集めたときは、まだこの書物はございませんで、古刊本で拝見いたしております。読み下ししていきます。

「彼の弟子（貞慶のことです）が本師釈迦牟尼如来、昔霊鷲山に在りしの時、十方諸有の群生悉にその益を蒙るといえども、三界輪廻の我等その時何処に在りや。……嗚呼、八相成道の昔、独り如来の出世に濡れたりといえども、二千余季の今、僅かに慈父の遺誡を聞くことを得。……早く万事を抛って当に一心に励むべし」

こういう形で、時代に対して悲歎をしておいでであります。だから、釈尊の真仏弟子として、その遺誡に順じて一心に発心求道すべき思いを吐露している。資料№（17）ですね。『唐招提寺釈迦念仏願文』を見ると、こういう言葉を吐いている。

「夫れ釈迦如来はこの界の慈父、我等の非母、一代の教主、四衆の本師」。そういうふうに釈尊を四衆の本師といわれている。そういうお釈迦さまへの尊崇の念は、必然的に弥勒仏の信仰へと直結をしていくわけであります。弥勒仏は、ご存じの様に第二の釈尊ですね。釈尊は予言しておいでなわけで、自分が死んだ後、五十六億七千万年たったら、この娑婆に下生して悟りを開くのは弥勒だと。竜華樹の下で悟りを開いて、釈尊の救いに会えなかった人々を、竜華三会のあかつき、三度説法をしてそれを救うんだと、お釈迦さまは予言しておいでになる。お釈迦さまは自分の滅後の遺弟を弥勒に付属して、竜華三会において解脱せしむるものだと。だから、そういう釈尊を尊敬する高弁、貞慶等は弥勒信仰に帰一している。資料№（18）をご覧いただきますと。『弥勒講式』、この『弥勒講式』は私の拝見した資料は、東大寺の平岡定海先生の『東大寺宗昭上人の研究』におさめられている資料であります。

「釈迦大師の記に云く。我が遺法の中、持戒・破戒、有戒・無戒、皆悉く弥勒菩薩に付属する。三会の中解脱を得せしむる」

そう言っている点からも明らかであります。以上の様に貞慶は釈尊を本師として、釈尊の真仏弟子として戒律を実践して、復古運動、正法の時代である釈尊の教団への復帰を提唱して、第二の釈尊としての弥勒信仰を主張していったと。こういうふうに、貞慶の、いわゆる宗教運動というものは評価することができる。それと同じ様な立場で、やはり、復古運動を展開したのが高弁でございます。彼は印度への渡天すらも計画したといわれている。だから、釈尊の在世の教団を理想として、釈尊の真仏弟子、その自覚で彼は生きているわけで。『涅槃講式』ですね。これは『大正蔵経』八十四巻ですね。資料№.(19)を見ますと、

「弟子比丘、人界に在りといえども、遙かに如来の在世を隔つ。仏法に値ふといえども、遠く辺地末代に生ずる」

だから、お釈迦さま滅後、遙かに時代がたってから、自分は生まれたと悲歎をしておいでである。それから資料№.(20)、『涅槃講式』ですね。そこでは、お釈迦さまが入滅なさったことを悲しんでですね、次のような表現でお釈迦さまを慕うておいでになります。

「我は初生の嬰児の如し。母を失いて久しからず、必ず死せん。世尊、如何が見放ち捨てたもうや。……南無大恩教主釈迦牟尼如来生生世々値遇頂戴」

そういう様に、高弁の場合も同じ様に、お釈迦さまへの激しい思慕をみることができるわけで。この様にお釈迦さまを追慕して、真仏弟子の自戒のもとで、戒律の実践、仏道の展開を志しているわけであります。そう言う点から、高弁ですね、法然上人を非難しておいでなわけで、『摧邪輪』を見ると、「仏子の称を仮るべからず。何ぞ僧伽藍の中に出入りすおや」と、或いはまた「仏意、菩提心の宝を珍重する。…然るにこれ

を凌蔑する」と批判している。

即ち仏子に非ず、法然は仏子ではないと言い切っている。そういうような高弁の釈迦信仰は、貞慶と同様に、同じくやはり、第二の釈尊としての弥勒信仰へ展開をしています。高弁の最期は、彼の臨終行儀を記録しているものを拝見をいたしますと、お釈迦さまの入滅の儀に従って、右脇にして臥す。そして弥勒菩薩のお名前を称しながら亡くなったと、記せられているわけであります。以上貞慶・高弁両師の、やはり、尊いひとつの宗教的な生き様について、拝見をしたわけであります。鎌倉仏教を代表する貞慶・高弁はお釈迦さまの在世の正法の時代を追慕して、釈迦信仰に基づき、戒律を重視した、いわゆる真仏弟子、釈迦諸仏の弟子の自覚のもとに、釈尊への復帰を理想とされた。そして、釈尊への追慕の想いは、第二の釈尊としての弥勒信仰へ展開していった。

六

このような仏教の復古運動に立脚をした、法然浄土教批判に対して、独自の立場を打ち出したのが親鸞聖人の真仏弟子釈である。そこで親鸞聖人はどうおっしゃっておいでになるのかというと、冒頭に、真の仏弟子とは、金剛心の行人、正定聚の信心の行者が釈迦諸仏の弟子だ。それこそが真仏弟子だとご自分の立場を表明されている。末法の時代に生きる無戒名字の比丘が、正定聚の信心の行者、それこそが真仏弟子だということを論証していかれたのが、親鸞聖人の真仏弟子論の展開・趣旨であったと。だからその中で、親鸞聖人は、真仏弟子をどの様に讃仰しておいでかということでございますが、便同弥勒と讃仰しておいでである。

この「信巻」末を見るとですね、親鸞聖人は真仏弟子釈を展開をして、それが終った以下に悲しい哉やの悲歎の文言を入れて、それを蝶番にしてその後は難化の三機について論じておいでになるわけであります。そこに親鸞聖人は真宗者の人間像というものを二面でもって見てこられるわけであります。

一面からいうならば、己に頂戴している具徳、正定聚の行者としての具徳の上からは、真仏弟子だと。反面、救われていく無戒名字の比丘の姿、人間の現実は何かと。それは死ぬまで凡夫だと。それが難化の三機でしかありえない。そういう二面性でもって、親鸞聖人は真宗者のすがたというものを把握していこうとされたと。こうみていくことができるであろうと思うわけでありますが、少なくとも真仏弟子釈においては、己に頂戴している法のお徳の上からいうならば、正定聚の金剛心の行人が真仏弟子だと。それが無戒名字の比丘だと。無戒名字の比丘がなぜ真の仏弟子といわれるのかと。それは仏様から廻向された南無阿弥陀仏の嘉号により己の身に頂戴している仏徳のおかげだと。だから便同弥勒と。資料No.(22)(『信巻』末)をご覧いただきますと、

「王日休の云く。我無量寿経を聞くに、衆生この仏名を聞いて信心歓喜せんこと乃至一念せん。彼の国に生ぜんと願ずれば、即ち往生を得、不退転に住せん。不退転とは梵語にはこれ阿惟越致という。法華経に弥勒菩薩所得の報地という。一念往生便ち弥勒に同ず。仏語虚しからず、此の経まことに往生の径術、脱苦の神方、まさに皆信受すべし」

という形で、第十八願成就文に立脚をして、信一念同時に不退転、阿惟越致の利益が恵まれる。その不退転の位は、『法華経』「寿量品」でいう弥勘所得の報地だと。信一念同時に真仏弟子の正定聚の益が恵まれるわ

けで、それは不退転の位、仏果が約束されている。聖道仏教の弥勒と同じだという、王日休の御文をあげて、讃仰してこられるわけであります。資料No.（23）をご覧いただきます。

「真に知んぬ、弥勒大師等覚の金剛心を窮むるが故に、竜華三会の晩、当に無上覚位を極むべし。念仏の衆生横超の金剛心を窮むるが故に、臨終の一念の夕べ、大般涅槃を超証す。故に便同という」

弥勒菩薩も正定聚の者も、等覚の位、ワンランク上がったら仏果である。だから弥勒菩薩は等覚の金剛心、自力の金剛心を極めておるから、次の位は仏果だと。念仏の衆生は、横超の金剛心、仏廻向の御信心を頂戴をしておるから次は、臨終の一念の夕べ大般涅槃を超証する。そういう点で便同だといわれている。真仏弟子の正定聚は横超の金剛心であるから、次の生では仏果を証する位だと。故に便同弥勒だと讃仰していかれたわけであります。この様な論理で、親鸞聖人の真仏弟子釈の展開があるといえましょう。親鸞聖人はそういう意味で、信心の行者は、正定聚の内実、如来さまから廻向されてる具徳の上から、次如弥勒・便同弥勒と讃仰され、だから真仏弟子だと。だから末法の時代における無戒名字の比丘は真の仏弟子、世の宝になるんだと讃嘆せられた。こういう立場で、当時の、鎌倉旧仏教に対応し、己の主張というものを展開していかれたのが、真仏弟子釈の、親鸞聖人の思し召しの内容ではなかったのかと、窺う次第であります。大体以上で、「化巻」の聖道釈に展開されております親鸞聖人の末法史観、それから末法無戒の時代に生きる無戒名字の比丘の実態とは、一体如何なるものであるのかということを「信巻」末の真仏弟子釈を通して窺ったわけであります。結論的に申せば、親鸞聖人は末法史観に立脚をして、その教学を展開をしておいでである。従って、末法史観の上から正しい王法と仏法の関係の樹立、その理論的根拠として『末法灯明記』を依用して、律令体制に対しておいでである。末法の時代の真の仏法は、弘願の浄土真宗である。こういう立場から、親鸞聖人の末法史観の展開が具体化されていったと結論することができるであろうと思うわけでございます。親鸞聖人のその教学的な立場というものは、『正像末和讃』もございますけれども、『御本典』の主張が基本になるであろうと思いますので、今回は『御本典』を中心にいたしまして、親鸞聖人の末法思想の一端を窺った次第でございます。以上で終わらせていただきます。

資　料

（1）第一立新宗失　夫仏法東漸後　我朝有八宗……其興新宗開一途之者　中古以降絶而不聞……今及末代始令建一宗者　源空其伝灯之大祖歟……縦雖有功有徳　須奏公家以待勅許　私号一宗甚以不当

『興福寺奏状』

（2）右仏法王法　互守互助　喩如鳥二翅　猶同車両輪　案大集経説　以仏法之精気　益二鬼神之精気一鬼神有精気　則五穀多精気　五穀有精気　則人倫豊楽　是以　深敬仏法不背王法　此四輪貫互保国土　若仏法属衰微　則鬼神飢法味　仍吸草木之精　喰穀麦之気　人倫食之心不正直　不肯敬仏法僧之三宝　永迷悶貪瞋痴之三毒

『停止一向専修記』

（3）聖道諸教　為在世正法而全非像末法滅之時機　已失時乖機也　浄土真宗者在世正法　像末法滅　濁悪群萠　斉悲引也

『化身土巻』

（4）抛正真教意　披古徳伝説　顕開聖道・浄土真仮　教誡邪偽異執外教　勘決如来涅槃之時代開示正像

末法旨際　『化身土巻』

(5) 爾者穢悪濁世群生　不知末代旨際毀僧尼威儀　今時道俗思量己分　『化身土巻』

(6) 按三時教者勘如来般涅槃時代当周第五主穆王五十一年壬申　従其壬申至我元仁元年甲申　二千一百八十三歳也又依賢劫経・仁王経・涅槃等説已以入末法六百八十三歳也　『化身土巻』

(7) 夫範衛一如以流化者法王　光宅四海以乗風者仁王　然則仁王法王互顕而開物真諦俗諦遁因而弘教……然法有三時　人亦三品　化制之旨　依時興讃　毀讃之文　遂人取捨……後五之機　慧悟又異豈拠一途済　就一理整乎　『末法灯明記』

(8) 且挙両説　一法上師等依周異説言　仏当第五主穆王満五十一年壬申入滅　若依此説　若其壬申至我延暦二十年辛巳一千七百五十歳　二費長房等依魯春秋　仏当周第二十主匡王班四年壬子入滅　若依此説　従其壬子至我延暦二十年辛巳一千四百十歳　故如今時是像法最末時也　彼時行事既同末法然則於末法中但有言教而無行証　若有戒法　可有破戒　既無戒由破何戒而有破戒　破戒尚無何況持戒　故大集云仏涅槃後　無戒満州　『末法灯明記』

(9) 但今所論　末法唯有名字比丘此名字為世真宝　無福田　設末法中有持戒者既是怪異　如市有虎此誰可信　『末法灯明記』

(10) 答此理不然　涅槃等経　且制正法之破戒　非像末代之比丘　其名雖同　而時有異　随時制許　是大聖旨破　於世尊無両判失　『末法灯明記』

(11) 此等諸経　皆指年代将来末世名字比丘為世尊師　若以正法時制文　而制末法世名字僧者　教機相乖

人法不合由此律云　制非制者　則断三明所記説　是有罪　『末法灯明記』

(12) 世有二一紙事一号二善導遺言一　彼文云　吾持二諸禁戒一不レ犯二一之戒一　未来世比丘　不レ捨レ戒念仏雖二念仏一捨レ戒往生即難レ得乃至無レ至二懺悔心一万之万不レ生云云　彼党類造レ悪而無二改悔之心一　破戒而無二堅持之望一　背レ経違レ師　『停止一向専修記』

(13) 鎮国高僧軽レ之如二芥帯一　練行名徳視レ之同二泥土一全不敬二福田一　何得レ安二国家一　『停止一向専修記』

(14) 専修之身不レ礼二余仏一口不レ称二余号一　其余仏余号者即釈迦等諸仏也　専修専修汝誰弟子　誰教二彼弥陀名号一誰示二其安養浄土一　可レ憐末生忘二本師名一　『興福寺奏状』

(15) 如来興後以レ戒為レ師……雖二戒本一巻一……勧令レ誦レ之訓念レ知レ之者取レ時至要也　与レ世巨益也　『戒律再興願文』

(16) 彼弟子之本師釈迦牟尼如来　昔在二霊鷲山一之時　十方所有群生雖三忝蒙二其益一　三界輪廻之我等其時在二何処一……嗚呼八相成道之昔独雖レ漏二如来之出世一二千余季之今僅得レ聞二慈父遺誡一……早抛二万事一当レ励二一心一　『愚迷発心集』

(17) 今日所レ始七日七夜不断之念仏此座所レ唱者大慈大悲牟尼之名号也……夫釈迦如来者此界之慈父我等之悲母　一代之教主也　四衆之本師也　『唐招提寺釈迦念仏願文』

(18) 釈迦大師記云　我遺法中持戒破戒有戒無戒　皆悉付二属弥勒菩薩一　三会之中令レ得二解脱一　『弥勒講式』

(19) 弟子比丘　雖レ在二人界一遙隔二如来在世一　雖レ値二仏法一遠生二辺地末代一　『華厳仏光観法門』

(20) 我如初生之嬰児　失母不久必当死　世尊如何見放捨……南無大恩教主釈迦牟尼如来生生世々値遇頂戴　『涅槃講式』

(21) 言二真仏弟子一者真言対レ偽対レ仮也　弟子者釈迦諸仏之弟子　金剛心行人也　由二斯信行一必可三超二証大涅槃一故曰二真仏弟子一　『信巻』末

(22) 王日休云我聞二無量寿経一衆生聞二是仏名一信心歓喜乃至一念　願レ生二彼国一即得二往生一住二不退転一不退転者梵語謂二之阿惟越致一　法華経謂二弥勒菩薩所得報地一　一念往生便同二弥勒一　仏語不レ虚此経寔往生之径術脱苦之神方　応二皆信受一　『信巻』末

(23) 真如弥勒大士窮二等覚金剛心一故　龍華三会之暁　当レ極二無上覚位一念仏衆生窮二横超金剛心一故　臨終一念之夕超二証大般涅槃一　故曰二便同一也　『信巻』末

(24) 如二天台浄名疏一者　以二周荘王他之代一為二釈尊出世之時一　自二其代一以来未レ満二二千年一像法最中也　不レ可レ言レ末法一　設雖レ入二末法中一尚是証法時也　『停止一向専修記』

（「親鸞聖人と末法思想」『龍谷教学』第三五号）

親鸞聖人における悪人正機の教学

一　『歎異抄』と悪人正機

「親鸞聖人の人間観」については、『本典』の「逆謗摂取釈」を、宗学院で講義をしてあるので、あれをお聞きいただいたら、私の言わんとするところは、大体ご了解いただけると思う。

「親鸞聖人の人間観」は、いわゆる「悪人正機の人間観」といわれている。『歎異抄』の中に「善人なおもて往生をとぐ、いわんや悪人をや」の言葉がある。これは『口伝鈔』にも触れてある。その言葉は、親鸞聖人独自の言葉であるのかというと、これはすでに法然上人が言われているところであって、多くの先生方が指摘しておられる。醍醐本の『法然上人伝記』に、「三心料簡および法語」と題して勢観房源智が、法然上人からの口伝ということで記録されている。これは『法然上人全集』に出ており、「三心料簡および御法語」の一番最後の、第二十七条目に、「善人尚以て往生をとぐ、況んや悪人をやの事。口伝之れ有り」と。第七条にも似たような御文があって、「悪人を手本とし、善人まで摂す」と。『法然上人伝記』は、勢観房源智の法然上人との口伝、見聞をまとめたものである。法然上人滅後三十年頃に、源智の門弟が編纂したものが、『法然上人伝記』である。『歎異抄』よりほぼ四十年位前の成立ではないだろうか。そういう意味では、資料的には古い。そこで親鸞聖人が、法然上人のお言葉を実際お聞きになったかどうか、そんなことは確かめようもないが、親鸞聖人に先立つ法然上人の上に「善人尚以て往生をとぐ、況んや悪人乎」というお言葉があったということは、否定できない事実であろうと思う。しかしそれでも、「悪人正機」は親鸞聖人独自の思想であり、私の今日の問題提起は、法然上人の上ではそういうお言葉があっても、それに対する教学的論理構築はまったくなされてないということができる。『選択集』の上においても「善人尚以て往生をとぐ、況んや悪人をや」ということについての、法然上人の教学的展開はまったく見られない、むしろ「善正悪傍」的な表現が多々見られる。そういう意味で、親鸞聖人が法然上人のお言葉を口伝としてお聞きになっていたということを前提としても、親鸞聖人の「悪人正機」の思想は親鸞聖人独自のものであると、私はいえるであろうと思う。法然上人の「念仏為本」をさらに一歩進めて、一願建立を五願開示して、信心為本を展開されたごとく、その人間の見方についても、法然上人のお示しを頂戴しながら、さらにそれをより深く究めて教学的な論理構築をなされたのが、親鸞聖人であった。そういう意味で、『歎異抄』を拝読していくと、「煩悩具足のわれらは、いづれの行にても生死をはなるることあるべからざるを、あわれみたまいて願をおこしたもう本意、悪人成仏のためなれば、他力をたのみたてまつる悪人、もとも往生の正因なり」と、明確に「悪人正機」ということが明示されている。

二　倫理と悪人正機

この場合、本願を頂戴していく悪人とは、いったいどういう存在を指すのであるのか。親鸞聖人が使用される悪人という言葉の意味は、倫理的な善悪の段階での人間の価値評価ではない。倫理の世界というのは、二面を持っているわけで、いわゆる当為（sollen）と存在（sein）の緊張関係の上に展開していくのが倫理の世界である。実践理性（sollen）によって人間の本能（Sein）を否定して、より高度な倫理の達成をはかろうとするところに、倫理的実践の目的がある。けれども、存在（sein）と当為（sollen）は、相対立する緊張関係にあり、一方が一方を完全に否定することはできない。そこに倫理の世界における挫折、限界がある。どうにもならない倫理の緊張関係を否定契機にすることによって、すなわち倫理の sein と sollen の矛盾を否定契機にすることによって、その彼方の宗教的地平に、善悪無碍の救いを説く親鸞聖人の教えがあると言えるのではなかろうか。『歎異抄』の第一章に「弥陀の本願には老少・善悪のひとをえらばれず、ただ信心を要とすとしるべし。そのゆえは、罪悪深重・煩悩熾盛の衆生をたすけんがための願にまします」と、善悪無碍、悪人正機の思想が明確に『歎異抄』の上で展開されている。だから親鸞聖人がいわれる悪人というのは、倫理の場における善人に対する悪人をいうのではなく、宗教的な悪人、言い換えれば、宗教的実存の場で見つめられていく人間存在を悪人と、親鸞聖人は見ていかれたのではないか。言うなれば、そういう宗教的実存の場、つまり二種深信の機の深信において見つめられていく人間の現実を、親鸞聖人は悪人と見られ、そのために恵まれてあるのが、如来さまの本願であることを開顕していかれたということができる。

悪人正機の「機」という言葉には、三つの使い方がある。一「性得の機」、二「所被の機」、三「受法の機」である。『法華玄義』では、機という言葉に微・関・宜と三つの用法がある。微はカスカ、仏さまの方からお救いのてだてが来れば、微かにそれをわれわれの側に感ずる能力がある。関はカカワル、仏さまとわれわれの関わりの上で、救済が成立している。宜はヨロシイ、フサワシイ、如来さまのお慈悲はふさわしくわれわれに恵まれてくる、それをわれわれは宜しく頂戴していく、というように、「機」という言葉そのものの意味として微・関・宜という解釈・用例が出ている。そういうものも含めて、親鸞聖人の上での機の用法を見ていくと、性得の機、所被の機、受法の機と三種類の仕分けがある。ただ今の悪人正機、機の深信において見つめられていく人間の見方は、性得の機である。所被の機は、信じようが信じまいがそんなことに関わりなく、「十方衆生」「諸有衆生」というような救いの対象となる一切の衆生という場合は、所被の機になる。受法の機は、信心のことで、法を受けるわれわれの受けごころ、それを受法の機という。ただ性得の機と所被の機は人間を指す、受法の機は信心。そういう三種類の仕分けがあるが、ただ今の「悪人正機」の悪人は、そういう意味において「性得の機」である、と見ることができる。

三『涅槃経』の「現病品」と悪人正機

しからば、親鸞聖人は、どのように師説を一歩進められ、ご自身の悪人正機の教学の論理構築を如何に展開しておられるのであろうか。そのことが表明されてあるのが、「信巻」の逆謗摂取釈である。そこに二つの視点から、親鸞聖人は教学的な解明をしておられる。その一つは、『涅槃経』の阿闍世の救済である。「涅槃経」の現病品を引用され、「難化の三機」を一身に背負う阿闍世の救いという視点から、悪人正機の思想を説明されている。もう一つは、本願逆謗摂取の御文、その上から悪人正機の立場というものを教学的に整理をしておられる。こういう二面の上から、親鸞聖人はご自身の悪人正機の教学的立場を表明しておられる、というように捉えていくことができる。まず、「信巻」の逆謗摂取釈の冒頭であるが、そこに親鸞聖人は、

「現病品」の御文を引いてきて、いわゆる「難化の三機」について論じておられる。「現病品」の御文というのは、すでに中国、日本にわたる、一三権実の問題。一闡提は救われるか救われないか、三乗家の立場は一闡提不成仏を主張する。それに対して、一乗家の立場、主に日本天台は、一切皆成の立場を主張する。そこで、いつも必ず問題になるのは、『涅槃経』の「現病品」の解釈である。中国、日本に渉って展開されている思想の流れの中の、要になる『涅槃経』の一つの御文を、親鸞聖人はここにピックアップしてくることによって、インド、中国、日本の三国に通じる一闡提成仏・不成仏の立場に対して、ご自身の立場を表明しておられる。それが「現病品」の御文の引用である。それは単に『涅槃経』にそういう適切な御文があるから、それで適当に論じるというような浅薄なことではない。三国の一闡提成仏・不成仏の論争というものを承けてきての、親鸞聖人のそれに対するご自身の教学表明である。この御文は、そのように受けとめていくべきであろうと思う。

『涅槃経』に、「迦葉、世に三人あり、その病治しがたし」。どうにもならない人間として「一には謗大乗、二には五逆罪、三には一闡提なり。かくのごときの三病、世の中に極重なり。ことごとく声聞・縁覚・菩薩のよく治するところにあらず」。声聞・縁覚・菩薩では救うことができないということである。小乗仏教や二乗・三乗の教えでは救われない。「善男子、たとえば病あれば必死することに治するなからんに」。病があって必ず死ぬことに決まっている。「もし瞻病随意の医薬あらんがごとし」。看病人、お医者さん、薬があったらどうであろうか。あれば救い得るという文章表現である。「もし瞻病随意の医薬なからん、かくのごときの病、定んで治すべからず」。無かったら救われない。「当に知るべし。この人必死せんこと疑わずと」。

この人間は必ず死んでしまうであろう。「善男子、この三種人、またかくのごとし。仏・菩薩に従いて」。ここに親鸞聖人は「仏・菩薩」という言葉。この場合、「仏・菩薩」とは誰を指すかというと、誓願一仏乗を説く阿弥陀さま、菩薩さま。阿弥陀さまの誓願一仏乗の教えに従って、三種病人といえども「聞治を得已りて、即便に阿耨多羅三藐三菩提心を発せん」。言うなれば、第十八願の教えを頂戴したならば、仏果を得ることができるであろう。「もし声聞・縁覚・菩薩ありて、あるいは法を説き、あるいは法を説かざる」。二乗、三乗の教えが説かれようが説かれまいが、「それをして阿耨多羅三藐三菩提心を発せしむることあたわず」。三種病人をして仏果を得させることはできない。謗大乗、五逆罪、一闡提のものが救われていくのは、誓願一仏乗の仏・菩薩の教え、名号法、弘願法によってのみ可能である。というように文章を読み換えておられる。この文章は、原文はどうであったのであろうか。宗学院の講義で詳しくお話ししておりますので今は話しませんが、経の原文では、謗大乗、五逆罪、一闡提は不可治、救済され得ない、もう地獄に堕ちざるを得ない、仏に成り得ない、という原文を親鸞聖人は、前後の文章を勘案して、このような文章構成をしておられる。このことを、古くは道隠師の『教行信証略讃』等に詳しく論証されてある。それをご覧いただいたらお解りになると思うが、私もその道隠師の『教行信証略讃』から頂戴した説である。最近では、『涅槃経』の専門家である横超先生が、そういう点に触れておられる。

四　『涅槃経』の帰結と悪人正機

そこで親鸞聖人は、なぜ「現病品」の御文を変更して、謗大乗、五逆罪、一闡提のものは救われるという立場を表明しておられるのか、ということであるが、経文では不可治とあるものを、救いうると変更するのは、こんなことをすれば親鸞聖人は謗法罪をおかしておられるということになる。しかしながら、そうではなく、『涅槃経』一巻を前後通読をしたならば、謗大乗、五逆罪、特に一闡提も救われていくという結論になる。『涅槃経』を読み込んでいけばよくわかるわけで、親鸞聖人は、『涅槃経』を非常に緻密に読んでおられる。それは二つの観点より考察することができる。その一つは「現病品」の三種の病人、すなわち難化の三機ということは、『涅槃経』の中であと二カ所出てくる。それは、「徳王品」と「迦葉品」である。

「徳王品」と「迦葉品」では、難化の三機をどのように見ているのか。「徳王品」では、お釈迦さまが仏性のことを論じられて、「一切衆生悉有仏性」であり、すべてのものは発心、菩提心を発することができる。それに対して徳王というお弟子が質問しているわけで、「現病品」では、三種病人は、不可治と説かれていた。一闡提も不可治と説かれていたではないか。今あなたの仏説のごとくであるならば、一闡提にも仏性があって、発心が可能となる。前後矛盾しないかという質問。それに対してお釈迦さまはどう答えられているかというと、現在では、善法を断じているから、不可治だ。もし菩提心を発したならば、救われていく。仏性があるから、発心の可能性がある。未来に発心すれば、可治である。仏性について、両様の解釈がなされているわけで、それは行仏性と理仏性。一闡提は行仏性がない。だから善根を断じている。しかしながら、「一切衆生悉有仏性」は理仏性の上でいう。これは、一闡提といえども不断である。理仏性がある以上、これは発心の可能性がある。だから一闡提といえども、時間の経過の上で発心できるのである。何も前後矛盾しない。行仏性は断じられているが、理仏性は不断であるという視点から、お釈迦さまは答えておられる。

次に「迦葉品」であるが、やはりそこでも三種病人の譬えが論じられている。三種病人の譬えでは、一闡提は仏になれないと説かれているのは、どういう理由かという問題である。それに対して、「現在世中、善果無しと雖ども憐愍を以ての故に」、菩薩や仏のあわれみのお導きによって、「後世、諸の善子を種ると為す」、行仏性が芽生えることができる。仏法のお聴聞、菩薩の導きによって善の種子を得ることができる。未来世に世尊の憐愍によって、後世に善の種子を生ずる可能性があるということを教示している。一切衆生悉有仏性という視点から、一闡提成仏ということを、『涅槃経』では展開している。だから「現病品」の三種病人の譬えは、お経の展開過程の上で、一闡提といえども現在は行仏性を断じているから不成仏だけれども、悉有仏性という視点から時間の経過の上で、善の種子を得て、行仏性を生じたならば、救われ得るという展開になっている。

その二の観点は、このお経の終始の展開をどう見るかということであるが、古くは、常盤大定先生の『仏性の研究』。最近は、横超先生の説。多少の違いはあるが、見解は一緒である。『涅槃経』四十巻の中で、前十巻は、一闡提不成仏の主張である。ということは、『涅槃経』という経典が、非常に長い時間の経過の上で出来上がっていった。だから、時間の経過の上で思想的な展開が、お経一巻の上で見られていく。前十巻では不成仏。中間の現病品・聖行品・梵行品・嬰児行品は、過渡的段階。後四品は、徳王品、獅子吼品、迦葉品、憍陳如品である。後四品は、仏性は「一切衆生悉有仏性」だからして、一闡提成仏論が展開されている。中間の現病品、聖行品、梵行品、嬰児行品は、過渡的段階で前半から後半へ移る微妙な段階である。ここでは成仏説、不成仏説が混在している。『涅槃経』の一闡提成仏、不成仏の帰結は、お経の上からは、「現病品」の段階では過渡的段階だからして、難化の三機が出されているけれども、後半の部分になって一闡提成仏。一経の結論は、一闡提成仏であると見ていくことができる。親鸞聖人は、『涅槃経』という経説の展開を踏まえることによって、「現病品」の経文を、三機は難化だけれども、仏、菩薩の法（誓願一仏乗）を聞けば救われるのだ、というように転換していかれた。親鸞聖人のお経を読み込んでいかれる一つの読経眼というものがあったといえるであろう。この経文の変更は、お経の首尾一貫した展開を踏まえることによって、眼光紙背に徹する仏意を頂いた引用といえよう。そこに明確に仏菩薩誓願一仏乗の弘願法によってのみ、難化の三機が救われていくのだということのご自身の立場を、まず「逆謗摂取釈」の冒頭に表明されていかれたと窺うのである。

五　阿闍世王の救済と悪人正機

その具体的な存在として、親鸞聖人は以下、阿闍世の救済について『涅槃経』から詳細な引用がなされている。阿闍世という存在は、難化の三機を一身に背負った存在である。こういうかたちで阿闍世の存在を把握することによって、阿闍世の救いというものを通して「悪人正機」というご自身の立場を論証していかれた、と見ていくことができるであろうと思う。次の御文は「梵行品」である。「その時に、王舎大城に阿闍世王あり、その性弊悪にしてよく殺戮を行ず、口の四悪、貪・恚・愚痴を具して、その心熾盛なり。しかるに眷属のために現世の五欲の楽に貪着するがゆえに、父の王、辜なきに横に逆害を加す。父を害するに因って、己れが心に悔熱を生ず。心悔熱するがゆえに、遍体に瘡を生ず。その瘡臭穢にして附近すべからず。すなわち自ら念言すらく、我今この身にすでに果報を受けたり、地獄の果報、将に近づきて遠からずとす」。こういうかたちで、阿闍世が逆謗の存在であるということの経文を、親鸞聖人は引用してこられるわけである。その悪人にこそ仏の慈悲が恵まれてあるのだということを、『涅槃経』を通して親鸞聖人は論証していかれる。それは具体的にいろいろあるが、その一点を指摘していくと、「空中より声あり」という一段、阿闍世が大臣の耆婆の勧めによって、お釈迦さまの所に行こうと、お釈迦さましか已れを救うものはおられないと決心したときに、空中から声がある。それが『真宗聖教全書』二の八六頁の最初から六行目のところ、「〈大王、一逆を作れば、すなわち具にかくのごとき一罪を受く。もし二逆罪を造らば、すなわち二倍ならん。五逆具ならば、罪もまた五倍ならん、と。大王、今定んで知りぬ。王の悪業、必ず勉るることを得じ。やや願わくは、大王、速やかに仏の所に往ずべし。仏世尊を除きて余は、よく救くることなけん。我今汝を愍れむがゆえに、あい勧めて導くなり〉と。その時に大王、この語を聞き已りて、心に怖懼を懐けり。身を挙げて戦慄す、五体梓動して芭蕉樹のごとし。仰ぎて答えて曰わく、〈天にこれ誰とかせん、色像を現ぜずしてただ声のみあることは〉。〈大王、我これ汝が父頻婆娑羅なり。汝今当に耆婆の所説に随うべし。邪見六臣の言に随うことなかれ〉。時に聞き已りて、悶絶躃地す。身の瘡、増劇して臭穢なること、前よりも倍れり」というように、殺された父親が、阿闍世をお釈迦様のところへ行けという還相のお導きである。

『涅槃経』引用の最重要の一段は、次の経文である。阿闍世が父王の勧めによってお釈迦さまのところにやってくる。その姿を見てお釈迦さまは、「不入涅槃」。私は死なない、無余涅槃に入らないといわれる。有余涅槃はお釈迦さまの現在、命が無くなって肉体が滅するのが無余涅槃。この場合の涅槃に入らんというのは、死なないということである。そこで何が語られているのかというと、「善男子、我が言うところのごとし、阿闍世王の「為」に涅槃には入らず。かくのごときの密義（不入涅槃の密義）汝未だ解することあたわず。何をもってのゆえに、我れ、「為」と言うは一切凡夫、「阿闍世」は普くおよび一切の五逆を造る者なり〈阿闍世〉というのは、どういう存在をいっているのか。〈一切造五逆者〉）。また「為」は、すなわち一切有為の衆生なり。我れついに無為の衆生のためにして世に住せず。何をもってのゆえに。それ無為は衆生にあらざるなり。「阿闍世」は、すなわちこれ煩悩等を具足せる者なり〈具足煩悩者〉。また「為」は、すなわちこれ仏性を見ざる衆生なり。もし仏性を見んものには、我ついにために久しく世に住せず。何をもってのゆえに、仏性を見る者は衆生にあらざるなり。「阿闍世」は、すなわちこれ一切の、未だ阿耨多羅三藐三菩提心を発せざる者なり〈未発心者〉」。阿闍世という存在は、何を指しているかというと、向こうから自分のところにやってくる歴史上の一人物のことを単に言っておるのではない。そこで固有名詞が普通名詞に転換されてくる。阿闍世の姿というものは、一切の五逆を造るもののすがた、阿闍世というのは煩悩を具足している者のすがた、阿闍世とは未発心のもののことを言う。そこに歴史的な一存在としてはなく、過去から現在、未来にいたる人間の実相を阿闍世と見ているのである。難化の三機は、特定の人のことをいうのではなくて、われわれ凡夫ひとり一人の悪人のすがたの実相を表している。そのもののために恵まれているのが、阿弥陀さまのお慈悲ではないか、という観点から、親鸞聖人の唯今の『涅槃経』の引用がなされている。このようにここは読みとっていくべきであろうと思う。

その後は、阿闍世がお釈迦さまに救われていく、「月愛三昧」によって心身の悩みが癒され、弘願の教えによって阿闍世が救われていくことが説かれている。九二頁四行目に、救われた阿闍世が歓びを吐露している。「世尊、我れ、世間を見るに伊蘭子より伊蘭樹を生ず」（伊蘭子とは、芥子の実、麻薬である。麻薬の実から麻薬の木が生ず）。「伊蘭子より栴檀樹を生ずるをば見ず」（麻薬の木から栴檀の木が生じたということは見ない）。「我れ今、始めて伊蘭子より栴檀樹を生ずるを見る」（麻薬の芥子の実からいい匂いのする香木が生ずるのを見た）。「伊蘭子は、我が身これなり（麻薬の実である）。栴檀樹は、すなわち我が心、無根の信なり」。「無根の信」とは、われわれの煩悩の心の中に根を生やして生じた信心ではない。われわれの心の中に根を生やさないで芽生えた信心のことを無根の信といわれている。言い換えれば他力回向の信によって、私は救われていくのである、ということを阿闍世は語っている。そういう視点から、親鸞聖人は、「無根の信」という言葉の引用をされている。「無根の信」とは他力回向の信心である。阿闍世の姿の上に、一切われわれ凡夫の現実を見つめられているのである。そのものが救われていくのが、如来さまのお慈悲の世界であるということを、『涅槃経』の「現病品」を中心として、一闡提成仏不成仏論のインド・中国・日本にわたっての論争を踏まえることによって、親鸞聖人はご自身の立場を表明していかれたのである。その結論として、九七頁の終わりから七行目に、「ここをもって、今大聖の真説に拠るに、難化の三機・難治の三病は、大悲の弘誓を憑み（仏・菩薩の誓願一仏乗）、利他の信海に帰すれば（無根の信）、これを矜哀して治す、これを憐愍して療したまう。たとえば醍醐の妙薬の一切の病を療するがごとし。濁世の庶類・穢悪の群生、金剛不壊の真心を求念すべし。本願醍醐の妙薬を執持すべきなりと。知るべし」。他力回向の信によってしかわれわれは救われない。難化の三機であるわれわれを救うのが、阿弥陀さまの本願の世界である、ということを、『涅槃経』を通して「悪人正機」の教学的論理構築がされているといえるであろう。

六　本願抑止文と悪人正機

そしてもう一面、本願の目当ては悪人であると論証していかれるのが、後半の部分である。そこに本願文の上から悪人が救われることが説かれているのが、第十八願の「唯除五逆誹謗正法」。更に『観無量寿経』の下々品の文である。所依の経典の上では、どうなっているのか、ということを『涅槃経』の説を踏まえ、さらに親鸞聖人の説の展開がある。「それ諸大乗に拠るに、難化の機を説けり。今『大経』には〈唯除五逆誹謗正法〉と言い、あるいは〈唯除造無間悪業誹謗正法及誹謗聖人〉(『如来会』)と言えり。『観経』には五逆の往生を明かして謗法を説かず。『涅槃経』には、難治の機と病とを説けり。これらの真教、いかんが思量せんや」。涅槃経に説かれている難化の三機は、『大経』の「唯除五逆誹謗正法」にあたり、『観経』の五逆罪にあたる。本願文の上では仏意を如何に窺うべきであるか。親鸞聖人は、七祖の説を挙げてこられる。逆謗除取について触れておられるのは、七祖の上では、曇鸞大師の『論註』「八番問答」と、善導大師の『観経四帖疏』の「散善義」と『法事讃』の三つである。これらを引用してくることによって、「唯除」ということばの意味を親鸞聖人は明確にしていかれる。『論註』の上では、文を読んでいくと、「問うて曰わく、『無量寿経』に言わく、〈往生を願ぜん者みな往生を得しむ。唯五逆と誹謗正法とを除く〉と。『観無量寿経』に、〈五逆・十悪もろもろの不善を具せるもの、また往生を得〉と言えり。この二経云何が会せんや(『大経』では五逆罪、謗法罪を唯除と説く。『観経』では、五逆罪のものは往生できると説く。一方では往生できない、一方では往生し得る、その矛盾はどう解釈するのかということである)」。「答えて曰わく、一経には二種の重罪を具するをもってなり。一つには五逆、二つには誹謗正法なり。この二種の罪をもってのゆえに、このゆえに往生を得ず。一経はただ、十悪・五逆等の罪を作ると言うて、正法を誹謗すと言わず。正法を誹謗せざるをもってのゆえに、このゆえに生を得しむ」と(大経＝復罪…唯除、観経＝単罪…往生、下下品の五逆罪)。一罪で往生するなら、謗法罪一罪では往生できるのか。曇鸞大師の見解では、謗法不生。なぜならば、㈠謗法は五逆罪より罪が重い。㈡仏法を非難しているのだから願生の理なし。そういう二点から謗法不生を説いていくのが曇鸞教学の基本である。

「『経』に言わく、五逆の罪人、阿鼻大地獄の中に堕して、具に一劫の重罪を受く。誹謗正法の人は、阿鼻大地獄の中に堕して、この劫もし尽くれば、また転じて他方の阿鼻大地獄の中に至る。かくのごとく展転して、百千の阿鼻大地獄を径。仏出ずることを得る時節を記したまわず、誹謗正法の罪極重なるをもってのゆえなり。また正法はすなわちこれ仏法なり。この愚痴の人、すでに誹謗を生ず。いずくんぞ仏土に願生するの理あらんや」というように曇鸞大師は説明しておられる。そして『論註』は、それ以下、五逆十悪のものが救われていく論理を、「在心」、「在縁」、「在決定」と、お念仏の功徳の上から論理構築をして、この三つの論理でもって五逆の罪人が救われていくということが展開されているのが、八番問答の趣意である。この曇鸞大師の逆謗除取論に対し、謗法罪を絡めて、五逆罪、謗法罪のものをどう扱うのかということを、さらに克明にえぐったのが善導大師の「散善義」である。『論註』も下巻になると、謗法罪の者も、名号の功徳により救われると説いてあるが、一応、五逆罪、謗法罪について正面切って論じているのが、この八番問答である。

さらに五逆罪、謗法罪のものは、どうこれを取り扱うか、ということについて、詳細な論がなされているのが、善導大師の「散善義」である。これを見ていくと、「問うて曰わく、四十八願の中のごときは、ただ五逆と誹謗正法とを除きて往生を得しめず。今この『観経』の下品下生の中には、誹謗を簡いて五逆を摂するは、何の意かあるや。答えて曰わく、この義仰いで抑止門の中について解す。四十八願の中のごとき、謗法・五逆を除くことは、しかるにこの二業、その障極重なり。衆生もし造れば、直ちに阿鼻に入りて、歴劫周章して出ずべきに由なし。ただ如来、それこの二つの過を造らんを恐れて、方便して止めて〈往生を得ず〉と言えり、またこれ摂せざるにはあらざるなり」と。造罪の、未造已造の視点から、善導大師はそれを論じていかれる。

まず『大経』の場合、五逆、謗法を除くのは、未造業。『大経』が説かれた段階では、まだ五逆罪、謗法罪が造られてないから、そういう罪は犯してはいけない。抑え止める意味で、唯除。しかし完全に百パーセント唯除してしまうというのではなく、如来の方便、お手だて、方便して止めて唯除。「方便して止めて往生を得ずと言えり、またこれ摂せざるにはあらざるなり」。救わないというのではない。犯したら救うという仏意である。いま未造業だから唯除といっているだけである。次に『観経』の下々品については、「また下品下生の中に、五逆を取りて謗法を除くことは、それ五逆は已に作れり、捨てて流転せしむべからず、還りて大悲を発して摂取して往生せしむ。しかるに謗法の罪は未だ為らざれば、また止めてもし謗法を起こさばすなわち生まるることを得じと言う。これは未造業について解するなり。もし造らば還りて摂して生を得しめん」。これが『観経』に対する理解である。観経の下下品が説かれている段階では、五逆罪は已造業の故に摂取されるのである。しかし、謗法罪は犯されていない。未造業である。それ故抑止して、除くといわれているのである。究極的には救いとるという思し召しである。「もし造らば還りて生を得しめん」といわれている。究極的に阿弥陀さまのお慈悲は、一切成仏である。次下に宗祖は「謗法闡提廻心皆往」と『法事讃』の文を引用されている。「また云わく、永く機嫌を絶ち、等しくして憂悩なし。人天、善悪、みな往くことを得。彼に到りて殊ることなし、斉同不退なり。何の意か然るとならば、いまし弥陀の因地にして、世饒王仏の所にして、位を捨てて家を出ず、すなわち悲智の心を起こして、広く四十八願を弘めしめたまいしに由ってなり。仏願力をもって、五逆と十悪と、罪滅し生を得しむ。謗法・闡提、回心すればみな往く」といわれている。親鸞聖人は『論註』と「散善義」、『法事讃』の御文を通して、「謗法闡提回心皆往」という立場で、所依の大・観二経の矛盾を会通してこられる。ここに唯除の究極的な意味は、摂取にあると結論することができるのである。

七　総結

逆謗、闡提にこそ、救いとろうという仏の慈悲が恵まれてあるのが、「唯除」の御文の意味である。「唯除」とは、逆謗闡提にこそ、仏の慈悲がそそがれてあるという仏意を詮顕するお言葉であると頂かれたのが、親鸞聖人のご教示であったと窺うのである。「難化の三機」を衿哀し、憐憫して摂取したもう如来の大悲が教示されているのが、「唯除」のお言葉である。

『歎異抄』に説示される「弥陀の本願には、老少・善悪の人をえらばず、ただ信心を要するとしるべし。そのゆえは、罪悪深重・煩悩熾盛の衆生をたすけんがための願にてまします」という「悪人正機」の思想というものを、宗祖は、七祖の上を辿ることによって、開顕せられたものと窺うのである。

以上、申しあげたように、法然上人の上にも、「善人なおもて往生をとぐ、いわんや悪人をや」というお言葉はあるけれども、それについての説明はない。勢観房源智の口伝は残っているけれども、それについての法然上人ご自身の教学的説明はない。それを親鸞聖人が理論構築されたのが、「信巻」の「逆謗摂取釈」

であり、そこに明確に「悪人正機」の思想が打ち出されている。だから「悪人正機」の思想は、親鸞聖人独自のご己証であるということができるというのが、私の結論である。

（「親鸞聖人における悪人正機の教学」『宗学院論集』第七三号）

学派分裂以降の宗学

――徳川期宗学の展開――

一

龍谷教学会議の記念講演は三年前からスケジュールが計画されていました。初年度は朝枝和上、三業惑乱についてご講演を頂きました。昨年度は梯和上、初期宗学について、若霖師を中心にご講演を頂きました。今年度は私に学派分裂以後の宗学の展開について話しをせよということですので、徳川期の宗学の展開を省みながら、学派分裂以後の宗学の特色について、お話を申し上げていきたいと存じます。

プリントを作成しておきましたので、その資料（本論の末尾に掲載）に準拠しながら話しを進めてまいります。徳川時代の宗学の展開は、大体、三期に分けることが出来ます。資料№.（1）を御覧頂きます。

時代区分

宗学興起時代

寛永十六年（一六三九）学林創建

西吟（一六〇五〜一六六三）・知空（一六三四〜一七一八）・若霖（一六七五〜一七三五）の三代能化の間。

宗学発展時代

第四代能化法霖（一六九三～一七四一）より、能化欠員時代を経て第五代能化義教（一六九四～一七六八）に至る間と第六代能化功存（一七二〇～一七九六）・第七代能化智洞（―一八〇六）の間。三業惑乱まで。

学派分裂時代

三業惑乱終結後、年預勧学時代より明治初期学林が学校組織に改変されるまで。

大体この三期に分けることが出来ます。初期の段階は良如宗主による寛永十六年（一六三九）の学林の創建にはじまり、西吟・知空・若霖の三代の能化の間を申します。宗学発展時代は、法霖、能化欠員時代を経て、五代能化義教、そして第六代功存・第七代智洞の間、三業惑乱終結まで。第三期は三業惑乱以後、所謂学派分裂の時代に入り、徳川期宗学全盛期を迎えるにいたるのであります。年預勧学時代より明治初期までの間であります。

まず学派分裂時代までの宗学の流れを一瞥しておくと、宗学興起時代の宗学の特色でありますが、聖浄論中心に宗学は展開されています。聖浄論とは、聖道門仏教と浄土門との関係、水際を考究する学問分野であります。初期宗学の動向としては当然の流れであろうと思います。そしてこの聖浄論を中心に論争がなされています。当時の代表的な論争は、西吟に加えられた月感（一六〇〇～一六七四）との間の論争、所謂「承応の鬩牆」であります。宗学草創期の時代でありまして、聖道仏教の教理により、真宗教義を荘厳しようという傾向が見られ、そういう方向への傾斜が見られる。自性唯心の理談をめぐって、初代能化西吟に対して月感が加えた論争が、「承応の鬩牆」であります。このような宗学界の傾向に対するひとつの反省もあったであろうと思われますが、知空・若霖の時代はむしろ、聖道門仏教に対して、浄土真宗の特色を明確化していこうという方向で宗学の展開がなされています。当時の宗学の特色をあらわす学説として、若霖の『正信偈文軌』に展開されている、所謂、性の他力・修の他力の仏性論であります。これは昨年度、梯和上が懇切にお話し下さいました。真如法性を仏の側にまき上げで考える仏性論であります。弥陀の実相身、弥陀性徳の実相身（法性法身）が衆生の心性の上に遍満しているのを性の他力と言う。修の他力とはその遍満している如来周遍の心性を、如来回向の名号によって開顕していく、それを修の他力と説明している。衆生と仏の関係、真如法性・仏性を如来様の方に巻き上げて考える仏性論であります。このような仏性に対する考え方、流れの線上にあるのが、後ほど話しを致しますが、後世の無性説の立場に立つ仏性論、即ち空華学派の仏性論、豊前学派の仏性論であります。

二

次に宗学発展時代、この時代は、まず法霖の宗学が注目されます。非常にスケールの大きい宗学の体系が構築されていった時代です。法霖は非常に広い視野から宗学の体系化をはかっています。資料№.（2）『日渓学則』を御覧頂きますと、そこに法霖の宗学に対する基本姿勢が示されています。

凡そ大乗を学ばんとする者は、開解より先なるはなし。……浄土の徒、また開解せずんば見識浅陋なり。説、融即せず。解は広く開きて、行を略に摂す。……仏願を信ずるをもってまさに得となす。これすなはち自行について論ずるのみ。もし大いに化せんと欲せば、解にあらずんばあたはず。解とは何ぞや。いはく、大乗の経論について融会するなり。（『日溪学則』）

これは学解は広く一般仏教に及ぼし、行、如来様のお救い、お念仏は略だと。「行は略に摂する」といい、仏願への唯信を「得となす」ともいわれています。そして化する場合は、大乗経論について融会する解にすわるべきことを教示している。聖浄二門融即不二の立場に立脚して、非常に壮大な学問体系を打ち立てられたのが法霖の学風であります。しかしながら、法霖は聖浄二門融即不二の立場を持しつつ、そこに聖道門と浄土門との区別を鮮明にされて、宗学を展開されているのであります。そのような法霖宗学の立場を示しているのが資料No.（3）（4）の『笑螂臂』の文であります。

円融の説をなす者は、吾宗の常談に非ず。談ぜずと雖も此れ法体に具す。故に祖、円融無碍とのたまう、その義を解せずして仰信する所以なり。汝、今浄教を罵って権教となす。法体すでにこの理あり。あに黙止すべけんや。機辺、具を論ぜざるは、浄門の正意なり。二門融即は果後の証に約する。文において分明なり。何ぞ迷わんや。

今凡愚に対して説くは融即の説をなさず。融通の妙理、これ名号の法体に具する。願力摂取して円解を開く。この解即証。何ぞ経文によって解を発せん。浄土の果海妙証を見んと欲せば、すなはち『華厳経』を見よ。もし速やかに華厳の妙理を証せんと欲せば、ひとえに極楽の真門に入るべし。（『笑螂臂』）

円融の理は名号法体所具の徳であり、仏果海の如実相である。性海平等の立場よりすれば、聖浄二門は融即不二である。華厳の理を領解したければお浄土に往生せよ。浄土においてその理を証得することが出来る。

解即証であると。以上のような所論が、『笑螂臂』にあらわれております。法霖和上の宗学に対する基本姿勢であります。法霖は聖浄二門は融即不二で所証の理は一ではあるけれども、趣入、証果に至る趣入の道には聖浄二門の違いがあると、このような立場であります。

したがって仏性論に対する考え方も、若霖とはまったく違っております。聖道門仏教の理に立脚して本具仏性を肯定する立場であります。資料№（５）を見ていただきますと、

衆生、性具を知らず。仏心の内に踞するを知らず。これを衆生と名づく。知らずと雖も衆生をまっとうじて仏心の中にあり。しからずんば十界互具理長く絶えんと。（『笑螂臂』）

衆生には本具の仏性が存しているけれども、それは衆生の上には悟られていない。「一切衆生悉有仏性」の通仏教の仏性論の上に立脚して論を展開しようとするところに、法霖宗学の特色があるといえましょう。このような法霖の学説は、仏性論の上で、後世の有性説に立つ仏性論、例えば後で申しますが、石泉学派の仏性論と流れを一にするものといえましょう。

真宗教学の仏性に関する学説は、大別いたしますと二つにわけることが出来ます。その一は衆生と仏との関係を異質だとする見方であります。衆生の側には仏性を認めない。衆生はただ唯無明の存在である。仏性はすべて如来様の方にまき上げて考える学説。所謂、本具仏性否定説であります。豊前学派・空華学派はこの流れであります。その二は衆生の側に本具の仏性を認める学説であります。石泉学派・道振の芿園学派は本具仏性肯定の立場であります。一般仏教の「一切衆生悉有仏性」を受け入れ、衆生の側に本具の仏性を肯定して仏性論を展開する学説であります。このように後期の学派の仏性論は二つに大別することが出来ます。

このような流れは、すでに宗学興起時代、宗学発展時代に、次第に形成されていったと指摘することが出来るといえましょう。この宗学発展時代の大きな宗義論争は「明和の法論」であります。これは法霖の学説に対して、その没後、智暹（一七〇二〜一七六八）より加えられた論難に対し、智暹と学林との間で起った論争であります。智暹と法霖も共に若霖の弟子であります。ところが法霖は、先ほど申しましたように、聖浄二門融即不二の立場より、非常にスケールの大きい立場で真宗教学の構築を図っています。これに対して、智暹は、師若霖の宗学の学風、真宗の別途性・独自性を発揮しようという方向の学風といえましょう。だからそこに当然、法霖の立場に対して論難を加えるにいたったと評することが出来ると思います。その「明和の法論」の火種になったのは智暹の『真宗本尊義』という書であります。真宗の御本尊は『観経』の第七華座観にすわるのか、『大経』の霊山現土の仏さまにすわって解釈するのか、いずれにするのかという論争であります。その『真宗本尊義』の巻末において、法霖には一益法門の傾向があるという批判をしているのであります。これが発端になったわけであります。一益法門というのは正定聚と滅度は一益だという異義であります。現生で正定聚、お浄土で滅度の証果を得るというのが、基本的な親鸞聖人のおみのりの解釈であります。ところが、現生で正定聚と滅度の一益を語る。昔から一益法門の異義として論じられて来ております。このような主張が、法霖にはあるという非難を智暹が加えているのであります。それに対する学林派と智暹との間の論争が「明和の法論」であります。学林側は法霖宗学には一益法門の主張は存しないことを論証し、反論しているのであります。このような論争を経て、宗学の一層の深化展開がなされていったのが宗学発展時代の大きな特色ということが出来ましょう。法霖の学者としてのスケールは非常に傑出したものがあり、その宗学より、学派分裂時代の所謂派祖となるような優れた学匠が出ておいでであります。そして世は第五代能化義教を経て功存・智洞二師の時に至るや、欲生帰命の学説をめぐって、三業惑乱へと宗学界は突入していくのであります。

三

以上大略述べました宗学興起時代・宗学発展時代を経て、次に展開されるのが、今日の本題であります学派分裂時代の宗学であります。蘭菊美を競うと評される各学派の特色ある宗学が樹立されていった時代であります。三業惑乱終結後、能化制度が廃止されていくわけでありますが、それに関連して学派分裂の流れが定着していくのであります。

何故、三業惑乱後、学派が分裂するにいたったのかということでありますが、その理由を二つ挙げることが出来ましょう。その一は学派の分裂の理由は安心研究が緻密になっていったということがあげられます。三業惑乱の問題点は信楽帰命か欲生帰命かという点にきわまります。「たのむ助けたまへ」と私の方から如来様に身口意の三業をあげて祈願請求する。所謂、欲生帰命の説。これに対して如来様の仏勅、本願招喚の勅命に二心なく信順していく、信楽帰命の安心領解。いずれかという点で三業派の智洞と大瀛（一七六〇～一八〇四）との間で激論が交わされております。『横超直道金剛錍』において、大瀛は功存の『願生帰命弁』等の学説を論破しております。当然安心領解を如何にするのかという点が要になって参ります。三業惑乱以後の学派分裂の理由の一つは、安心研究の緻密化ということが、学派の分裂をうながしていったということは否めない事実であろうと思います。このような三業惑乱以後の後期宗学の方向性を決定づけたものは何かといいますと、資料№（7）『御裁断の御書』であります。これは長文になりますので読み上げません。三業惑乱の終結は文化三年に幕府の裁決は下っているわけで、本願寺は百日間の閉門になる。その閉門が解けた十一月に本如宗主は『御裁断の御書』を下され、宗学の方向づけ、安心研究の重要性について御教示されているのであります。真宗の安心は、第十八願成就文の「乃至一念」、信の一念にきわまるのであります。三業をあげての欲生帰命は安心領解を逸脱しているという御化導が資料№（7）の内容であります。

このような方向付けを更に決定付けたものが資料№（6）であります。学林は文化四年に再開されております。その文化四年に本山は通達を出しています。所謂『文化改革の壁書』といわれるものであります。以後の学林の経営を規制する大綱といえましょう。その冒頭に方向性が明確に示されています。

この度学林為二取締一被二仰出一条目左之通。

御当流安心の義は御代々善知識御相承なされこれあり。親しく御教化なりくだされ候趣をもって、自行化他いたし申すべきのところ、近年心得違いそうろう者もこれあり。末学の抄書に拘り、安心の正否を論じ候趣をあい聞く。言語道断不届きに思召され候。自今以後聖教の所判にこれなき義趣は申すに及ばず、新名目を相立て候こと、堅く停止仰せ付けられ候事。

（『学林万検』）

明確に当流の安心は歴代の御門主の相承されているところであると断じている。今日の僧侶は末学の著作によって、安心の正邪を論じるべきではない。聖教の所判にない義趣を主張したり、新しい名目を立てることを堅く禁じているのであります。これより少し時代は下りますが、更に天保元年六月に本山から達書が出されています。これは勧学・司教・助教・得業の有階者に対してなされた本山からの達書であります。資料No.（8）を御覧頂きます。

各学業あい励み、法門護持これありの段、神妙の至りに思し召され候。それについて聖教を講述いたし候節、自己の博学に任じ義門を荘厳するを旨とし、御当流の肝要たる安心の一途、かえって詳悉ならず、また徒弟多くこれあり候を名望の様にあい心得、その人自督の正不を推求せず、みだりに師弟の称を施し候様の姿に成り行き候はば、以ての外の事に候。すべて他家の書籍を講じ候節たりとも、釈尊出世の本懐たる弘願真実の利、あい顕れ候様、心を用ひ候はば、御一家の僧侶、法門の護持の所詮とも申すべきか。いわんや御宗意の聖教講読の時は、信心為本の祖意を仔細に申し述べるべき儀は勿論に候。かつ夫々徒弟の内、一人にても不正意に似寄り候心得の者これ有り候はば、甚だ以てあい済みがたきことに候。たとひ一切の教法を解説致し候とも、生死得脱の正因、無上の信心弁別あらあらしく候はば、何の所詮もこれ無き候の間、この段よくよくあい弁じ慇懃に教誡、これ有るべき旨仰せ出だされ候なり。

（『厳護録』）

明確に宗学の方向を規定した通達であります。お聖教を読む場合、自己の博学にまかせて、理論に走り、肝要の安心の一途が不十分になり、門弟の多数を募るのは以ての外である、と断じています。そして他家の書を講じる場合にも、弘願真実が顕れるように、心を用うるべきである。当流のお聖教講読の節は、信心為本の祖意を仔細に申すべきである等々、宗意安心の御領解について、十二分の配慮がなされるべきであるという御本山の意向が示されています。以上のような御門主様の御教化、本山の意向が三業惑乱以後の宗学の方向づけをなしていったといえましょう。だから各学派の行信論が非常に緻密に構築されていったということが、かゝる視点よりも指摘されるのであります。

学派分裂のもう一つの理由は能化制度の崩壊であります。中央に能化がおいでであり、学林を通して宗学を統一している間は学派・学説の相違はない。しかし三業惑乱は能化が在野の学匠によって批判を受けたわけであります。結果、能化職が廃止されます。そして文化四年から文政六年の十七年間、代講制度により、学林の講義がなされています。学識の優れた宗学者に、能化の代講をさせております。そして文政七年に年預勧学の制度がもうけられ、学階制度に勧学職が設けられるようになったのであります。その勧学の中より、一年毎に交代で講義をする制度を年預勧学と申します。今日、勧学になられますと夏安居に勧学の中より一名、講義をして頂きますが、この流れのひとつだと思います。年預勧学は特定の人に固定しない。年毎に交代される。それまでの能化制度というものは、特定の一人の学者に学林を、その人が健在であるかぎり統制させた制度でありますが、年預勧学の制度は年毎に交代して勧学に学林を統率せしめる制度であります。したがってそれぞれの勧学の学風、宗学の特色が打出されてくる。また勧学が地方におられるのであり、おのずと地方の在野の学者群が形成されて参ります。そこにそれぞれの立場で宗学が研鑽されていくのは理の必然といえましょう。ここに地方に学派が形成されるにいたったということが出来ます。このように学派の分裂、学派の形成に二つの理由をあげることが出来ると思います。

四

資料№（9）を御覧頂きますと、学派の一覧をあげておきました。

一、空華学派　僧鎔・柔遠・道隠・行照・性海・善譲・鮮妙
二、芿園学派　大瀛・道振・道命・普厳
三、石泉学派　僧叡・慧海・浄眼・泰厳
四、龍華学派　曇龍・玄雄・栖城・針水・連城・黙雷
五、豊前学派　月珠・円月・吐月
六、石州学派　仰誓・履善・自謙
七、筑前学派　大同・大乗・宝雲・南溪
八、三業学派　智洞・正運・大魯
九、肥後学派　環中・到徹・慶恩・都西・聞生・断鎧
十、越後学派　興隆・僧朗・慧麟・百叡
十一、播南学派　智暹・行界・常照
十二、円照寺学派　円海・性海・慧海・大濤・超然・宏遠

この中豊前学派は月珠（～一八五六）を冒頭に出しましたが、学系から申しますと崇廓が最初であります。しかし豊前の教学を最初に構築した人は月珠でありますので、派祖といった場合は月珠を冒頭にもって来る

のが妥当であろうとおもいます。それから三業派は功存・智洞であり、欲生帰命を主張したのは功存でありますが、三業惑乱の三業派の中心は智洞でありますので三業派としては智洞をあげておきました。学派の学系については資料№(37)を御覧頂きます。これは各学派成立の学系を簡潔にまとめたものであります。普賢大円著『真宗行信論の組織的研究』に、各学派間の行信論を比較するにあたって簡潔に要約をして出してありますので、それをここに揚げました。

学派分裂以降の宗学

- 西吟[1]
  - 知空[2]
    - 月筌—泰巌
    - 靈潭—卞關—慧鐺—功存[6]
      - (環中)……肥後派
      - (智洞[7])……三業派
    - 峻諦
  - 圓海
  - 圓性
- 法霖[4]
  - 道粋
  - 天倪
- 玄智

- 安定—義教[5]—北天
  - (興隆)
  - 僧朗
  - —慧麟……越後派

学派分裂以降の宗学

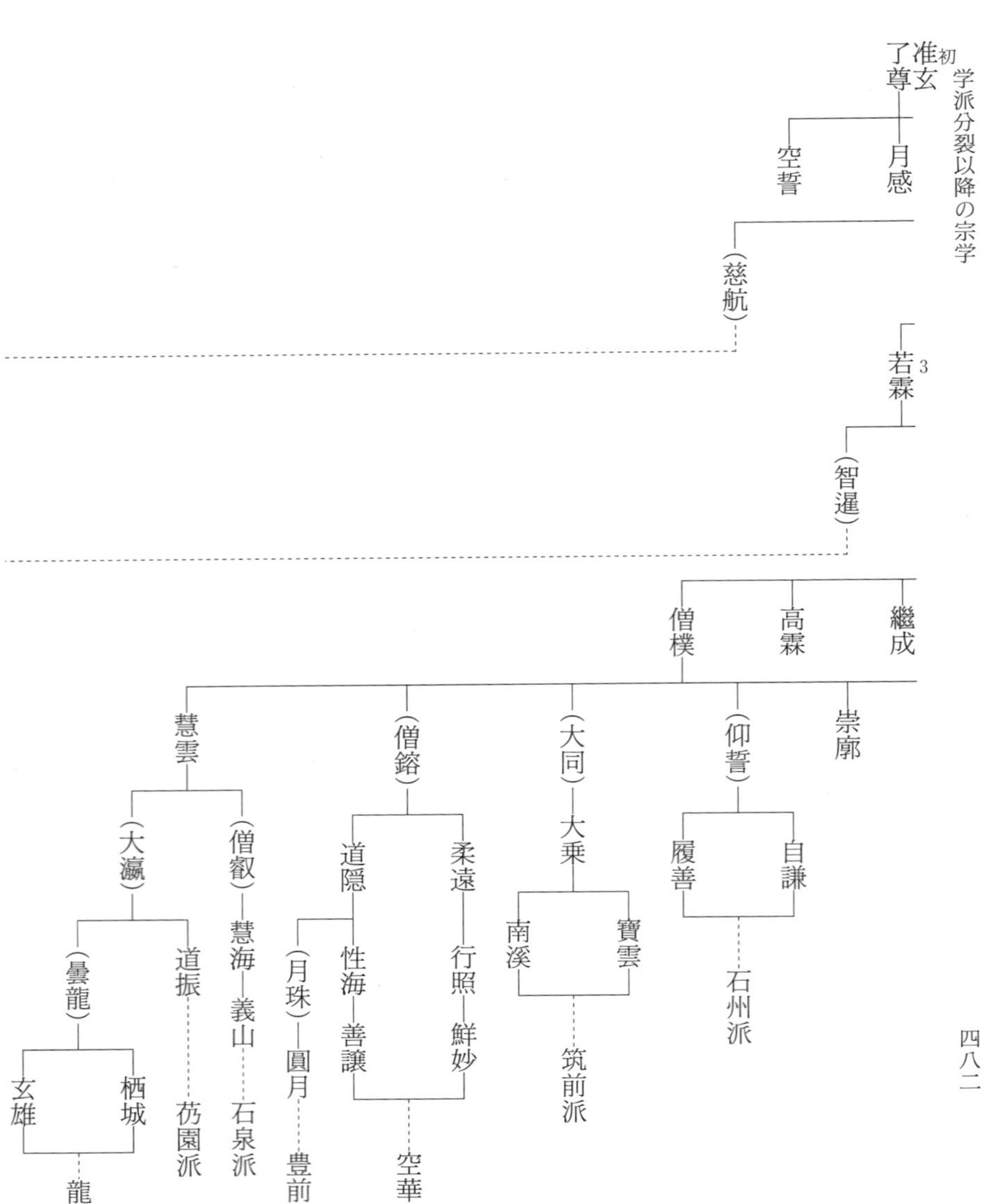
初
准玄
了尊
月感
空誓
(慈航)
若霖3
(智暹)
繼成
高霖
僧樸
崇廓
(仰誓)
自謙
履善
石州派
(大同)
大乗
寶雲
南溪
筑前派
(僧鎔)
柔遠
行照
鮮妙
道隠
性海
善譲
空華派
(月珠)
圓月
豊前派
慧雲
(僧叡)
慧海
義山
石泉派
(大瀛)
道振
芿園派
(曇龍)
栖城
玄雄
龍華派

播南派
円照寺派

詳細な系図は同じく『真宗教学の発達』の附録に付けてありますので、それを御覧頂けたらよろしかろうと思います。学系の系図については、龍大の学長でありました前田慧雲和上の『本願寺派学事史』の附録の「本願寺派学統源流略譜」に詳細な学派形成の系図が出されております。更に井上哲雄師の『真宗僧名辞典』にも出されています。資料№.（37）に出ています学匠方の右肩に付してあるナンバーは能化の世代、丸括弧で囲んでいるのが各学派の派祖であります。功存の下に環中とありますが、環中は肥後派であります。環中は最初は安芸の慧雲について学問されたようであります。続いて功存の門に入ります。三業惑乱の時、大瀛（一七五九～一八〇四）の『横超直道金剛錍』が世に出て、そこで廻心されて、晩年、学説一家をなされたのが環中の肥後派であります。それから智洞師の三業派でありますが、三業派の思想的系譜は時代をかなりあがることが出来ます。学林にそういう考え方が流れていた。学林の上に底流としてあったということは否めない事実であろうと思います。知空の『南窓塵壺』、知空の弟子である峻諦（一六六四～一七二一）の『北窓偶談』。この峻諦の門人が卞関（べんかん）（一六七六～一七三八）。卞関は峻諦、霊潭に師事しておられます。その卞関の弟子が慧鐺（一六九四～一七五一）であります。功存の師であります。慧鐺の『雪窓随筆』。そして功存の『願生帰命弁』。更に能化でありました義教（一六九四～一七六八）の『閲寮壁聞』。それから義教と同門の善意（一六九八～一七七五）の『白糸篇』『信願開合集』等々。学林には三業帰命の思想的底流が存したことは否定出来ない事実であります。そのことにつきましては、私は『龍谷大学三百五十年史』に、三業惑乱の背景の系譜について紹介しておきましたので詳しくはそちらに譲らせていただきます。

以上で学派分裂の事情、形成等について大略話し終えたと存じます。それならば各学派の学説の内容は如何なる展開をなしたのか、更に話しを進めたいと存じます。

五

学派の主張でありますが、先に一言しました如く、流れとしては大別して二つの流れに分けることが出来ます。行信論でいうならば能行派と所行派。仏性論の方から言えば、有性説に立つか、無性説に立つか。有性説の学派は仏教の通説に立脚して「一切衆生悉有仏性」の立場を取ります。衆生の上に仏性の悉有を肯定致します。しかしその仏性に力用は認めない。所謂石泉僧叡(一七五三~一八二五)の法性無功説。本具の仏性は認めるけれども、往生成仏への基盤としての仏性の力用は全く否定する立場。これに対し、無性説の立場の空華・豊前学派は衆生本具の仏性は全く認めない。真如法性は全く、弥陀仏の側にまきあげて、弥陀仏性の衆生の上への遍満を主張する立場。また行信論において、能行説の究極の学説を展開しているのが石泉学派であり、所行説の代表的学説を展開しているのが空華学派であります。それぞれの学派には、独自の特色ある学説が展開されておりますが、今日のところはその中で、代表的な石泉学派と空華学派の二つの学派の学説をとりあげて、比較してまいりたいと存じます。それぞれ仏性論・如来論・行信論の三点にしぼって論じていきます。

まず石泉学派でありますが、仏性論よりみてまいります。資料№(12)を御覧頂きます。仏性論を論ずるにあたり、親鸞聖人は基本的に仏性をどのように見ておられたのかということを一瞥しておきます。資料No.（12）には『行文類』の一乗海釈に引用されている『涅槃経』であります。

善男子、畢竟に二種あり。一つには荘厳畢竟、二つには究竟畢竟。……荘厳畢竟は六波羅蜜なり。究竟畢竟は一切衆生得るところの一乗なり。一乗は名づけて仏性とす。この義をもつてのゆゑに、われ一切衆生悉有仏性と説くなり。一切衆生ことごとく一乗あり。無明覆へるをもつてのゆゑに、見ることあたはず。（『行文類』）

経文中に究竟畢竟というのは理仏性、正因仏性のことであります。荘厳畢竟というのは行仏性、三因仏性よりいえば縁因仏性・了因仏性にあたります。一乗海釈は南無阿弥陀仏の名号は一乗法であることを教示される一段であります。この名号の御徳の讃仰として唯今の『涅槃経』の文が引用されているのであります。御引用の意図は名号は理仏性・行仏性、いいかえれば三因仏性が円満に成就された法であるという視点からの御引用ということが出来ます。三因仏性円具の誓願一乗法が名号法である。名号の御徳を讃仰されているのであります。そして、この名号を領納したのが衆生の信心であります。だから衆生の信心は仏性そのものであるといえましょう。すなはち信心仏性であります。資料No.（13）の『信文類』引用の『涅槃経』を見ますと、次のとおりであります。

仏性は大信心と名づく………一切衆生は、畢定して大信心を得べきが故に。このゆゑに説きて一切衆生悉有仏性といふなり。大信心はすなはちこれ仏性なり。仏性はすなはちこれ如来なり。（『信文類』）

三因仏性円具の名号は衆生に領納され、信心仏性と展開するのであります。

この信心により、浄土に往生して、凡夫も仏性を開顕することを御教示下さっているのが資料№（14）の『真仏土文類』の親鸞聖人の御自釈の文であります。

惑染の衆生、ここにして性を見ることあたはず。煩悩に覆はるるがゆゑに……安楽仏国に到ればすなはち必ず仏性を顕す。本願力廻向によるがゆゑに。（『真仏土文類』）

親鸞聖人は仏性は本具であるが、煩悩に覆われている。我々はそれを見ることは出来ない。その本具の仏性を開覚させて頂くのは仏廻向の名号の力用により、お浄土に往生して開覚されて頂くのである。『涅槃経』により聖人は仏性について御教示されていると窺います。この場合、本具の仏性の理解について、本具仏性肯定説、否定説の学派間の主張の相違が生じてくるのであります。

六

それならば石泉学派においては、この点どのような学説が展開されているのか。資料№（10）（11）であります。まず№（10）の『文類述聞』でありますが、読み下してまいります。

しかれば仏性とは、仏は覚者に名づく。浄影いはく、性に四義あり。一には種子因本の義。二には体の義。三には不改の義。四には別異の義。つぶさに大乗義章第一の如し。聖浄二門、名義同じといえども、説意大いに別なり。彼はすなはち自力自摂。これはすなはち他力他摂の故に。この故に諸経仏性を説くは、その意、衆生をして外に向って求めず、自らの本具を知らしめ、大心を立せしめんと欲す。宝性論五、仏性論一の如し。並びに五由を説く。各はじめに怯劣の心を捨てしめんとして曰く。今はすなはちしからず。仏願心をもって本となす。これを以て衆生を摂するが故に、それ真性周遍して、衆生の本具、本具の性、仏と無二なり。しかして衆生にあっては真を全じて妄となす。ただ無明あり。その他見ず。阿弥陀如来不二の中より起って、超世の大願を発する。称性修成して、衆生の真性を顕発して、尽十方の覚を円満する。すなはち衆生の性、弥陀の性となしさる。この故に衆生に性として論ずべきなし。修顕の性をもって衆生に廻向す。廻向、仏性にあらざるものなし。故に誓願不可思議一実真如海という。真宗の仏性の義略なりと。仔細、序題門の釈、及び上に引く文意等を読んで知るべし。（『文類述聞』）

それから資料№（11）の『三帖和讃観海篇』。そこには弥陀の因果に約すると、衆生の因果に約するの二点より仏性論の説明がなされています。時間の関係上、読むのを省かせて頂きます。そこで石泉の仏性の解釈でありますが、「一切衆生悉有仏性」の一般仏教の通説は否定しておりません。聖道門仏教は自力自摂の立場でありますから、自らの修行により、本具の仏性を開覚し、仏果の証得を目指す。これに対して浄土真宗の場合、仏性は遍満し、「一切衆生悉有仏性」であるが、全真為妄である。凡夫においては法性は無功である。仏性は全体妄となり、あれども全く功徳は存しない。法性無功説と昔から申しております。そこで阿弥陀仏は全性修起して、真如法性を開覚して、名号を成就し、所証の真如法性の果徳全体を一名号法に円満して、衆生に廻向したまうのである。その名号願力の働きにより、私共凡夫は、お浄土で法性無功となり終わっている本具の仏性を開覚させて頂くのだというのが、石泉の仏性論の基本的立場であります。石泉は衆生本具の仏性は全真為妄、法性無功説の立場であります。この石泉の仏性論を一歩進めたのが、道振（一七七三～一八二四）の無自性仏性説であります。道振は芿園学派であります。石泉はいわゆる芸轍の代表的学者であります。芸轍の祖は慧雲（一七三〇〜一七八二）であります。その慧雲の一方の代表的学者が三業惑乱において活躍し、宗学の上に偉大な足跡をのこされた大瀛であり、一方が石泉であります。大瀛の学派を芿園学派と称し、この大瀛の弟子が道振であります。資料№.（15）を御覧頂きますと、道振の仏性説について述べた『仏性弁』であります。道振は更にそれを詳細に解説されています。それが『仏性弁講述』であります。『真宗全書』に収められています。道振は無自性仏性説を展開されています。

問うていはく、衆生に仏性ありや。答えていはく。しからず。疏にいはく「無有出離之縁」吉水これを釈していはく。断善根の類なり。……法性無体、全依無明……。問うていはく。しかれば衆生仏性なきや。答えていはく。しからず。因縁生法、本自性なし。無自性之自体、すなはち仏性なり。（『仏性弁』）

「因縁生法、本無自性」。一切諸法の無自性空の自体をすなわち仏性というと解されています。一切の万法は因縁生起で展開をしていくわけで、因縁生起の一切の諸法・万法には自性は存しない。その無自性空なる点を仏性というと主張されているのであります。衆生の性は仏縁に遇えば仏性と展開し、魔縁に遇えば魔性と展開する。石泉の法性無功の仏性論を一歩進めたところで論がなされているのが、道振の仏性論であります。一切の万法は因縁生である。因縁生であるからして、一切諸法万法の自性は無自性空である。その無自性空なる事態を仏性という。このような立場で無自性仏性説を展開しているのが道振の説であります。一切諸法の自性は因縁生無自性である。したがって衆生においては全く煩悩性となりおわっているが、仏縁にあえば悟界と展開する。仏の本願他力により煩悩即菩提と転成せしめられると主張するのであります。このように一切万法の無自性空の理を仏性と解して仏性論を展開するところに道振の無自性仏性説の特色が存するといえましょう。

七

次に問題になるのは如来論であります。本具の仏性を肯定する立場の石泉の如来論の特色であります。まず親鸞聖人の十劫久遠の如来論の特色について一瞥しておきます。資料No.（16）を御覧頂きます。

成仏已来　凡歴十劫　（『大経』）

『大経』に法蔵菩薩が成仏されてから、「凡歴十劫」とあります。それから資料No.（17）（18）を御覧頂きますと、

弥陀成仏のこのかたは
　いまに十劫とときたれど
塵点久遠劫よりも
　ひさしき仏とみえたもう

久遠実成阿弥陀仏
五濁の凡愚をあはれみて
釈迦牟尼仏としめしてぞ
迦耶城には応現する　（『浄土和讃』）

と『浄土和讃』に讃ぜられています。これ等の文献より見るに、阿弥陀仏に十劫仏と久遠仏の二面が存す

ることが教示されています。それならば、石泉の如来論はこれをどのような視点より解釈していくのかという点が問題になるといえましょう。十劫仏と久遠仏との位置づけの問題であります。この十劫仏と久遠仏のあつかいについて石泉の特色が展開されているのが、資料№（19）の『和讃観海篇』であります。

しかるに果海、情表に出で、三時を超越す。じつに久近新故のあらず。故に荘厳経にいはく。彼の仏如来、来として所来なく、去として所去なし。生なく滅なく、過現未来にあらずと。しかるに十劫と説き、久遠といふはならびに衆生の楽欲するところに従うが故に、これなお遍空の処にして西方と説くが如し。おのずと衆生に遠を疎んじ、近を親しむ者あり。如来ために十劫と説く。おのずと衆生、新を卑しみ故をとうとぶ者あり。讃主ために久遠と説く。然れども、衆生のために新故遠近を説くといえども、聖者の善巧仮名未だかって実相を壊せず。新故遠近を説くところ常に新故遠近を亡ず。故に新故遠近は相即相入にしてさらに互いに妨げず。

（『和讃観海篇』）

ここに石泉の十劫久遠の扱について特色のある学説が説示されています。『荘厳経』によると「彼の如来、来として所来なく、去として所去なし。生なく滅なく、過現未にあらず」。仏は生滅・三世を絶した存在である。かかる視点より石泉の如来論は展開されています。衆生の楽欲のおもむくところ、十劫に親しむ者もあるし、あるいは久遠に親しむ者もある。このような衆生の楽欲に従って十劫・久遠が説かれている。例えていえば、西方とあるままが遍空処。無相即相、相即無相のありようで西方の浄土は存在しているのでありますが、それと同じく、衆生のために新故遠近を説くのは聖者の善巧であると。如来のお悟りの世界は我々の相対分別の次元、三世を超越しているのであります。過・現・未の時間の中で論じられるものではない。

故に十劫と説くままが即久遠であり、久遠と説くままが即十劫である。だから「新故遠近を説くところ、常に新故遠近を亡ず。故に新故遠近は相即相入して、さらに互にあひ妨げず」といい、十劫即久遠・久遠即十劫と解しているのであります。如来様のお悟りの境界は三世を絶した世界である。ただ衆生の楽欲に従って、十劫と説き、久遠と説かれているのである。以上のような視点より、十劫久遠論を解釈しているのが石泉の特色ある如来論であります。

八

次に石泉の行信論に移ります。石泉の大行についての学説でありますが、これには特色があります。第十七願の解釈でありますが、願文の「咨嗟称我名」の解釈に関して、一般的には「咨嗟称」が能讃、「我名」が所讃。能讃と所讃の関係で解釈されます。能詮と所詮の関係で見ていくことも出来ます。願文には「設我得仏十方世界無量諸仏　不悉咨嗟称我名者　不取正覚」とあります。諸仏方が所詮の名号を称揚讃嘆される。「咨嗟称」は諸仏の能詮、教であり「我名」は所詮、行であります。衆生済度の法である名号（所詮・所讃）のいわれを、十方の諸仏が称揚讃嘆（能詮・能讃）し、十方への名号法の流行、名号摂化が誓われているると説明するのが、第十七願の一般的な解釈であります。ところがこれを石泉は如何に解釈されるのか。石泉は本願文の上において、「我名」を如来の本願力と解されています。この本願力の称説、如来の本願力を十方の諸仏方が称揚讃歎されるのが「咨嗟称我名」の意であると解し、この文を教位で解しています。「我名」は如来の本願力そのものであると解しているところに石泉の大行論の特色があるといえましょう。何故ならば、『教文類』に『大経』の所詮を「本願為宗　名号為本」と教示されています。本願名号は因願果力であり、仏の本願力そのものであります。この本願力を諸仏が咨嗟称される教説を衆生が聞信するところ、願力は衆生の上に行信となって展開すると石泉は説明されています。このような石泉の行信論に関する基本的立場が示されているのが、資料№.（20）の『紫門玄話』であります。

然るに『文類』の中、一部の正意として顕さるる真実の行信といふは、この二法はともに衆生の上にて設ける法門なり。初の真実教と云ふは諸仏の上にありて、しかもその中の釈迦を主とす。これ娑婆世界の教なるが故に。その真実教といふは即ち霊山所説の『大経』にして、『大経』所詮は願力なり。文に云く「説二如来本願一為二経宗致一、即以二仏名号一為二経体一」と。本願名号は次の如く願力なり。因願果力更互に成就し、不離一体にしてよく衆生を摂す。これを他力と云ふ。不虚作住持の註に云々するが如し。その願力を能被の法として衆生に授く。衆生それを受持して行信の二法となる。一つの願力、二法となることは所在に従ひて之を分つ。その体はただこれ願力なり。

（『紫門玄話』）

この『紫門玄話』により、第十七願の願意を見るに、第十七願は如来の本願力を諸仏が称説され、衆生に聞かせることが誓われてある願である。諸仏の本願力の称説（教）を我々は聞かせて頂く。その能被の法である本願力が我々の口に称名となって現れたのが衆生の能行であり、心に領納されたのが信心であります。如来の本願力が行信の二法となるのは、その所在によって分けられただけであり、その体は一願力に他ならないと説明しているのであります。このような石泉に本願力・行・信についての基本的な考え方を図示したのが資料№.（24）であります。石泉の深いお考えをこのような図で示すのは十分とは言えませんが、一応の流れをご理解いただくために図示致しました。第十七願の「咨嗟称我名」は、如来の本願力（名号）を諸仏が称説される。これは教位であります。この諸仏の本願力の称説は所聞処、我々衆生はそれを聞かせて頂く。この如来の本願力を聞かせて頂くところ、機位即ち私の側に本願力は如何に展開するのか。口に流出しては称名念仏、心に領納されては信心。その称名も信心もその本質、ものがらは本願力のはたらきであります。このように石泉の本願力・行・信に関する基本的な学説を理解することが出来ると思います。

第十七願＝「咨嗟称我名」＝諸仏の称説＝教位＝本願力＝所聞処→衆生＝機位
- 口＝行＝挙体願力
- 心＝信＝挙体願力
（＝不二）

資料№（21）の『文類述聞』を御覧頂きますと、本願力が衆生の行信と展開する関係が説示されています。

およそ誓願について真実の行信あり、方便の行信あり、今大をもって称するは廻向の行信、自力の法に異なることを顕すが故に。いかんが廻向の行信、その体ただこれ一名願力。衆生諸仏善知識のところより願力を稟受する。その心にあるを信といい、出でて口にあらわるるを行となす。心口異なるといえども体は別にあらず。体別ならざるをもって須臾も離れず。故に不二といふ。この故に心念挙体すなはちこれ口称の法、口称挙体すなはちこれ心念。これを以て口に称念すと雖も称念と認めず。挙体信の故に、心に信順すといえども、信に自性なし。挙体願力の法の故に、この故に廻向の行信、相離るるはことわりあることなし。

（『文類述聞』）

上来述べました如く、本願力が口に現われているのが称名であり、心に領納されているのが信心であります。行信は挙体願力であり、不二であると説明しているのであります。

石泉の場合、行信両巻の見方は、所行派の如く所信と能信の関係で『行文類』と『信文類』の位置づけは致しません。行中摂信の教行証の三法展開であります。『行文類』に行中摂信した信を別開したのが、『信文類』所明の信である。このように行信両巻の位置・関係を見ていくのが石泉の行信論の特色であります。この行信の関係を、独自のカテゴリーで解釈しているのが石泉の法相表裡、稟受前後の説であります。資料No.(25)を御覧下さい。

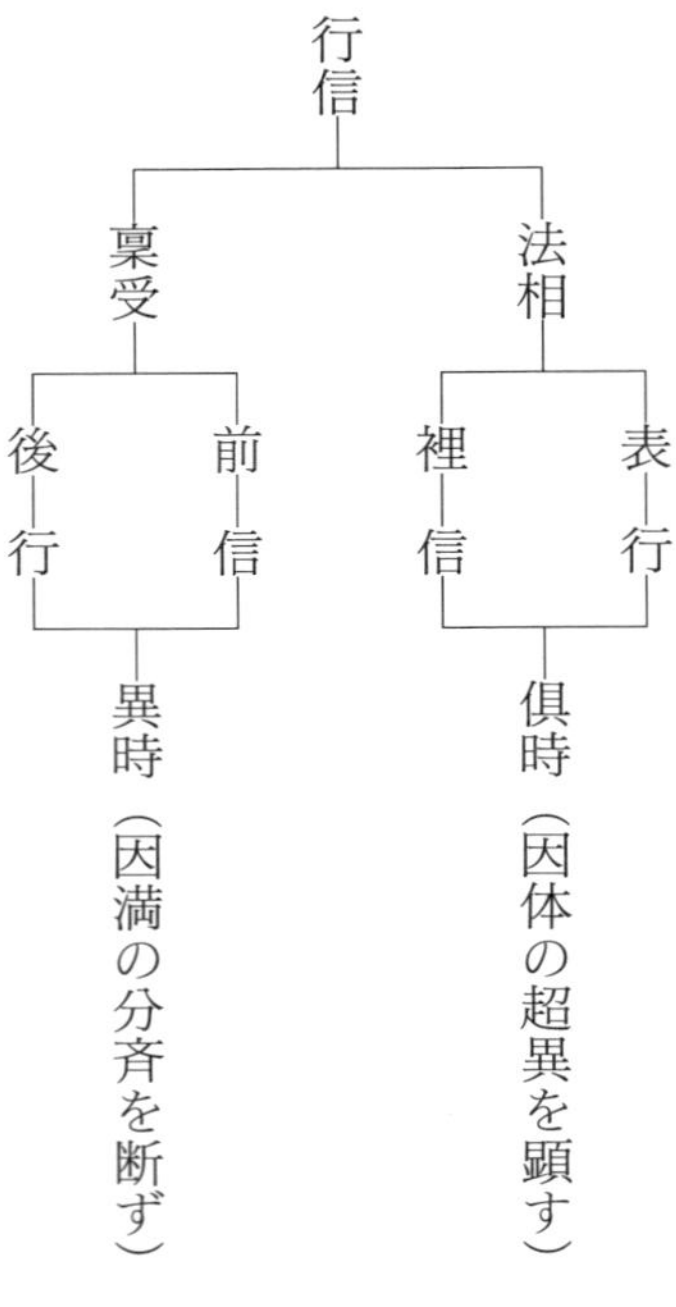

- 行信
  - 法相
    - 表行
    - 裡信
    - → 倶時（因体の超異を顕す）
  - 稟受
    - 前信
    - 後行
    - → 異時（因満の分斉を断ず）

この図の内容でありますが、資料No.(22)の『文類述聞』を見ますと、以下のとおり説明されています。

しかれば不相離の中、おのずと二義の次第ありて存する。二義とは一には表裡、建立によるが故に。二には初後。稟受によるが故に。如何が表裡。行を先にして信を後にするはこれ建立によるが故に。教行証と説くが故に。ここにおいて行をもって信を摂する。行はこれ法、衆生の所得。機はその中にあり。

行をもって摂するがゆえに。行、信の先にあり。行より開くが故に。信、行の後にあり、列して前後といえどもその実倶時、表裡をもってのゆえに。次に初後とは行信というが如し。稟受によるとは弘願の行者、必ずまず発信する。しかしてのち称名。まず信なくんばすなはちこれ云うところは無明由在の人、すなはちその称名、またこれ不如実の行なり。これ仏祖の廃棄するところ、本願の意にあらず。この故に信を発するは、必ず行の先にあり。行定んで後にあり。続いて生ずる。いわゆる真宗という。本願文の如し、つぶさに二意を具する。思うてしるべし。この故に二義、趣は異にして帰するは同じ。

（『文類述聞』）

所謂法相表裡・稟受前後の説が展開されています。法相表裡とは、いわゆる法門建立の所談であります。教行証の三法展開です。表裡とは行信のあり場所をいう。教行証の三法展開の場合、表は念仏往生だから行が表になる。信は行中摂信だから裡になる。願力が称名となって口にあらわれている点より表といい、心の中に領納されている点より裡という。念仏往生の法門建立、教行証の三法展開であります。信を裡にするのは称名行は必ず他力の大信に相応した真実行であるということであります。信心具足の称名であります。行信のあり場所で表裡という。これは同時（倶時）であります。行信は表裡の関係で、その体は一願力であります。その場合、法相表裡であらわさんとする点は因体の超異を表わす。如来さまのお浄土に往生させて頂く。それは念仏往生。その念仏は信心具足の称名である。如来の願力が心に領納されたのが信心。その信心具足の称名であり、挙体願力の念仏はよく往生の因行となる。法相表裡は三法門建立の立場であり、念仏往生の因体の超異を顕すということが出来ます。次に稟受前後というのは、如来の願力を我々が頂戴していく、稟受、受容する。最初は信、信一念に受容する。如来の願力を心に領納させて頂くのであります。この信心決定が前であり、そして信後にお念仏が出てくるのでありますから行は後。稟受前後、信前行後であります。この場合、信と行とは異時であります。まさに因満の分済は信一念にきわまるといえましょう。浄土往生の因が満足するのは信一念に決定するのであって、行はその後続の称名念仏と展開するのであります。このように行信の関係を説明しているのであります。以上の如く法相表裡・稟受前後のカテゴリーで行信の関係を説明してくるところに石泉の行信論の特色が存するといえましょう。『本典』の組織は法相表裡によるとするのが石泉の立場であります。教行証の三法建立の法門展開であり、善導・法然の念仏往生を相承したものと見て、『行文類』は念仏往生の開顕、『信文類』は信を別開し、因満の分済、行の真実性を開顕するにあると主張するのであります。

以上の如き石泉の立場よりすれば、『本典』の組織は法相表裡によるものであり、『行文類』は善導・法然の念仏往生を受けるものであって、能行説の立場に立脚して展開されているということが出来るのであります。

しからばこの場合、『行文類』の標願と細註は如何に解されるのでありましょうか。標願は「諸仏称名之願」と第十七願が標示されています。そして細註には「浄土真実之行」「選択本願之行」とあります。これを石泉は如何に解されるのでありましょうか。資料№.（23）『文類述聞』を御覧頂きます。

当分とは諸仏の称説、義これ真実教に当る。跨節の弁とは所聞処について能行をあらわすが故に。いわゆる諸仏の称説、これ衆生の所聞処、本願にいうところの乃至十念、衆生の能行は正定聚の機、諸仏を聞いて説の如く修行する。説の如く行ずるが故に、能行、所聞に異ならず。すなはち所聞を全じてもって能行となす。これを他力の大行となすなり。二意ある中、今この標はこれその後意なり。すべからく熟会すべし。子註の二句、標挙の意を示す。いわゆるこれ跨節の意なり。その当分を取らず。二句ある中、初は方便にえらび、後は所顕をあらわす。（『文類述聞』）

当分というのは、願文当面の意味であります。だから願文当面の意味は何かというと、衆生をして第十八願に導入せんがために、諸仏が弥陀の大願力を称説される（咨嗟称我名）。真実教である。それが当分。次に跨節の意でありますが、言葉そのものの意は節をまたぐという意であります。これは中古天台の学問上の説明様式のようであります。すでに述べました如く、石泉は第十七願の「咨嗟称我名」を諸仏の本願力の称説と解されています。その弥陀の本願力が我々の口に流出したのが南無阿弥陀仏の称名、その称名は第十八願の乃至十念の称名であります。この場合、第十七願を標願されているのは如何なる意味であるのか。それは衆生の口に称名となって流出している念仏は、如来の本願力の具体的顕現であることを詮顕せんとするところに祖意が存するというのが、石泉の御領解であるとうかがいます。節を跨いで、第十八願の乃至十念の称名の真実を説明しようとするのが、跨節という意味であります。第十八願の乃至十念の称名の節と、第十七願の諸仏による本願力の称説の節と、二つの節が別れている。しかしこの場合、第十八願の乃至十念の称名念仏は如来の本願力そのものの衆生の口の上における顕現だということを説明しようとするならば、第十七願の節まで遡ってそれを説明しなければ、第十八願の乃至十念の称名の真実行たることが開顕されない。だから跨節の意であると石泉は解釈しているのであります。第十八願の乃至十念の称名は、第十七願の諸仏称説の本願力の具体的な衆生の口の上への顕現であります。その第十八願の乃至十念の称名が生み出されてくる根源に遡って、第十八願の乃至十念の真実性を開顕せんとする石泉の想いが跨節という学問用語になって標示されているとうかがうのであります。根源とは何か。第十七願の諸仏称説の大願力である。その本願力の具体的な躍動相が乃至十念の称名であります。そして、この第十八願の乃至十念の称名行の展開を詮顕しているのが『行文類』であると石泉は主張しているのであります。かくて石泉は、当分と跨節の二面より標願の第十七願を解しているのであります。

次に以上の第十七願の解釈に立脚して、細註の二句の解釈がなされます。「浄土真実之行」は乃至十念の称名は方便行ではない。真実の行である。「選択本願之行」とは、第十七願の大願力は衆生の上においては第十八願の乃至十念の称名となって展開する。能行でもって、「選択本願之行」と細註が教示されていると石泉は解しているのであります。以上、石泉の行信論の基本的立場を大略お話し致しました。石泉は能行説に立脚して行信論を展開しているのであります。

九

次に空華学派の学説に移ります。空華の和上方から「お前あとわずかしか時間が残ってないではないか、短い時間で話しおえることが出来るのか」という叱責の声が、お浄土から聞こえて来るようでありますが、あともう少しお時間を頂き語ってまいります。

まず仏性論でありますが、空華学派においては本具の仏性は認めません。すべて如来さまの側にまき上げて語ります。衆生は唯無明の存在でしかあり得ない。この場合「一切衆生悉有仏性」は如何に解されていくのか。阿弥陀仏は全性修起して、全性修起した果徳を南無阿弥陀仏の名号として成就された。その名号を衆生に廻向される。したがって名号仏性が法海に遍満していると解していきます。かかる点より「一切衆生悉有仏性」と言うのであると主張しているのであります。私共は南無阿弥陀仏の名号を聞信するところ、法海に遍満している名号仏性が、凡夫の心中に信心仏性として展開するのだというのが空華の仏性論の基本的な立場であります。資料№.(26)、道隠(一七四一～一八一三)師の『教行信証略讃』を御覧頂きます。

一多証文にいはく。「真実功徳とまふすは名号なり。一実真如の妙理円満せるが故に、これを大宝海にたとえたまふなり。一実真如とまふすは無上大涅槃なり。涅槃すなはち法性。法性すなはち如来なり。」故に一実真如海とは一実真如の妙理円満の名号をさす。真実の行信証果、名号をもって体とするが故に。聖道門、己心の本有仏性を一実真如といふ。これ法性を顕す名なり。浄土門においては弥陀修得顕現涅槃の妙理、名づけて一実真如といふ。故に誓願の二字を加う。聖道門の本有の性をえらぶ。方便法身別願所成の名号、真如一実功徳たるをあらわす。聖道の所談に混同すべからず。（『教行信証略讃』）

名号は一実真如の妙理円満の真実功徳である。仏辺で全性修起、円満成就された名号仏性の遍満を主張するのであります。資料№.(27)『本典敬信記』には聖道門と浄土門を対比して仏性の本具について論ぜられています。

凡そ聖道所談の仏性は外に求めず。自心の本具と心得て、菩提心を起し修行にかかる。……中略……一心中の所具と知れば地盤定りて修行するに至る。故に仏性を説く。此れ自力自摂の立場なり。今此浄土門は此と永く異なり。押立つる者は唯如来の願力。故に仏性を談ずる者法の尊高願心の殊勝を顕んが為めにして、機辺の本具の沙汰は曽てなし。仏性と云へは則必ず弥陀光寿の正覚を談ずる。正覚を離れて十方衆生の仏性なし。此正覚の為物を領した処を信心仏性と云へり。此れ他力他摂の浄土門なり。聖道で談ずる自心の本具と思へるは唯理談にして、機辺は或業苦の三道のみ。此我等煩悩を即菩提と証り顕したは尽十方無碍光如来の覚体なり。故に覚体より詠めて見れば、十方衆生悉有仏性の義となる。此等は無明を即明と証りたる弥陀ゆえに。修徳顕現の仏性必ず周遍法界す。本此真如仏性と云は広大なるものにして、周遍法界等虚空の法なり。世間にて云も、虚空と云へば残る処なし。森羅万象虚空に由らざるものなし。万有を含蔵するが虚空。其虚空の如く法界に周遍して、一法として網羅せざるものなし。蠢々蠕動までも皆及ぶ。弥陀修徳顕現の真如海外なる者は一物もあることなし。聖道にて本具本具と各々に我身にすべて談ずれども、弥陀修徳顕現したることを知らず。我手にて無明即明と達せんとすれば、恰も櫻木を割て花を求るが如し。真とも如とも云はれるものなし。我等が煩悩も法蔵の智見にかくれば、則ち煩悩即菩提と顕れる。已に我等は法蔵より証られたるが故に、唯仰で仏智を信じ、修徳顕現の涅槃界に至れば、則ち煩悩即菩提。生死即涅槃の謂れに契ふ。由て浄土門に於ては本具を談ぜず。修徳の弥陀に摂めて仏性を扱ひ、其正覚より顕れたる教行信証の法義なるが故に一切真如法性を貫くと。法の尊高を知せ給ふが今家の談じ振りなり。まづ略して聖浄二門の仏性真如を談ずる水際此の如し。

（『本典敬信記』）

空華の仏性論が簡潔に説示されてしまいます。聖道門の仏性は自性本具を前提に修行の進展があるのであって、仏性は一心中の所具とする自力自摂の立場である。浄土門においては、衆生の側に本具の仏性は存しない。弥陀修顕の名号仏性、一実真如の功徳宝海、弥陀の光寿無量の正覚の果徳の他に衆生の仏性は存しないと語っています。正覚の果徳が名号法として具体化されているのであり、この名号仏性、弥陀の正覚の果徳を領したる処が信心仏性である。そして、お浄土で弥陀修顕の真如法性の理を証するというのが空華学派の仏性論の特色であります。聖道門でいう本具の仏性はただ理談であって、機辺は惑業苦の三道の唯無明の存在である。機辺の本具仏性の沙汰は存しない。弥陀の修徳顕現の仏性の周遍法界、いいかえれば名号仏性の遍満をおさえて「一切衆生悉有仏性」と主張するのであります。真如法性は弥陀の側で語るところに空華の仏性論の特色があるといえましょう。このことを善譲（一八〇六～一八八六）は「覚体より詠めて見れば、十方衆生悉有仏性の義となる」、また「修徳の弥陀に摂めて仏性を扱ひ」等と説明されているのであります。

十

以上の如き仏性論に立脚して如来論は如何に展開されているのか。次に空華学派の如来論、十劫久遠論をうかがいます。空華においては、衆生の上には本具の仏性は認めず、唯無明の存在である。これに対し、阿弥陀仏は真如そのものの人格的顕現であり、無始以来の無始無終の仏と解されています。この久遠の仏が従果降因して何度も衆生済度のために十劫毎に数々成仏して、我等衆生を済度したまうのが十劫仏であると説明するのがこの学派の如来論の特色であります。僧鎔（一七二三～一七八三）の『正信念仏偈聞書』を拝見していますと、『一念多念文意』に「一如宝海よりかたちをあらわして、法蔵菩薩となのりたまひて」とあり、従如来生したまうことが説示されている。阿弥陀仏は久遠の古仏であり、無始無終の存在である。その久遠の覚証・一如より従如来生、即ち従果降因して、法蔵菩薩とあらわれ、発願修行されたのが、十劫仏であると説明されています。資料№.（28）、僧鎔の『本典一滞録』を見ますとこの点について詳論されています。

其本とは久遠本門をさす。其本をもとむるに、塵点久遠劫よりもひさしき仏と見え給ふ。その本門の阿弥陀も摂取凡夫の願行を成就し、過去久遠の衆生はその阿弥陀の正覚によりて極楽へ生ず。今の吾等は十劫正覚の御名にすがりて極楽へ生ず。十劫正覚の所得の菩提も久遠正覚の所得の菩提も、久近不二にして一南無阿弥陀仏なり。たとへば荷葉の露にやどる月影が、露がこぼるれば月の影は何くへゆくぞと云へば天上の本月へかへる。数々衆生のために遊戯神通して法蔵発心を示す。十方微塵世界の衆生のために微塵の正覚をとなへてきくほどの衆生が、極楽へいたりてただ一つの阿耨菩提へ証入する。ただ一つの無上正遍道に合する。又衆生のために久遠所証をとりいだして幾回も十劫正覚をとなへ給へども、ただ一つの無上正遍道の外はなし。種々身、種々神通、種々説法を現ずる、これみな阿弥陀如来の本願力よりおこる。

（『本典一滞録』）

「覈求其本」の「本」の説明として、久遠本門の弥陀をあげて論じられています。阿弥陀仏は久遠劫より久しき古仏であり、この久遠本門の弥陀も衆生摂取の願行成就の仏である。過去久遠の衆生はこの久遠の阿弥陀仏の正覚により極楽に往生するが、今日の我等凡夫は十劫成道の弥陀の正覚により浄土に往生するのであって、十劫正覚の菩提も久遠正覚の菩提も久近不二である。この正覚の果徳である名号によって、久遠の昔の衆生も、今日の我等も平等に救われていくのである。久遠の古仏は衆生済度のため、十劫毎に従果降因し、数々発願修行して成道したまい、微塵の正覚を成じて衆生を救済したまうのである。すべては阿弥陀如来の本願力のはたらきであると説明されています。十劫仏とあらわれ数々成仏したまうのは衆生済度の悲用に外ならぬのであります。資料№（30）、道隠の『大経甄解』を見て頂きますと、

久遠実成阿弥陀仏、今日の凡機に赴きて、十劫成覚、これ今日の凡夫のためにして、指方立相の法門を建立するゆゑんなり。もししからずんば今日の凡夫、何によりてか浄土の法門を信ずることを得ん。

（『大経甄解』）

久遠の古仏である阿弥陀仏は、今日の凡機のために、十劫成道したもうた。この十劫仏のお蔭で身近に我々は如来様のお浄土を讃仰させて頂くことが出来ると説明されています。したがって久遠仏、十劫仏は阿弥陀仏の果海中の悲用というべく、十劫即久遠・久遠即十劫であって、相即不二と解されるのであります。資料№（29）『大経甄解』にはこの点、次の如く説明されています。

五に今家の正義を明さば、久遠十劫別ものに非ず。『荘厳経』にいはく。来として所来なく、去として所去なし、無生無滅、過現未来にあらず。願に酬い生を度する故に現に西方にありて於今十劫。三世生滅にあらざる中に十劫と説く。知んぬ。この十劫は久遠を徹して常住不変。ただ酬願度生によるが故に。久遠をまっとうじて十劫と説く。五濁の凡愚を哀れむがために法蔵発心修行を現じて、久遠の真証を動ぜずして、数々発願、無量寿の中の所作の故に。寿命無量　十劫正覚を離れず。

（『大経甄解』）

十劫仏と久遠仏の関係が論じられています。久遠成道の阿弥陀仏の悟りそのものは、過去・現在・未来を

絶した存在であります。一方私共は過去・現在・未来の三世の時間の流れの中で生きている。だから過・現・未の三世を絶した久遠の悟りそのものが、過去・現在・未来の時間の流れの中に、衆生済度のためあらわれたもうたのが十劫仏であると説明されているのであります。その十劫仏を通して我々は如来の真実を頂いていくのであります。久遠の覚体から何度も娑婆にあらわれては成道して、私共にお慈悲を伝えて下さる。それが十劫仏の大悲のはたらきである。これを数々成仏説というのであります。鮮妙は一衆生に一願行、一十劫成道というところまでこの数々成仏説を進めて解釈されています。私一人のために阿弥陀仏の従果降因、発願修行の御苦労があったのだという御領解であります。しかしその十劫の仏も久遠の仏も別体ではない。昨日の波と今日の波とは時間差はあるけれども、その体質は水である。その水自体が、昨日の波、今日の波と展開しているに過ぎない。悟りの世界は十劫即久遠・久遠即十劫であります。すべては如来大悲の本願力の世界に外ならぬと言うことが出来ます。このような如来論を展開し、如来大悲の救済の真実を説明しようとするところに空華学派の数々成仏説の特色が存するといえましょう。

十一

このような立場から空華学派では独自の行信論の主張がなされます。能所不二円融無碍の大行論であります。一言で語れば能所不二の所行、それがこの学派の大行論の基本的立場だと思います。

所謂第十七願において成就された南無阿弥陀仏の名号は、絶えず法海に流行し、衆生を信ぜしめ行ぜしめつつある大悲の動態・能所不二の大行であると解されています。その大行の特色を「終日能行すれども所行海をはなれず」と説明されています。衆生の能行の称名は仏廻向の名号そのものの直爾の展開相に他ならないという空華の大行論の基本姿勢を示すものであります。即ち資料№.（31）、僧鎔の『本典一渧録』を御覧頂きます。

第十七願は所行の法体なることは勿論争ふべきことなし。その所行の法体がすぐに行者の能行になると云ふこと今家不共の妙釈なり。行者の能行がそのままの所行の法体のなりをもちふ、此れ於二所行処一立二能行一者他力至極なり。終日能行すれども所行海をはなれず。行ずれども行ずれども行に行の相なし。只是れ選択本願の行をそのままあらはれもてゆくなり。この義を顕さんがために先づ明二能行一（浄土真実行の句）、次に明二所行一（選択本願行の句）。

（『本典一渧録』）

衆生の能行（称名）は第十七願所誓の名号（所行法体）の具体的展開であります。行ずれども行ずれども、仏廻向の名号の展開相そのものであり、一切の衆生のはからいを絶した他力の称名念仏に外ならない。このことを「行ずれども行ずれども行に行の相なし」と説明しているのであります。だから僧鎔は細註の「浄土真実之行」を能行、「選択本願之行」を所行で解釈しています。このような第十七願と行信の関係を図示すれば、資料№.（32）であります。私の教えを受けた大原和上はこれを左記のように図示されています。

至心信楽欲生我国（三信）――能信
我名（第十七願所誓所行法体）――所信
能信・所信――能（信）所（信）不二

第十七願所誓の所行法体の名号と第十八願の三心とは所信と能信（能信所信不二）の関係。法体名号は衆生に領納され三心と展開している。第十七願の名号と第十八願の乃至十念の称名とは所行と能行（能行所行不二）の関係になる。第十七願の名号は我々をして信ぜしめ（三心）行ぜしめ（乃至十念）、法界に流行して、我々をして往生成仏せしめる能所不二の大行であると空華では説明しているのであります。

このような大行の理解に立てば、標願と細註は、空華では如何に解釈されて来るのでありましょうか。善譲は大行の具体相を体と相の関係で説明されています。能行の称名を相、所行の法体名号を体と解して説明が展開されています。資料№（33）『本典敬信記』を御覧頂きます。

十七の行には体あり相あり。相につけば称名の能行、諸仏称名と云者是也。体に就けば称名の法体、直に往生の行なり。……詮ずる処、行とは法体即行。南無阿弥陀仏のなりが往生の行なり。延びし処を称名念仏の行と云ふ。此体相二有りと云へども、此相の称名念仏は、全く即是其行の法体、南無阿弥陀仏の儘なるが故に、念々声々皆名号往生なるものなり。相について暫く呼べば称名念仏なりと雖、その活きて用く所を調ぶれば、全く名号の威力なり。如此趣きなるが故に行とは法体の大行にして、衆生一称一念の功を仮らず、法体自爾として往生の行を成じてある。其名号のなりを勧むるが十七の諸仏なり。故に今十七を標して法体大行の処に衆生の能行を明し、能所不二、所行法体、六字名号の外に更に浄土の行なきことを示して、願を標し細註を加へ給ふ。

（『本典敬信記』）

相の称名念仏は、即是其行の法体名号の直爾の展開であり、このことを「念々声々皆名号往生なるものなり」と説明されています。相の上よりは称名念仏であるが、それは全く名号法体の威力、展開相そのものというべきであります。したがって『行文類』に第十七願（「諸仏称名之願」）を標するのは所行法体を示すものであり、諸仏はこの名号を衆生往生の行として勧めたもうのであります。そしてこの法体大行はそのまま衆生の能行と展開するのであり、この衆生の能行を「浄土真実之行」「選択本願之行」と細註されているのであります。標題は能所不二の所行法体を標示するものであり、この所行処に能所不二の能行、衆生の称名を示したのが細註の二句と解するのが善譲の説であります。

この「浄土真実之行」「選択本願之行」についての理解は、僧鎔・道隠・柔遠の三師の間には相違があります。僧鎔と道隠は細註の「浄土真実之行」を能行、「選択本願之行」を所行と解します。柔遠は二句共能行で解されます。時間の関係上詳論ははぶきますが、善譲は両説は同一に帰するというように説明されています。第十七願所誓の名号が衆生の上に能行となって展開する。相の上よりいうならば衆生の称名である。それを摂相帰体したならば名号に帰していく。だから能所不二円融無碍の大行であると説明されているのであります。資料№.（34）の『敬信記』を御覧頂きますと、善譲は、

私に以為く　此細註の二句、相に付ては称念の能行。体に帰すれば名号即行。次の正釈の中に、大行者則称無碍光如来等とある。此解釈を以て　二句の行を心得べきなり。

（『本典敬信記』）

と説明されています。細註の二句は相につけば、能行の称名である。その称名は所行の名号直爾の流行相に

外ならない。体に帰すれば名号即行である。「終日能行すれども所行海をはなれず」といい、名号大行を法界に流行しつつある動態として把握しようとするところに空華の大行論の特色を見るのであります。このような空華の大行論の基本的な立場は、善譲も指摘している如く、『行文類』の大行出体釈についての空華の解釈を見ればよりあきらかであります。『行文類』の大行出体釈の御文、資料№(36)を御覧頂きます。

謹案二往相廻向一有二大行一有二大信一。大行者、則称二無碍光如来名一。斯行、即是摂二諸善法一。具二諸徳本一。極速円満、真如一実功徳宝海。故名二大行一。（『行文類』）

この『行文類』大行出体釈の文を、上述の如き立場より、どのように読解していくのか。資料№(35)の『本典一滴録』において、空華学派の派祖であります僧鎔は、次の如く解釈されています。

故名大行とは、初の大行大信ありとは、所行の法体、それを行者の能行へもちだして称無碍光如来名と云ひ、その能行の上について至徳をあらはして斯行即是摂諸善法具諸徳本等と、それをここに結釈してまた故名大行とはこれ所行なり、されば所行より能行へゆき、能行をまた所行の法体へ結帰して如レ是釈し給ふは、能所不二の行体、他力の至極をあらはさんがためなり、わずかに両三行の文に許多の深義をこめ給ふ、凡夫浅解の窺ふところにあらず、ただ仰いで信受奉行すべきばかりなり。（『本典一滴録』）

大行出体釈の冒頭の「大行者」とある大行は所行。その所行の名号は衆生の上に能行の称名となって流行する。その名号大行の流行相を「称無碍光如来名」と出体釈では御教示されている。その能行の称名は名号大行の直爾の機相の上への展開に他ならない。その一声一声の称名に法界無盡の功徳が具足される。そのことを出体釈においては「斯行即是摂諸善法具諸徳本極速円満真如一実功徳宝海」と御教示されている。念々の称名には名号に満足成就された量・用・性の功徳がめぐまれている。そしてその称名を称相帰体して、「故名大行」といい、所行に帰し結しられている。これが大行出体釈の意であると僧鎔は解されているのでありまず。終日、能行すれども所行海をはなれずといい、所謂能所不二の大行の解釈、空華学派独自の大行論の展開を、『一滴録』の『行文類』大行出体釈の解釈の上よりうかがうことが出来るのであります。

十二

以上、徳川期宗学の展開をふりかえり、学派分裂以後の宗学の特色について、大略話しおえました。宗学の展開の歴史を見るに、興起時代、発展時代は主として、聖道仏教に対し、真宗教学の独自性を打ち出そうとする流れと、広い仏教思想を背景として、宗祖教義の特色を発揮しようとする流れに大別出来ます。前者を代表するのが若霖であり、後者は法霖であります。学派分裂以後の宗学の仏性論上の無性説の源流をなすものが若霖宗学の性の他力・修の他力の仏性論であり、有性説の仏性論の展開を法霖宗学の上に見るのであります。そして三業惑乱以後、行信論が宗学の中心課題となり、宗学の流れは能行説を主張する系統の学派と所行説を主張する学派の流れに分かれて発展したということが出来ます。能行説の系統の代表的学派が石泉学派であり、法相表裡・稟受前後の独自の行信論の展開が見られ、仏性論では有性説の立場より法性無功の独自の主張を展開しています。所行説の代表的学派が空華学派であり、能所不二円融無碍の所行説を展開し、仏性論では無性説の立場より名号仏性遍満説を主張しています。石泉・空華の両学派の主張は、能行派、所行派の極をきわめた学説ということが出来ましょう。今日の宗学はこの徳川期宗学より多大の学的恩恵を受け、発展しているのであります。長年、徳川期宗学の学匠、和上方の御書物を拝見する度毎に、学識の深さ、すばらしさ、ただ頭が下る以外にございません。龍谷教学会議というものは、そういう先輩の学者方の足跡を辿り、おぼつかないけれども、私達が宗学の営み、宗祖教義の顕彰をさせて頂くところであります。そこに龍谷教学会議の精神があろうと思います。今後とも皆様方の盛大な御参加をお願い致し、本日の私の講演を終らせて頂きます。

資　料

（1）時代区分

宗学興起時代

寛永十六年（一六三九）学林創建

西吟（一六〇五～一六六三）・知空（一六三四～一七一八）・若霖（一六七五～一七三五）の三代能化の間。

宗学発展時代

第四代能化法霖（一六九三～一七四一）より、能化欠員時代を経て第五代能化義教（一六九四～一七六八）に至る間と第六代能化功存（一七二〇～一七九六）・第七代能化智洞（一一八〇六）の間。三業惑乱まで。

学派分裂時代

三業惑乱終結後、年預勧学時代より明治初期学林が学校組織に改変されるまで。

（2）凡学二大乗一者　無レ先二開解一……浄土徒　亦不二開解一見識浅陋　説不二融即一開二解於広一摂二行於略一……以レ信二仏願一方為レ得　此乃就二自行一論焉　若欲二大化一則非レ解不レ能　解者何也曰就二大乗経論一融会也

（『日渓学則』）

（3）為二円融説一者　非二吾宗常談一　雖レ不レ談　具二此於法体一　故祖言二円融無碍一　不レ解二其義一　所二以仰信一也　汝今罵二浄教一為二権教一　法体已有二此理一　豈可二黙止一耶　機辺不レ論レ具者　浄門正意二門融即約二果後証一　於レ文分明　何迷耶

（『笑螂臂』真全六〇、九六頁）

（4）今対二凡愚一説　不レ為二融通説一　融通妙理　具二之名号法体一　願力摂取開二円解一　此解即証　何由二経文一発レ解　欲レ見二浄土果海妙証一者　即看二華厳経一　若欲三速証二華厳妙理一者　偏入二極楽真門一

（前同、一六二頁）

（5）衆生者　不レ知二性具一　不レ知レ踞二仏心内一　之名二衆生一雖レ不レ知　全二衆生一在二仏心中一　不レ爾者十界互具理長絶

（前同、一七一註）

（6）今度学林為二取締一被二仰出一候條目左之通

一　御当流御安心之義者、御代々善知識御相承被レ為レ在レ之、親敷御教化被二成下一候趣を以、自行化他いたし可レ申之処、近年心得違候者も有レ之、末学之抄書に拘り、安心之正否を論候趣相聞、言語道断不届に被二思召一候、自今以後聖教之所判二無レ之義趣者不二申及一、新名目を相立候事、堅停止被二仰付一候事

（『学林万検』『龍谷大学三百五十年史・史料編』巻一、二九三頁）

（7）祖師聖人御相伝一流の肝要は、ただ他力の信心をもて本とすすめたまふ。その信心といふは、『経』（大経巻下）には「聞其名号、信心歓喜、乃至一念」ととき、『論』（浄土論）には「一心帰命」と判ず。ゆゑに聖人は論主（天親）の一心を釈して「一心といふは、教主世尊のみことを、ふたごころなく疑なしとなり。これすなはち真実の信心なり」との玉へり。」（銘文・本）されば祖師よりこのかた代々相承し、別して信証院の五帖一部の消息に、この一途をねんごろに教へ玉ふ。その信心のすがたといふは、何のやうもなく、もろもろの雑行雑修自力のこころをふりすてて、一心一向に阿弥陀如来、今度のわれらが一大事の後生、おんたすけ候へと、たのみたてる一念の信まことなれば、弥陀はかならず遍照の光明をはなちてその人を摂取したまふべし。これすなはち当流にたつるところの一念発起平生業成の義、これなり。この信決定のうへには、昼夜朝暮にとなふるところの称名は、仏恩報謝の念仏とこころうべし。かやうにこころゑたる人をこそ、まことに当流の信心をよくとりたる正義とはいふべきものなれ。しかるに近頃は、当流に沙汰せざる三業の規則を穿鑿し、またはこの三業につきて、自然の名をたて、年月日時の覚・不覚を論じ、或は帰命の一念に妄心をはこび、または三業をいめるまま、たのむのことばをきらひ、この余にも、まどへるものこれあるよし、まことにもて、なげかしき次第なり。ことに聖人（親鸞）のみことにも「身口意のみだれごころをつくろひて、めでたふしなして浄土へ往生せんとおもふを自力とまふすなり」（御消息・六）と誡めたまへり。所詮已前はいかやうの心中なりとも、今より後は、我わろき迷心をひるがへして、

本願真実の他力信心にもとづかんひとは、真実に聖人の御意にも相かなふべし。云々

（『御裁断御書』『註釈版聖典』一四一三頁）

（8）各学業相励、法門護持有之段、神妙之至に被二思召一候、就レ夫聖教を致二講述一候節、自已任二博学一義門を荘厳するを旨とし、御当流の肝要たる安心の一途、却而詳悉ならず、将徒弟多有レ之候を名望の様に相心得、其人自督の正不を不二推究一、猥に師弟の称を施し候様の姿に成行候而者、以之外の事に候、都而他家之書籍を講候節たりとも、釈尊出世の本懐たる弘願真実の利、相顕れ候様、心を用ひ候はば、御一家の僧侶、法門護持の所詮とも可レ申與、況御宗意の聖教講読之時者、信心為本の祖意を仔細に可二申述一儀者勿論に候、且夫々徒弟の内、一人にても不正意に似寄候心得之者、有レ之候而者、甚以難二相済一事に候、仮令一切の教法を解説いたし候とも、生死得脱の正因、無上の信心弁別疎々敷候而者、何の所詮茂無之候間、此段能々相弁、慇懃に教諭可レ有レ之旨被二仰出一候也

寅　六　月

（『厳護録』『史料編』巻三、四九頁）

（9）一、空華学派　僧鎔・柔遠・道隠・行照・性海・善譲・鮮妙

二、芿園学派　大瀛・道振・道命・普厳

三、石泉学派　僧叡・慧海・浄眼・泰厳

四、龍華学派　曇龍・玄雄・栖城・針水・連城・黙雷

五、豊前学派　月珠・円月・吐月

六、石州学派　仰誓・履善・自謙
七、筑前学派　大同・大乗・宝雲・南渓
八、三業学派　智洞・正運・大魯
九、肥後学派　環中・到徹・慶恩・都西・聞生・断鎧
十、越後学派　興隆・僧朗・慧麟・百叡
十一、播南学派　智暹・行界・常照
十二、円照寺学派　円海・性海・慧海・大濤・超然・宏遠

(10) 然仏性者、仏名二覚者一、浄影曰性有二四義一、一者種子因本之義、二者躰義、三不改義、四別異義、具如二大乗義章第一一、聖浄二門、名義雖レ同、説意大別、彼則自力自摂、此則他力他摂故、是故諸経説二仏性一者、其意欲レ令下衆生不レ向レ外求一知二自本具一以立中大心上、如二宝性論五仏性論一一、並説二五由一、各首曰レ令レ捨二怯劣心一、今則不レ然、以二仏願心一為レ本、以レ此摂二衆生一故、夫真性周遍、衆生本具、本具之性、与レ仏無二、而在二衆生一、全レ真為レ妄、唯有二無明一、其他不レ見、阿弥陀如来従二不二中一起、発二超世大願一、称性修成、顕二発衆生真性一、円二満尽十方覚一、則衆生性、作二弥陀之性一去、是故衆生無二性可一レ論、以二修顕性一、回二向衆生一、乃　無下回向非二仏性一者上、故云二誓願不可思議一実真如海一、真宗仏性之義略、須下仔細読二序題門釈及上引文意等一知上焉、
（『文類述聞』巻三、三三丁）

(11) 有下約弥陀因果一者上焉　有下約二衆生因果一者上焉　弥陀因者全レ性起レ修故四十八願無レ非二本具性功徳一如三上引二文意一弥陀果者既全レ性起レ修亦即全レ修顕レ性三種荘厳人法教義莫レ非二性起一　文云真如一実

功徳宝海　又云真如一実之信海　又云必至滅度即是実相法性真如

—中略—

次約二衆生因果一者真仏土文類云惑染衆生於レ此不レ能レ見レ性所レ覆二煩悩一故経言我説十住菩薩少分見二仏性一故知到二安楽仏国一即必顕二仏性一由二本願力回向一故亦経言衆生未来具二足荘厳清浄之身一而得レ見二仏性一等　此約二其果一即是生仏一際弥陀衆生同躰無レ別文意所レ云遍二満于微塵世界一切群生海心一是也阿弥陀如来起レ自二同躰性一修二成涅槃界一濁悪凡夫無明厚重背覚合塵不レ能レ見レ性終日同躰而終日隔別若一念傾レ心入二涅槃界一則安楽自然徳使三其照二見同躰真性一斯謂二難思議往生一亦謂二滅度一入レ従レ別以証レ通所証仏性与二常途一全無二殊異一

—中略—

唯約二其因一則大不レ同下文云真性モトヨリキヨケレト等奪二心性本浄之説一而立二虚仮不実一也濁悪凡夫以二虚偽一為二自心一諸仏所覚於レ中無レ求即是所レ謂無始無明其惟無始終尽亦無二其期一

(『三帖和讃観海篇』第四、九丁)

(12) 善男子畢竟有二二種一　一者荘厳畢竟二者究竟畢竟……荘厳畢竟者六波羅蜜　究竟畢竟者一切衆生所得一乗　一乗者名為二仏性一　以二是義一故　我説二一切衆生悉有仏性一　一切衆生悉有二一乗一　以二無明覆一故不レ能レ得レ見

(『行文類』)

(13) 仏性者名二大信心一……一切衆生畢定当レ得二大信心一故　是故説言二一切衆生悉有仏性一　大信心者即是仏性　仏性者即是如来

(『信文類』)

(14) 惑染衆生　於レ此不レ能レ見レ性　所レ覆二煩悩一故……到二安楽仏国一　即必顕二仏性一　由二本願力回向一故

（『真仏土文類』）

(15) 問曰衆生有二仏性一耶。答曰不也。疏云無有出離之縁。吉永釈レ之曰。断善闡提之類也。……法性無体。全依二無明一。……問曰然則衆生無二仏性一耶。答曰不也。因縁生法。本無二自性一。無自性之自体。即仏性也。無明無レ体。全依二法性一五蘊及我。六法即真。仏智所照。莫レ不二仏性一矣。涅槃経言。仏性者猶如二虚空一。虚空周遍。何無二於衆生一。……復有二四句一。一無仏性。就二機情一故。……二有二仏性一。約二仏智一故。序題云云　是也。三亦有亦無。以二現無当有一故。如レ説二仏性未来一是也。四非有非無以二真妄一体一故。説下仏性如二虚空一非中三世上者是也。

（『仏性弁』真全五二、三三四頁）

(16) 成仏已来　凡歴十劫

（『大経』真聖全一、一五頁）

(17) 弥陀成仏のこのかたは　いまに十劫とときたれど
塵点久遠劫よりも　ひさしき仏とみへたまふ

（『浄土和讃』真聖全二、四九二頁）

(18) 久遠実成阿弥陀仏　五濁の凡愚をあはれみて
釈迦牟尼仏としめしてぞ　迦耶城には応現する

（『浄土和讃』真聖全二、四九六頁）

(19) 然果海出二于情表一超二越三時一実非二久近新故一々荘厳経言彼仏如来来無二所来一去無二所去一無レ生無レ滅非二過現未来一而説二十劫一謂二久遠一者並従二衆生所二楽欲一故此猶如三遍空処而説二西方一自有二衆生踈レ遠親レ近者一如来為説二十劫一自有二衆生卑レ新尚レ故　者一讃主為説二久遠一雖下然為二衆生一説中新故遠近上聖

者善巧仮名未三嘗壊二実相一説二新故遠近一処常亡二新故遠近一故新故遠近相即相入更互不レ妨

（『和讃観海篇』第三、一六丁左）

(20) 然るに『文類』の中、一部の正意として顕さるる真実の行信といふは、この二法はともに衆生の上にて説ける法門なり、初の真実教と云ふは諸仏上にありて、しかもその中の釈迦を主とす、これ娑婆世界の教なるが故に、その真実教といふは即ち霊山所説の『大経』にして、『大経』所詮は願力なり、文に云く「説二如来本願一為二経宗致一、即以二仏名号一為二経体一」と、本願名号は次の如く願力なり、因願果力更互に成就し、不離一体にしてよく衆生を摂す、これを他力と云ふ、不虚作住持の註に云々するが如し、その願力を能被の法として衆生に授く、衆生それを受持して行信の二法となる、一つの願力二法となることは所在に従ひて之を分つ、その体はただこれ願力なり、

（『紫門玄話』真叢附巻行信論四六頁）

(21) 凡就二誓願一有二真実行信一有二方便行信一、今以レ大称者、顕三回向行信異二乎自力法一故、云何回向行信、其体唯是一名願力、衆生従二於諸仏善知識所一、稟二受願力一、其在二乎心一謂レ信、出形二于口一為レ行、心口雖レ異、而体不レ別、以二体不一レ別、不二須臾離一、故云二不二一、是故心念挙体即是口称之法、口称挙体、即是心念、是以口雖二称念一、不レ認二称念一、挙体信故、心雖二信順一、信无二自性一、挙体願力法故、是故回向行信、而相離者、無レ有二此処一、

（『文類述聞』二、四丁右）

(22) 然不相離中、自有二二義次第一存焉、言二二義一者、一者表裡、由二建立一故、二者初后、由二稟受一故、云何表裡、先レ行後レ信者是、由二建立一者、説二教行証一故、於レ是以レ行摂レ信、行者是法、衆生所得、

機在二其中一、以レ行摂故、行在二信先一、自レ行開故、信在二行後一、列雖二前後一、其実倶時、以二表裡一故、次初後者、如レ云二信行一、由二稟受一者、弘願行者、必先発信、而后称名、先無レ信者、即是所レ云無明由在之人、則其称名、亦是不如実行、此是仏祖之所二廃棄一、非二本願意一、是故信発、必在二行先一、行定在レ後続生、斯謂二真宗一、如二本願文一并具二二意一、思而可レ知、是故二義、異レ趣同レ帰、

（『文類述聞』二、四丁左）

(23) 当分者、諸仏称説、義是当二真実教一、跨節弁者、就二所聞処一、顕二能行一故、謂諸仏称説、是衆生所聞処、本願所云乃至十念、衆生能行、正定聚機、聞二於諸仏一、如レ説修行、如レ説行故、能行不レ異二所聞一、即全二所聞一以為二能行一、斯為二他力大行一、有二二意一中、今此標者、是其後意、須二熟会一焉、子註二句、示二標挙意一、謂是跨節意、不レ取二其当分一故、有二二句一中、初煉二方便一、後表二所顕一、

（『文類述聞』二、二丁左）

(24)

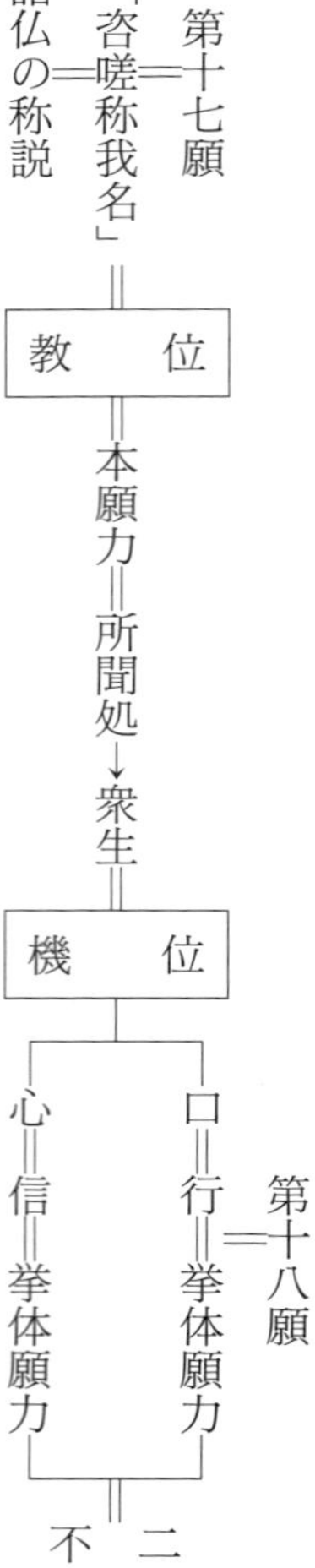

第十七願＝「咨嗟称我名」＝諸仏の称説

‖

教位

‖本願力‖所聞処→衆生

‖

機位

- 口‖行‖挙体願力
- 心‖信‖挙体願力

＝第十八願

‖ 不二

(25)

法相
- 表―行
- 裡―信

倶時（因体の超異を顕す）

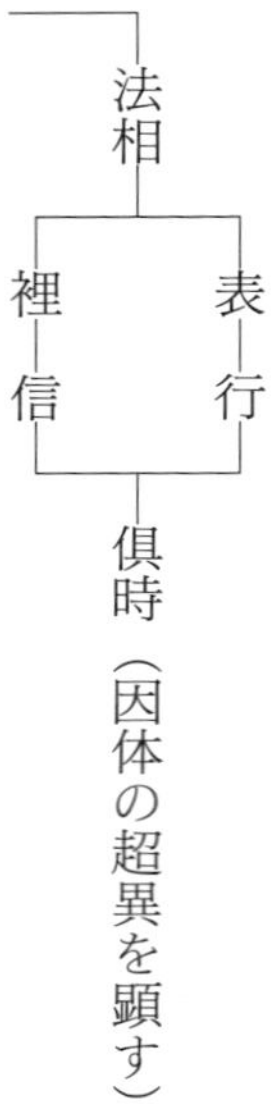

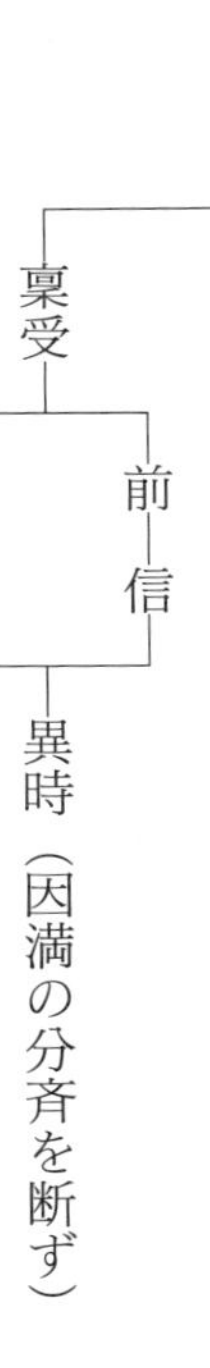

(26) 一多証文云。言二真実功徳一者名号也。一実真如妙理円満故。喩二之大宝海一也。言二一実真如一者無上大涅槃。涅槃即法性。法性即如来也文。故知一実真如海者。指二一実真如妙理円満名号一。真実行信証果。以二名号一為レ体故。　聖道門已心本有仏性。曰二一実真如二　此顕二法性一之名也。於二浄土門一弥陀修得顕現涅槃之妙理。名曰二一実真如一。故加二誓願二字一。簡二聖道門本有性一。彰三方便法身別願所成名号。為二真如一実功徳一。不レ可混二同聖道所談一也。

（『教行信証略讃』巻六、四十一丁）

(27) 凡そ聖道所談の仏性は外に求めず。自心の本具と心得て。菩提心を起し修行にかかる。……中略……一心中の所具と知れは地盤定りて修行するに至る。故に仏性を説く。此れ自力自摂の立場なり。今此浄土門は此と永く異なり。押立つる者は唯如来の願力。故に仏性を談する者法の尊高願心の殊勝を顕んか為めにして。機辺の本具の沙汰は曾てなし。仏性と云へは則必す弥陀光寿の正覚を談する。正覚を離れて十方衆生の仏性なし。此正覚の為物を領した処を信心仏性と云へり。此れ他力他摂の浄土門なり。聖道て談する自心の本具と思へるは唯理談にして。機辺は或業苦の三道のみ。此我等煩悩を即菩提と証り顕したは尽十方無碍光如来の覚体なり。故に覚体より詠めて見れは。十方衆生悉有仏性の義となる。此等は無明を即明と証りたる弥陀ゆえに。修徳顕現の仏性必す周遍法界す。本此真如仏性と云は広大なるものにして。周遍法界等虚空の法なり。世間にて云も。虚空と云へは残る処なし。森羅万象虚空に由らさるものなし。万有を含蔵するか虚空。其虚空の如く法界に周遍して。一法として網羅せさるものなし。蠢々蠕動までも皆及ふ。弥陀修徳顕現の真如海外なる者は一物もあることなし。聖道にて本具本具と各々に我身にすへて談すれとも。弥陀修徳顕現したることを知らす。我手にて無明即明と達せんとすれは。恰も櫻木を割て花を求るか如し。真とも如とも云はれるものなし。我等か煩悩も法蔵の智見にかくれは。則煩悩即菩提と顕れる。已に我等は法蔵より証られたるか故に。唯仰て仏智を信し。修徳顕現の涅槃界に至れは。則煩悩即菩提。生死即涅槃の謂れに契ふ。由て浄土門に於ては本具を談せす。修徳の弥陀に摂めて仏性を扱ひ。其正覚より顕れたる教行信証の法義なるか故に一切真如法性を貫くと。法の尊高を知せ給ふか今家の談し振りなり。まつ略して聖浄二門の仏性真如を談する水際此の如し。

（『本典敬信記』真全三十一、三七二頁）

（28）其本とは久遠本門をさす、其本をもとむるに、塵点久遠劫よりもひさしき仏と見え給ふ、その本門の阿弥陀も摂取凡夫の願行を成就し、過去久遠の衆生はその阿弥陀の正覚によりて極楽へ生ず、今の吾等は十劫正覚の御名にすがりて極楽へ生ず、十劫正覚の所得の菩提も久遠正覚の所得の菩提も、久近不二にして一南無阿弥陀仏なり、たとへば荷葉の露にやどる月影が、露がこぼるれば月の影は何くへゆくぞと云へば天上の本月へかへる、数々衆生のために遊戯神通して法蔵発心を示す、十方微塵世界の衆生のために微塵の正覚をとなへてきくほどの衆生が、極楽へいたりてただ一つの阿耨菩提へ証入する、ただ一つの無上正遍道に合する、又衆生のために久遠所証をとりいだして幾回も十劫正覚をとなへ給へども、ただ一つの無上正遍道の外はなし、種々身、種々神通、種々説法を現ずる、これみな阿弥陀如来の本願力よりおこる。

（『本典一滞録』真叢八、一三六頁）

(29) 五明二今家正義一者。久遠十劫非二別物一。荘厳経云。来無二所来一去無二所去一無生無滅非二過現未来一。以酬レ願度レ生故。現在二西方一於レ今十劫。文非二三世生滅一中説二十劫一。知此十劫徹二久遠一常住不レ変。但由二酬願度生一故。全二久遠一説二十劫一。為レ哀二五濁凡愚一現二法蔵発心修行一。而不レ動二久遠真証一数数発願而無量寿中之所作故。寿命無量不レ離二十劫正覚一故。

（『大経甄解』真全一、三〇〇頁）

(30) 久遠実成阿弥陀仏。赴二今日凡機一而十劫成覚。是所下以為二今日凡夫一建中立指方立相法門上若不レ爾今日凡夫何由得レ信二浄土法門一也

（前同、三〇三頁）

(31) 第十七願は所行の法体なることは勿論争ふべきことなし、その所行の法体がすぐに行者の能行になると云ふこと今家不共の妙釈なり、行者の能行がそのままの所行に法体となりをもちふ、此れ於二所行処一立二能行一者他力至極なり、終日能行すれども所行海をはなれず、行ずれども行ずれども行に行の相なし、只是れ選択本願の行をそのままあらはれもてゆくなり、この義を顕さんがために先づ明二能行一（浄土真実行の句）、次に明二所行一（選択本願行の句）、（『本典一滞録』真叢八、四三頁）

(32)

至心信楽欲生我国（三信）——能信
所信
能（信）所（信）不二

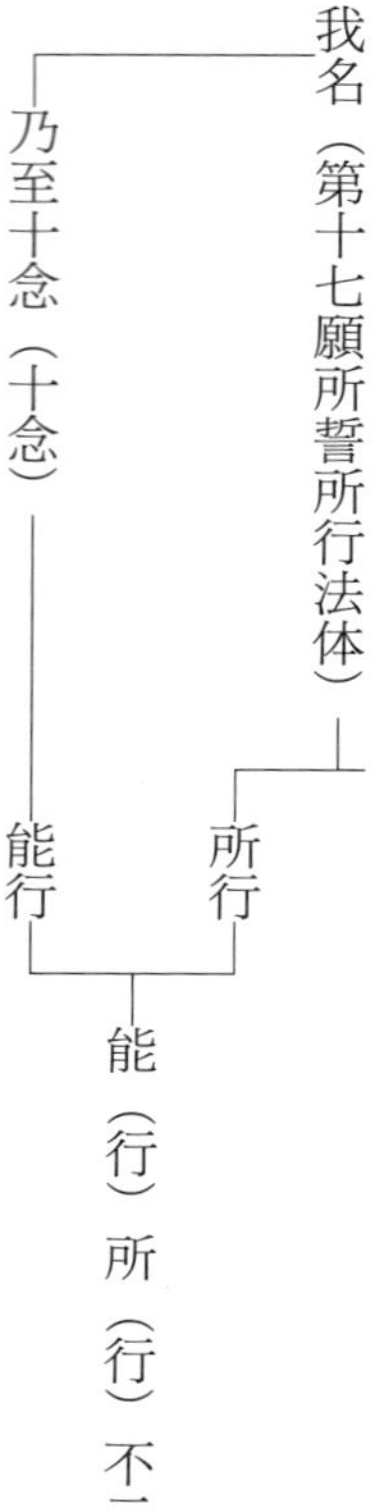

我名（第十七願所誓所行法体）
　├ 所行
　└ 乃至十念（十念）── 能行
　　　　能（行）所（行）不二

(33) 十七の行には体あり相あり。相につけば称名の能行、諸仏称名と云言是也。体に就けば称名の法体、直に往生の行なり。……詮ずる処、行とは法体即行。南無阿弥陀仏のなりが往生の行なり。延びし処を称名念仏の行と云ふ。此体相二有りと云へども、此相の称名念仏は、全く即是其行の法体。南無阿弥陀仏の儘なるが故に、念々声々皆名号往生なるものなり。相について暫く呼べば称名念仏なりと雖、その活きて用く所を調ぶれば、全く名号の威力なり。如此趣きなるが故に行とは法体の大行にして、衆生一称一念の功を仮らず、法体自爾として往生の行を成じてある。其名号のなりを勧むるが十七の諸仏なり。故に今十七を標して法体大行の処に衆生の能行を明し、能所不二、所行法体、六字名号の外に更に浄土の行なきことを示して、願を標し細註を加へ給ふ。

（『本典敬信記』真全三二、一二一頁）

(34) 私に以為く、此細註の二句　相に付ては称念の能行。体に帰すれば名号即行。次の正釈の中に。大行者則称無碍光如来等とある。此解釈を以て。二句の行を心得へきなり。

（前同、一二五頁）

(35) 故名大行とは、初の大行大信ありとは、所行の法体、それを行者の能行へもちだして称無碍光如来名と云ひ、その能行の上について至徳をあらはして斯行即是摂諸善法具諸徳本等と、それをここに結釈してまた故名大行とはこれ所行なり、されば所行より能行へゆき、能行をまた所行の法体へ結帰して如レ是釈し給ふは、能所不二の行体、他力の至極をあらはさんがためなり、わづかに両三行の文に許多の深義をこめ給ふ、凡夫浅解の窺ふところにあらず、ただ仰いで信受奉行すべきばかりなり。

（『本典一滞録』真叢八、四三頁）

（36）

浄土真実之行

諸仏称名之願

選択本願之行

大行者則称二無碍光如来名一　斯行即是摂二諸善法一具二諸徳本一極速円満真如一実功徳宝海　故名二大行一

（『行文類』）

（37）

安定―義教[5]―北天―（興隆）／僧朗―慧麟……越後派

知空[2]―月筌―泰玄
知空―靈潭―卞關―慧鐺―功存[6]―（環中）……肥後派
功存―（智洞[7]）……三業派
知空―峻諦
―道粋

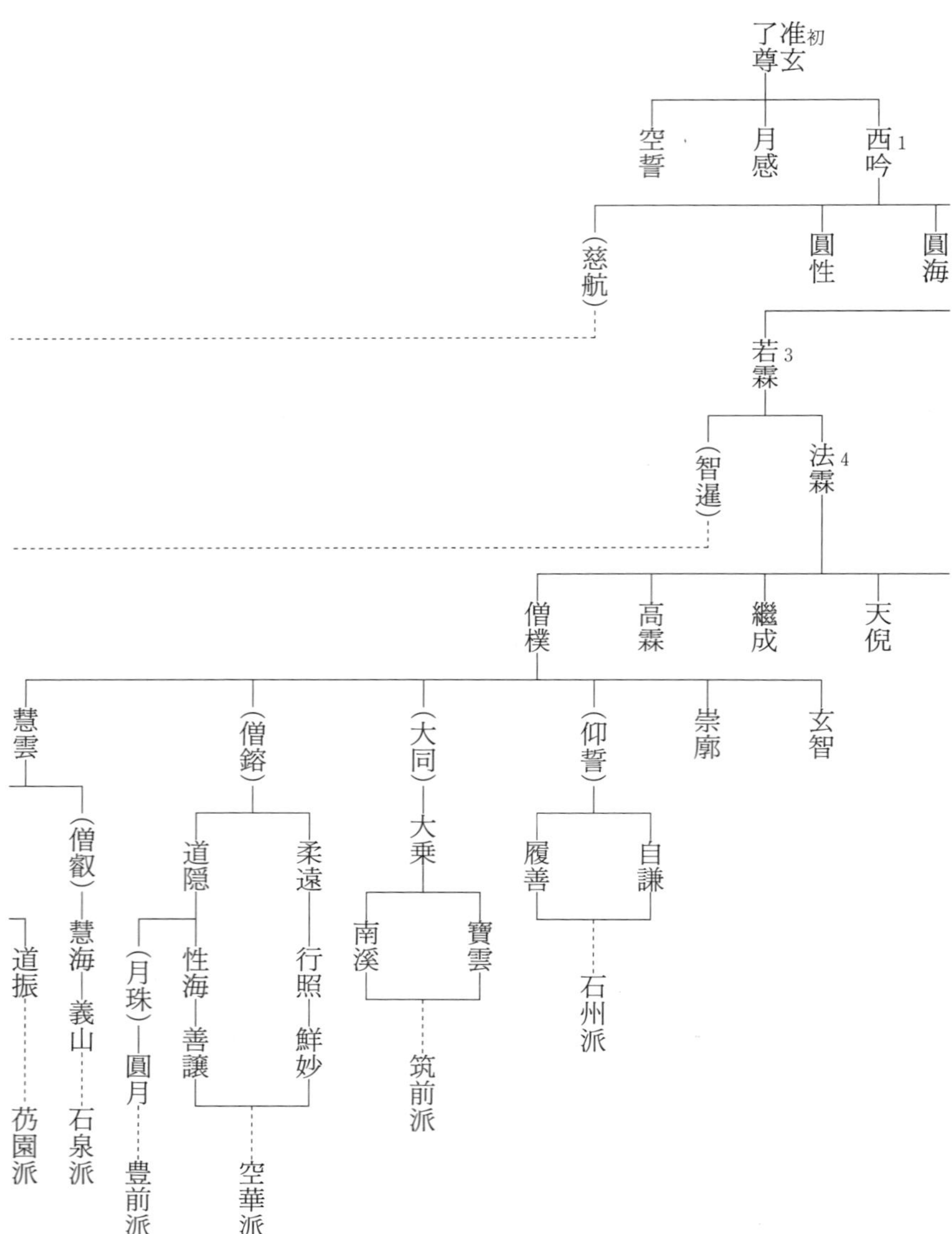
初 准玄 了尊
1 西吟
月感
空誓
圓海
圓性
(慈航)
3 若霖
4 法霖
(智暹)
天倪
繼成
高霖
僧樸
玄智
崇廓
(仰誓)
(大同)
(僧鎔)
慧雲
自謙
履善
石州派
大乘
寶雲
南溪
筑前派
柔遠
行照
鮮妙
道隱
性海
善讓
(月珠)
圓月
豊前派
空華派
(僧叡)
慧海
義山
石泉派
道振
芿園派

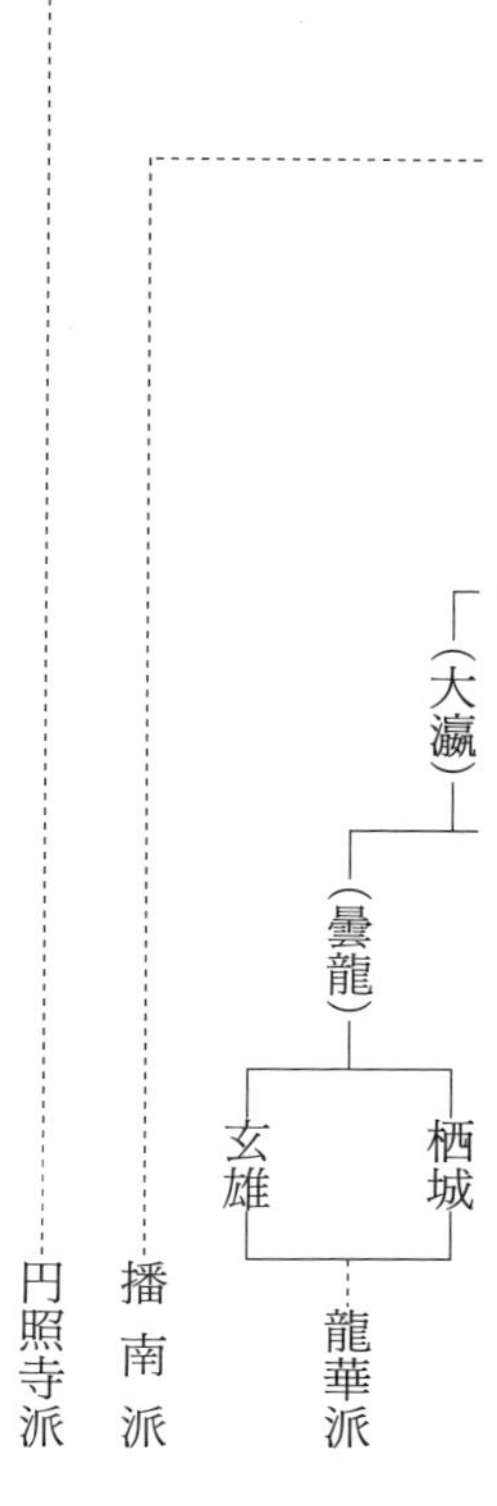

（「学派分裂以降の宗学―徳川期宗学の展開―」『龍谷教学』第四一号）

参照文献

前田慧雲　「本願寺派学事史」
普賢大円　「真宗行信論の組織的研究」
同　　右　「真宗教学の発達」
龍谷大学三百年史
龍谷大学三百五十年史

いのりについて

一

「いのり」について考える場合、一律に解釈はできません。それぞれの宗教、宗派の教義にもとづいて意味づけ、解釈がなされています。そしてそれぞれの解釈に立脚して、「祈願」「いのり」の宗教的いとなみがなされていくものといわねばなりません。

私どもの親鸞聖人の浄土真宗のおみのりは、一言で申せば「祈りなき宗教」であります。私の方から祈って救われるのではない。むしろ逆に如来さまの方から願われて救われていくところに、浄土真宗の世界があるといえましょう。そこに如来さまの本願にめざめた念仏者の日暮らしの展開があるといわねばなりません。

親鸞聖人も「正像末和讃」に

浄土真宗に帰すれども
　真実の心はありがたし
虚仮不実のわが身にて
　清浄の心もさらになし
（註釈版聖典六一七頁）

と悲歎されているように、人間には純粋に「真心こめた祈り」はあり得ないといわねばなりません。

二

浄土真宗の信心は古来機法二種の深信といわれています。それは如来の大悲にめざめた者の信心の内容を「機の深信」と「法の深信」の二面に開いて説明されたものであります。「機の深信」とは、自身は過去・現在・未来の三世にわたって、迷いの境界より助かる可能性の全くたえはてた存在でしかないという、私たち本来の姿を信知させていただくことであります。人間には純粋な「まこと」はありえないことを知らさせていただくことであります。この「機の深信」の立場より、私ども人間には真実の末通った「すくい」を求めての「いのり」は不可能といわねばなりません。反面「法の深信」とは、私たちを救う如来の願力、「すくい」を信知し、如来の大悲に全託する心であります。

親鸞聖人は『唯信鈔文意』に

「信」はうたがひなきこころなり（中略）本願他力をたのみて自力をはなれたる、これを「唯信」といふ。　（同六九九頁）

と、ご教示されています。「本願他力をたのむ」とは本願他力を信じ、まかせるという意味であり、そこには祈願請求の意味は全く存しないのであります。

浄土真宗の信心は、如来の本願他力をあてたよりにし、如来の大悲に生かされる信心であります。凡夫から救いを求め、仏に祈り願う自力のはからいは全く存しないといわねばなりません。以上が浄土真宗の信心の根本的立場であります。

三

このような如来の大悲の信に生きられた親鸞聖人にあっては、具体的に現世の「いのり」をどのように見られておられたのでしょうか。そのことを聖人のご教示のおことばの上に見るに、「御和讃」と「御消息」の文をあげることできます。

まず、『高僧和讃』には

仏号むねと修すれども
　現世をいのる行者をば
　これも雑修となづけてぞ
　千中無一ときらはるる
（同五九〇頁）

と述べられています。この「御和讃」は聖人が念仏をもって、凡夫の功利的な欲望にねざした現世祈祷の具に供することを、厳にいましめられているものであります。弥陀の名号をもっぱら称する身でありながら、この念仏をもって、現世祈祷の具に供したならば、千人中一人たりとも助かる者はないという意味であります。きびしく現世祈祷を禁止されている「御和讃」であります。如来の本願他力に全託する信に生かされている念仏者にあっては、その信心の場に現世の祈願請求の「いのり」を持ち込むのであれば、それは自己の功利的なはからいであり、純粋な他力の信を否定することになりましょう。このように、攘災招福の祈願請求の現世の「いのり」を明確に否定されているのが、この「御和讃」の聖人のご教示であります。

四

次に「御消息」を窺いますに、「いのり」について記述されたご教示が存します。

それにつけても念仏をふかくたのみて、世のいのりに、こころにいれて、申しあはせたまふべしとぞおぼえ候ふ。（中略）詮じ候ふところは、御身にかぎらず念仏申さんひとびとは、わが御身の料はおぼしめさずとも、朝家の御ため国民のために念仏を申しあはせたまひ候はば、めでたう候ふべし。（中略）わが身の往生一定とおぼしめさんひとは、仏の御恩をおぼしめさんに、御報恩のために御念仏こころにいれて申して、世のなか安穏なれ、仏法ひろまれとおぼしめすべしとぞ、おぼえ候ふ

（同七八三～七八四頁）

この文中の「世のいのり」とは「朝家の御ため国民のために念仏まふしあはせたまふ」ことであり、「世のなか安穏なれ、仏法ひろまれとおぼしめすべし」とある如く、如来の大悲に生かされる念仏者のおのずからなる「願い」と解すべきであります。上述の「御和讃」の「現世のいのり」とは同一の意味ではありません。即ち「御消息」の「世のいのり」とは、朝家と国民のために念仏することであり、心に世の中安穏なれ仏法ひろまれかしと「おぼしめし」つつあることをいうのであります。社会の平安、仏法興隆を念願しつつ、念仏申すことにほかならぬのであります。

この念仏は我を救いたもう如来に対する知恩報徳の常行大悲の称名であります。正定聚（しょうじょうじゅ）の信心の行者には常行大悲の益が恵まれてあります。常行大悲とは、常に如来の大悲を伝布することに生きる信心の行者の

報謝のいとなみであります。信後報恩の念仏は、常行大悲、如来の大悲をつたえひろめる報謝のいとなみといえましょう。この如来の大悲に生かされる信心に行者の宗教生活は「世のなか安穏なれ仏法ひろまれ」の願いとなって展開するものといわねばなりません。したがって「御消息」の「世のいのり」とは現世祈祷・祈願請求の意ではなく、常行大悲の益(やく)に生かされる念仏者の仏法弘通・平和へのおのずからなる素純な願い、ひたすらな思念と解すべきであります。

今日的課題である真宗者の平和運動もかかる姿勢に立脚して展開されるべきであると考えます。常行大悲の報謝の心でもってなされる平和への願いは、真宗者の尊い宗教的いとなみといえましょう。

（「いのりについて」本願寺新報平成一五年二月二〇日号）

略歴

昭和二二年　二月一五日　浄土真宗本願寺派において得度
昭和二四年　三月　滋賀県立彦根中学校（旧制）卒業
昭和二九年　三月　龍谷大学文学部仏教学科真宗学専攻卒業
昭和三一年　三月　龍谷大学大学院文学研究科真宗学真宗史専攻修士課程修了
昭和三四年　三月　龍谷大学大学院文学研究科真宗学真宗史専攻博士課程単位取得満期退学
浄土真宗本願寺派紫水奨学生に任ぜられる
昭和三七年　三月　浄土真宗本願寺派宗学院卒業
昭和三八年　四月　龍谷大学文学部嘱託講師
昭和四一年　四月　龍谷大学文学部専任助手
昭和四二年　四月　龍谷大学文学部講師
昭和四四年　四月　龍谷大学文学部助教授
昭和四八年　四月　龍谷大学文学部教授
昭和五〇年　一月一八日　浄土真宗本願寺派司教を授けられる
昭和五一年　七月　浄土真宗本願寺派北米開教特派講師を命ぜられる

昭和五三年　七月　安居副講者を命ぜらる　―『往生要集』―
昭和五五年　九月　布教講会副講を命ぜられる　―真宗教義の特色―
昭和五六年　四月　真宗連合学会評議員
　　　　　　七月　安居典議を命ぜられる
昭和五七年　七月　安居副講者を命ぜられる　―『浄土文類聚鈔』―
平成元年　四月　真宗連合学会理事
　　　　　　　　龍谷大学宗教部長
　　　　　　七月　安居典議を命ぜられる
平成二年　七月一六日　浄土真宗本願寺派勧学を授けられる
　　　　　　九月　布教講会教頭を命ぜられる　―真宗者の人間像　現生正定聚をめぐって―
平成三年　七月　安居本講者を命ぜられる　―「顕浄土真実証文類」―
平成四年　四月　浄土真宗本願寺派宗学院講師
　　　　　一二月　博士（文学）の学位を授けられる
平成五年　四月　龍谷大学大学院文学研究科長
　　　　　　　　浄土真宗本願寺派勧学寮員に任ぜられる
平成七年　四月　龍谷大学文学部長（平成一一年まで）
　　　　　　　　日本印度学仏教学会評議員・理事（同右）

平成八年　七月　真宗連合学会理事長（同右）
平成一〇年　四月　龍谷大学真宗学会会長（同右）
平成一一年　三月　龍谷大学名誉教授
平成一四年　七月　安居綜理に任ぜられる（平成一六年まで）
平成一七年　四月　勧学寮頭に任ぜられる（平成二四年まで）

論文・著書目録

著　書

日本浄土教思想史研究　昭和四七年　四月　永田文昌堂
往生要集序講　昭和五三年　七月　永田文昌堂
歎異抄の話　昭和五四年一〇月　浄土真宗本願寺派出版社
浄土文類聚鈔概説　昭和五七年　七月　永田文昌堂
浄土真要鈔のこころ　―真宗のすくい―　昭和六〇年　七月　本願寺出版部
顕浄土真実教行証文類講讃　平成　三年　七月　永田文昌堂
親鸞聖人と人生　―生死と浄土―　平成　三年一二月　永田文昌堂
中世真宗教学の展開　平成　六年　三月　永田文昌堂
親鸞教学論考　平成一一年　三月　永田文昌堂
阿弥陀仏の救い　―人生の帰趨―　平成二〇年　二月　永田文昌堂

編　著

龍谷大学善本叢書　四　安心決定鈔　昭和五八年　八月　同朋舎出版
「総論―安心決定鈔序説―」
龍谷大学善本叢書　四　安心決定鈔　昭和五八年　八月　同朋舎出版
「安心決定鈔と真宗列祖の教学」
龍谷大学善本叢書　七　破邪顕正抄　昭和六二年　八月　同朋舎出版
「存覚教学の特色」

共　著

鎌倉仏教成立の研究　俊芿律師　昭和四七年　三月　同朋舎出版
「俊芿系浄土教と親鸞の関連について
―宋代浄土教と教行信証―」
法然とその門下の教学　昭和四七年　六月　永田文昌堂
「法然門下における念仏と諸行の扱い
―助正論の研究（その２）―」
親鸞思想入門「人間」　昭和四八年　六月　永田文昌堂

講座　親鸞の思想　四　「仏の状態はこのようである」　昭和五二年　四月　教育新潮社
仏陀とその世界　「阿弥陀仏の世界」　昭和五六年　三月　本願寺出版部
他力本願　「親鸞聖人と他力本願」　昭和五八年一二月　本願寺出版部
新親鸞と現代　仏教文化講座講演集〈第二集〉
　「親鸞から蓮如へ」　平成　六年一二月　築地聖典刊行会
往生浄土　下　教学シンポジウム
　「指方立相の浄土　―かたちある浄土の意義―」　平成　七年　八月　本願寺出版社
蓮如のすべて　平成　七年一一月　新人物往来社
蓮如上人研究　教義篇II
　「蓮如上人の名号論　―親鸞聖人と蓮如上人―」　平成一〇年　二月　永田文昌堂
仏教と真宗へ（瓜生津隆真博士退職記念論集）
　「一願建立と五願開示」　平成一五年　三月　永田文昌堂
教行信証の研究　第一巻
　「顯淨土眞實教行證文類　解説論集（序論）」　平成二四年　八月　本願寺出版社
　「顯淨土眞實教行證文類　解説論集（信文類）」　平成二四年　八月　本願寺出版社

論文

真宗機根論の根本問題	昭和三四年　三月	『印度学仏教学研究』第七巻第二号
親鸞聖人に於ける機根論の展開	昭和三五年　一月	『真宗学』第二二号
安心・起行・作業の展開	昭和三五年　一月	『印度学仏教学研究』第八巻第一号
往生要集の念仏思想	昭和三七年　三月	浄土真宗本願寺派宗学院研究発表要旨
往生要集に於ける般舟三昧の展開	昭和三七年　六月	『龍谷大学仏教文化研究所紀要』第一号
安楽集と往生要集の立場 —念仏思想を中心として—	昭和三八年　一月	『印度学仏教学研究』第一一巻第一号
親鸞聖人に於ける一乗思想の系譜 —特に天台教学との関連に於いて—	昭和三八年　六月	『龍谷大学仏教文化研究所紀要』第二号
日本浄土教成立史上に於ける往生要集の立場	昭和三八年　九月	『龍谷大学論集』第三七四号
法界身の研究	昭和三八年一二月	『真宗学』第二九・三〇号
往生要集に於ける弥陀身土思想について	昭和四〇年　一月	『印度学仏教学研究』第一三巻第一号
永観の念仏思想 —特に源信、法然との関連において—	昭和四一年　二月	『真宗学』第三三・三四号

題目	発表年月	掲載誌
智光の浄土教思想 —「論註」と「無量寿経論釈」—	昭和四二年　二月	『真宗学』第三五・三六号
珍海の浄土教的立場	昭和四二年一一月	『大原先生古稀記念　浄土教思想研究』
往生要集の成立背景	昭和四三年　一月	『真宗学』第三八号
法然浄土教と教行信証	昭和四三年一一月	『龍谷大学論集』第三八七号
入出二門偈の研究　—親鸞聖人の五念門観—	昭和四四年　五月	『龍谷大学論集』第三八九・三九〇号
往生論註と教行信証 —宗祖の五念門観とその成立背景—	昭和四四年一一月	『真宗研究』第一四輯
助正論の研究（その一） —法然の五念五正論と真宗諸学派の解釈—	昭和四五年　三月	『真宗学』第四一・四二号
日本仏教における善導教学の展開 —貞慶・高弁の善導観と親鸞の立場—	昭和四六年　六月	『龍谷大学仏教文化研究所紀要』第一〇号
現代の危機と浄土真宗〈シンポジウム〉	昭和四六年　六月	『龍谷教学』第六号
法然門下における念仏と諸行の扱い —助正論の研究（その二）—	昭和四七年　三月	『真宗学』第四五・四六号
親鸞における三経隠顕釈の研究	昭和四八年　三月	『龍谷大学論集』第四〇〇・四〇一号
覚如教学の特色	昭和四九年　二月	『真宗学』第五〇号

存覚上人の行論とその背景　昭和五〇年　六月　『龍谷大学論集』第四〇六号
私にとって往生浄土とは〈シンポジウム〉　昭和五一年　六月　『龍谷教学』第一一号
日蓮の法然浄土教批判と存覚の立場　昭和五二年　二月　『真宗学』第五六号
中世真宗の神祇思想
―「諸神本懐集」を中心として―　昭和五三年　九月　『龍谷大学仏教文化研究所紀要』第一七号
真宗の救いとさとり　昭和五四年　三月　『日本仏教学会年報』第四四号
安心決定鈔と蓮如教学　昭和五五年　三月　『真宗学』第六二号
教行信証と浄土文類聚鈔　―広略二典の比較研究―　昭和五七年　三月　『真宗学』第六六号
機法一体論の展開　昭和五七年　九月　『石田充之博士古稀記念　浄土教の研究』
一遍上人の思想と安心決定鈔　昭和五八年　五月　『龍谷大学論集』第四二二号
浄土文類集と浄土真要鈔　昭和六〇年　三月　『真宗学』第七二号
蓮如上人の六字釈とその成立背景　昭和六一年　六月　『龍谷大学論集』第四二八号
親鸞聖人における王法と仏法
―「化巻」を中心として―　昭和六二年　三月　『真宗学』第七五・七六号
存覚上人の証果論　平成　元年一一月　『龍谷大学論集』第四三四・四三五号
第二十二願論　平成　二年一〇月　『仲尾俊博先生古稀記念　仏教と社会』
中世真宗における王法と仏法　平成　三年　九月　『教学研究所紀要』第一号

親鸞聖人の行信論と覚如・存覚の立場	平成　四年　一月	『真宗学』第八五号
西方浄土	平成　五年　五月	『芦屋仏教文化研究所紀要』第三号
選択集と存覚教学	平成　七年　三月	『真宗学』第九一・九二号
蓮如上人の名号論とその成立背景	平成　七年　六月	『龍谷教学』第三〇号
還相廻向論	平成　八年　一月	『真宗学』第九三号
真宗者の人間像	平成　九年　五月	『村上速水先生喜寿記念　親鸞教学論叢』
浄土三経往生文類の一考察　—親鸞聖人の三経観—	平成一〇年　三月	『真宗学』第九七・九八号
日本浄土教の展開と親鸞教学	平成一一年　三月	『真宗学』第九九・一〇〇号
講演　親鸞聖人と末法思想	平成一二年　六月	『龍谷教学』第三五号
共同研究特別講義　親鸞聖人における悪人正機の教学	平成一三年　三月	『宗学院論集』第七三号
記念講演　学派分裂以後の宗学 —徳川期宗学の展開—	平成一八年　三月	『龍谷教学』第四一号
鎌倉仏教と教行信証	平成二〇年　三月	『真宗学』第一一七号
記念講演　真宗者の人間像 —教学背景を中心として—	平成二二年　一月	『真宗研究』第五四号
教行信証のこころ	平成二四年　三月	『龍谷教学』第四七号
龍谷教学会議の思い出	平成二七年一二月	『龍谷教学』第五〇号

あとがき

普賢晃壽和上におかれましては、明年二月三日をもって米寿をお迎えになります。つきましては、この度の慶事にあたり、米寿記念として『続親鸞教学論考』と題して発刊をお許しいただいたことは、後学のものにとって身に余る慶びとなりました。

本書の内容は、和上が龍谷大学をご退職になってから勧学寮頭をご退任になるまでの論文・講話を中心として、壮年期に執筆された論文等も併せて収録させていただいております。

本書を通して、これまでお導きくださいました学恩に感謝しつつ、より一層の研鑽に精進してまいりたいと存じます。

最後になりましたが、普賢晃壽和上には、この度の記念出版を快くお許しくださいましたこと、法爾の会一同、心より御礼申し上げます。

平成三十年七月十日

法爾の会

続 親鸞教学論考

2018年7月1日　第1刷

著　者　普　賢　晃　壽

編　集　法　爾　の　会

発行者　永　田　　悟

印刷所　㈱図書印刷同　朋　舎

製本所　㈱吉　田　三　誠　堂

発行所　永　田　文　昌　堂
京都市下京区花屋町通西洞院西入
電　話　075(371)6651番
FAX　075(351)9031番
振　替　01020－4－936

ISBN978-4-8162-3165-0　C3015